LE PIÈGE DE LA MONDIALISATION

Edition établie sous la direction
de Martina Wachendorff

Titre original :
Die Globalisierungsfalle
Der Angriff auf Demokratie und Wohlstand

ISBN 2-7427-1260-7

Hans-Peter Martin
et
Harald Schumann

LE PIÈGE DE LA MONDIALISATION

L'agression contre la démocratie et la prospérité

essai traduit de l'allemand
par Olivier Mannoni

SOLIN
ACTES SUD

SOMMAIRE

à nos enfants Ben, Manuel et Paul

LA SOCIÉTÉ DES DEUX DIXIÈMES

Les maîtres du monde en route vers une autre civilisation

Le monde entier se transforme pour revenir au point où il se trouvait jadis, dans une vie antérieure.

WERNER SCHWAB,
dans sa pièce posthume *Hochschwab.*

L'hôtel *Fairmont* de San Francisco est un cadre idéal pour les rêves aux dimensions planétaires. L'établissement est à la fois une institution et un symbole, un havre de grand luxe et un lieu légendaire du bonheur de vivre. Ceux qui le connaissent l'appellent juste *The Fairmont* ; y descendre signifie être arrivé dans la vie.

Cette cathédrale de la prospérité se dresse sur la Nob Hill, au-dessus de la fameuse "City" : un bâtiment californien, un feu d'artifice de superlatifs, mélange insouciant de fin de siècle et de boom de l'après-guerre. Lorsqu'ils s'élèvent dans l'ascenseur en verre qui monte à l'extérieur, le long de la tour de l'hôtel, pour accéder au *Crown's Room Restaurant,* les visiteurs sont saisis par la vision qui s'offre à eux : un panorama du meilleur des mondes où des milliards de personnes rêvent de vivre. Depuis le pont du Golden Gate jusqu'à la chaîne de collines de Berkeley, la richesse de la classe moyenne se déploie, apparemment à perte de vue. Entre les eucalyptus, à la douce lumière du soleil, on voit scintiller les piscines des demeures somptueuses. Plusieurs véhicules sont garés sur l'allée d'accès de presque chacune d'entre elles.

Comme une borne frontière colossale, le *Fairmont* marque le point de coupure entre la modernité et l'avenir, entre l'Amérique et la zone pacifique. Sur le coteau qui descend juste devant l'hôtel, plus de cent mille Chinois vivent à l'étroit ; loin derrière, on devine la région natale de la révolution informatique, la Silicon Valley. Les profiteurs de catastrophes californiens, ceux qui ont bénéficié du tremblement de terre de 1906, les généraux américains de la Seconde Guerre mondiale, les fondateurs de l'ONU, les patrons de groupes industriels et tous les présidents des Etats-Unis au cours de ce siècle : tous ont célébré leurs triomphes dans les vastes halls de cet hôtel moelleux dont les intérieurs ont servi de décor de rêve à l'adaptation cinématographique du roman d'Arthur Hailey *Hotel*, et qui, depuis, est pris d'assaut par les touristes.

C'est dans ce cadre chargé d'histoire qu'à la fin septembre 1995, l'un des rares personnages à avoir lui-même écrit l'histoire accueille l'élite du monde : il s'agit de Mikhaïl Gorbatchev. En signe de reconnaissance, les mécènes américains viennent de lui créer une fondation au Presidio, une ancienne zone militaire située au sud du Golden Gate, que les Américains ont abandonnée après la fin de la guerre froide. Cette fois, Gorbatchev a fait venir, de tous les continents, cinq cents hommes politiques, leaders économiques et scientifiques de premier plan. Ce nouveau "brain-trust global", pour reprendre la définition que donne de cette assemblée triée sur le volet le dernier président de l'Union soviétique et prix Nobel de la paix, doit ouvrir la voie au XXIe siècle, "en marche vers une nouvelle civilisation[1*]".

D'anciens dirigeants mondiaux expérimentés comme George Bush, George Schultz ou Margaret Thatcher sont venus retrouver les nouveaux maîtres de la planète. On y rencontre le patron de CNN, Ted Turner, dont l'entreprise a fusionné avec Time Warner pour en faire le plus grand groupe médiatique du monde, ou le magnat sud-asiatique du négoce, Washington SyCip. Trois journées durant, ils comptent mener une réflexion intensive, travailler en petits groupes de travail avec les *global players* de l'informatique et des finances, mais aussi avec les grands prêtres de l'économie, les professeurs d'économie enseignant aux universités de Stanford, Harvard et Oxford. Les émissaires du libre-échange venus de Singapour et, bien sûr, de Pékin réclament eux aussi d'avoir voix au chapitre, dès lors que l'on évoque l'avenir de l'humanité. Le premier ministre de la Saxe, Kurt Biedenkopf, est venu apporter une note allemande aux débats.

Personne n'est venu ici pour se montrer. Nul ne doit troubler la libre parole ; la troupe importune des journalistes est tenue à l'écart par un service de sécurité considérable[2]. Des règles rigoureuses forcent tous les participants à oublier la

* Les numéros renvoient à des notes en fin de volume.

rhétorique. Les conférenciers disposent tout juste de cinq minutes pour introduire un sujet ; aucune intervention lors des débats ne doit durer plus de deux minutes. Comme dans une course de formule 1, des dames d'un certain âge en tenue soignée brandissent des panonceaux indiquant le temps qui reste à courir, à l'intention des milliardaires et des théoriciens participant au débat : encore "Une minute", "Trente secondes", "Stop".

John Gage, cadre dirigeant de l'entreprise informatique américaine Sun Microsystems, lance la table ronde consacrée à la "technologie et au travail dans l'économie globale". Son entreprise est considérée comme une nouvelle star de son secteur ; elle développe le langage de programmation "Java" ; à Wall Street, le cours des actions de Sun Systems bat tous les records. "Chez nous, chacun peut travailler aussi longtemps qu'il le veut ; et nous n'avons pas besoin non plus de visa pour notre personnel étranger", explique laconiquement Gage. Les gouvernements et les règles qu'ils imposent au monde du travail ont selon lui perdu toute signification. Lui emploie son personnel au jour le jour, en fonction des besoins. Pour l'heure, ce sont de préférence "de bons cerveaux en Inde", qui travaillent aussi longtemps qu'ils le peuvent. L'entreprise, dit-il, reçoit du monde entier, par ordinateur, des candidatures éloquentes. "Nous engageons nos employés par ordinateur, ils travaillent sur ordinateur, et ils sont virés par ordinateur."

Encore "Trente secondes", annonce la dame à l'écriteau. "Nous allons tout simplement chercher les plus intelligents. Depuis nos débuts, il y a treize ans, notre efficacité nous a permis de faire passer notre chiffre d'affaires de zéro à plus de six milliards de dollars." Avec une once d'autosatisfaction, Gage s'adresse à son voisin de table et lui lance en souriant d'aise : "Tu es loin d'avoir été aussi vite, David." Gage passe les dernières secondes qui lui restent avant le panonceau "Stop" à savourer ce petit coup de pied de l'âne.

L'homme auquel il vient de lancer cette pique est David Packard, cofondateur du géant de la haute technologie Hewlett-Packard. Ce vieux self-made-man milliardaire ne bronche pas. L'esprit parfaitement lucide, il préfère poser la question centrale : "De combien d'employés as-tu vraiment besoin, John ?"

"Six, peut-être huit, répond sèchement Gage. Sans eux, nous serions fichus. Cela dit, l'endroit de cette Terre où ils habitent est parfaitement indifférent." C'est alors au tour du président de séance, le professeur Rustum Roy, de la Pennsylvania State University, de demander : "Et combien de personnes travaillent actuellement pour Sun Systems ?" Gage répond : "Seize mille. A une petite minorité près, ce sont des réserves de rationalisation."

On n'entend pas le moindre murmure dans la salle : pour les personnes présentes, l'idée qu'il existe des légions de chômeurs potentiels encore insoupçonnées est une évidence. Aucun de ces managers de carrière aux salaires considérables, provenant des secteurs du futur et des pays d'avenir, ne croit plus que l'on retrouvera un jour, dans les anciens pays riches, et dans quelque secteur que ce soit, un nombre suffisant d'emplois nouveaux et correctement rémunérés sur les marchés de croissance, avec leur grande consommation de technologie.

L'avenir, les pragmatiques du *Fairmont* le résument en une fraction et un concept : "Deux dixièmes" et *"tittytainment"*.

Dans le siècle à venir, deux dixièmes de la population active suffiraient à maintenir l'activité de l'économie mondiale. "On n'aura pas besoin de plus de main-d'œuvre", estime le magnat Washington SyCip. Un cinquième des demandeurs d'emploi suffira à produire toutes les marchandises et à fournir les prestations de services de haute valeur que peut s'offrir la société mondiale. Ces deux dixièmes de la population participeront ainsi activement à la vie, aux revenus et à la consommation – dans quelque pays que ce soit. Il est possible que ce chiffre s'élève encore d'un ou deux pour cent, admettent les débatteurs, par exemple en y ajoutant les héritiers fortunés.

Mais pour le reste ? Peut-on envisager que 80 % des personnes souhaitant travailler se retrouvent sans emploi ? "Il est sûr, dit l'auteur américain Jeremy Rifkin, qui a écrit le livre *La Fin du travail*, que les 80 % restants vont avoir des problèmes considérables." Le manager de Sun, Gage, reprend la parole et cite le directeur de son entreprise, Scott McNealy : à l'avenir, dit-il, la question sera *"to have lunch or be lunch"* : avoir à manger ou être dévoré.

Cet aréopage de haut niveau qui était censé travailler sur "l'avenir du travail" se consacre ensuite exclusivement à ceux qui n'en auront plus. Les participants en sont convaincus : parmi ces innombrables nouveaux chômeurs répartis dans le monde entier, on trouvera des dizaines de millions de personnes qui, jusqu'ici, avaient plus d'accointances avec la vie quotidienne confortable des environs de la baie de San Francisco qu'avec la lutte quotidienne pour la survie à laquelle doivent se livrer les titulaires d'emplois précaires. C'est un nouvel ordre social que l'on dessine au *Fairmont*, un univers de pays riches sans classe moyenne digne de ce nom – et personne n'y apporte de démenti.

L'expression *"tittytainment"*, proposée par ce vieux grognard de Zbigniew Brzezinski, fait en revanche carrière. Ce natif de Pologne a été quatre années durant conseiller pour la Sécurité nationale auprès du président américain Jimmy Carter. Depuis, il se consacre aux questions géostratégiques. *Tittytainment*, selon Brzezinski, est une combinaison des mots *entertainment et tits*, le terme d'argot américain pour désigner les seins. Brzezinski pense moins au sexe, en l'occurrence, qu'au lait qui coule de la poitrine d'une mère qui allaite. Un cocktail de divertissement abrutissant et d'alimentation suffisante permettrait selon lui de maintenir de bonne humeur la population frustrée de la planète.

Les managers débattent sobrement des dosages envisageables et se demandent comment le cinquième fortuné de la population pourra occuper le reste superflu des habitants de la planète. La pression accrue de la concurrence ne permettra pas de demander aux entreprises une participation à cet effort social. D'autres instances devront donc s'occuper des sans-emploi. Les participants au colloque comptent sur un autre secteur pour donner un sens à l'existence et garantir l'intégration : le bénévolat en faveur de la collectivité, les services de proximité, la participation aux activités sportives et aux associations de toute espèce. "On pourrait valoriser ces activités en les couplant avec une rémunération modeste, ce qui aiderait des millions de citoyens à garder conscience de leur propre valeur", estime le professeur Roy. Les patrons des groupes industriels s'attendent en tout cas à ce que l'on revoie prochainement, dans les pays industrialisés, des gens balayer les rues pour un salaire pratiquement nul, ou accepter des emplois de domestiques en contrepartie d'un logement misérable. Selon le futurologue John Naisbitt, l'ère industrielle, avec sa prospérité de masse, n'est au bout du compte qu'un "battement de paupières dans l'histoire de l'économie".

Les participants à ces trois journées mémorables du *Fairmont* se croyaient en marche vers une nouvelle civilisation. Mais la direction indiquée par cet aréopage d'experts provenant des directions d'entreprise et de la recherche nous ramène tout droit à la veille des Temps modernes. On est déjà loin de cette société des deux tiers que redoutent les Européens depuis les années quatre-vingt, une société où la répartition de la prospérité et de la position sociale respecterait la porportion deux tiers / un tiers. Le modèle mondial de l'avenir est fondé sur la formule un cinquième / quatre cinquièmes. On voit émerger la société des deux dixièmes, celle où l'on devra avoir recours au *tittytainment* pour que les exclus restent tranquilles. Tout cela est-il démesurément exagéré ?

"LE VÉRITABLE OURAGAN"

Allemagne, 1996 ; plus de six millions de personnes sont à la recherche d'un emploi fixe – un chiffre qui n'avait jamais été atteint depuis la fondation de l'Allemagne fédérale. Depuis cinq ans, le revenu net moyen des Allemands de l'Ouest est en baisse. Et si l'on en croit les prévisions publiées par le gouvernement, les scientifiques et les responsables d'entreprises, ce n'est qu'un début. Un million et demi d'autres emplois au moins seront supprimés dans la seule industrie au cours de la décennie à venir – c'est ce qu'annonce le plus réputé des conseillers d'entreprise allemands, Roland Berger. Il ajoute que l'on perdra "en outre, vraisemblablement, un emploi sur deux chez les cadres moyens[3]". Son collègue Herbert Henzler, directeur de la filiale allemande de l'entreprise de conseil McKinsey, va encore plus loin : "L'industrie va prendre le chemin de l'agriculture", prophétise-t-il. A l'avenir, seul un pourcentage infime de la population tirera ses revenus de la production de marchandises[4]. En France aussi, les autorités annoncent des taux d'emploi de plus en plus modestes ; en 1996, plus de 170 000 emplois industriels ont été perdus. Le taux de chômage pourrait atteindre les 14 % en 1997[5].

Lorsque les économistes et les politiciens fournissent des explications sur cette chute de l'emploi, elles culminent toutes dans un seul mot : mondialisation. La communication high-tech, le faible coût des transports et le libre-échange illimité transforment le monde entier en un marché unique – c'est la thèse inlassablement répétée. Ces données engendrent une concurrence globale exacerbée, y compris sur le marché du travail. A les en croire, les entreprises allemandes ne créeront plus désormais d'emplois que dans les pays étrangers, où ils coûteront moins cher. Du patron de groupe industriel au ministre du Travail, les milieux dirigeants de la République fédérale n'ont plus qu'une seule réponse : l'adaptation par le bas. A longueur de journée, les voix se mêlent pour réclamer aux citoyens de nouveaux sacrifices. Les Allemands – et plus encore les Autrichiens – travaillent trop peu, ont des revenus trop élevés, prennent trop de vacances, profitent trop souvent des arrêts maladie : c'est ce que répète un chœur où l'on trouve, pêle-mêle, syndicalistes, économistes, experts et ministres, soutenus par leurs auxiliaires dans la presse et à la télévision. La "société d'exigence occidentale se heurte aux ambitieuses sociétés de renoncement asiatiques", écrit ainsi la *Frankfurter Allgemeine Zeitung*, l'Etat-providence est "devenu une menace pour l'avenir", et l'on ne pourra pas éviter un "surcroît d'inégalité sociale[6]". Le quotidien de masse qui domine le marché en Autriche, la *Neue Kronenzeitung*, s'arme de grands titres définitifs pour se lancer dans la bataille des journaux populaires : "Le continent a vécu au-dessus de ses moyens : une nouvelle vague de restrictions budgétaires frappe l'Europe de plein fouet[7]." Même le président de l'Allemagne fédérale, Roman Herzog, apporte sa voix au concert en lançant des appels au peuple. Le changement, dit-il, est "inéluctable. Chacun devra faire des sacrifices."

Mais le président se méprend sur un point. Il ne s'agit pas du tout de réclamer, au nom de la crise, des sacrifices à tous. La diminution du salaire versé en cas de maladie, l'abrogation des lois protégeant les salariés contre les licenciements, les coupes claires dans les prestations sociales et la baisse des salaires (malgré la hausse de la productivité) ne relèvent plus de la gestion de la crise. Ce que résilient les réformistes qui se placent sous le signe de la mondialisation, c'est le pacte social tacite de la République : un pacte qui jugulait l'inégalité sociale en organisant une redistribution des richesses, du haut vers le bas. Tous ceux-là répandent l'idée que le modèle de l'Etat-providence européen a cessé de servir, qu'il est devenu trop coûteux par rapport au reste du monde. Ils rappellent, moqueurs, l'exemple de la Suède : là-bas, on n'a pas seulement réduit les salaires, mais aussi les congés, les indemnités maladie, les allocations chômage, les allocations familiales, etc. Le pays, qui fut jadis un idéal d'Etat social, est aujourd'hui redevenu un modèle – un modèle de politique d'austérité rigide. "Nous pouvons aller prendre des leçons auprès de la Suède", déclare le député conservateur du Bundestag allemand, Julius Louven*. Les personnes concernées, elles, comprennent parfaitement de quoi il retourne. Les syndicats allemands et les associations de bienfaisance s'indignent. Même l'union syndicale IG Chimie, d'ordinaire conservatrice, menace de lancer des grèves à l'échelon national, et Dieter Schulte, président de la confédération syndicale allemande, le Deutscher Gewerkschaftsbund (DGB), met en garde contre des "situations" à côté desquelles la rébellion de masse à laquelle on a assisté en France au mois de décembre 1995 n'aura été qu'"un prélude fatigué". Les Français protestaient alors contre le "plan Juppé", une réforme sans précédent du système social. Les médecins dénoncèrent ce train de mesures comme un "démantèlement" de la politique sociale et une politique de "rationnement des soins[8]".

Mais les défenseurs de l'Etat social se battent pour une cause perdue. Il est vrai que de nombreux arguments de leurs adversaires sont tout simplement faux. Au total, les groupes allemands ne créent pratiquement pas d'emplois supplémentaires à l'étranger : le plus souvent, ils se contentent d'y acheter des entreprises locales, puis "dégraissent" le personnel et approvisionnent les marchés locaux. Les charges sociales en Allemagne n'ont d'ailleurs pas du tout explosé ces dernières années ; en 1995, leur part dans le produit intérieur brut (PIB) était même inférieure à ce qu'elle était vingt ans plus tôt. La seule chose qui ait une réalité, c'est la référence constante à la politique des autres nations, celles qui constituent l'ancien groupe des pays industrialisés. Diminuer les dépenses de l'Etat, baisser les salaires, supprimer des prestations sociales : de la Suède à l'Espagne en passant par l'Autriche, le cœur du programme est toujours le même. Et partout, la protestation s'achève dans la résignation.

L'internationalisme, jadis inventé par les leaders ouvriers sociaux-démocrates pour contrecarrer les va-t-en-guerre

* Fin mars 1997, en France, Raymond Barre a fait des déclarations tout à fait similaires. *(N.d.T.)*

capitalistes, a depuis longtemps changé de camp. Dans le monde, plus de 40 000 entreprises transnationales de toutes tailles manipulent comme des pions leurs employés, mais aussi leurs Etats, dans la partie qu'elles se livrent. 40 % d'impôts sur les revenus du capital en Allemagne ? C'est beaucoup trop, l'Irlande se contente de 10 %, la Malaisie et quelques Etats américains renoncent même à toute taxe pour cinq ou dix ans. 150 francs* l'heure de travail spécialisé en Allemagne ? Beaucoup trop cher, les Britanniques travaillent pour moins de la moitié, les Tchèques pour un dixième. 33 % seulement de prime à l'investissement pour les nouvelles usines en Italie ? Beaucoup trop peu : en Allemagne de l'Est, l'Etat verse volontiers 80 %.

Dans ce vaste mouvement de prise en tenailles, la nouvelle Internationale, celle du capital, déstabilise des Etats entiers et l'ordre social qui les régissait jusqu'alors. D'un côté, elle brandit çà et là la menace de la fuite des capitaux et force ainsi les Etats à pratiquer des réductions d'impôts considérables, à accorder des subventions par milliards ou à fournir des infrastructures gratuites. Lorsque cela ne suffit pas, on fait appel à la planification fiscale à grande échelle : les bénéfices sont canalisés vers les pays où le taux d'imposition est le plus bas. Dans le monde entier, la part apportée par les détenteurs de capitaux et de fortunes au financement des missions revenant à l'Etat ne cesse de diminuer. D'un autre côté, les aiguilleurs de ces flots globaux de capitaux révisent continuellement à la baisse le niveau de ressources de leurs employés, ceux qui paient les impôts. A l'échelle mondiale, la part qu'occupent les salariés dans la richesse sociale diminue elle aussi. Aucune nation ne peut s'opposer seule à pareille pression. Si l'on en croit l'économiste américain Rüdiger Dornbusch, on peut s'attendre à ce que le modèle allemand soit désormais "passé à la moulinette" dans la compétition transnationale[9].

Les cours de la bourse et les profits des entreprises connaissent une croissance à deux chiffres, mais les salaires et les traitements diminuent. Dans le même temps, le chômage s'accroît en même temps que les déficits des budgets publics. Nul besoin d'un diplôme en économie pour comprendre ce qui se passe : cent treize années après la mort de Karl Marx, le capitalisme a

* Lorsque la lisibilité du texte l'exige, nous indiquons l'équivalent en francs 1997 de toutes les données exprimées en marks, au taux de 3,4 francs le mark. *(N.d.T.)*

repris la direction que l'économiste révolutionnaire avait si justement décrite pour son époque : "La tendance générale de la production capitaliste n'est pas d'élever, mais d'abaisser le niveau moyen des salaires [ou d'abaisser la valeur du travail jusqu'à sa limite inférieure*]", affirmait-il en 1865 dans un rapport présenté devant le conseil général de la Première Internationale, à Londres – sans deviner que ce capitalisme primitif allait être dompté par la démocratie[10]. Pourtant, après les réformes du siècle social-démocrate, une contre-réforme aux dimensions historiques s'annonce : nous avançons dans l'avenir en marche arrière, et les âmes de gagnants, comme Heinrich von Pierer, dirigeant du groupe mondial Siemens, triomphent : "Le vent de la compétition est devenu une tempête, et le véritable ouragan nous attend encore[11]."

Les mots choisis par Pierer et par d'autres porte-drapeaux du "nouveau globalisme" visent à faire accroire que tout cela n'est qu'une sorte de processus naturel, fruit d'un progrès technique et économique irrésistible. C'est une absurdité. L'enchevêtrement mondial de l'économie n'a rien d'un événement naturel : il est le fruit recherché d'une politique poursuivant des objectifs précis. Traité après traité, loi après loi, ce sont toujours les gouvernements et les parlements qui ont décidé d'éliminer les barrières qui gênaient le trafic international du capital et des marchandises. Depuis la libération du négoce des devises jusqu'à l'extension constante de l'accord sur le commerce mondial, le GATT, en passant par le marché intérieur européen, les hommes politiques de gouvernement, dans les pays industrialisés occidentaux, ont instauré eux-mêmes et de manière systématique cette situation qu'ils ne parviennent plus à maîtriser aujourd'hui.

LA DÉMOCRATIE PRISE AU PIÈGE

L'intégration globale va de pair avec la montée d'une doctrine politico-économique miraculeuse, qu'une légion de conseillers en économie se charge d'instiller en permanence dans la vie

* Karl Marx, *Œuvres*, Economie 1, Bibliothèque de la Pléiade, Gallimard, 1965, p. 533.

politique : le néolibéralisme. Pour simplifier, sa thèse fondamentale est la suivante : le marché est bon, et les interventions de l'Etat sont mauvaises. En se fondant sur les idées du représentant principal de cette école, l'économiste américain et prix Nobel Milton Friedman, la plupart des gouvernements occidentaux inspirés par le libéralisme économique ont fait de ce dogme la ligne directrice de leur politique au cours des années quatre-vingt. Dérégulation au lieu de surveillance de l'Etat, libéralisation du négoce et de la circulation des capitaux, privatisation des entreprises nationalisées : c'étaient les armes stratégiques que l'on retrouvait dans l'arsenal des gouvernements qui croyaient au marché, et des organisations économiques internationales qu'ils dirigeaient : la Banque mondiale, le Fonds monétaire international (FMI) et l'Organisation mondiale du commerce (OMC). C'est avec ces instruments qu'ils ont mené leur combat pour la liberté du capital. Cette bataille dure encore aujourd'hui. Vols spatiaux ou télécommunications, banques ou assurances, industrie du bâtiment ou des logiciels, mais aussi, justement, gestion de la main-d'œuvre : rien ni personne ne doit échapper à la loi de l'offre et de la demande.

L'effondrement des dictatures de parti dans le bloc de l'Est a donné à cette foi un nouvel élan et de nouvelles forces. Une fois écartée la menace de la dictature du prolétariat, on travaille d'arrache-pied à édifier la dictature du marché mondial. Et d'un seul coup, la participation massive des employés à la création de richesses apparaît comme une simple concession faite au cours de la guerre froide pour couper l'herbe sous le pied des agitateurs communistes.

Mais le "turbo-capitalisme[12]", dont la propagation mondiale paraît désormais irrésistible, détruit les bases mêmes de son existence : l'Etat viable et la stabilité démocratique. Le rythme de la transformation et la redistribution du pouvoir et de la prospérité érodent les anciennes unités sociales plus rapidement que les nouvelles ne peuvent se développer. Les autres Etats prospères consomment encore plus rapidement la substance sociale de leur cohésion que sa substance écologique. Les économistes et politiciens néolibéraux prêchent au monde le "modèle américain" – mais en entendant ce slogan, on se rappelle avec un frisson d'effroi la propagande du gouvernement est-allemand qui, jusqu'à son dernier jour, prétendait apprendre auprès de l'Union soviétique comment remporter la victoire.

Et la décomposition sociale n'est nulle part plus criante que dans le pays d'où nous est venue la contre-révolution capitaliste, les Etats-Unis : la criminalité y a pris des dimensions endémiques. Dans l'Etat de Californie, qui constitue à lui seul la septième puissance économique de la terre, les dépenses engagées pour les prisons dépassent le budget total de la culture[13]. 28 millions d'Américains, plus de 10 % de la population, sont déjà retranchés dans des immeubles ou des quartiers protégés par des gardes armés. Les citoyens américains dépensent deux fois plus d'argent pour les rémunérer que l'Etat pour sa police[14].

Mais les Etats-Unis ne sont pas seuls en cause : l'Europe et le Japon, la Chine et l'Inde se scindent eux aussi en une minorité de gagnants et une majorité de perdants. Pour des millions de personnes, le progrès globalisé n'a rien d'une avancée. Les chefs de gouvernement des sept plus grandes nations industrialisées ont trouvé une formule pour servir de leitmotiv à leur sommet du G7 fin juin 1996, à Lyon : "Faire de la mondialisation un succès profitant à tous." Les perdants de ce jeu-là auront du mal à ne pas prendre cette phrase comme un grand éclat de rire en pleine figure.

Mais leurs protestations s'adressent à des gouvernements et des hommes politiques dont le pouvoir d'intervention diminue continuellement. Peu importe qu'il faille assurer la justice sociale ou protéger l'environnement, limiter le pouvoir des médias ou combattre la criminalité internationalisée : l'Etat national isolé est toujours dépassé, et la concertation internationale échoue elle aussi. Mais lorsque sur toutes les questions existentielles liées à l'avenir, les gouvernements ne peuvent plus répondre qu'en évoquant l'inexorable contrainte de l'économie transnationale, toute politique se transforme en une comédie de l'impuissance, et l'Etat démocratique perd sa légitimité. La mondialisation se transforme ainsi en un piège pour la démocratie.

Il faut être un théoricien naïf ou un politicien à courte vue pour croire que l'on peut, comme cela se passe actuellement en Europe, priver chaque année des millions de personnes de leur emploi et de toute garantie sociale, sans en payer le prix tôt ou tard. Cela ne peut que mal finir. Contrairement à ce qui se passe dans la logique des stratèges des grands groupes, fondée sur l'économie de l'entreprise, il n'existe pas dans les sociétés dotées d'une constitution démocratique de *surplus people*, de citoyens inutiles. Les perdants ont une voix, et ils s'en serviront. Cela n'a rien de rassurant : le tremblement de terre politique succédera au séisme social. Les sociaux-démocrates ou les chrétiens-sociaux ne connaîtront pas de nouveaux triomphes avant longtemps. Les électeurs sont de plus en plus nombreux à prendre au pied de la lettre les formules des tenants de la mondialisation. Ce n'est pas parmi nous qu'il faut chercher les responsables, tout est dû à la concurrence étrangère : voilà ce qu'on serine aux citoyens dans à peu près un journal télévisé sur deux – des phrases prononcées par ceux-là mêmes qui sont censés défendre les intérêts de la population. On a vite fait de franchir le pas entre cet argument – économiquement faux – et une franche hostilité à tout ce qui est étranger. Depuis bien longtemps, des millions de citoyens des classes moyennes, déstabilisés, cherchent leur salut dans la xénophobie, le séparatisme, le cloisonnement à l'égard du marché mondial. Les exclus répondent par l'exclusion.

Lors de sa première candidature aux élections présidentielles aux Etats-Unis, en 1992, le populiste national autoritaire Ross Perot a remporté près de 19 % des voix. Le prédicateur français de la renaissance nationale, Jean-Marie Le Pen, et le populiste extrémiste de droite autrichien Jörg Haider obtiennent des scores comparables*. Du Québec à la Lombardie en passant par l'Ecosse, les séparatistes, eux aussi, ont le vent en poupe. Ils parachèvent le tableau clinique de la xénophobie en y ajoutant la colère contre les gouvernements centraux et le rejet de ceux qui, dans les parties les plus pauvres du pays, sont censés vivre aux dépens des autres. Parallèlement, dans le monde entier, on voit croître la masse des vagabonds de la migration, qui veulent échapper à la misère.

20/80 : la société des deux dixièmes, telle que se l'imaginaient les visionnaires élitaires de l'hôtel *Fairmont* pour le siècle à venir, correspond parfaitement à la logique technique et économique avec laquelle les chefs d'entreprise et les gouvernements mènent l'intégration globale. Mais la compétition mondiale pour la plus grande efficacité et les plus bas salaires ouvre les portes du pouvoir à l'irrationnel. Ceux qui se rebellent ne sont

* Aux dernières élections présidentielles (novembre 1996), Ross Perot a obtenu quelque 8 % des voix face à Bill Clinton et Bob Dole. Jörg Haider, lui, a frôlé les 28 % aux élections autrichiennes d'octobre 1996. En mars 1997, les sondages attribuaient 15 % des suffrages au Front national en cas de législatives anticipées en France. *(N.d.T.)*

pas ceux qui souffrent vraiment de la misère. La véritable bombe politique (et sa puissance de déflagration est incalculable) est au contraire alimentée par la peur du déclassement qui se répand au cœur de la société. Ce n'est pas la pauvreté qui met la démocratie en péril, mais l'angoisse qu'elle inspire.

Nous avons connu une situation où l'économie s'est déjà trouvée dans une telle position de force qu'elle a annihilé toute politique – et cette situation-là a mené à une catastrophe mondiale. En 1930, un an après le grand krach boursier, le magazine britannique *The Economist*, toujours très favorable au capital, commentait : "Le plus grand problème de notre génération tient au fait que nos succès dans le domaine économique dépassent de si loin notre réussite dans le domaine politique que l'économie et la politique ne peuvent plus marcher du même pas. Du point de vue économique, le monde est une unité d'action globale. Politiquement, il est resté morcelé. Les tensions entre ces deux évolutions opposées ont déclenché des secousses et des effondrements en chaîne dans la vie sociale de l'humanité."

L'histoire ne se répète pas. La guerre demeure cependant la soupape la plus vraisemblable lorsque les conflits sociaux deviennent insupportables – même si elle prend la forme de guerres civiles contre des minorités ethniques ou des régions qui trahissent la nation. La mondialisation ne mènera pas forcément à des confrontations militaires ; celles-ci sont en revanche possibles, si l'on ne parvient pas à dompter par le social les forces déchaînées de l'économie transnationale. Les réponses politiques que l'on a apportées jusqu'ici à la connexion économique du monde écartent jusqu'à la simple possibilité de maîtriser ce processus. Il existe pourtant des instruments et des voies permettant de rendre les commandes aux gouvernements élus et à leurs institutions sans dresser les nations les unes contre les autres. Certaines de ces solutions seront présentées et débattues dans ce livre.

La mission la plus éminente des hommes politiques soucieux de démocratie, au seuil du siècle à venir, sera de rendre ses fonctions à l'Etat et de rétablir le primat de la politique sur l'économie. Faute de quoi le processus de fusion que la technique et le commerce imposent à l'humanité à une vitesse dramatique s'inversera rapidement et mènera au court-circuit global. A nos enfants et nos petits-enfants, il ne restera plus que le souvenir de l'âge d'or, ces années quatre-vingt-dix où le monde paraissait encore ordonné et où il était encore possible de changer de cap.

TOUT EST PARTOUT

L'énergie de la globalisation et la décomposition globale

Les moujiks étaient auprès de leurs maîtres, les maîtres étaient auprès de leurs moujiks, et maintenant tout est sens dessus dessous, on n'y comprend plus rien.

Le serviteur Firs dans
La Cerisaie d'Anton Tchekhov,

Le monde devient Un. Et au commencement était l'image de la Terre unie.

A près de trois heures d'avion de Pékin (mais aussi à trois heures de Hong-kong et à deux heures de Lhasa, au Tibet) se trouve la ville de Chengdu. Ce centre retiré de la province du Sichuan, au milieu de l'empire, ne représente quelque chose que pour les amateurs de la cuisine chinoise épicée, et encore : les voyageurs étrangers ne s'approchent de la ville que lors des escales involontaires. Chengdu compte pourtant déjà 3,4 millions d'habitants, et c'est l'un des monstres urbains qui grandit le plus vite au monde.

Entre les chantiers des nouveaux déserts de gratte-ciel, les affichistes talentueux de Mao montrent quel visage le progrès porte aujourd'hui. Dans le nuage de poussière acide qui s'élève de rues déjà surpeuplées, mais pas encore goudronnées, des peintures criardes attirent les passants comme des écrans de télévision géants : une villa à un étage, crépie en rose cochon, une pelouse d'un vert vénéneux, une piscine bleu clair, et un couple chinois devant son cabriolet gigantesque[1].

De l'autre côté de la planète, dans un coin très reculé de l'Amazonie, près de la frontière entre la Bolivie et le Brésil, la même promesse s'étale au-dessus de la rue. Le groupe industriel du bâtiment Mendes Junior, de São Paulo, fait de la publicité grand format dans la forêt vierge pour les maisons individuelles inspirées par le modèle américain, idylliques, soignées, et grandes consommatrices des ressources naturelles. Dans les cabanes sordides, au bord des eaux troubles du río Purus, de jeunes *caboclos*, les descendants métis des Indiens et des esclaves noirs, discutent du tour de poitrine de la maître nageur Pamela Anderson dans la série télévisée californienne *Baywatch*, comme si c'était la fille d'à côté. A l'aide de magnétoscopes et de cassettes vidéo provenant d'Hollywood, les marchands de bois corrompent la poignée de tribus indiennes qui survivent encore dans l'Etat de Rondônia, afin qu'elles les autorisent à abattre les derniers acajous de leurs réserves[2].

La force des images animées a même aujourd'hui atteint les Indiens Yanomami, dont la singularité exceptionnelle avait entre autres suscité l'enthousiasme de Sting, la star du rock ; mais elle a aussi touché les jeunes qui vivent dans ce que l'on pense être le dernier *Shangri-La*, au Bhoutan. Dans cette éco-dictature bouddhiste, au pied de l'Himâlaya, les habitants sont certes contraints de porter constamment une blouse qui leur recouvre les genoux, et de cultiver les champs avec des moyens médiévaux. Mais on admire les gens du cru qui passent un blouson de cuir sur la tenue nationale uniforme, et qui vendent des copies pirates de films américains réalisées en Inde[3].

Même dans la partie extrême-orientale de la Russie, le "Denver Clan" est chez lui depuis longtemps. Le directeur de l'aéroport de Khabarovsk s'indigne sincèrement lorsque des visiteurs croient devoir lui expliquer que *Der Spiegel* est un hebdomadaire allemand : il peut le lire chaque semaine, reproduit sous forme d'extraits dans le quotidien régional[4]. Sur la Copacabana, un marchand de plage hisse chaque semaine, par conviction, le drapeau allemand. L'homme à la peau basanée n'est pas un descendant des nationalistes germains ; mais il admire "la justice qui règne en Allemagne, où même des gens simples ne sont pas pauvres[5]".

Cela ne fait aucun doute : si l'humanité devait voter aujourd'hui pour choisir un style de vie mondial, elle le pourrait. A l'heure actuelle, plus de 500 satellites actifs répandent sur la Terre les signaux radio de la modernité. Des images uniformes, sur un milliard d'écrans télévisés, nourrissent les mêmes envies sur les rives de l'Amour, du Yangtze, de l'Amazone, du Gange et du Nil. Même dans les régions privées de tout courant électrique (le Niger, en Afrique occidentale, par exemple), les antennes satellites et les capteurs solaires ont ainsi poussé des millions de personnes "hors de leur existence villageoise et vers une dimension planétaire", pour reprendre l'expression du secrétaire général du Club de Rome, Bertrand Schneider[6].

La bataille menée par le régime chinois contre les télécopies, la poste électronique et les émetteurs de télévision provenant du monde capitaliste, ne sert plus à défendre une autre idée de société, mais à protéger le pouvoir des dirigeants. Lorsque les images télévisées du monde universel des marchandises sont proscrites (c'est encore le cas en Corée du Nord et dans les pays de l'Islam), ce sont des photos et des récits détaillés qui circulent. Même en Iran, on estime que le rock *heavy metal* américain est la musique la plus populaire parmi les teenagers des classes moyennes[7]. Les ayatollahs, eux non plus, ne contrôlent plus l'espace aérien de leur zone de pouvoir.

Jamais auparavant les gens n'en ont su et entendu autant sur le reste du monde. Pour la première fois de son histoire, l'humanité est unie par une imagination commune.

Si les quelque six milliards de citoyens de la Terre pouvaient effectivement choisir par référendum la manière dont ils veulent vivre, une majorité écrasante se prononcerait en faveur d'une existence semblable à celle que mène la classe moyenne dans la banlieue de San Francisco. Une minorité qualifiée et informée souhaiterait en outre bénéficier des prestations sociales de l'Allemagne fédérale dans les années précédant la chute du Mur. Une combinaison luxueuse entre la villa aux Caraïbes et la prospérité garantie à la suédoise serait encore le rêve d'entre les rêves.

DISNEY ÜBER ALLES

Mais pourquoi est-ce justement l'idéal de vie californien qui l'a emporté ? Pourquoi Disney a-t-il pris le pas sur tout le reste ? La dimension nationale du marché américain, la position de pouvoir géopolitique des Etats-Unis après la Seconde Guerre mondiale, et sa puissance dans les batailles de propagande de la guerre froide, ont certes joué un rôle central, mais pas le seul rôle décisif. En d'autres termes : Staline voulait l'omnipotence, Mickey Mouse a obtenu l'omniprésence.

Le magnat des médias Michael Eisner, président, ainsi que président du directoire de la Walt Disney Company, a sa propre interprétation : "Le divertissement américain véhicule une quantité de possibilités individuelles, de choix individuels et d'expression individuelle. C'est cela que veulent les gens, partout." Et le représentant placier d'Hollywood ajoute, insouciant : "L'industrie américaine du divertissement, résultat d'une liberté créative sans borne, produit une originalité que l'on ne retrouve en aucun autre endroit du monde[8]."

L'homme qui attaque aujourd'hui ce système avec le plus de force, s'appelle Benjamin R. Barber, et il dirige le Walt Whitman Center à la Rutgers University, dans le New Jersey. C'est lui qui a inventé la formule aujourd'hui classique de "Djihad contre McWorld". Pour lui, la thèse de la diversité développée par Eisner est un "pur et simple mensonge. Ce mythe mélange deux points décisifs : le type de choix et la prétendue indépendance des désirs. Dans de nombreuses villes américaines, on peut par exemple choisir entre des dizaines de modèles automobiles, mais on n'a pas le choix entre plusieurs moyens de transports publics. Et comment peut-on affirmer sérieusement que le marché donne uniquement aux gens ce qu'ils désirent, lorsqu'on alloue à l'industrie publicitaire un budget de 250 milliards de dollars ? La chaîne de télévision MTV est-elle autre chose qu'un canal publicitaire assurant vingt-quatre heures sur vingt-quatre la promotion de l'industrie musicale ?"

Pour Barber, le succès foudroyant de la "colonisation de la culture mondiale par Disney" repose sur un phénomène aussi ancien que la civilisation : la compétition entre le lourd et le léger, le lent et le rapide, le complexe et le simple. Le premier de ces termes est toujours associé à des prestations culturelles admirées, le deuxième correspond à "notre indifférence, notre relâchement, notre paresse. Disney, McDonald's et MTV nous séduisent tous par leur côté facile, rapide et simple[9]."

Que la bonne évaluation des causes du triomphe hollywoodien soit celle d'Eisner ou celle de Barber, les conséquences concrètes de cette réussite sont omniprésentes. "A chaque coin de rue, on se retrouve face à Cindy Crawford ou aux Pocahontas, de la même manière qu'autrefois, en Union soviétique, on ne pouvait pas faire cent mètres sans voir une statue de Lénine. Les trilles de Madonna et de Michael Jackson sont le muezzin du nouveau désordre mondial", écrit le futurologue californien Nathan Gardel pour dépeindre la vision uniforme qui s'offre à nous aujourd'hui[10].

Au royaume des grands médias imprimés, le soleil ne se couche plus. Hollywood, devenu un centre énergétique international, fournit la principale matière première du post-matérialisme. Time Warner veut fusionner avec la Broadcasting Corporation de Ted Turner et la chaîne CNN pour prendre la position de leader sur le marché mondial. La fusion de Disney et de la chaîne télévisée ABC constituerait le deuxième plus grand achat d'entreprise de toute l'histoire de l'économie américaine. Sony possède Columbia Pictures, Matsushita a vendu en 1995 le géant du divertissement MCA à la Seagram, une multinationale qui produit des boissons. Entre le golfe Persique et la Corée règne l'Australien Rupert Murdoch. Sa chaîne satellite Star TV, qui a son siège à Hong-kong, rayonne sur quatre fuseaux horaires, une zone où vit la moitié de la population du globe. Sur six canaux différents, d'élégantes animatrices chinoises, indiennes, malaises ou arabes franchissent l'espace et le temps, parlant alternativement le mandarin ou l'anglais. Murdoch multiplie ses efforts pour s'implanter solidement en république populaire de Chine en s'intégrant à des réseaux câblés. A ce jour, trente millions de Chinois du continent peuvent recevoir ses programmes légalement et sans brouillage. Les détenteurs du pouvoir à Pékin font encore des manières, mais indiquent déjà aux professionnels du secteur la formule qui a permis à l'Australien de s'imposer : *"No sex, no violence, no news."*

Les géants des médias, y compris le titan d'origine allemande, Bertelsmann, son concurrent acharné Leo Kirch, ou le télécrate Silvio Berlusconi, sont ainsi bien armés pour fournir ce *tittytainment* sur lequel méditent les leaders de notre monde, lors de rencontres comme celle de la fondation Gorbatchev à San Francisco. Leurs images gouvernent les rêves, et ces rêves guident l'action.

LE GRAND DÉSIR DU CRI *SCREECH* UNIFORME

Mais plus le marché des images s'est internationalisé, plus il est devenu étroit. En moyenne, l'industrie cinématographique américaine consacre 59 millions de dollars à chaque film de fiction, une somme que les producteurs européens ou indiens sont bien incapables de rassembler[11]. Que ce soit dans le domaine de la technique ou dans celui des décors, ces films dispendieux fixent constamment de nouvelles normes, auxquelles leurs concurrents satisfont rarement. Dans ces conditions, l'attrait exercé par Hollywood et New York grandit constamment.

La diversité qu'on nous promet pour le futur, celle des cinq cents canaux de télévision accessibles dans chaque foyer, n'est elle aussi qu'une apparence. Un petit nombre de leaders du marché transformeront et recycleront leur marchandise sur un grand nombre de lieux de diffusion, en fonction des attentes de leur groupe cible. Parallèlement, et dès aujourd'hui, la chasse aux taux d'audience favorise les regroupements. Les droits de retransmission pour les manifestations sportives importantes, par exemple, ne peuvent plus être financés que par d'énormes recettes publicitaires ; or celles-ci ne peuvent être obtenues que par l'intermédiaire de grands organismes de diffusion ou d'agences internationales de vente d'espace. Et seuls ont intérêt à faire passer des spots publicitaires et à sponsoriser les émissions les fabricants présents sur toute la zone de diffusion, c'est-à-dire, pour l'essentiel, des groupes multinationaux. En Allemagne, dix grandes entreprises paient aujourd'hui près d'un quart de toute la publicité télévisée ; en France, pour l'année 1995, on a dépensé quelque 18 milliards de francs pour la seule publicité à la télévision[12]. Des spots publicitaires de 90 secondes diffusables à l'échelle intercontinentale coûtent autant qu'un film de fiction européen moyen[13].

Les agences publicitaires, enfin, utilisent des décors empruntés à une patrie onirique commune à tous leurs clients. Le public de masse allemand a déjà été tellement séduit par New York et l'Ouest sauvage que le soir où la chaîne télévisée RTL diffusait la finale de football de la Ligue des champions, en mai 1996, plus de la moitié de ses spots publicitaires reprenaient des clichés provenant de ce monde lointain et apparemment familier[14]. Ce n'est plus près de Capri, mais derrière le Golden Gate que le soleil rouge plonge à présent dans la mer pour accompagner la bière Beck's ; les pneus Continental ne couinent plus sur le bitume allemand du Nürburgring, mais dans les ravines qui sillonnent les gratte-ciel de Manhattan.

Les amplificateurs de l'uniformisation mondiale accélèrent encore cette évolution. Dans le domaine culturel, un produit final cohérent serait une sonorité américaine uniforme, globale et monotone, un *screech*, comme le prophétise l'artiste vidéo new-yorkais Curt Royston[15]. Comme pour lui apporter une confirmation, depuis des années, une jeune et bruyante avant-garde culturelle implantée depuis la ville sibérienne de Tomsk jusqu'à Vienne et Lisbonne imite jusque dans le détail, dans ses expositions, la scène new-yorkaise d'il y a deux décennies : des couleurs vives forcées, des cris laborieusement stridents, des moniteurs vidéo d'où s'échappent des couinements infernaux – comme c'est ennuyeux[16]. On commence tout juste à dire qu'à une époque où tout le monde crie, le silence stimulant peut être une alternative beaucoup plus provocante et substantielle[17].

La vision de Royston, celle du grand *screech*, n'est pas seulement une vue de l'esprit. Les trois ténors José Carreras, Placido Domingo et Luciano Pavarotti s'en sont approchés de très près lors de leur tournée mondiale, en 1996 : dans les stades où l'on jouait à guichets fermés, de Munich à New York, d'innombrables visiteurs ont eu la possibilité d'entendre à peine plus que la mélodie de fond de leurs airs classiques préférés. Mais ce pot-pourri uniforme avait à chaque fois quelque chose d'incomparable : il fallait que les acheteurs des billets aient eu l'impression d'avoir vécu un événement unique. Le public des quatre continents put ainsi fondre de plaisir lors du rappel, adapté à chaque univers culturel. Les trois *global singers* chantèrent ainsi aux Japonais *Kawa-no nagare nayomi*, l'air populaire langoureux du fleuve qui coule sans fin. Mais il en alla autrement sur les rives du Danube (lequel n'est jamais bleu ; aujourd'hui, on construit justement un barrage devant le stade du Prater où les ténors ont donné leur spectacle viennois) : là, les ténors ont entonné en exclusivité devant cent mille oreilles, le plus souvent celles de nouveaux riches allemands, tchèques et hongrois, la rengaine dansante *Vienne, Vienne, toi et toi seule*[18].

Avec une telle sensibilité et un tel don pour les calculs nationaux, ce trio de charmeurs du bel canto peut se réclamer d'un séducteur de gosiers dont personne au monde n'a encore égalé les prouesses : le groupe Coca-Cola. En Chine et au Japon, le géant du drink sans alcool propose sa potion brune dans différentes versions, acidulées en fonction des préférences culturelles et des particularités régionales[19]. En 1996, au cours de l'été olympique, dans ses spots télévisés diffusés sur tous les continents, Coca-Cola vantait sa boisson *"for the fans"* ; dans la ville d'Atlanta elle-même, écrasée sous la canicule, la multinationale toujours proche de ses clients s'adressait aux spectateurs en nage par le biais de grosses lettres imprimées sur les poitrines des athlètes : *"Cheering is thirsty work"*, encourager est un travail qui donne soif[20].

En Europe aussi, le sport, marchandise culturelle, se transforme de plus en plus en une marchandise pour une société du divertissement obnubilée par le design, et qui réserve des ovations aux emballages trompeurs. Le président de la Fifa, João Havelange, demande qu'il y ait plus de pauses lors des matchs de football, afin de laisser une plus grande place à la publicité, comme dans le football américain[21]. La Ligue fédérale allemande cherche une nouvelle identité, proche de celle de la National Basketball Association américaine. Oublié, le sentiment d'appartenir à une culture : le Bayern de Munich, équipe du sud de l'Allemagne, vend désormais plus de maillots à Hambourg, tout au nord du pays, que les deux clubs hambourgeois jouant en championnat national, le HSV et Sankt Pauli. La vente des articles destinés aux fans rapporte aux clubs de haut niveau des sommes supérieures à toutes les recettes qu'ils encaissaient au début des années quatre-vingt-dix, droits télévisés inclus. Comme les controverses naissent de plus en plus difficilement des comparaisons traditionnelles entre les villes, "il faut les créer artificiellement, en opposant les joueurs aux joueurs, les joueurs à l'entraîneur, l'entraîneur au président", explique Hans J. Stollenwerk qui mène des recherches sur le sport[22].

Comme une charrue qui ferait le tour du monde, la demande de ce flot de produits auxquels on assure une publicité globale et que des milliards d'individus réclament désormais a bouleversé les rues commerçantes de toutes les villes du monde. On est aujourd'hui arrivé à "transformer la soif en un besoin de Coca-Cola", pour reprendre l'expression narquoise utilisée jadis par le penseur Ivan Illich[23]. Les métropoles sont aujourd'hui dominées par les mêmes logos connus de tous, de Calvin Klein à Louis Vuitton en passant par Kodak. La réflexion et les marchandises se calent sur les films proposés par les quelques salles de cinéma qui survivent encore et sur les goûts musicaux en vigueur : ils s'uniformisent, à un rythme souvent destructeur pour les anciens producteurs nationaux. De Lisbonne à Prague en passant par le Marais, le vieux quartier de Paris, les décors se ressemblent de plus en plus : les commerces et boutiques uniformes envahissent les centres-villes jadis tellement spécifiques et créateurs d'identité.

La dernière victime en date de ce phénomène est l'ancienne capitale de la double monarchie austro-hongroise, Vienne. Les centaines de petites boutiques, qui proposaient une palette de produits très singulière et donnaient au centre-ville de Vienne un caractère inimitable et agréable, ont dû baisser les bras depuis que l'Autriche est entrée dans l'Union européenne, au début 1995 – d'autant plus que dans le même temps, on abolissait les règles rigoureuses qui régissaient le prix des loyers. Des chaînes commerciales internationales reprennent les meilleurs emplacements : restaurants rapides standardisés, marchands de sous-vêtements affriolants et marchés aux cosmétiques inodores y ouvrent désormais leurs filiales aseptisées.

LE TEMPS DES VILLES

La classe moyenne urbaine des centres économiques prospères se déplace avec un naturel inouï sur notre planète bleue, dont les dimensions ne cessent de se réduire – que ce soit pour les voyages d'affaires ou pour les vacances. Quatre-vingt-dix millions de personnes ont déjà régulièrement recours au réseau mondial d'Internet, et elles sont un demi-million de plus chaque semaine[24]. Une photographe viennoise née dans la région du Vorarlberg connaît mieux aujourd'hui le West Broadway, à New York, que la ville d'Innsbruck ; un courtier londonien se sent plus proche de ses collègues à Hong-kong que d'un directeur d'agence à Southampton. Tous se considèrent comme des citoyens du monde à l'esprit ouvert, et ne se disent pas un seul instant que leurs *connections* mondiales sont souvent très provinciales et limitées à leur propre milieu. Les journalistes, les spécialistes des systèmes informatiques ou les acteurs entreprennent des voyages plus fréquents, et plus fatigants, que les diplomates et les responsables de la politique étrangère ; le matin, ils sont dans une petite ville hongroise, auprès de clients désespérés ou d'interlocuteurs passionnants ; l'après-midi, ils ont un rendez-vous à Hambourg ; le soir, ils sont chez leur petite amie à Paris, une amourette toute récente et qui ne durera pas ; le lendemain, ils sont au siège de leur entreprise dans une grande ville quelconque, avant de repartir pour les Etats-Unis ou l'Extrême-Orient. Lorsqu'on a besoin de quelques secondes au réveil pour se rappeler sur quel continent on vient de dormir, on compte parmi l'avant-garde du club des globe-trotters. "Lorsque tu enregistreras tes bagages à l'aéroport, fais attention de ne pas te rencontrer toi-même, déjà de retour !" : c'est le genre de boutades que les rares amis de ces voyageurs sans répit leur lancent encore – une plaisanterie qu'on avait adressée, jadis, à Hans Dietrich Genscher, l'ancien ministre des Affaires étrangères allemand. Pourtant, beaucoup leur envient leur souplesse, leurs revenus, leurs déplacements dans le monde entier.

Mais aux bars des hôtels les plus fameux, au *Raffles* de Singapour, au *Savoy* de Moscou ou au *Copacabana Palace* de Rio de Janeiro, les messagers agités des *global players* épanchent leur cœur, tard dans la nuit. A cette heure-là, leurs anciens condisciples et compatriotes, ces touristes qu'ils rencontrent dans la rue par hasard parce qu'ils se risquent de temps en temps à visiter la planète, sont couchés depuis longtemps dans leur lit d'hôtel à bon marché. Loin de tout et de soi-même, ils sentent alors monter en eux ce sentiment de vide, cette solitude qui vous tétanise au plus tard après le huitième vol intercontinental de l'année. Bien sûr, il est universel, ce décor familier dans lequel ces clients inlassables des compagnies aériennes peuvent se reposer aux quatre coins du monde. Partout les mêmes aéroports, les mêmes chaînes d'hôtels, les mêmes restaurants franchisés, partout cette laideur rassurante, partout le même décor. Et partout, on s'abrutit en regardant le même choix de cassettes vidéo dans des chambres à l'air climatisé, mais vicié. L'âme de celui qui court sans cesse ne voyage pas aussi vite que son corps ; il n'a jamais eu la force de s'arrêter sur ce qui est différent, inconnu, vraiment nouveau – et s'il l'a jamais eue, elle s'est dissipée depuis longtemps. Ainsi l'on est partout mais on reste au même endroit, on a tout vu et l'on ne voit que ce que l'on connaît depuis toujours – et l'on accumule les bonus kilométriques offerts par les sociétés aériennes comme les autres, les sédentaires, collectionnent leurs cartes de téléphone, leurs timbres-poste ou leurs capsules de bière.

Et pourtant, cette mobilité semble indiquer la voie – elle est en tout cas un jalon de ce vol supersonique vers l'ordre mondial du futur. Un tissu serré de réseaux électroniques, des téléphones satellites digitaux, des aéroports de haut rendement et des parcs industriels en zone franche devraient, d'ici au début du prochain millénaire, relier directement trente vastes régions urbaines ; chacune d'entre elles abritera entre huit et vingt-cinq millions d'habitants. Les métropoles seront dispersées sur le globe comme des taches de lumière fortuites : séparés par des milliers de kilomètres, les habitants de ces cités se croiront plus proches les uns des autres que de leur voisin dans l'arrière-pays : celui qui, jusqu'alors, aura forgé leur histoire.

Selon le futurologue italien Riccardo Petrella, le pouvoir reposera alors entre les mains d'une "alliance de négociateurs travaillant dans le monde entier et de gouvernements urbains qui encourageront surtout la compétitivité des entreprises globales qu'ils hébergeront[25]". Dès aujourd'hui, les centres de l'Asie sont parmi les villes de pointe. Sur tous les continents grandissent des jeunes gens et des jeunes filles qui ont une image globale des villes, totalement différente de celle de leurs parents. Les cités qui croulent sous les superlatifs ne sont plus Paris, Londres et New York, ni même Moscou ou Chicago. Le plus grand bâtiment du monde s'élève depuis mars 1996 dans la capitale de la Malaisie, Kuala Lumpur ; ce n'est pas au-dessus des toits de Berlin qu'on aperçoit aujourd'hui le plus de grues en fonctionnement : leurs troupeaux s'élèvent désormais au-dessus de Pékin et de Shanghai.

Entre le Pâkistân et le Japon, une douzaine de régions en forte expansion se présentent comme de nouveaux acteurs sur la scène globale de la concurrence, et se battent pour tenir les rôles écrits au cours des décennies précédentes par l'univers urbain occidental. Bangkok, par exemple, veut reprendre le rôle de Detroit, la métropole de l'automobile. Les fabricants japonais Toyota, Honda, Mitsubishi et Isuzu assemblent depuis longtemps leurs voitures en Thaïlande, Chrysler et Ford transforment leurs filiales locales en points d'appui pour les affaires de leur groupe en Asie du Sud-Est.

Taipei se voit déjà reprendre la succession de la Silicon Valley, Taiwan est déjà loin devant les autres pour ce qui concerne la production de moniteurs, de souris informatiques et de scanners. La Malaisie compte prospérer avec ses exportations de haute technologie, comme jadis la Ruhr avec ses usines de traitement de l'acier. Bombay, pour sa part, produit déjà huit cents films de fiction par an, quatre fois plus qu'Hollywood. Les loyers des bureaux y pulvérisent les records atteints jusqu'ici au Japon.

Mais c'est surtout Shanghai qui revendique le rôle central, celui de centre nerveux des nouvelles mégapoles de l'Asie ; la ville chinoise s'oppose sur ce point à Tôkyô et New York. "Nous voulons devenir d'ici à 2010 le centre d'affaires international et financier du Pacifique ouest", déclare Hu Yangzhao, directeur des affaires économiques à la commission de planification municipale. Au terme de ce qui constitue sans doute le plus grand réaménagement urbain depuis la refonte de Paris par le baron Haussmann, au XIXe siècle, on aura presque rasé le vieux Shanghai et bâti une nouvelle ville à sa place. 250 000 foyers ont déjà dû quitter le centre-ville. 600 000 autres doivent encore être évacués. En revanche, quarante des cent plus grandes firmes multinationales y ont ouvert des bureaux. Siemens veut participer à la construction du métro ; cette année, 220 000 véhicules de tourisme sortiront des chaînes chez Volkswagen-Shangai, et ce chiffre doit monter à deux millions aux alentours de l'an 2000. Hong-kong, la colonie de la couronne britannique, qui réintègre en 1997 la république populaire de Chine, espère pouvoir tenir bon. "La géographie est de notre côté", argumente le grand banquier Clint Marshall. Vingt milliards de dollars sont injectés dans le seul nouveau projet d'aéroport. A seulement vingt kilomètres de là, la province chinoise prospère du Guangdong approvisionne dès à présent les marchés globaux[26].

Le démarrage économique de la Chine est aujourd'hui devenu un lieu commun ; il réserve pourtant des surprises aigres-douces. Avec "l'économie socialiste de marché" promue par Deng Xiaoping, le pays pourra accéder vers l'an 2000 au rang de deuxième puissance économique du monde – devant le Japon et l'Allemagne. Dans les années soixante, les professeurs de lycée de l'Europe évoquaient encore devant leurs élèves la montée rapide du "péril jaune", sans que rien ne se passât. Aujourd'hui, ils sont bien là, les hommes de l'Empire du Milieu. Les ouvriers du groupe métallurgique Meishan, de Shanghai, travaillent presque 24 heures sur 24 à Naples. Ils démontent une fonderie d'acier de 24 000 tonnes sur le terrain de cent hectares où s'étendait jadis l'usine, aujourd'hui désaffectée, du groupe métallurgique italien Bagnoli. A l'été 1997, les pièces doivent être ressoudées 14 000 kilomètres plus loin, dans la ville portuaire de Nanying, au bord du fleuve Yangtze. Le fabricant d'acier Thyssen, lui aussi, démonte un haut fourneau encore en état de marche pour l'exporter en Inde. En Autriche, Voest-Alpine a expédié en Malaisie un ensemble de traitement de l'acier LD2 complet et désaffecté, en provenance de Linz. Les acquéreurs d'Extrême-Orient achètent des produits de qualité, ils sont les derniers à profiter des milliards de subventions qui ont été déversés pendant des décennies dans la métallurgie européenne[27].

La mondialisation avance ainsi, à une vitesse pratiquement insaisissable. Il s'agit d'un "apurement des mares, étangs, lacs et mers, débarrassés de leurs économies locales, provinciales, régionales et nationales pour former un unique océan économique global, qui expose aux lames gigantesques de la compétition économique les petites zones habituées, jusqu'alors, à la houle faible et aux marées tranquilles", c'est ainsi que l'économiste Edward Luttwak décrit l'ère nouvelle[28].

Le monde entier est un marché unique ; le commerce pacifique semble fleurir. N'est-ce pas l'accomplissement d'un rêve de l'humanité ? Nous autres, habitants de ces Etats industriels jusqu'ici prospères, ne devrions-nous pas nous réjouir de voir tant de pays en développement monter les barreaux de l'échelle ? La paix globale n'est-elle pas désormais à portée de main ?

La réponse est non.

La vision du précurseur canadien Marshal McLuhan, celle du *global village*, du monde comme village homogène, n'est absolument pas devenue réalité. Les commentateurs et les hommes politiques ont beau mettre cette citation à toutes les sauces, on voit bien à quel point le monde réel est loin de former une entité organique. Il est vrai que plus d'un milliard de téléconsommateurs ont regardé, presque simultanément, le combat de boxe entre Axel Schulz et Michael Moiorer en juin 1996, au Westfalenstadion, de Dortmund. Avec 3,5 milliards de spectateurs, la cérémonie d'ouverture des Jeux olympiques du centenaire, à Atlanta, restera comme l'événement ayant rassemblé (par télévision interposée) le plus grand nombre d'humains au cours de ce millénaire. Les retransmissions des grands matchs de boxe ont par exemple touché environ un milliard de spectateurs chacune. Mais créer un monde d'images universel pour montrer des échanges de coups et des compétitions sportives ne suffit pas, loin s'en faut, à établir un échange mutuel, une compréhension réciproque. La proximité et la simultanéité médiatiques ne produisent pas de liens culturels, et ne garantissent surtout pas l'uniformisation des niveaux économiques.

Avant même que la terreur anonyme (terreur typique de l'extrême-droite) ne braque une lumière criarde sur les déchirements sociaux des Etats-Unis, les organisateurs de ces Jeux téléolympiques, à Atlanta, avaient eux-mêmes montré que leur volonté affichée de relier les peuples était un subterfuge. 85 000 visiteurs avaient payé 636 dollars leur billet d'entrée à la cérémonie d'ouverture. Sans le moindre scrupule, on a commencé par les reléguer au statut de figurants qui payaient leur participation à un flot époustouflant d'images. A chaque fois qu'on leur en donnait l'ordre, ils devaient agiter vers les caméras des tissus aux couleurs vives, des lampes de poche et des cartons. Le mot "rêve", que les propagandistes américains utilisent encore plus volontiers que leur définition de la liberté, devint la star de la soirée. Le programme, aussi luxueux que de mauvais goût, proclamait qu'Atlanta était "un tournant sur le chemin du rêve". La chanteuse Céline Dion chanta *The Power of the Dream*, et pendant quelques minutes, depuis le panneau où défilaient les annonces lumineuses, un poème d'Edgar Allan Poe rayonna sur le public : "Rêver des rêves qu'aucun mortel n'a encore jamais osé rêver." Et pour finir, on entendit la phrase historique du militant noir des droits civiques Martin Luther King résonner dans les rangées : "J'ai fait un rêve[29]."

Soit. Mais quel rêve ? A-t-il rêvé que trois décennies après son assassinat, une population de banlieusards américains, presque exclusivement des Blancs, frissonnerait de plaisir dans le superbe nouveau stade ovale de sa ville natale en entendant sa voix vibrante, mais indistincte, transmise par une bande-son bien préparée ? Ou bien Luther King avait-il jamais osé rêver que pour ces Jeux olympiques, on regrouperait les sans-abri d'Atlanta, presque exclusivement des Noirs, pour les transporter en car hors du centre-ville afin de ne pas infliger les images de la réalité américaine aux caméras des reporters internationaux ?

En tout cas, dans cette métropole du sud des Etats-Unis, qui, avec ses bidonvilles nettoyés et ses gratte-ciel de grande puissance, paraît d'une richesse aussi dévoyée que Kuala Lumpur, la capitale en plein essor de la Malaisie, "pauvre" et "noir" sont restés synonymes. En se retranchant derrière une bonne dose de cynisme, la productrice de télévision Barbara Pyle, l'une des collaboratrices les plus importantes de la multinationale médiatique de Ted Turner à Atlanta, une femme à la fibre sociale, commente en ces termes ces jeux des records qu'auront été les Olympiades de 1996 : "Jusqu'ici, entre les immeubles de CNN et Coca-Cola, on trouvait quelques quartiers pour Noirs pauvres, avec des logements à bon marché. Ils ont été éliminés pour laisser place au parc des Jeux olympiques du siècle, ce que l'on a appelé le «AT&T-Global Olympic Village». A l'avenir, les employés des deux entreprises pourront se promener entre les sièges de leurs deux entreprises sans être importunés[30]."

LE MONDE UNI SE DÉCOMPOSE

Les machines urbaines comme celle d'Atlanta, avec leur haute technologie et leur côté m'as-tu-vu, dominent aujourd'hui la surface du globe ; mais elles ressemblent de plus en plus à des îles isolées. L'archipel de la richesse, composé d'enclaves prospères, s'étend tout autour du monde. Mais même dans les anciens pays en développement, les Kuala Lumpur ne sont que des citadelles de l'économie globale. La plus grande partie de la Terre est au contraire en train de se transformer en planète de clochards où se multiplient les mégavilles pourvues de mégabidonvilles dans lesquels des milliards de personne luttent contre la misère. Chaque semaine, un million de personnes supplémentaires s'installent dans des villes[31].

Dans le même temps, comme l'a dit le président François Mitterrand en mars 1995, notre indifférence perplexe se transforme en une indifférence satisfaite. Il lui semblait que tout intérêt pour l'aide au développement avait fondu, que chaque pays ne s'occupait plus que de son arrière-cour[32]. Au cours de l'année qui a suivi la mort de ce brillant homme d'Etat, même cette arrière-cour s'est transformée en simple puits de lumière.

358 milliardaires sont à eux seuls aussi riches que 2,5 milliards d'êtres humains, près de la moitié de la population mondiale[33]. Les dépenses des Etats industriels pour le Tiers Monde ne cessent de diminuer ; en 1994, en France, elles ne représentaient plus que 0,64 % du PIB, et elles avaient encore diminué de 14 %, pour atteindre 0,31 % du PIB en 1995 (Allemagne : 0,33 %

en 1995[34]). Il est vrai qu'entre-temps les investissements privés en provenance des pays riches ont dépassé le niveau des fonds officiels d'aide au développement ; mais rares sont les régions qui en profitent. Les taux d'intérêt attendus par les investisseurs se situent souvent, "en raison du risque", aux environs de 30 % annuels – c'est par exemple le cas pour la construction de conduites d'eau en Inde et en Indonésie[35]. Au total, et malgré les proclamations incantatoires des gouvernements du Nord, qui garantissent qu'ils renonceront à une partie importante de ces dettes, elles ne cessent de croître. En 1996, ces engagements ont atteint 1,94 billion de dollars, une somme presque deux fois plus élevée que dix années plus tôt[36].

"C'est fini, déclare donc l'écrivain égyptien Mohammed Sid Ahmed. Le dialogue Nord-Sud est aussi mort que le conflit Est-Ouest. L'idée du développement est morte. Il n'y a plus de langage commun, il n'y a même plus de lexique pour désigner les problèmes. Sud, Nord, Tiers Monde, libération, progrès, toutes ces expressions n'ont plus de sens[37]."

L'aide – c'est la litanie qui enfle aujourd'hui en Europe et aux Etats-Unis – nous en avons nous-mêmes besoin depuis longtemps. Des millions d'électeurs, même dans les régions urbaines en expansion, se considèrent comme les floués des temps modernes. Dans l'angoisse tétanisante qu'inspirent les craintes pour l'emploi, la carrière, l'avenir de ses enfants, une nouvelle méfiance s'empare des citoyens conscients : la prospérité de la classe moyenne occidentale, qui va encore de soi aujourd'hui, se présentera-t-elle exclusivement, dans la perspective historique, comme une sorte de grand KaDeWe, ce grand magasin de luxe berlinois qui inspirait les fantasmes de l'Est communiste au faible niveau de consommation, mais qui, contrairement à ce qu'affirmait la propagande, n'était en aucun cas représentatif du niveau de vie en Europe de l'Ouest ?

Comme la scission économique de la société va en s'aggravant, des gens déstabilisés cherchent de plus en plus souvent leur salut politique dans la coupure et la démarcation. Au cours de ces dernières années, des dizaines de nouveaux Etats ont dû être intégrés aux cartes du monde. Aux Jeux olympiques d'Atlanta, déjà, 197 équipes nationales ont défilé sur le stade. Les Italiens, et même les Suisses, se battent pour leur identité ; l'unité nationale est remise en question. Cinquante ans après la fondation de la *Repubblica italiana*, jusqu'à 50 % des électeurs des provinces situées entre Vintimille et Trieste votent pour la Ligue du Nord, un mouvement de protestation dont le leader, Umberto Bossi, appelle à faire sauter les réémetteurs de la chaîne de radio et de télévision nationale, la RAI. En septembre 1996, Bossi a même proclamé un Etat indépendant, la Padanie. Dans d'autres régions du monde aussi, des pays prospères se démantèlent. Les îles Saint Kitts and Nevis, dans les Caraïbes, jusqu'ici de paisibles stations de vacances, veulent ainsi aujourd'hui quitter leur fédération[38].

Le Canada et la Belgique sont paralysés par les querelles entre leurs groupes linguistiques. Aux Etats-Unis, dont les immigrés arrivant en flots babyloniens ont si longtemps accepté de parler une langue nationale commune, des millions d'Hispaniques, y compris ceux des deuxième et troisième générations, refusent aujourd'hui de parler l'anglais. Partout, le tribalisme se renforce. La menace d'un retour au nationalisme violent ou au chauvinisme régional plane sur de nombreux secteurs de la planète.

Contrairement aux guerres traditionnelles du XIXe et du début du XXe siècle, la plupart des conflits ne se déroulent plus aujourd'hui *entre* des Etats, mais *au sein* des Etats. En 1995, deux affrontements armés sur cinquante survenus dans le monde suivaient le modèle traditionnel : celui qui opposait le Pérou et l'Equateur, et la guerre entre le Liban et Israël. Les nouvelles confrontations, celles qui ont lieu à l'intérieur des frontières nationales, laissent l'opinion internationale pratiquement indifférente. Mais en Afrique du Sud, au cours de l'année qui a suivi la fin de l'apartheid, 17 000 personnes ont perdu la vie à la suite d'actes de violence – plus qu'en seize années de guerre civile[39].

La communauté mondiale réagit à la tragédie du continent africain, qui atteint aujourd'hui son apogée, en s'abritant derrière de regrettables mécanismes de refoulement. Vingt et un centres détachés des Etats-Unis pour l'aide aux pays étrangers doivent par exemple être fermés d'ici à 1999 ; neuf d'entre eux se trouvent sur ce continent que beaucoup considèrent déjà comme perdu. "Pour la future politique mondiale, l'Afrique est pourtant peut-être aussi importante que l'étaient les Balkans il y a un siècle, avant les deux guerres des Balkans et la Première Guerre mondiale, estime le spécialiste nord-américain du Tiers Monde Robert D. Kaplan. C'est précisément parce qu'une grande partie de l'Afrique est au bord du gouffre qu'elle nous donne un avant-goût de ce à quoi ressembleront les guerres, les frontières et la politique ethnique dans quelques décennies[40]."

Les villes situées entre la Sierra Leone et le Cameroun, et notamment Freetown, Abidjan et Lagos, sont la nuit parmi les plus dangereuses du monde. Dans la capitale de la Côte-d'Ivoire, 10 % des habitants sont séropositifs. "Il n'existe aucun autre lieu sur cette planète où les cartes géopolitiques soient aussi trompeuses, et même aussi mensongères qu'en Afrique occidentale", estime Kaplan. Avec le Rwanda, le Burundi, le Zaïre et le Malawi, d'autres Etats africains deviennent eux aussi les symboles de la guerre tribale et de la guerre civile.

Dès lors que 95 % de l'augmentation de la population dans le monde se concentre dans les régions les plus pauvres de la planète, la question n'est pratiquement plus de savoir s'il y aura de nouvelles guerres, mais de quelle nature elles seront et qui se battra contre qui. Dix-sept Etats arabes sur vingt-deux annonçaient en 1994 une chute de leur production ; or dans beaucoup de ces pays, le nombre d'habitants pourrait encore doubler au cours des deux décennies à venir. Dans différentes régions, les ressources en eau seront bientôt insuffisantes, en Asie centrale aussi bien qu'en Arabie Saoudite, en Egypte et en Ethiopie. Dans un tel contexte, "l'islam attire les opprimés, dans la mesure même où il apparaît comme un mouvement militant. Cette religion, qui connaît la plus forte croissance du monde, est la seule disposée à se battre", conclut Kaplan[41]. Les sécessionnistes et les zélateurs religieux ont ainsi le vent en poupe, du Maroc à l'Inde et à l'Indonésie, en passant par l'Algérie.

Dès l'été 1993, le professeur Samuel P. Huntington, de Harvard, publiait un essai dans la revue *Foreign Affairs*, le fameux journal américain lu par les intellectuels des milieux diplomatiques, article chapeauté par cette question devenue célèbre : *"The Clash of Civilizations*[42] *?"* Sa thèse, selon laquelle l'avenir ne verra plus de conflits portant sur la théorie sociale et la politique générale, comme aux temps de la guerre froide, mais des confrontations religieuses et culturelles entre civilisations, provoqua un émoi et une attention considérables, notamment dans les pays industrialisés occidentaux. Huntington venait confirmer de très vieilles angoisses : l'Europe, au fil des siècles, s'est toujours imaginée envahie par les Huns, les Turcs ou les Russes. Mais ces angoisses sont-elles légitimes ? Est-il vrai, comme l'expose aussi le stratège de Harvard dans un livre paru sur ce sujet en 1996, que l'Ouest démocratique va heurter de plein fouet le reste du monde, affronter un pacte de despotes et de théocrates du type de Saddam Hussein et de l'ayatollah Khomeiny, soutenus par des exploiteurs efficaces adeptes de Confucius ?

On peut au moins en douter, d'autant plus que dans ce nouveau monde détaché de la réalité géographique que constituent les villes étroitement liées les unes aux autres, les pays jusqu'ici prospères laissent leurs propres tissus sociaux se décomposer à un rythme ahurissant, ce qui provoque, à l'Ouest, de grandes tensions politiques. Parallèlement, la culture globale et uniforme relie les élites nationales.

Mais l'Asie en expansion est tout sauf une structure homogène. La décomposition et la fragmentation menacent aussi l'Empire du Milieu. "La Chine fonce dans un mur, estime Timothy Wirth, premier secrétaire d'Etat aux questions globales en Amérique, et proche du président Bill Clinton. La décomposition de la Chine pourrait rapidement devenir un sujet éclipsant tout le reste[43]."

Les paysans chinois en ont assez de leur misérable vie rurale. Il y a juste vingt ans, en écoutant la radio contrôlée par l'Etat, ils ne pouvaient rien savoir du sort relativement plus enviable des citadins. Même si quelqu'un leur en parlait et voulait les entraîner vers la ville, ils étaient immédiatement arrêtés par les contrôles policiers inflexibles qui émaillaient les routes de province. Désormais, ces anciens ruraux s'intègrent à l'armée des déracinés qui, cherchant une place pour survivre, disparaissent dans les bidonvilles, hors de la surveillance exercée par le parti communiste et les comités de quartier. La masse des migrants en situation de vagabondage représente déjà plus de cent millions de personnes ; elle permet d'appréhender physiquement la pression monstrueuse qui pèse sur le pays le plus peuplé du monde[44].

L'Inde abritera avant même la fin du millénaire le deuxième peuple dépassant le milliard d'individus sur la planète. Elle aussi est soumise à un stress de plus en plus intense. Bombay et New Delhi ont remplacé Mexico et São Paulo au hit-parade des villes de l'horreur. Plus de dix millions de personnes vivent aujourd'hui dans chacun de ces deux monstres urbains. Dans moins de vingt ans, ce chiffre aura pratiquement doublé. La métropole pakistanaise de Karâchi, à laquelle on n'a guère prêté attention jusqu'ici, devrait bientôt se faire remarquer par l'opinion internationale : sa population passera d'un peu moins de dix millions aujourd'hui à plus de vingt millions en l'an 2015[45].

Les responsables municipaux de New Delhi doivent souvent faire appel aux photos satellites pour savoir dans quelle direction leur métropole a recommencé à grandir – sans planification, sans contrôle, sans autorisation. La journée, les rues se transforment en tunnels de fumée de trois mètres de large sur cent mètres de haut. La ville tout entière tousse dans le brouillard dégagé par les "phuts-phuts" pétaradants, les pousse-pousse motorisés à bon marché. Un enfant sur trois souffre de bronchites allergiques, que les médicaments courants parviennent tout au plus à apaiser provisoirement. 2 200 personnes meurent chaque année dans des accidents de la circulation – rapporté au nombre de véhicules, c'est treize fois plus qu'aux Etats-Unis. Jusque dans les années soixante-dix, on parlait de New Delhi comme d'une "ville jardin". Récemment, un ministre de la région l'a qualifiée de "trou noir écologique en Asie" et a affirmé qu'elle était aujourd'hui "proprement inhabitable" pour les êtres humains[46].

A Bombay, devenue depuis l'ouverture économique de l'Inde "le bidonville le plus cher du monde" (selon l'éditorialiste Sudhir Mulji), les taxis, le matin, sentent encore la nuit de sommeil : leurs conducteurs ne peuvent pas se permettre de rouler plusieurs heures pour rentrer chez eux. Chaque jour, deux mille tonnes d'ordures doivent être évacuées des rues, on utilise des centaines de milliers de toilettes, mais l'administration municipale ne peut même pas mettre à disposition les deux tiers de l'eau nécessaire[47].

Pourtant, les millions d'habitants des campagnes ou des petites villes ne se comportent pas du tout comme des lemmings lorsqu'ils convergent vers les mégalopoles. Une étude menée à New Delhi a montré que la plupart des migrants ne se sont décidés à partir pour la ville géante qu'au moment où des amis ou des parents qui y vivaient déjà ont pu leur procurer un emploi. Les nouveaux venus s'en sortent donc souvent bien mieux que l'immense masse des pauvres qui sont nés dans la grande ville[48]. Cela aussi contribue à alimenter des tensions susceptibles de provoquer de nouveaux mouvements migratoires – transfrontaliers, ceux-là.

Lors d'une visite de travail à Pékin, le ministre fédéral allemand Klaus Töpfer a pu constater à quel point même la Chine, avec son gouvernement autoritaire, est une structure fragile. Comme le voulait son devoir, il a rappelé au premier ministre Li Peng que même dans l'Empire du Milieu, il fallait respecter les droits de l'homme. Le stratège politique chinois lui a répondu qu'il était tout à fait possible d'accorder ces droits à son peuple. "Mais dans ce cas, a-t-il demandé, l'Allemagne serait-elle prête à accueillir chaque année jusqu'à quinze millions de Chinois, et à assurer leur subsistance ?"

Cette réaction inattendue laissa pantois le missionnaire de la démocratie occidentale. Ce "cynisme incroyable", se rappelle Töpfer, l'avait désarmé[49]. Mais la réponse polémique du communiste était-elle seulement cynique ? Elle intègre justement la question que doit se poser aujourd'hui l'humanité, et tout particulièrement ceux qui étaient, jusqu'ici, les gagnants, l'Europe et l'Amérique du Nord : De quelle dose, ou plus exactement, de quel type de liberté peut-on jouir sur cette planète bleue qui sera bientôt habitée par huit milliards d'êtres humains ? Quelles sont les règles, quelles sont les formes de société qui permettront de maîtriser les problèmes d'environnement, d'alimentation et les difficultés économiques ?

Une inquiétude inconfortable s'est emparée des leaders de la politique mondiale. "Nous vivons une révolution mondiale, annonce ces derniers temps Boutros Boutros-Ghali, le secrétaire général de l'ONU lorsqu'il donne des conférences. Notre planète est sous la pression de deux forces monstrueuses et antagonistes : la globalisation et la fragmentation."

Profondément inquiet, Boutros-Ghali ajoute : "L'histoire montre que ceux qui se trouvent au cœur d'une transformation révolutionnaire en comprennent rarement le sens final[50]."

L'ENNEMI, C'EST NOUS-MÊMES

Le modèle de civilisation jadis inventé en Europe a certes montré qu'il était d'un dynamisme et d'une efficacité sans concurrence. Mais il n'est pas fait pour modeler le futur. "L'amélioration sensible du niveau de vie" que "la hausse de la production industrielle" apportera à tous dans les "pays sous-développés" avait été annoncée aux pauvres du monde en 1949 par le président Harry Truman. Mais elle n'aura pas lieu[51].

C'est maintenant, alors que des milliards de personnes unies par le monde des images tentent, de Bogotá à Yakoutsk, de rattraper ce modèle occidental, que les vendeurs de cette promesse de développement résilient le contrat. Dans leurs propres pays déjà, aux Etats-Unis et en Europe, ils sont incapables de tenir leur promesse, et ne parviennent pas à maîtriser une déchirure sociale qui ne cesse de s'élargir. Dans ces conditions, qui se soucie encore de concilier la croissance et l'environnement, ou de répartir les richesses de manière équitable dans le Tiers Monde ? Le dogme autoritaire de la croissance apparaît de plus en plus comme l'arme d'une époque révolue : elle faisait partie de l'arsenal de la guerre froide. Dans cette logique, elle semble aujourd'hui bonne à ranger au musée.

Sauve qui peut ! Le voilà, le nouveau mot d'ordre. Mais voilà, qui peut ? Car la victoire du capitalisme n'a nullement sonné cette "fin de l'Histoire" que proclamait en 1989 le philosophe nord-américain Francis Fukuyama : elle a mis fin à ce projet auquel on avait, avec tellement de témérité, donné le nom de "modernité". Nous sommes au commencement d'un changement d'époque aux dimensions mondiales : de toute évidence, ce ne sont plus l'expansion et la prospérité, mais le déclin, la destruction écologique et la dégénérescence culturelle qui caractérisent la vie quotidienne de la plus grande partie de l'humanité.

A San Francisco, l'élite mondiale table sur une société des deux dixièmes au sein des Etats jusqu'alors prospères. A l'échelle mondiale, cela fait longtemps que cet équilibre s'est instauré.

Les données sont connues, mais les forces de la globalisation, une fois libérées, les feront apparaître sous un tout nouveau jour : le cinquième des Etats de la planète (les plus riches, bien entendu) produit 84,7 % du produit mondial brut, ses citoyens effectuent 84,2 % du commerce mondial et possèdent 85,5 % de toute l'épargne intérieure. Depuis 1960, l'écart entre le cinquième le plus riche et le cinquième le plus pauvre des pays de la planète a plus que doublé – c'est un autre aveu de faillite pour une politique d'aide au développement qui promettait l'équité. Et cette faillite-là s'exprime dans les chiffres[52].

Il est vrai qu'aujourd'hui on se soucie tellement de créer des emplois et d'assurer la paix sociale que les questions liées à l'environnement passent au second plan. Mais le fait qu'on consacre moins de grands titres au problème ne signifie en rien que l'état écologique de la Terre s'est amélioré. Le modèle global de consommation des ressources n'a pas été modifié depuis la conférence spectaculaire de Rio de Janeiro, en 1992, une manifestation organisée par l'ONU et consacrée à l'environnement et au développement. Les membres fortunés du club des deux dixièmes se sont octroyé 85 % de l'utilisation mondiale du bois, 75 % du traitement des métaux et 70 % de l'énergie[53]. Les conséquences en sont banales, mais brutales : les habitants de cette planète ne pourront jamais connaître ensemble un tel niveau de prospérité, avec les dommages qu'il fait subir à la nature. La Terre fixe ses limites à l'humanité.

La propagation mondiale des centrales électriques et des moteurs à combustion a d'ores et déjà fondamentalement troublé l'équilibre énergétique de notre écosystème. Les déclarations d'intention du sommet de Rio sonnent aujourd'hui comme des airs de pipeau d'une époque depuis longtemps révolue. Dans les faubourgs de la plus belle métropole de la planète, la communauté mondiale s'était prononcée dans ses discours verbeux en faveur d'un "développement durable", d'une évolution économique qui ne laisserait pas aux générations futures une situation aggravée de l'environnement et des ressources. D'ici à la fin du millénaire, il fallait, au moins dans les Etats industrialisés, ramener les émissions de dioxyde de carbone au niveau de 1990 ; d'ici à 2005, l'Allemagne comptait diminuer ses propres taux de 25 %.

Ces promesses sur le papier ne valent que l'encre dont elles étaient faites. Il est vraisemblable que la consommation mondiale d'énergie aura doublé d'ici à l'an 2020. Les gaz à effets de serre augmenteront de 45 à 90 %[54]. Les chercheurs renommés sur le climat, qui échangent les résultats de leurs travaux au sein de l'Intergovernmental Panel on Climate Change (IPCC) mettent vainement en garde depuis des années contre "l'influence inquiétante exercée par l'homme sur le climat de la planète[55]".

On ne peut plus arrêter la transformation du climat, tout juste l'atténuer, et ce bouleversement va exiger des sacrifices gigantesques. "Pour nous, le réchauffement global et ses conséquences, les tempêtes et les inondations, par exemple, sont déjà une réalité", explique Walter Jakobi, du groupe Gerling, le plus grand assureur industriel en Allemagne. Dans les années quatre-vingt, les sociétés d'assurance devaient supporter chaque année dans le monde cinquante catastrophes naturelles dont le coup unitaire dépassait les vingt millions de dollars. Au milieu des années quatre-vingt-dix, déjà, on relève environ cent vingt-cinq grands événements dévastateurs par an. Une seule tempête violente sur la côte est des Etats-Unis ou sur le nord de l'Europe pourrait même coûter beaucoup plus, jusqu'à quatre-vingts milliards de dollars, selon les derniers calculs en date des compagnies de réassurance[56]. Les primes montent en conséquence ; dans les zones inondables, les propriétaires d'immeubles ont de plus en plus de mal à négocier des contrats d'assurance à un tarif supportable. Certains Etats paient d'ores et déjà un prix incalculable pour le risque climatique. La vulnérabilité croissante aux ouragans retient par exemple de nombreux investisseurs étrangers de placer des sommes importantes au Bangladesh[57].

On ne pourra sans doute plus empêcher une montée sensible du niveau des océans. L'ère des villes, à peine entamée, pourrait ainsi connaître une fin abrupte avant même l'année 2050. Sur dix agglomérations comptant plus de 500 000 habitants, quatre se trouvent à proximité des côtes – et l'on trouve dans cette catégorie les trois cinquièmes de toutes les mégamétropoles[58]. Bombay, Bangkok, Istanbul et New York sont menacés dans leur existence même, mais très rares seront les monstres urbains à pouvoir s'offrir des digues coûteuses, comme aux Pays-Bas, pour garder les pieds au sec.

La Chine, elle aussi, doit redouter les tempêtes du siècle à venir. Shanghai, Hong-kong et des dizaines d'autres villes comptant plusieurs millions d'habitants donnent directement sur la mer. Mais les héritiers de Mao pensent avant tout à ce siècle, ils en ont tiré les leçons et copient, avec ou sans brevet, les conquêtes de l'Occident. Le grand choix est déjà fait ; l'orientation fondamentale a été décidée : ce peuple, avec son milliard d'individus, se prépare à une longue marche vers la société automobile. Un seul calcul pragmatique peut être à l'origine de cette décision : mieux vaut un échauffement du climat mondial qu'une surchauffe de l'ambiance dans le pays. Une voiture à soi, c'est aussi tranquillisant qu'une dose d'opium.

"Aujourd'hui, faire du vélo en Chine est mal vu, l'expression même du sous-développement", a noté l'expert en circulation Odil Tunali, de Washington. Actuellement, seules un million huit cent mille automobiles se déplacent sur les routes chinoises, tout juste cinq pour cent du parc allemand. Mais dans moins de quinze ans, elles seront déjà vingt millions[59]. Les grandes marques internationales sont toutes atteintes par une fièvre digne de la ruée vers l'or. A elle seule, l'entreprise Volkswagen de Shanghai espère pouvoir fournir un tiers de tous les nouveaux véhicules. Mais General Motors, Chrysler, Mercedes-Benz, Peugeot, Citroën, Mazda, Nissan et le groupe sud-coréen Daewoo participent eux aussi, avec des accords de production et par la fourniture de produits usinés, au démarrage fulgurant de la Chine. L'Inde, l'Indonésie, la Thaïlande et tous les autres entrent avec elle dans l'ère moderne.

"Avec vingt millions de voitures neuves chaque année, l'ensemble du marché asiatique sera bientôt aussi grand que celui de l'Europe et de l'Amérique du Nord réunis", prophétise Takahiro Fujimoto, expert de l'industrie automobile à l'université de Tôkyô[60]. L'Amérique latine et les anciens Etats du bloc de l'Est affichent eux aussi des taux de croissance étonnants ; au Brésil, les immatriculations de véhicules ont doublé dans les années quatre-vingt-dix, tout comme le trafic dans les rues de Moscou. Les citoyens de l'Est n'ont aucune envie plus brûlante que de rejoindre le niveau de vie de leurs voisins occidentaux. La fascination exercée par l'idée d'avoir son propre véhicule, qui pâlit lentement dans nos pays, est encore intacte sur ces nouveaux marchés. L'auto, loin d'être un simple moyen de transport, est avant tout le symbole de l'ascension sociale, une preuve de richesse, de pouvoir, le signe d'une prétendue liberté individuelle. Dans le monde entier, les émissions de gaz automobiles ont ainsi échappé à tout contrôle. En l'an 2020, un milliard de voitures, deux fois plus qu'aujourd'hui, mèneront sans doute à l'infarctus mondial du trafic routier.

Mais dès aujourd'hui, les citoyens de l'Union européenne gaspillent à peu près 1,5 % de leur PIB dans les bouchons [61] ; à Bangkok, ce chiffre atteint 2,1 %[62]. Il faut tellement de temps pour traverser la capitale paralysée de la Thaïlande, l'ancienne Venise de l'Est, que les automobilistes, lorsqu'ils se rendent à leurs rendez-vous professionnels, emportent par précaution des toilettes portables dans leur voiture. Au Japon, certaines entreprises ont pris l'habitude d'envoyer trois poids lourds sur des trajets différents à leurs clients, pour respecter leurs délais de livraison malgré les heures d'attente sur les autoroutes.

Et après ? Les rêves restent des rêves, même lorsqu'ils se sont depuis longtemps révélés des impasses. Dès lors, rien ne semble pouvoir arrêter l'ultime floraison de la motorisation illimitée. Tous les efforts menés dans d'autres pays ou d'autres régions pour réduire, au moins, le réchauffement du climat en économisant l'énergie et en contenant le trafic automobile sont ainsi réduits à néant. Dans les années quatre-vingt, les Etats industrialisés n'ont jamais mené à son terme le débat sur le prix judicieux des transports et de l'essence et n'ont jamais pris au sérieux la nécessité d'une fiscalité écologique équitable. Ils récoltent aujourd'hui le fruit de leur attitude : le contrôle de l'évolution leur a échappé et ce sont de nouveaux venus sur le marché global, jusqu'ici tenus à l'écart, qui profitent du prix dérisoire du pétrole. Tant que les coûts liés à l'environnement ne joueront aucun rôle, les négociants chinois pourront par exemple acheminer en bateau des tonnes de jouets sur la moitié du globe et les proposer dans les pays de l'Union européenne à un prix plus bas que celui des productions issues des usines à bas salaires de la République tchèque – ne parlons même pas des entreprises de l'Union européenne.

L'industrialisation des pays émergents se déroule aujourd'hui dans un climat d'ignorance écologique angoissante. Les villes de la Chine crachent un puissant nuage toxique qui s'étale sur plus de 1 700 kilomètres au-dessus de l'océan Pacifique. Les habitants de Shanghai se réveillent presque chaque jour ouvrable sous une cloche de smog orange sombre[63]. Près de Chengdu, sur des dizaines de kilomètres, une fumée blanche et noire sort sans traverser le moindre filtre de milliers de fours à chaux et de briqueteries : un tableau encore plus effrayant que dans la tristement fameuse vallée de Katmandou, au Népal, où l'air est aussi corrosif pour les muqueuses que dans le smog infernal des mégalopoles[64]. Après un grand voyage en Extrême-Orient, l'architecte britannique John Seargant résume ses impressions : "J'ai vu l'avenir d'une grande partie de la zone pacifique et je suis plongé dans un effroi mortel. Un quart de la population du globe est en train de changer de niveau de vie et anéantit ainsi une partie importante de la planète[65]."

La Chine se trouve en fort bonne compagnie, nous le savons tous, et nous faisons partie des complices. La plupart des habitants des pays jusqu'ici qualifiés de prospères pensent pouvoir vivre sans difficulté avec le réchauffement global. Mais le goulet écologique favorise lui aussi cette société des deux dixièmes qui est en train de se mettre en place. Peu d'individus pourront encore s'offrir des produits naturels coûteux et rares. Mais ceux qui pourront en disposer en profiteront plus.

Dans la station mondaine de Lech am Arlberg, dans la région autrichienne du Vorarlberg, il est par exemple possible que certains se réjouissent secrètement en entendant des climatologues annoncer, comme ils l'ont fait récemment, la "fin du tourisme d'hiver" en Autriche[66]. Ce village, situé à 1 450 mètres, ne connaîtra une véritable richesse que lorsque la neige sera totalement absente à des altitudes inférieures. Il sera alors aussi huppé d'aller godiller dans les Alpes que d'aller jouer au polo en Grande-Bretagne. Il est vrai que certains hôteliers, qui se sont lancés dans des investissements excessifs, ont encore sur les épaules une montagne de dettes. Mais les 1 380 habitants de Lech, prévoyant, ont clôturé la totalité de leurs *claims* et bloquent toute nouvelle arrivée. C'est un Bonanza qui attend leurs enfants et petits-enfants. Si, vers l'an 2060, même les canons à neige les plus coûteux ne sont plus capables de teindre de blanc les descentes en dessous du Kriegerhorn et du Mohnenfluh, ce seront presque tous des millionnaires qui vivront de leurs rentes, ou qui n'auront aucun mal à choisir une autre existence.

Cet exemple peut paraître choquant, mais il est peut-être à même d'expliquer certains phénomènes. Car si la formation d'un large front politique désireux de combattre le réchauffement de la planète prend tellement de temps, c'est parce que plusieurs millions de personnes peuvent encore considérer qu'elles vont profiter du changement de climat. Cela étant dit, on aurait tort de croire que tous les efforts sont vains et que l'apocalypse est inéluctable. Ceux qui tirent de telles conclusions ne font qu'inciter les autres à refouler les problèmes, et justifier leur propre inactivité. Il est devenu tellement confortable d'attendre la fin du monde.

Mais elle n'aura pas lieu, cette disparition rédemptrice qui résoudrait tous les conflits. L'humanité survivra, elle est forcée de survivre, et pour longtemps encore. La seule question est de savoir comment – et quel pourcentage de l'humanité sera plus proche de la prospérité ou de la grande misère, y compris au sein de ce que l'on appelait jusqu'ici les pays industrialisés. Il ne fait aucun doute que "le destin écologique de l'humanité se jouera en Asie", comme le souligne le directeur de Greenpeace International, Thilo Bode[67]. Mais les premiers responsables de la reconversion écologique sont ceux qui ont créé le paradis des marchandises et se sont accrochés à ses images comme à des idoles.

L'abandon du modèle traditionnel de développement économique – quels que soient les renoncements qu'il implique – ne serait pas obligatoirement "une sinistre marche à la misère" : elle pourrait au contraire mener à "de nouvelles formes de bien-être", affirme Ernst Ulrich von Weizsäcker, président de l'Institut de Wuppertal[68]. Directeur de ce laboratoire du futur, dont nul ne met en doute le sérieux, il a présenté son idée en détail, en 1995, avec la collaboration de deux spécialistes nord-américains des problèmes énergétiques, Amory B. Lovins et L. Hunter Lovins : "Facteur quatre : prospérité doublée, consommation des ressources naturelles divisée par deux." En Allemagne au moins, le livre a été un best-seller lu avec étonnement[69].

Tandis que les régions centrales de l'Europe annoncent la motorisation complète, à l'heure où tous les foyers sont équipés de télévisions, quelques individus, surtout des citadins, rompent ouvertement avec ces icônes de la modernité. Mais là encore, la société se polarise : quand on a passé des heures à chercher une place, il ne reste plus grand-chose du plaisir de conduire : ainsi se dissipe l'idéal d'une société automobile égalitaire. Même face au grand embouteillage, les hommes ne sont pas égaux, loin s'en faut. Jadis, c'est la possession d'un téléviseur et d'une automobile qui conférait un statut ; aujourd'hui, le nouveau luxe est de ne pas avoir besoin de véhicule et de ne pas dépendre de sa télévision. Quand on peut se le permettre, on vit aujourd'hui dans les centres-villes, près des parcs, plutôt que dans des banlieues hors d'atteinte. Quand on mène une vie palpitante, on n'a pas de mal à renoncer aux paillettes virtuelles de la télévision – et l'on ne veut pas entendre parler de *tittytainment.*

De tels petits refuges raffinés ne masquent pas la mutation sociale imminente dont certains visionnaires ont depuis si longtemps déjà donné une description, depuis Dennis Meadows*

* *Dynamique de la croissance dans un monde fini,* Economica, 1977.

jusqu'au vice-président américain Al Gore*. Au début de l'été 1989, pour la première fois, les problèmes d'environnement et la catastrophe climatique figuraient à l'ordre du jour du sommet économique du G7, rassemblant les sept nations les plus riches du monde. On crut que cette réunion annonçait un changement de pensée. "Les années quatre-vingt-dix seront une décennie critique", annonça dans une prise de position fort remarquée le World Resources Institut, à Washington, un établissement qui fonctionne comme une sorte d'usine à pensée et exerce une influence certaine sur les gouvernements[70]. "Au siècle prochain, il sera déjà trop tard, confirma le biologiste Thomas Lovejoy, de la Smithsonian Institution, à Washington : les combats décisifs seront gagnés ou perdus dans les années quatre-vingt-dix[71]."

Quelques mois plus tard, le Mur de Berlin tombait ; les optimistes crurent que la bataille pour sauver la planète allait désormais remplacer la guerre idéologique entre l'Est et l'Ouest[72]. Dans un premier temps, cela parut évident. Pour mener la guerre froide, on avait dû dépenser des sommes gigantesques et faire preuve d'un fanatisme monstrueux : toutes ces capacités se retrouvaient tout d'un coup sans emploi. Seulement l'anticommunisme était dirigé contre un ennemi extérieur aux contours parfaitement définis, et pouvait s'appuyer sur des instincts humains millénaires. "Or la menace actuelle n'a pas de visage : l'ennemi, c'est nous-mêmes", dit Bertrand Schneider, du Club de Rome[73].

LE BLÉ, PUISSANCE MONDIALE

A côté des membres du Club de Rome, Lester Brown est certainement l'un des plus célèbres Cassandre de l'écologie. Le Worldwatch Institute qu'il a fondé en 1974 à Washington est devenu l'institut de recherche le plus cité au monde ; ses rapports annuels sur "l'état du monde" ont déjà été traduits en vingt-sept langues. Ils sont une lecture obligée pour les hommes

* *Sauver la planète*, Albin-Michel, 1993.

politiques sérieux de haut niveau, mais aussi pour les étudiants fréquentant près de mille séminaires consacrés à cette question dans les grandes écoles et les universités des seuls Etats-Unis[74].

Brown est un conseiller demandé, les grands de ce monde s'honorent de sa compagnie. Il ne pouvait donc pas manquer la rencontre organisée par Gorbatchev à San Francisco. En baskets, le pas souple (élément de son image de marque), il marche rapidement sur les gros tapis des longs couloirs de l'hôtel *Fairmont.*

L'observateur du monde cherche du regard ses grands amis "Ted and Jane", Ted Turner et son épouse Jane Fonda. C'est avant tout à l'insistance de Brown que l'on doit le fait que CNN ait produit de remarquables documentaires écologiques, et que les conférences de l'ONU, ces dernières années, n'aient pas cédé à la mode du zapping, mais aient traité leurs thèmes centraux en profondeur. D'ici quelques instants, le patron de CNN va recevoir les invités pour la réception inaugurale de ce congrès d'élite. On attend des prix Nobel, comme Rigoberta Menchu. Des dizaines de boîtes de caviar Malossol (deux kilos chacune) ornent les buffets. Dans la cuisine, juste à côté, des cuisiniers stars américains préparent leurs menus du soir – on trouve entre autres parmi eux la chef du *Square One,* Joyce Goldstein, ou le responsable des cuisines au *Spago,* Wolfgang Puck.

Brown, lui aussi, s'intéresse à la nourriture, mais cette nourriture-là n'a rien à voir avec la grande cuisine. Brown est une célébrité ; pourtant, ce jour-là, il est aussi excité qu'un jeune étudiant qui viendrait de trouver une confirmation à sa thèse : "Savez-vous que pour la première fois de son histoire, la Chine importe du blé à grande échelle ? Qui va nourrir désormais ce pays gigantesque ? Cela va avoir pour nous tous des effets considérables[75]."

Quelques jours plus tôt, raconte Brown, des experts des questions agricoles, des météorologues et des spécialistes de l'évaluation des prises de vue satellites se sont retrouvés à Washington, DC. Une fois parvenus dans un couloir retiré, dans l'aile sud du ministère de l'Agriculture des Etats-Unis, un gardien armé a refermé derrière eux une lourde porte d'acier, et l'a verrouillée. Les scientifiques ont alors siégé dans une salle de conférences où les téléphones étaient débranchés et les liaisons externes des ordinateurs interrompues. Des stores baissés interdisaient aussi tout contact visuel avec l'extérieur.

Hermétiquement coupé du monde, le groupe passa une nuit entière à examiner et à comparer le flot de données provenant des différents secteurs. Cette rencontre, qui rappelait tellement les pratiques des services secrets ou les films sur la mafia, était en réalité consacrée à une arme qui pourrait être utilisée sans le moindre scrupule d'ici quelques années : les réserves mondiales de céréales.

Comme s'il s'agissait de s'entraîner pour l'avenir, le World Agricultural Outlook Board examine dans la même ambiance de conspiration des documents sur les prévisions globales de récoltes et sur la consommation des principales espèces de céréales dans plus de cent Etats. Il est vrai que le secret qui pèse sur ces séances n'a qu'un seul but : empêcher que les résultats filtrent ne serait-ce que quelques minutes avant la fin des délibérations. Entre les mains de spéculateurs informés à l'avance, les conclusions de ces études sur la situation mondiale des céréales pourraient immédiatement se transformer en bénéfices considérables sur les bourses informatisées des matières premières : le destin d'innombrables entreprises agro-industrielles et fournisseurs de matières premières dépend des prévisions de l'Outlook Board.

Mais Brown redoute que la publication de ces séries de données ne mène bientôt, inévitablement, à de sérieux conflits politiques : dans leur combat pour l'alimentation, les Etats doivent utiliser tous les avantages qui s'offrent à eux. En 1995, les réserves de blé, de riz, de maïs et d'autres sortes de céréales ont atteint leur plus bas niveau depuis deux décennies. En 1996, les réserves stockées dans les silos à céréales ne couvraient plus que quarante-neuf jours de consommation mondiale, la quantité la plus basse jamais recensée. "Pour la première fois de son histoire, l'humanité doit s'attendre à une diminution constante et d'une durée imprévisible des ressources alimentaires par tête", analyse l'observateur du monde devant les invités du *Fairmont.*

A-t-on atteint ce point limite à propos duquel Brown avait lancé depuis de nombreuses années d'innombrables mises en garde ? Beaucoup d'éléments le laissent penser. Les réserves de maïs, elles aussi, sont moins importantes qu'en 1975, et devraient continuer à diminuer. Il est vrai que depuis les théories erronées de Thomas Robert Malthus, il n'est plus guère à la mode d'attirer l'attention sur les risques qui pèsent sur l'alimentation mondiale ; mais d'un autre côté, si l'on veut renverser la tendance actuelle, il faudrait que survienne une deuxième et puissante “révolution verte”, dont les dimensions dépasseraient tout ce que l’on a connu jusqu’ici. Malgré la technologie génétique, qui permet d’augmenter la production, malgré de nouveaux perfectionnements des semences à haut rendement et des techniques d’apports d’engrais, on n’attend dans aucun pays des hausses de productivité suffisantes pour pouvoir maintenir à un bas niveau le prix des céréales. Même la remise en culture des surfaces qui ont été placées en jachère ces dernières années en Europe et en Amérique du Nord ne serait qu’une goutte d’eau comparée à la croissance mondiale de la demande, annonce la *Frankfurter Allgemeine Zeitung*, un journal que l’on ne peut soupçonner d’avoir du goût pour les sombres pronostics[76].

Dans le même temps, le pillage des sols précieux continue. Les pays asiatiques qui ont été les premiers à réussir leur passage dans le club des nations industrielles, le Japon, la Corée du Sud et Taiwan, ont sacrifié au total, depuis les années soixante, 40 % de leurs surfaces de culture des céréales pour construire des milliers d’usines, de quartiers d’habitation et de routes. En Indonésie, sur la seule île de Java, 20 000 hectares de terre arable disparaissent chaque année – une surface qui permettrait de nourrir 360 000 habitants. La population de ce nouveau pays émergent a augmenté, dans le même temps, de trois millions de personnes. La Chine et l’Inde, elles aussi, viennent de succomber à l’irrésistible tentation d’anéantir à grande échelle les surfaces agricoles pour favoriser la ruée sur l’automobile et répondre à un essor économique fulgurant. La proportion des terres inexploitées sur la planète est gigantesque ; elle ne constitue cependant pas un succédané. Ces terres en jachère sont trop fortement érodées, ou se trouvent dans des régions trop sèches, ou trop froides, ou trop inhospitalières pour que cela vaille la peine de les cultiver.

Les marchands de céréales attendent donc avec nonchalance que leurs produits atteignent de nouveaux sommets à la Bourse, bien que le prix des céréales ait déjà connu une hausse de près de 60 % entre mai 1995 et mai 1996. A elle seule, la hausse enregistrée jusqu’ici coûte déjà trois millions de dollars supplémentaires aux pays importateurs, plus pauvres que les autres, a calculé la FAO, l’organisation agricole de l’ONU, dont le siège est à Rome[77].

“Lorsque le gâteau cesse de grandir, dit Lester Brown, la dynamique politique se transforme.” Aujourd’hui, on exporte chaque année dans le monde 200 millions de tonnes de céréales, dont la moitié fournie par les Etats-Unis. “Cela signifie, affirme Brown en conclusion de son exposé à San Francisco, que dans le domaine alimentaire aussi, les Etats-Unis seront à l’avenir la première puissance du monde – avec la perspective de voir l’alimentation transformée en moyen de pression politique.” Selon les estimations les plus récentes, la Chine voudra par exemple importer en l’an 2000 environ 37 millions de tonnes de blé, plus que ce que les Etats-Unis exportent actuellement dans cette catégorie de céréales.

Si la mondialisation entraîne un “impérialisme culturel américain”, comme l’a dénoncé l’ancien ministre de la Culture français, Jack Lang, il est donc loin de se limiter au secteur du divertissement. Les Etats-Unis, devenus la “superpuissance de la culture de masse”, comme le dit Lang, ne décideront pas seulement des jeux : ils répartiront aussi le pain[78]. L’ancien conseiller à la Sécurité américain, Brzezinski, avait-il aussi cette idée en tête lorsqu’il présenta devant Lester Brown et tous les autres le concept de *tittytainment* ?

Sans la moindre protestation, sans même une initiative positive de l’administration américaine, l’humanité consomme donc aujourd’hui sa propre substance. Tandis que les prix du blé grimpent, la salification, l’érosion, la pollution atmosphérique et les étés plus chauds réduisent constamment la fertilité du sol dans de nombreuses régions du monde : on manque de nouvelles terres, mais aussi d’eau et d’engrais. Pour nous, Européens, qui sommes depuis des décennies les alliés de l’Amérique du Nord, cela ne constitue certainement pas, pour l’instant, une raison de lancer des appels apocalyptiques. La bonne nouvelle a paru le 9 décembre 1995 dans la presse quotidienne, mais restée à l’état d’entrefilet insignifiant dans les pages économiques, elle n’a guère fait sensation. La *Frankfurter Allgemeine Zeitung*, par exemple, a annoncé sèchement : “La Commission européenne a décidé une taxe générale sur les exportations de blé en provenance de la Communauté, afin de freiner l’afflux des céréales de l’Union européenne sur le marché mondial[79].”

Les moqueurs peuvent bien faire remarquer qu’avec le nouveau commissaire aux affaires agricoles de l’Union européenne, Franz Fischler, c’est une fois de plus un Autrichien qui s’inquiète de la situation alimentaire sur le continent européen ; les calculateurs froids, eux, constateront que cette taxe fera enfin, et pour la première fois, rentrer des revenus dans le légendaire fonds de subventions agricoles de l'Union européenne. En tout cas, persifleurs et calculateurs pourront relever ensemble un effet de la nouvelle politique céréalière : si l'Union européenne ne subventionne plus ses excédents alimentaires, mais les taxe et fait donc monter leurs prix, les choses vont devenir encore plus difficiles à l'extérieur, dans le vaste reste du monde.

"QUI DONNERA L'ORDRE DE TIRER ?"

The story has been told, l'histoire a été racontée ; ils la connaissent tous, les paysans du Kamtchatka, de la Terre de Feu ou de Madagascar, tous les pauvres jeunes et tous les jeunes pauvres, partout. Et l'on vient leur annoncer qu'elle n'était qu'un leurre ? La Californie ou l'Allemagne pour tous, c'était une illusion ? Cela, encore, serait acceptable. Mais ni Californie ni Allemagne pour personne, en dehors de l'Union européenne, du Japon et du *God blessed country*, le pays prétendument béni de Dieu, les Etats-Unis d'Amérique ? L'existence de rêve restera-t-elle vraiment interdite à tous ceux qui n'ont encore rien ?

Interdite, à tout jamais.

Le nivellement mondial produit son effet. A chaque fois que les télévisions et les touristes apportent l'image des vieux Etats industrialisés dans des pays où l'on n'a rien d'autre à offrir que la pauvreté, la jeune génération avide de vivre ressent un peu plus le besoin d'émigrer. Il y a un peu plus d'un siècle seulement, l'Europe a exporté son énorme croissance de population et ses légions de pauvres sur d'autres continents. 18 millions d'émigrés ont alors quitté la seule Grande-Bretagne – cela représentait six fois la population de Londres, à l'époque la plus grande ville du monde[80]. Aujourd'hui, sur l'île comme dans d'autres Etats de l'Union européenne, la pauvreté recommence à se propager ; le temps d'une nouvelle migration semble venu. Mais dans quelle direction ?

Au lieu de cela, des gens dont la situation est bien pire que la nôtre traversent le río Grande pour entrer dans ces Etats-Unis tellement vantés ou franchissent la Méditerranée pour se rendre en Europe, malgré le chômage qui y règne. Dans les années soixante-dix déjà, 20 % de la population active de l'Algérie avait émigré, comme 12 % des Marocains et 10 % des Tunisiens en âge de travailler[81]. L'Union européenne se referme depuis longtemps sur elle-même, elle refuse les visas et les autorisations de travail. Et pourtant, il est impossible de verrouiller la forteresse Europe, les douves sont trop étroites pour cela. Une simple planche de surf équipée d'une voile bricolée permet de franchir en peu de temps le détroit de Gibraltar, et avec lui la frontière entre la pauvreté et la richesse. Il y a longtemps que les chefs de gouvernement de l'Union européenne ont commencé à armer leurs gardes-frontière. "Ils arriveront par millions, annonce Bertrand Schneider, du Club de Rome. Qui donnera l'ordre de tirer pour les en dissuader[82] ?"

DICTATURE A RESPONSABILITÉ LIMITÉE

Lorsque les milliers de milliards dansent sur le marché financier mondial

Nous voulions la démocratie. On nous a donné le marché des valeurs.

GRAFFITI POLONAIS

Cela ne fait aucun doute : Michel Camdessus est un homme de pouvoir. Il ne s'embarrasse pas de précautions oratoires, et ses propos ne souffrent guère la contradiction. Assis à son gigantesque bureau, au treizième étage d'un triste immeuble en béton armé de la G-Street, au nord-ouest de la capitale américaine, ce bureaucrate d'élite français dirige l'une des institutions les plus contestées, et pourtant, semble-t-il, les plus indispensables du monde : le Fonds monétaire international, en abrégé FMI. A chaque fois qu'un gouvernement incapable de rembourser ses dettes va chercher à l'étranger, auprès des ministres des Finances et des banques, le soutien international dont il a un besoin absolu pour maîtriser les crises économiques, on les renvoie à Camdessus et à son autorité financière mondiale, forte de trois mille collaborateurs.

Devant le directeur du FMI, en poste depuis dix ans déjà, même des représentants de grandes nations comme la Russie, le Brésil ou l'Inde ne sont que de simples solliciteurs. Au cours de négociations qui durent parfois des années, ils doivent toujours s'engager à mettre en œuvre des programmes d'économie draconiens et à faire des coupes claires dans leur bureaucratie d'Etat. Une fois cet engagement pris, Camdessus soumet pour accord aux pays riches du Fonds, ceux qui prêtent l'argent, et notamment aux représentants des Etats-Unis, du Japon et de l'Allemagne, les contrats de prêts engageant ces milliards de crédit à taux bonifié qui sont tellement convoités. Ensuite, il signe l'acte libérant les fonds.

Mais par ce froid lundi soir du 30 janvier 1995, il est impossible de recourir à cette routine qui a pourtant fait ses preuves.

Vers 21 heures, Camdessus reçoit une nouvelle qui le fait frissonner. En l'espace d'un instant, le voilà chargé d'éviter, seul, une catastrophe qu'il avait jusqu'alors estimée pratiquement impossible. La tension est extrême, il ne tient plus devant sa table de travail. Il rassemble ses documents, traverse son vaste bureau directorial à panneaux d'acajou et se rend dans cette salle de conférence aux dimensions encore plus impressionnantes dans laquelle, d'ordinaire, les vingt-quatre directeurs exécutifs du Fonds décident de la distribution des crédits du FMI. Mais ce jour-là, Camdessus s'y retrouve seul avec son téléphone. "Je cherchais la réponse à une question qui ne s'était encore jamais posée", racontera-t-il plus tard[1]. Doit-il suspendre la loi d'airain du FMI et accorder sans conditions, sans contrat et sans l'assentiment des bâilleurs de fonds, le plus grand crédit jamais consenti dans l'histoire cinquantenaire de son organisation ? Camdessus décroche son appareil. En l'espace de quelques heures, le directeur de cet institut mondial de crédit, d'ordinaire tellement sûr de son pouvoir, devient à son tour une marionnette. Il ne connaît même pas ceux qui manipulent les fils.

OPÉRATION *PESO SHIELD*

La crise avait débuté alors que tous ceux qui jouaient un rôle politique à Washington venaient de partir en vacances d'hiver. Quatre jours avant Noël, le gouvernement mexicain annonça qu'il était contraint de dévaluer sa monnaie nationale, pour la première fois depuis sept ans. Le peso coûterait désormais cinq US cents, ce qui représentait une baisse de 15 %. Dans le monde entier, notamment dans les grands établissements bancaires de Wall Street, à New York, et dans les fonds d'investissement qui leur étaient associés, la panique se propagea parmi les administrateurs des investissements privés. La somme qu'ils avaient placée dans les emprunts d'Etat, actions et obligations mexicains dépassait largement les cinquante milliards de dollars. Après tout, jusqu'à cette date, le Mexique avait la réputation d'être devenu un Etat doté d'une politique financière solide, qui avait rempli la totalité des critères du FMI, assaini son Etat et son économie. Or la fortune des investisseurs étrangers risquait à présent de subir une perte de valeur considérable. Tous ceux qui le purent sortirent leur argent du Mexique – comme l'avaient déjà fait auparavant les Mexicains informés de la mesure prévue. En l'espace de trois jours seulement, le peso perdit non pas 15 %, mais 30 % de sa contre-valeur en dollars.

Pour le ministre des Finances des Etats-Unis, Robert Rubin, et pour le chef d'état-major de la Maison-Blanche, Leon Panetta, mais aussi pour beaucoup de leurs collaborateurs, les vacances de Noël s'achevèrent avant même d'avoir débuté. Un cabinet de crise fut réuni ; y étaient représentés tous les secteurs du gouvernement américain ayant une activité liée à la politique extérieure et économique, depuis la Banque centrale jusqu'au Conseil national de sécurité. Le risque était de voir échouer l'un des projets les plus importants de l'administration du président américain, Bill Clinton : la stabilisation économique de ce pays limitrophe méridional d'où, au fil des années, des millions d'émigrés appauvris avaient cherché à s'évader pour entrer dans les Etats fédéraux d'Amérique du Nord. Rubin et Panetta lancèrent donc une opération de sauvetage que le *Washington Post*, par allusion à l'opération *Desert Shield* (Bouclier du désert) déclenchée au début de la guerre du Golfe, appela bientôt opération *Peso Shield*[2].

Au terme de trois semaines de négociations ininterrompues avec le gouvernement mexicain, le problème parut dans un premier temps résolu. Le président du Mexique, Ernesto Zedillo, sacrifia son ministre des Finances et ordonna l'assainissement immédiat des finances de l'Etat. Le président Clinton annonça que son gouvernement apporterait son appui au Mexique en cautionnant quarante milliards de dollars de crédit. Personne ne devait craindre que l'Etat mexicain soit incapable de rembourser ses créanciers étrangers.

Mais à la stupéfaction des hommes chargés de gérer la crise, la prise de position de Clinton ne régla pas la question – la situation s'aggrava même encore. Jusqu'alors, les investisseurs avaient seulement pressenti que les dollars s'échappaient du Mexique : désormais, ils le savaient. Il n'était pas certain non plus que la nouvelle majorité républicaine au Congrès américain, hostile à Clinton, accorderait à celui-ci les fonds qu'il avait promis. Bien que la Banque centrale mexicaine ait acheté quotidiennement un demi-milliard de dollars en pesos, le cours continuait à chuter. Pour le Mexique, les choses tournaient mal : les marchandises importées devenaient tout d'un coup inaccessibles. Et cela posait désormais aussi un problème aux Etats-Unis, où des milliers d'emplois dépendaient du commerce avec le Mexique. Quant au reste du monde, la chute du peso paraissait encore ne pas le concerner.

Cela changea à partir du 12 janvier : l'affaire prit alors un cours dramatique. Pendant cette journée, celle où Clinton et Zedillo rendirent public leur accord financier, un processus de cauchemar auquel nul ne s'était attendu s'enclencha. Sur toutes les places financières importantes du monde – de Singapour à New York en passant par Londres –, une bonne douzaine de monnaies furent prises en même temps dans le collimateur. Le zloty polonais perdit de sa valeur à la même vitesse que le baht thaïlandais ou le peso argentin. D'un seul coup, les investisseurs revendirent leurs actions et leurs titres d'emprunt dans tous les pays émergents du Sud et de l'Europe centrale. Comme les profits tirés de ces ventes étaient immédiatement échangés en monnaies fortes – dollar, mark, franc suisse et yen –, la chute de la valeur des actions entraîna aussi la chute des monnaies dans lesquelles elles étaient émises. Cela se produisit dans des pays aussi différents que la Hongrie et l'Indonésie, qui n'avaient pas le moindre lien économique l'un avec l'autre. Pour la première fois dans l'histoire, les chefs des banques centrales des pays de l'Asie du Sud-Est se retrouvèrent pour une réunion de crise. Entraînés par une dynamique dont ils n'étaient pas responsables, il leur fallut renchérir artificiellement leurs monnaies en en augmentant sensiblement les taux d'intérêt, afin de redonner confiance aux investisseurs. L'Argentine, le Brésil et la Pologne suivirent le mouvement.

A partir du 20 janvier, la fin de la quatrième semaine de crise, le cours du dollar commença lui aussi à baisser. C'est alors Alan Greenspan en personne, le directeur de la banque centrale américaine, la Federal Reserve (Fed), un homme admiré dans les milieux banquiers pour son flegme, qui lança une mise en garde. Il expliqua devant le Sénat américain que l'"évasion mondiale des capitaux" qui débutait et qui passait par des monnaies de qualité, comme le yen et le deutschemark, menaçait "la tendance globale menant à l'économie de marché et la démocratie". Avec les hommes de Clinton, il pressa les membres de son parti au Congrès d'approuver enfin la proposition du président et d'accorder au Mexique les cautions nécessaires. Une fois encore, la situation se calma pour quelques jours. On crut imminente la fin de cette crise de confiance dans les nouveaux pays en croissances du Sud et de l'Est – jusqu'à ce lundi glacial, le dernier du mois de janvier[3].

Ce soir-là, le 30 janvier, peu après 20 heures, le chef de cabinet de Clinton, Panetta, reçut deux appels téléphoniques : celui du nouveau ministre des Finances mexicain, Guillermo Ortiz, et celui du leader de la majorité républicaine à la Chambre des représentants, Newt Gingrich. Le Mexicain l'informait que son pays était à bout, que les dernières réserves en dollars étaient épuisées. Si l'hémorragie de capitaux n'était pas jugulée, Ortiz devrait limiter le change du peso et donc stopper d'un seul coup l'intégration du Mexique dans le marché mondial que l'on menait laborieusement depuis dix ans. Le message de Gingrich n'avait rien pour rendre plus optimiste : aucune majorité ne se dégagerait au Congrès dans un délai prévisible pour voter les crédits au Mexique, annonça le républicain à son adversaire politique, l'occupant de la Maison-Blanche. Le président devrait prendre seul la responsabilité : il ne pouvait s'attendre à recevoir le soutien des élus.

Clinton et son équipe durent donc avoir recours au "plan B" qu'ils avaient préparé auparavant, comme le raconta ultérieurement Panetta. L'état-major de crise dut alors mobiliser l'intégralité du fonds de crise du gouvernement, 20 milliards de dollars dont le président américain pouvait librement disposer en cas d'urgence. Mais même cette somme gigantesque n'y suffirait pas, et de loin : il dut donc aller demander le soutien d'autres caisses. Le premier appel au secours fut lancé à la centrale du FMI, dans la G-Street voisine. Les heures d'angoisse de Michel Camdessus avaient commencé. Au cours des deux dernières semaines, et au terme d'un forcing sans précédent, le directeur du FMI avait déjà obtenu des instances de décision une aide au paiement pour le Mexique, à concurrence de 7,7 milliards de dollars, la plus grosse somme autorisée par les statuts du FMI. Mais cette mesure avait été sans effet : chacun savait que cela ne suffirait pas. Il faudrait au moins 10 milliards supplémentaires pour éviter la faillite du Mexique.

Etait-il cependant autorisé à manier ainsi l'argent qui lui avait été confié ? Le désir exprimé par les Américains du Nord et les Mexicains était aussi dépourvu d'ambiguïté que la pression qu'ils exerçaient. Mais l'augmentation supplémentaire de 10 milliards du crédit d'urgence servait-elle aussi les intérêts des nombreux autres bâilleurs de fonds, dont l'Allemagne, la France, la Grande-Bretagne et le Japon ? On n'avait plus le temps de mener la consultation dans les formes. A Bonn et à Paris, il était trois heures du matin. Or la décision devait absolument être prise au cours de la nuit. Dès le lendemain matin, l'échec du plan Clinton serait publiquement annoncé au Congrès.

Camdessus se rappelle : à cet instant, il réfléchit une fois encore aux “coups de téléphone” que “des banquiers et gestionnaires de fonds new-yorkais” lui avaient adressés pour le mettre en garde au cours des journées précédentes[4]. Si le marché mexicain s'effondrait, lui avait-on prophétisé, rien n'arrêterait plus le mouvement. La crainte de voir des crises analogues éclater dans d'autres pays émergents provoquerait une réaction en chaîne ; et celle-ci pouvait s'achever sur un krach financier mondial.

Camdessus entra successivement en contact avec neuf représentants de gouvernements membres du directoire exécutif du FMI, qui étaient présents ce soir-là à Washington. A tous ceux qu'il appela, il posa la même et unique question : “Estimez-vous que le directeur du FMI, en cas d'urgence, doive agir d'une manière totalement autonome ?” Etonnés, tous ses interlocuteurs encouragèrent leur correspondant et lui exprimèrent leur confiance. Alors, Camdessus prit une décision solitaire, dont Bill Clinton fut informé lorsqu'il revint à la Maison-Blanche peu avant minuit, après un dîner à l'extérieur. Le Français passa outre toutes les règles du Fonds, risqua son poste et la réputation dont jouissait jusqu'alors son institution, et fit savoir à Clinton que le FMI acceptait d'accorder 10 milliards supplémentaires, c'est-à-dire au total 17,7 milliards de dollars.

Peu de temps après, un autre responsable prit un risque analogue : il s'agit d'Andrew Crocket, directeur de la Banque des règlements internationaux (BRI), l'association mondiale des banques centrales. Il était déjà sept heures du matin à son siège, à Bâle, lorsque la Réserve fédérale américaine demanda à Crocket si la BRI participerait à ce pacte de soutien. Crocket répondit certes que jusqu'alors la seule éventualité débattue avait été la possibilité que la banque des banques centrales y apporte 10 milliards. Mais cela suffit à son interlocuteur de Washington[5].

Avec beaucoup de sang-froid, Rubin et Panetta mirent alors leur "plan B" en œuvre. A 11 h 15, après quatre heures de sommeil, leur président introduisit au *Marriott-Hotel* de Washington son discours devant l'assemblée annuelle des gouverneurs américains en lançant une nouvelle sensationnelle : avec l'aide du FMI, de la BRI et du gouvernement canadien, expliqua Clinton à ses auditeurs époustouflés, le Mexique ébranlé par la crise disposait immédiatement d'un crédit de soutien de plus de 50 milliards de dollars. Le voisin des Etats-Unis paierait donc toutes ses dettes.

En moins de vingt-quatre heures, une demi-douzaine d'hommes échappant à tout contrôle parlementaire avaient donc mis en route, avec les fonds publics des pays industrialisés occidentaux, le plus grand programme d'assistance par crédit qui ait jamais été accordé depuis 1951 – cette somme n'avait en fait été dépassée qu'une seule fois : lors de l'application du Plan Marshall, qui permit aux Etats-Unis de soutenir, après la Seconde Guerre mondiale, la reconstruction de l'Europe de l'Ouest. S'exprimant au nom de tous les participants, Camdessus ne lésina pas sur les superlatifs pour justifier son "coup". Le cas du Mexique, expliqua ce Français aux ambitions internationales qui dirige le FMI, "était la première grande crise de notre nouveau monde, celui des marchés globalisés". Il avait, dit-il, tout simplement été obligé d'agir, quel qu'en soit le prix. Dans le cas contraire, "une véritable catastrophe mondiale se serait produite".

Mais de nombreux critiques interprétèrent d'une tout autre manière cet accord portant sur plusieurs dizaines de milliards. Rimmer de Vries, économiste attaché à la banque d'investissement new-yorkaise J. P. Morgan, qui n'avait pas participé au boom mexicain, parla publiquement d'un *"bail out for speculators"* : on aurait ainsi tiré d'affaire de mauvais joueurs de Bourse[6]. Norbert Walter, économiste en chef de la Deutsche Bank, émit lui aussi des critiques : il ne comprenait pas "pourquoi le contribuable devait, en plus, apporter une caution à des investisseurs qui touchaient déjà des rendements élevés" sur les titres de créances mexicains[7]. Willem Buiter, professeur d'économie à l'université de Cambridge, commenta pour sa part toute cette opération en affirmant qu'elle avait été un pur et simple "cadeau des contribuables aux riches[8]".

Ce reproche ne réfute pas, cependant, l'argumentation de Camdessus, de Rubin et de leurs acolytes. Car le *deal* de Mexico était deux choses à la fois : d'une part, la manœuvre la plus audacieuse jamais effectuée dans l'histoire de l'économie pour éviter une catastrophe *et,* d'autre part, un audacieux hold-up contre les caisses fiscales des pays bâilleurs de fonds, en faveur d'une minorité fortunée. Le directeur du FMI répond à ces critiques que, bien entendu, ces milliards de crédits avaient servi aux spéculateurs. Mais, admet-il très franchement, "le monde est entre les mains de ces types-là".

La crise du Mexique a tiré au grand jour le visage du nouvel ordre mondial à l'ère de la mondialisation. Comme jamais auparavant, les acteurs de cette affaire ont montré avec quelle force l'intégration économique globale a transformé la structure de pouvoir du monde. Comme s'ils étaient guidés par une main invisible, le gouvernement de la superpuissance américaine, le FMI jadis omnipotent et toutes les banques centrales européennes se sont soumis aux volontés d'une puissance supérieure dont ils ne sont plus capables d'évaluer la puissance de destruction : le marché financier international.

DE BRETTON WOODS A LA LIBRE SPÉCULATION

Dans les salles des bourses, dans les bureaux des banques et des assurances là où se négocient les transactions et les fonds d'investissement et de pensions, une nouvelle classe politique est montée sur la scène mondiale du pouvoir ; aucun Etat, aucune entreprise et surtout aucun contribuable moyen ne peut plus lui échapper. Elle est composée d'acteurs globaux qui manient devises et actions et dirigent un flot chaque jour plus important de capital d'investissement libre, ce qui leur permet de décider du sort de nations tout entières – à peu près à l'abri de tous les contrôles étatiques.

L'opération *Peso Shield* n'est qu'un cas particulièrement flagrant. Dans le monde entier, les hommes politiques et leurs électeurs notent de plus en plus souvent à quel point les acteurs anonymes des marchés financiers assurent eux-mêmes le pilotage de leur économie et constatent que le seul rôle concédé à la politique est celui de spectateur impuissant. Lorsqu'en septembre 1992, quelques centaines de managers du système des banques et des fonds suivirent l'exemple du gourou de la finance George Soros et parièrent des milliards sur la dévaluation de la livre britannique et de la lire italienne, la Bank of England et la Banca d'Italia ne purent empêcher la chute des cours, bien qu'elles aient engagé la quasi-totalité de leurs réserves en dollars et en deutschemarks pour faire des achats de soutien. Les deux gouvernements durent au bout du compte sortir du Système monétaire européen (SME) qui assure des taux de change à peu près fixes et présente des avantages économiques.

Lorsqu'en février 1994 la Réserve fédérale éleva les taux directeurs aux Etats-Unis et que le marché américain des capitaux se mit à étouffer, même le gouvernement fédéral allemand dut accepter, impuissant, que les entreprises allemandes soient tout d'un coup forcées de payer des intérêts considérablement plus élevés pour leurs crédits, alors que l'inflation était faible et que la Bundesbank, en accordant aux banques un taux d'escompte réduit, avait mis à leur disposition une masse suffisante d'argent à bon marché. Les gouvernements japonais et allemand se montrèrent tout aussi impuissants lorsqu'au début de l'année 1995 le cours du dollar atteignit son plus bas niveau historique, 1,35 mark et 73 yens japonais, mettant ainsi à genoux les industries exportatrices.

Placés au pied du mur par des marchands invisibles, de nombreux chefs de gouvernement se perdent depuis en formules incantatoires et en sourdes malédictions. En avril 1995, le premier ministre britannique John Major déplore par exemple que les événements sur les marchés financiers se déroulent "à une vitesse et dans des dimensions qui les placent hors de tout contrôle des gouvernements et des institutions internationales[9]". L'ancien premier ministre italien Lamberto Dini, qui, jadis, a tout de même été président de la Banque centrale de son pays, renchérit : on ne peut pas, dit-il, "permettre aux marchés de saper la politique économique d'un pays tout entier[10]". Quant au président français Jacques Chirac, il considère que tout le secteur financier est condamnable – il n'a pas hésité à qualifier la caste des agents de change de "SIDA de l'économie mondiale[11]".

Mais cette conjuration supposée n'en est pas une. Nous n'avons pas affaire ici à un cartel de banquiers avides de profit. Aucune société secrète ne se réunit dans des arrière-salles clandestines pour affaiblir la monnaie de tel pays ou faire grimper les cours de telle bourse. Ce qui se déroule sur les marchés financiers respecte une logique que l'on peut en bonne partie reconstituer ; et cette évolution a été provoquée par les gouvernements des grands pays industriels eux-mêmes. Au nom du dogme économique du marché libre et sans frontière, ils ont abattu systématiquement depuis le début des années soixante-dix toutes les barrières qui permettaient jusqu'ici de réguler le trafic international des fonds et des capitaux et donc de le rendre maîtrisable. Apprentis sorciers désemparés, ils se plaignent à présent de ne plus contrôler les spectres qu'eux-mêmes et leurs prédécesseurs ont invoqués.

Le processus qui a permis à l'argent d'échapper aux restrictions imposées par l'Etat a débuté, en 1973, avec la suppression des taux de change fixes entre les monnaies des grands systèmes internationaux. Jusqu'alors, les règles en vigueur étaient celles du système de Bretton Woods. Dans ce village de montagne, au cœur de l'Etat américain du New Hampshire, les puissances victorieuses de la Seconde Guerre mondiale avaient conclu en juillet 1944 un traité sur l'ordre monétaire international, qui assura la stabilité près de trente années durant. On donnait aux monnaies de tous les pays participants une parité fixe avec le dollar ; et la banque centrale des Etats-Unis garantissait pour sa part d'échanger les dollars contre de l'or. Dans le même temps, le commerce des devises était soumis à la surveillance de l'Etat, l'échange et le transfert de sommes importantes étaient, dans la plupart des pays, subordonnés à autorisation. Ce système fut considéré comme une réponse aux évolutions chaotiques des années vingt et trente, qui avaient débouché sur des réactions de défense nationales incontrôlées, sur le protectionnisme et, pour finir, sur la guerre.

L'industrie, qui connaissait une expansion fulgurante, et les grandes banques considéraient cependant ces contrôles bureaucratiques comme des freins gênants. Les Etats-Unis, l'Allemagne fédérale, le Canada et la Suisse abandonnèrent à partir de 1970 les contrôles des mouvements de capitaux. La digue fut ainsi rompue. Désormais, les "spéculateurs", c'est-à-dire les courtiers qui estiment la valeur des monnaies en fonction des différentes possibilités d'investissements, négociaient directement entre eux les taux de change. Le système des taux fixes s'effondra.

Dans le même temps, tous les autres pays, ceux qui avaient maintenu les contrôles, furent mis sous pression. Leurs groupes industriels se plaignaient de ne pouvoir accéder aux capitaux étrangers proposés à un taux avantageux. En 1979, les Britanniques supprimèrent les dernières restrictions ; le Japon l'imita une année plus tard. Le reste fut l'œuvre du FMI et de la Communauté européenne. Fermement convaincus que la liberté économique et l'abolition des frontières permettraient une augmentation de la prospérité, les régents de la CEE portèrent à partir de 1988 le marché unique européen sur les fonts baptismaux. Dans le fil de la mise en œuvre de ce "plus grand programme de déréglementation de l'histoire économique", comme le formula le commissaire de la CEE Peter Schmidhuber, la France et l'Italie libérèrent elles aussi en 1990 la circulation des fonds et des capitaux ; l'Espagne et le Portugal tinrent bon jusqu'en 1992.

Les membres du G7, les sept grands pays industrialisés de l'Occident, imposèrent peu à peu au reste du monde les décisions qu'ils avaient adoptées pour leurs propres espaces économiques. Le FMI était pour cela l'instrument idéal : les Etats du G7 faisaient la pluie et le beau temps dans ses organes de surveillance. A chaque fois que les puissants du FMI ont accordé des crédits au cours des dix dernières années, ils les ont assortis de l'obligation de rendre convertible la monnaie du pays concerné, et d'ouvrir celui-ci à la circulation internationale des capitaux.

Ainsi, seules une politique et une législation ciblées, mises en œuvre par des gouvernements et des parlements démocratiquement élus dans la majorité des cas, ont permis la mise en place progressive d'un système économique indépendant, de ce "marché financier", que les politologues et les économistes considèrent aujourd'hui comme une sorte de puissance supérieure. Désormais, aucune idéologie, aucune culture pop, aucune organisation internationale, pas même l'écologie, ne relie plus étroitement les nations du monde que les machines monétaires des banques, des assurances et des fonds d'investissements, reliées les unes aux autres, tout autour du globe, par les réseaux électroniques.

Cette liberté universelle a permis à l'industrie financière mondiale de connaître une véritable explosion au cours des dix dernières années : depuis 1985, les chiffres d'affaires du commerce des devises et du commerce international des actions ont plus que décuplé. Si l'on en croit l'évaluation de la Banque des règlements internationaux (BRI), ce sont aujourd'hui des valeurs monétaires à concurrence d'environ 1,5 billion de dollars qui changent de mains pendant une journée moyenne de transactions. Cette somme, un chiffre à douze zéros, correspond à peu près à la contre-valeur de toute la production annuelle de l'économie allemande, ou à quatre fois les dépenses mondiales annuelles en pétrole brut[12]. Les chiffres d'affaires des ventes et achats d'actions, prêts aux groupes industriels, titres de créances d'Etat et des innombrables contrats spéciaux aux formes diverses, que l'on appelle les "produits dérivés", se situent dans un ordre de grandeur analogue.

Il y a encore une décennie, il existait à Francfort un marché pour les emprunts de l'Allemagne fédérale, à Londres un marché pour les actions britanniques et à Chicago un marché pour les affaires à terme. Chaque marché était régi par ses propres lois. Aujourd'hui, tous ces marchés sont directement reliés les uns aux autres. A n'importe quel moment, on peut interroger toutes les données des cours de toutes les places boursières ; sur la base de ces chiffres, leurs destinataires passent des ordres d'achat et de vente dont le cours est immédiatement diffusé tout autour de la terre par l'informatique. Voilà pourquoi une baisse des taux d'intérêt aux USA peut faire monter le cours des actions à l'autre bout du monde, par exemple en Malaisie. Lorsque les titres de créances provenant des Etats-Unis sont moins rentables, les investisseurs les convertissent en actions étrangères. Dès lors, la valeur des emprunts émis par l'Allemagne fédérale peut monter lorsque la banque centrale du Japon prête de l'argent à bon marché aux établissements financiers de Tôkyô. Convertis en marks et placés dans des obligations allemandes au taux d'intérêt supérieur, les crédits en yens à bon marché se transforment en revenus garantis et sans risque. Et c'est précisément la raison pour laquelle quiconque veut emprunter de l'argent ou recevoir des capitaux, qu'il s'agisse de gouvernements, de groupes industriels ou de promoteurs immobiliers, entre immédiatement en concurrence mondiale avec tous les autres débiteurs potentiels. Ni la situation conjoncturelle de l'économie allemande, ni la Bundesbank ne décident du taux d'intérêt sur le marché allemand des capitaux. La seule chose qui compte, c'est le jugement de ceux dont la profession est de multiplier l'argent et qui, semblables à une "légion dotée d'un armement d'électronique" *(The Economist)*, se livrent vingt-quatre heures sur vingt-quatre à une compétition globale pour obtenir les meilleurs placements financiers.

Lorsqu'ils sont au travail, les chasseurs de rendement se déplacent à la vitesse de la lumière dans un réseau de données mondial, aux multiples ramifications – une Utopia électronique dont l'entrelacs est encore plus impénétrable que les règles mathématiques complexes qui régissent les différentes transactions. Du dollar au yen, du yen au franc suisse, puis de nouveau du franc suisse au dollar : en l'espace de quelques minutes, les marchands de devises peuvent passer d'un marché à l'autre, d'un partenaire commercial à New York à un autre situé à Londres ou à Hong-kong, et conclure des accords sur des sommes s'élevant à plusieurs milliers de millions. De la même manière, souvent en l'espace de quelques heures, les gestionnaires de fonds déplacent les milliards de leurs clients entre des placements et des marchés totalement différents. Un simple appel et une pression sur une touche permettent de transformer les emprunts d'Etat américains en titres de créances britanniques, en actions japonaises ou en obligations du gouvernement turc émises en deutschemarks. Outre les monnaies, on négocie déjà librement, par-delà toutes les frontières, plus de 70 000 titres de valeurs différents – un marché fantastique, offrant des possibilités et des risques infiniment nombreux.

Pour traiter ce flot de données, les courtiers accomplissent des prouesses dans le traitement de l'information. L'un d'eux se nomme Patrick Slough, il est âgé de vingt-neuf ans. Avec plus de quatre cents collègues, il passe chaque jour dix heures de suite, sans faire de pause, assis dans la grande salle de négoce de la banque d'investissement londonienne Barclays de Zoete Wed (BZW), et gère les affaires réalisées en francs suisses, nommés "swiss" en abrégé.

Son lieu de travail est une console discrète de trois mètres de large, dans une salle plongée dans la semi-obscurité où se mêlent le brouhaha des voix et les ordres hurlés. Derrière cette surface de travail étroite sont installés trois écrans et deux haut-parleurs qui l'approvisionnent sans arrêt, par l'image et par le son, en nouvelles données. En haut et à droite trône l'écran multicolore de Reuters, le leader du marché pour ce qui concerne l'électronique financière. A l'origine simple agence d'information, l'entreprise s'est développée pour devenir le principal organisateur du marché électronique, et réalise ainsi chaque année plus d'un milliard de marks de profit. A l'aide de liaisons fixes, de quelques canaux satellites et d'un méga-ordinateur situé dans les Docklands de Londres, Reuters relie Slough à 20 000 établissements financiers et à toutes les grandes bourses du monde[13].

Sur l'écran apparaissent simultanément les trois dernières offres ou demandes de "swiss", les taux les plus élevés et les plus bas de toutes les monnaies au cours de l'heure précédente et les dernières nouvelles de l'univers des devises. Dans le même temps, Slough peut appeler chaque participant en indiquant une simple initiale et conclure immédiatement un marché. Mais il ne peut se fier uniquement à cela. Il doit, dans le même temps, faire attention aux cours que lui indiquent par haut-parleur ses deux *brokers*, des intermédiaires indépendants. Régulièrement, à quelques minutes d'intervalle, il fait lui-même une offre, tantôt par téléphone, tantôt sur son clavier. Si un autre client des *brokers* l'accepte, un appel téléphonique suit bientôt.

Les hommes qui déterminent ainsi les prix rivalisent avec les systèmes électroniques des *brokers* de Reuters et d'EBS, une firme concurrente détenue par un consortium international de banques. Ceux-ci aussi enregistrent chaque offre et la dirigent directement, et de manière anonyme, sur les écrans. C'est ainsi en *real-time,* en "temps réel", et *on line,* par "le câble", que Slough peut connaître à tout instant, par l'intermédiaire de son écran EBS, à sa gauche, le prix d'achat le plus élevé *(bid)* et la valeur de vente la plus basse *(offer)*, exprimée en dollars ou en marks, des francs suisses proposés au sein de ce système. Seuls comptent ici le troisième et quatrième chiffre après la virgule, qui se transforment constamment (ils sont donc indiqués en grands caractères, en chiffres noirs sur fond jaune). Si Slough appuie sur la touche *"buy"*, l'ordinateur dévoile l'identité de l'offreur et établit la liaison automatiquement.

Ce jeudi de janvier 1996, "le marché est très nerveux", déplore Slough. Avant de commencer son travail, il a étudié l'édition du jour du bulletin d'information interne édité par le département économique de son entreprise. L'issue de la session du directoire de la Bundesbank, à Francfort, sera décisive. Si la Bundesbank diminue de nouveau ses taux directeurs, le dollar et le franc devraient rester attirants. Mais on peut se demander si les Allemands pourront se le permettre : ils ont atteint un niveau de dettes considérable, et la crainte qu'inspire l'inflation aux banquiers allemands est une constante dans le commerce des devises. L'économiste maison parie donc sur un taux d'intérêt inchangé. Slough se rallie à lui et mise sur un mark en hausse.

Au bout d'une demi-heure, il teste le mark et achète "70 marks" pour "swiss 575" auprès de la banque suisse UBS. Par stylo électronique, il transfère rapidement son *deal* dans le système interne de sa banque, en utilisant la voie rapide des points de contact : 70 millions de deutschemarks contre des francs suisses au prix de 0,81575 franc par mark. Peu de temps après, il laisse échapper un bruyant *"fuck !"* : le cours est tombé d'un centième, Slough a – pour l'instant – perdu 7 000 francs. Mais la "Buba", pour reprendre le nom que l'on donne à la Deutsche Bundesbank dans les milieux spécialisés, est de son côté. Les taux d'intérêt allemands restent inchangés. Le mark remonte, et en l'espace de quelques secondes cette nouvelle transforme la perte en un profit deux fois plus élevé. Slough ne prend pas de risque, vend immédiatement et s'autorise une minute de détente.

Educated gambling, une compétition aux règles d'airain et de haut niveau : c'est le nom qu'il donne à ce *job* qui use les nerfs. Il se considère pourtant comme un simple petit soldat ballotté par le marché. "Même les plus grands joueurs – la Citibank de New York, par exemple – ne peuvent pas faire évoluer les cours à eux seuls, assure Slough. Le marché est trop grand, tout simplement."

Et encore, ce marchand de devises a la tâche facile : pour lui, seul compte le temps présent. A l'autre bout de la salle se trouvent ses collègues chargés des produits dérivés. Eux travaillent sur l'avenir, ou plus exactement sur les valeurs que la majorité des participants aux marchés prévoit pour les actions, obligations ou monnaies dans trois ou douze mois, un ou cinq ans. Leurs produits s'appellent *swaps* et *collars*, *futures* et *options*, *dingos* et *zebras.* Il y en a chaque mois de nouveaux sur le marché. Leur point commun à tous est le fait que leur valeur n'est que dérivée *(derivative)*, c'est-à-dire qu'elle repose sur les cours dans lesquels on paie, aujourd'hui ou plus tard, les titres ou devises réels.

Pour miser, par exemple, sur l'économie allemande, aucun besoin d'acheter tout de suite des actions de cet Etat. Les clients peuvent aussi souscrire un contrat *future* sur l'index des actions allemandes qui – moyennant le versement d'une prime – garantit le paiement d'un supplément lorsque l'index monte au-dessus de la valeur convenue. Dans ce cas, la banque doit s'assurer à son tour, soit en passant des contre-contrats, soit en disposant de son propre stock d'actions. Lorsque le client le veut, il peut, dans le même temps, s'assurer contre les variations du cours du mark grâce à une autre option et, par le système du *swap*, échanger les taux sur son argent prêté à long terme contre le paiement à la banque de taux d'intérêt à court terme – ou l'inverse. L'effet ahurissant de ce genre d'affaires est qu'elles rompent le lien entre, d'une part, le risque d'une chute des cours ou de la défaillance d'un débiteur, et d'autre part l'achat des titres ou devises réels. Le risque lui-même devient une marchandise négociable.

Ces affaires à terme et à risques n'étaient jusqu'ici qu'une sorte d'assurance pour l'économie réelle. Cela permettait par exemple aux exportateurs de s'assurer contre les variations du cours de la monnaie de leurs partenaires commerciaux. Depuis que la capacité des ordinateurs est pratiquement illimitée, le marché des produits dérivés est devenu totalement autonome – et l'on est entré dans une "ère de la révolution financière", pour reprendre le nom que lui donna, dans un accès d'euphorie, l'ancien président de la BRI, Alexandre Lamfalussy[14]. Depuis très longtemps, toutes les grandes places financières ont aménagé leurs propres bourses à seule fin de négocier les valeurs à terme. De 1989 à 1995, les valeurs nominales des contrats traités ont doublé tous les deux ans ; à l'échelle mondiale, elles atteignent la somme inconcevable de 41 000 milliards de dollars[15].

A lui seul, ce chiffre révèle la mutation dramatique du commerce de l'argent. Seuls deux à trois pour cent de ces affaires servent encore directement à assurer l'industrie et le commerce. Tous les autres contrats sont des paris organisés entre les jongleurs du marché, selon un modèle toujours identique : "Pariez que dans un an, le Dow Jones se situera 250 points au-dessus de son niveau actuel. Dans le cas contraire, je paie…" Les parieurs ont ici un immense avantage sur les joueurs de casino : dans un premier temps, au moment où ils signent leurs contrats, ils sont juste obligés de miser une petite somme. On n'en vient aux choses sérieuses que lorsque le contrat doit effectivement être exécuté – mais la plupart limitent leur risque de perte en passant des contre-contrats. C'est la raison pour laquelle la valeur effective des produits dérivés sur le marché ne représente qu'une fraction des sommes nominales. Ces produits dérivés ont en revanche fondamentalement transformé la manière dont fonctionnent les marchés : des regroupements de capitaux, mêmes faibles, déclenchent des mouvements de cours de plus en plus importants, et au bout du compte, l'attitude d'attente collective des agents de change finit par acquérir elle-même une véritable énergie physique.

Selon le banquier Thomas Fischer, qui a lui-même, des années durant, chevauché le tigre du marché au poste de directeur des achats et des ventes à la Deutsche Bank, le commerce des produits dérivés a permis "au monde financier de s'émanciper de la sphère du réel". Les relations économiques objectives, par exemple le lien entre les taux d'intérêt et le cours des emprunts, ont de moins en moins d'importance. L'attente "de la réaction des autres" joue désormais un plus grand rôle. Dès lors, l'important n'est pas de "savoir pourquoi un cours monte, mais pour quelle raison il pourrait monter", afin de pouvoir anticiper cette hausse. L'évolution de la valeur des emprunts lancés par l'Etat fédéral allemand, par exemple, n'est pas déterminée par les courtiers des banques allemandes, mais bien en amont, par les *jobbers* aux costumes colorés de la bourse à terme londonienne "Liffe", à laquelle les deux tiers des contrats conclus pour ces emprunts sont traités. Ce type de mécanismes a fait brutalement augmenter l'amplitude de variation de tous les cours, baptisée "volatilité" en jargon financier.

De ce risque engendré par le commerce des produits dérivés, les grandes banques, notamment, ont fait un commerce prospère. A elle seule, la Deutsche Bank gagne chaque année près d'un milliard de marks avec ces produits dérivés. L'importance croissante du courtage dans ses bilans illustre la transformation du rôle des banques dans le système global des finances mondiales. La gestion des fonds de l'épargne et l'octroi de crédits perdent de leur importance. De nombreux groupes industriels sont depuis longtemps leur propre banque. Le meilleur exemple en est la société Siemens AG, qui gagne plus d'argent avec ses affaires financières qu'avec la vente de ses produits connus dans le monde entier. Aujourd'hui, des centaines de grandes entreprises se procurent elles-mêmes leurs crédits en émettant de leur propre chef des emprunts mondiaux. A l'exception des géants de la finance à New York et à Tôkyô, dont l'activité est effectivement globale, la majorité des établissements financiers n'a plus qu'une fonction de courroie de transmission pour les marchés. Leurs services de courtage ne sont plus que les mercenaires des armées financières électroniques. Les commandants donnent leurs ordres depuis une tout autre altitude : ils sont installés dans les bureaux directoriaux des centrales administratives des fonds d'investissement et de pension. Avec des taux de croissance à deux chiffres, cellesci sont devenues au cours des dix dernières années les véritables réceptacles des capitaux du monde. Les sociétés de fonds américaines gèrent à elles seules plus de 8 000 milliards de dollars en épargne et fonds de prévoyance ; elles constituent ainsi la plus grande source de ce flot de capital, infini et inconstant[16].

LA MAISON-BLANCHE : LA PETITE MAISON EN LEGO

Steve Trent fait partie de l'élite de ce secteur[17]. Il dirige avec deux autres directeurs un *hedge fund*, l'une de ces entreprises spéciales qui procurent régulièrement à leurs investisseurs, grâce à des placements construits avec une extrême intelligence, mais particulièrement risqués, des rendements à deux chiffres, et parfois même à trois. Du marbre de Carrare brunrouge et du bois précieux élégant ornent le luxueux pigeonnier depuis lequel Trent et ses collègues observent le monde au coin de la Connecticut Avenue et de la H-Street, à Washington. Quel symbole des temps nouveaux : il y a quelques années encore, sur ce lieu prestigieux de la capitale des Etats-Unis, s'élevait un bâtiment administratif du Peace Corps, qui, des décennies durant, envoya des Américains accomplir dans le monde entier un travail social militant. Lorsque les centres urbains américains connurent un nouveau boom, dans les années quatre-vingt, ce précieux édifice fut bradé à des spéculateurs, et l'on édifia un digne immeuble de bureaux qui accumule depuis les prix d'architecture. Au rez-de-chaussée s'est établi le grand restaurant *The Oval Room*, allusion volontaire au légendaire "bureau ovale" de la Maison-Blanche.

Au même étage que Trent, le cadre financier, les collaborateurs du géant des médias Time Warner ont eux aussi vue sur un décor symbolique : à travers les vitres teintées de leur bureau, la résidence de Bill Clinton sur la Pennsylvania Avenue a l'air d'une modeste petite maison en Lego. Même le complexe de bâtiments du ministère des Finances américain, qui paraît pourtant déjà gigantesque à côté de la Maison-Blanche, n'est plus qu'une maison de poupée sous l'œil des maîtres de l'argent et des médias. La seule chose qui puisse, à la rigueur, inspirer le respect, est le monstrueux obélisque en marbre du monument à Washington, qui rappelle le premier président des Etats-Unis, un homme prodigieusement riche.

Détendu mais concentré, Trent suit dans son bureau les événements mondiaux en multimédia, afin de guider vers les bons canaux les deux milliards de dollars que lui ont confiés ses clients. Chez lui aussi, on trouve un écran Reuters, lui aussi a son *squawk-box* ("boîte à couacs"), un haut-parleur pourvu d'un microphone noir qui dépasse comme une lampe de table entre les écrans des télévisions et des ordinateurs. Une petite centaine de collaborateurs peuvent l'entendre dans le monde entier, notamment ses courtiers sur les bourses de Tôkyô, Washington et New York. En l'espace de quelques secondes, il peut ainsi déplacer des milliards, avec autant de discrétion que d'efficacité.

Lorsque le Congrès américain siège à l'autre extrémité de la Pennsylvania Avenue, Trent y est toujours présent d'un œil – en direct, *via* la télévision. Lorsqu'il décrit son travail, il ne parle pas de ces profits minute réalisés par les spéculateurs qui travaillent au jour le jour sur les bourses et les marchés des devises, comme Patrick Slough, à Londres. Les explications de Trent rappellent plutôt les bilans sur la situation mondiale que les gouvernements se font établir par leurs services secrets et leurs états-majors généraux.

Cinq à dix fois par an, il voyage pour une ou deux semaines dans les principales régions de marché et de croissance du monde. Il s'y informe sur tous les aspects imaginables de la vie économique. Presque aucune porte ne lui reste fermée : ses interlocuteurs de l'industrie, des gouvernements et des banques centrales connaissent l'inestimable valeur d'un tel pisteur pour le flot des capitaux transnationaux. Au cours de ces entretiens, Trent ne cherche pas des pronostics fondés sur les chiffres et les mathématiques. "Les données actuelles, chacun les a dans son ordinateur, affirme-t-il. Ce qui compte, en revanche, c'est l'ambiance, les conflits souterrains." Et il ajoute : "L'histoire, toujours l'histoire. Quand on connaît l'histoire d'un pays, il est plus facile de prévoir ce qui va se produire en cas de crise aiguë."

Précis, avec sang-froid, le spéculateur traque les erreurs d'appréciation commises par ses concurrents adeptes de l'ordinateur, et les bévues stratégiques des différents gouvernements. Il a trouvé l'une de ces failles à l'automne 1994. Dans le monde entier, l'expansion allait alors bon train ; pour l'Allemagne aussi, les pronostics étaient très optimistes, et les marchés commencèrent donc par miser une fois de plus sur des hausses de taux d'intérêt. "C'était absurde, se réjouit Trent aujourd'hui. Nous savions que l'Allemagne ne maîtrisait pas le problème du coût élevé du travail, et nous savions aussi que les entreprises moyennes allemandes convertiraient en marks chaque dollar gagné, pour couvrir leurs frais dans leur pays." Trent misa donc sur une hausse du deutschemark, sur un ralentissement rapide de la croissance et sur de nouvelles baisses des taux. Il ne se trompait pas : lorsque le fonds vendit à terme et à grande échelle du deutschemark et des emprunts en deutschemarks, il conclut "l'une des spéculations les plus réussies de ces dernières années". De tels contrats ne sont remboursables que trois, six ou même douze mois plus tard ; en l'espace de quelques mois, Trent a ainsi pu enregistrer des hausses de valeur dépassant les 10 %.

Mais seul peut réussir de grands coups celui qui – à l'instar du *hedge fund* – ne parie pas seulement le capital de ses clients, mais multiplie la mise en prenant des crédits à court terme. Le risque est élevé, mais si l'estimation est bonne, on passe rapidement de 10 % à 50 % de profit pour l'investisseur, et le gestionnaire de fonds peut encaisser en l'espace de quelques semaines, sous forme de prime, l'équivalent de son salaire annuel. Lorsque d'autres fonds et d'autres banques se rallient à la même stratégie d'investissement et induisent eux-mêmes, par ce biais, l'évolution des cours qu'ils prévoient, cela peut se transformer en un coup portant sur plusieurs milliards. Trent et ses collaborateurs y sont certainement parvenus assez souvent au cours des années passées. Entre 1986 et 1995, la valeur d'un bon de participation dans leur fonds s'est accrue de 1 223 %, rien de moins ; la fortune moyenne des détenteurs de parts a ainsi été multipliée par douze.

C'est exactement ce qui s'est passé lorsque des "spéculateurs" (c'est le terme qu'utilisa le ministre des Finances allemand, Theo Waigel) firent éclater le Système monétaire européen (SME), au cours des années 1992-1993. A cette époque aussi, les multiplicateurs d'argent professionnels misèrent pour la plus grande part des fonds qui leur avaient été prêtés. Et là encore, ils enregistrèrent des profits qui n'auraient jamais été possibles dans l'économie matérielle. Cette fois, cependant, ils ne jouaient pas contre les autres participants au marché, mais contre quinze gouvernements européens. Et il ne s'agissait pas seulement d'argent mais, plus que jamais auparavant, d'une lutte pour le pouvoir entre le marché et l'Etat.

CENT MILLIONS DE DOLLARS PAR MINUTE

Une monnaie stable est un énorme avantage pour toute économie nationale. Elle permet de réaliser des calculs fiables dans les transactions à l'import et à l'export et diminue le coût des assurances contre les variations de cours. C'est la raison pour laquelle les gouvernements d'Europe de l'Ouest se sont mis d'accord, dès 1979, pour associer étroitement les unes aux autres toutes les monnaies de ce qui était alors la CEE, afin de compenser, au moins au sein de la Communauté européenne, la disparition du régime Bretton Woods. Cela devait faciliter la tâche des régions moins développées qui s'efforçaient de rattraper leur retard économique, et permettre une "convergence" progressive. Les garants du cours étaient les banques centrales, qui s'engageaient à reprendre à tout moment en deutschemarks, à un cours fixe, les lires, les pesetas ou les livres. Des années durant, le SME fut aussi une bonne affaire pour les investisseurs. Dans des pays économiquement plus faibles, comme l'Italie, la Grande-Bretagne ou l'Irlande, on accordait pour les emprunts d'Etat ou privés des taux d'intérêt plus élevés qu'en Allemagne ou aux Etats-Unis. Le risque sur les cours était pourtant minime : le retour en marks et en dollars était garanti.

C'est l'unification allemande qui a fait dérailler le système. Par le biais de l'union monétaire avec l'Est*, le gouvernement fédéral allemand, en intégrant la RDA, achetait en fait à crédit un pays industriel en faillite. La masse monétaire circulant en marks bondit d'un seul coup sans qu'il y ait une contre-valeur en marchandises et en investissements ; on risquait de retrouver des taux d'inflation élevés. La Bundesbank para le danger en pratiquant des hausses considérables de ses taux d'intérêt, et toutes les autres banques centrales de la CEE durent suivre le mouvement si elles voulaient préserver la valeur relative de leur monnaie par rapport au deutschemark. Du point de vue de l'économie globale, cela posait cependant un problème : le garrot des taux étranglait l'investissement. La Bundesbank se retrouva tout d'un coup dans la ligne de mire des pays européens, et de grands groupes commencèrent à liquider leurs lires, leurs livres et leurs pesetas, parce que beaucoup d'économistes estimaient désormais que ces monnaies étaient surévaluées. Les grands pays de la Communauté européenne hésitèrent cependant à abandonner le SME. Toute l'idée de l'intégration européenne en dépendait, et ils espéraient aussi que la crise provoquée par l'unification allemande et les taux d'intérêt élevés prendrait fin rapidement. Deux années plus tard, cet espoir devint même réalité. Mais sur le marché international, deux ans sont une éternité.

Lors de cette crise du SME, Stanley Druckenmiller, directeur du légendaire fonds Quantum, appartenant au milliardaire américain George Soros, pressentit qu'il allait pouvoir tenter le plus grop coup de sa carrière. Druckenmiller est l'incarnation du rêve américain[18]. Après un premier échec à l'université, il rata aussi dans les années soixante-dix son examen d'entrée à un cursus d'études bancaires. Mais il s'était fait une réputation en proposant des paris aussi audacieux que saugrenus. Ce détail lui valut d'abord un emploi d'analyste des actions dans

* Qui eut lieu, pour les particuliers, à parité 1/1, alors que le mark de la RDA avait une bien moindre valeur que le mark d'Allemagne fédérale. *(N.d.T.)*

une petite banque à Pittsburgh, puis un poste de gestionnaire de patrimoine auprès de la dynastie des Dreyfuss, et, finalement, à partir de 1989, la succession de George Soros à la tête de Quantum. Depuis, Soros, natif de Hongrie, ne fait plus office que de figure de proue de l'entreprise, vers laquelle il attire les clients. Il a recentré toute son activité autour de l'aide et du mécénat à la restructuration économique de l'Europe de l'Est. *"The man who moves the markets"*, "l'homme qui fait bouger les marchés", pour reprendre le titre que le magazine nord-américain *Business Week* a décerné à Soros sur l'une de ses couvertures, est en réalité Druckenmiller, le directeur de Quantum.

En août 1992, celui-ci a été l'un des premiers à comprendre à quel point la situation des défenseurs du SME était en réalité précaire. Presque quotidiennement, les ministres et les présidents de banques centrales, de Stockholm à Rome, garantissaient qu'ils s'en tiendraient aux taux de change imposés. Mais une information commença à circuler : les banques centrales des pays à monnaie faible étaient d'ores et déjà en train d'émettre des emprunts en deutschemarks pour remplir leurs réserves.

Pour les attaquants, au cours de la bataille du SME, les données sur les réserves en deutschemarks des banques centrales étaient aussi précieuses que la connaissance des réserves en eau et en vivres d'une ville assiégée en temps de guerre. Armé de ces chiffres, Druckenmiller eut la tâche facile. Sa stratégie était simple : il empruntait des sommes plus importantes chaque jour en livres britanniques, pour les changer aussitôt en deutschemarks auprès des banques britanniques – deutschemarks que les instituts financiers demandaient pour leur part à la Bank of England. Plus nombreux seraient ceux qui se rallieraient à sa stratégie et l'imiteraient, plus il pouvait être sûr que la banque de Sa Majesté verrait ses réserves s'épuiser. A ce moment-là, au plus tard, dernier acheteur à payer encore les taux de change élevés en vigueur, elle devrait baisser les armes et laisserait filer la livre en vue d'une dévaluation. Alors, Quantum pourrait racheter des livres à un cours beaucoup plus bas, et rembourser les emprunts qu'il avait contractés. Même si la livre ne descendait que de 10 %, cette affaire pouvait assurer environ 25 pfennigs (85 centimes) de bénéfice pour chaque livre.

Jusqu'à la deuxième semaine de septembre, les Britanniques espéraient encore en la Bundesbank. Disposant de moyens illimités en deutschemarks, celle-ci aurait pu, théoriquement, défendre la livre contre n'importe quelle agression. Pour absorber les vagues de spéculation, de plus en plus importantes, la Buba aurait cependant dû jeter sur le marché plusieurs milliards de marks, et les gardiens de la monnaie, à Francfort, craignirent que cela n'attise l'inflation. Le 15 septembre, enfin, la solidarité germano-britannique toucha à ses limites. Le président de la Buba, Helmut Schlesinger, fit remarquer au passage, pendant une conférence de presse, que le SME avait besoin de quelques "adaptations". Cette déclaration, diffusée en l'espace de quelques minutes dans le monde entier, "valait un message publicitaire qui signifiait en l'occurrence : «vendez vos livres»" : c'est ce qu'estimèrent des experts financiers, après coup, dans un rapport destiné au ministère des Finances des Etats-Unis.

Lié par les traités et les lois aux règles de la libre circulation des capitaux, le chancelier du Trésor londonien, Norman Lamont, ne disposait plus que d'une seule arme : il pouvait hausser le taux d'intérêt et renchérir le coût de l'argent emprunté par les attaquants pour mener leur jeu. Le lendemain de la trahison de Schlesinger, à onze heures du matin et à deux heures de l'après-midi, il éleva de 2 % à chaque fois le taux d'intérêt de l'argent frais. Mais les profits que l'on pouvait attendre d'une dévaluation étaient bien supérieurs aux frais liés aux intérêts, même s'ils se situaient à un niveau plus élevé. La mesure défensive prise par Lamont n'eut qu'une seule conséquence : les spéculateurs empruntèrent et changèrent des sommes encore plus importantes. A quatre heures de l'après-midi, la Bank of England avait gaspillé la moitié de ses réserves totales et abandonnait la partie. En l'espace de quelques heures, la livre perdit près de 9 % de sa valeur, et les attaquants enregistrèrent des profits de rêve. A lui seul, Druckenmiller gagna pour le compte de Quantum un milliard de dollars, révéla ultérieurement Soros.

Au cours des jours qui suivirent, la comédie se répéta avec la lire italienne et la peseta espagnole. Pour échapper à ce sort, la Suède et l'Irlande eurent recours à une arme imparable : ces deux Etats élevèrent d'un seul coup leurs taux d'intérêt, respectivement de 500 % et de 300 %. Mais les spéculateurs l'interprétèrent, à juste titre, comme un signe de faiblesse. Il leur suffisait désormais d'attendre, sachant sans doute que les deux pays ne tiendraient pas longtemps ainsi s'ils ne voulaient pas étrangler leur économie. En novembre, la Suède se retrouva à bout de forces, revint à des taux d'intérêt normaux et dévalua sa couronne de 9 %. L'Irlande suivit en février, avec une dévaluation de 10 %.

Mais le combat autour du SME n'était pas terminé. En France, le "franc fort" résistait encore. Contrairement aux autres cas, la monnaie française n'était nullement considérée comme surévaluée. Au début 1993, l'économie française, la deuxième d'Europe, se portait même mieux que l'allemande. Mais les succès de l'année précédente avaient fait monter l'eau à la bouche des chasseurs de profits. La seule volonté politique, affirmée à Bonn et Paris, de maintenir stable la parité avec le deutschemark et de sauver le SME même sans la Grande-Bretagne et l'Italie suffit dès lors à provoquer de nouvelles vagues de spéculation. Pendant des mois, la banque centrale parisienne mena toutes les tentatives possibles avec des achats de soutien et pressa ses collègues de Francfort de descendre enfin les taux d'intérêt afin de lever la pression sur le système monétaire. Lorsque la Buba rejeta cette demande, lors de la session de son directoire, le jeudi 29 juillet, les vagues se transformèrent en tempête. Pendant une réunion de crise franco-allemande convoquée à la hâte le lendemain au ministère des Finances à Paris, Jacques de Larosière, gouverneur de la Banque de France, demanda une assistance illimitée à ses partenaires francfortois. Les délégations étaient encore en train de discuter lorsqu'elles apprirent l'effondrement de fait du SME. Un seul chiffre illustre la supériorité absolue de la spéculation mondiale dans son combat contre la France : à l'apogée de la crise, à la fin de la matinée, la banque centrale parisienne perdit un certain temps cent millions de dollars par minute. A la fermeture de la bourse, les collaborateurs de Larosière avaient dépensé cinquante milliards de dollars et devaient plus de la moitié de cette somme[19].

Ni Schlesinger ni son successeur désigné, Hans Tietmeyer, ne voulurent endosser cette dette et la spéculation supplémentaire à laquelle on pouvait désormais s'attendre ; ils conseillèrent donc aux Français d'abandonner. Ceux-ci soutinrent que tout le problème avait en réalité été provoqué par l'Allemagne. Jusqu'à dimanche, dans la nuit, Larosière et le gouvernement français tentèrent encore de faire pression sur les Allemands – en vain. Lundi matin, vers une heure, peu avant l'ouverture des bourses d'Asie du Sud-Est, les membres restants du SME firent savoir qu'ils laisseraient désormais leurs parités osciller jusqu'à 15 %.

Ainsi, après quatorze ans d'existence, le pacte de stabilité en Europe de l'Ouest disparut au terme d'une douzaine de batailles défensives perdues qui coûtèrent aux banques centrales européennes et donc, au bout du compte, aux contribuables, quelque cent milliards de marks – trois cent quarante milliards de francs, et il s'agit d'une évaluation prudente. Les partisans du marché libre mondial n'y virent rien d'injustifié, au moins du côté des négociants financiers et des investisseurs. Leur défenseur le plus influent en Allemagne est le directeur de la Bundesbank en personne, le Dr Hans Tietmeyer. Le gardien suprême du deutschemark estime que la compétition entre les monnaies fait aussi partie du monde libre de l'économie de marché, dans lequel toutes les nations sont en concurrence les unes avec les autres. La "libre circulation des capitaux" permet seulement, en l'occurrence, d'imposer "des adaptations inévitables en matière de politique économique". Selon lui, c'est ce qui s'est passé lors de l'effondrement du SME : les taux de change fixe ont tout simplement "perdu leur crédibilité" sur les marchés[20]. Pour le directeur de la Buba et les nombreux autres adeptes du marché, la faute, en cas de doute, revient toujours à la politique. "Le seul problème, a expliqué Tietmeyer en février 1996, à Davos, devant le forum de l'économie, est que la plupart des hommes politiques n'ont toujours pas bien compris à quel point ils se trouvent déjà aujourd'hui sous le contrôle des marchés financiers, et à quel point ils sont même dominés par ceux-ci[21]".

C'est un peu fort. Ce n'est pourtant que le pendant d'une théorie acceptée (et politiquement appliquée) dans le monde entier, ou presque : celle de l'économiste et prix Nobel américain Milton Friedman. En comparaison, l'image du monde que propagent les nombreux adeptes de ce "monétarisme" est assez fruste. A les en croire, seule la libre fluctuation du capital par-delà toutes les frontières nationales permet son utilisation optimale. La formule magique qu'ils utilisent pour désigner ce processus est le mot "efficience". Guidée par la recherche du profit le plus élevé, la capacité d'épargne du monde doit constamment se diriger vers l'endroit où elle est le mieux placée. Aux yeux des monétaristes, cet endroit est bien entendu l'investissement qui promet le plus haut rendement. L'argent quitte ainsi les pays riches en capitaux pour aller dans les régions riches en possibilités d'investissement, et les épargnants réalisent les plus grands profits possibles. A l'inverse, ceux qui empruntent peuvent choisir dans le monde entier les prêteurs pratiquant les taux d'intérêt les plus bas, et ne sont pas forcés de se plier aux lois des cartels bancaires locaux, ou de payer des taux d'intérêt élevés parce que l'on épargne trop peu dans le pays où ils font leurs investissements. Au bout du compte, au moins en théorie, toutes les nations sont gagnantes : de cette manière, on obtient en effet les taux de croissance les plus élevés avec les meilleurs investissements.

Les monétaristes attribuent donc une sorte de raison supérieure à ce qui se passe sur les marchés financiers. Leurs acteurs ne sont à leurs yeux "que les arbitres qui sanctionnent les erreurs de politique par la dévaluation et la hausse des taux d'intérêt", argumente par exemple Gerd Häusler, un ancien collègue de Tietmeyer au directoire de la Buba, qui siège aujourd'hui au conseil d'administration de la Dresdner Bank[22]. Le magazine britannique *The Economist* l'a formulé en termes apodictiques : "Les marchés financiers sont devenus les juges et les jurés de toute politique économique[23]." Pour eux, le fait que les Etats nationaux soient désormais privés d'une partie de leurs prérogatives est une bonne chose. Les gouvernements ont ainsi perdu la faculté d'abuser de leur pouvoir en augmentant les impôts et en contractant des dettes génératrices d'inflation – cela impose, dit-il encore, une "saine discipline".

Le marché financier sans frontières, source universelle de prospérité et gardien de la raison économique mondiale ? Une telle promesse n'est pas seulement trompeuse, elle est aussi dangereuse. Ce type de phraséologie masque le risque politique qu'elle fait courir. Car plus les Etats sont dépendants du bon vouloir des investisseurs, plus les gouvernements doivent favoriser une minorité de toute façon privilégiée : celle des détenteurs de fortunes monétaires. Leurs préoccupations sont toujours les mêmes : inflation basse, valeur extérieure de leur monnaie stable et fiscalisation aussi basse que possible de leurs intérêts. Sans l'exprimer, les adeptes du marché assimilent toujours ces objectifs avec le bien commun. Mais dans le contexte du marché financier global, cela se transforme en pure idéologie. Le court-circuit financier et économique entre les Etats les force à se livrer à une compétition pour baisser les impôts, diminuer les dépenses et renoncer à la compensation sociale qui, pour ce qui concerne le résultat, n'apporte qu'une répartition globale, du bas vers le haut. On gratifie donc celui qui procure aux puissants (en capital) les meilleures conditions. Tout gouvernement qui s'opposerait à cette loi de la jungle risquerait une punition.

L'ANARCHIE DES PLACES OFFSHORE

Ainsi le renoncement aux contrôles (frontaliers) dans la circulation des capitaux a-t-il déclenché une dynamique fatale, qui contourne systématiquement la souveraineté des nations et porte depuis bien longtemps des traits anarchiques. Les Etats perdent leur niveau d'impôts, les gouvernements deviennent des objets de chantage et les autorités policières se retrouvent impuissantes face aux organisations criminelles, faute de pouvoir mettre la main sur leurs capitaux.

On trouvera difficilement illustration plus impressionnante de l'hostilité du système mondial à l'Etat que le développement de ce que l'on a appelé les places financières offshore. Des Caraïbes à Singapour en passant par le Liechtenstein, on trouve déjà aujourd'hui une centaine de lieux, répartis tout autour du globe, depuis lesquels les banques, les assurances et les fonds d'investissements gèrent l'argent des clients fortunés et le font échapper, de manière systématique, à l'emprise des Etats d'origine. Ces pilotes de la fuite des capitaux appliquent partout la même recette : ils promettent une fiscalisation basse ou nulle pour les placements des étrangers et interdisent sous peine de sanction pénale toute divulgation de l'identité des titulaires de comptes, même lorsque ce sont des autorités officielles qui en font la demande.

Au royaume des paradis fiscaux, les princes du marché sont les îles Caïmans, aux Caraïbes, qui font partie de ce que l'on appelle les *dependent territories* de la Couronne britannique. Plus de cinq cents banques sont enregistrées sur l'île principale, qui mesure tout juste 14 kilomètres carrés et abrite 14 000 habitants. Tout ce qui a un nom dans le secteur financier y est représenté – y compris les dix plus grands établissements financiers allemands. Même des banques publiques, comme la Westdeutsche Landesbank ou la Hessische Landesbank, ne se privent pas de prospecter leurs clients pour accueillir sur les îles Caïmans de l'argent provenant de l'évasion fiscale[24]. Leurs clients européens ne sont, il est vrai, pas obligés de passer par les Caraïbes pour échapper au fisc. Ils trouveront les mêmes services sur les îles Anglo-Normandes de Jersey et de Guernesey, dans la principauté du Liechtenstein ou le grand-duché de Luxembourg.

Depuis quelques années, Gibraltar est devenu un nouveau havre des capitaux, parmi ces centres de la criminalité fiscale auxquels on donne, par euphémisme, le nom d'"oasis". Plus de cent mille riches, déjà, ont transféré leur fortune *pro forma* sur le "rocher aux singes". Des conseillers comme Albert Joch, propriétaire de l'entreprise Marina Bay Consultants, fournissent tout ce dont ont besoin les personnes souhaitant dissimuler leur argent au fisc, depuis la création d'une entreprise anonyme servant de boîte aux lettres jusqu'aux fausses attestations d'émigration. En lançant le slogan "Les investisseurs avisés vont à Gibraltar", la Commerzbank allemande fait elle aussi de la publicité pour l'évasion des capitaux vers le sud. Les vingt employés de sa filiale, dans la Main Street de la colonie britannique, sur la pointe méridionale de l'Espagne, accueillent de bon cœur tous ceux qui souhaitent échapper au fisc et qui placent au moins 100 000 marks sur un compte bloqué. Lorsqu'on désire une gestion de patrimoine rentable, il faut apporter un demi-million de marks. Le directeur de la filiale, Bernd von Oelffen, triomphe : "Ici, il existe encore un véritable secret bancaire[25]."

Les dommages que cause le système du offshore sont pratiquement incommensurables. On ne pourrait imaginer meilleur terreau pour les criminels organisés au niveau international. Le dépistage de leur fortune acquise illégalement est devenu pratiquement impossible. On est incapable de savoir si des profits provenant de crimes de toutes sortes sont introduits dans le circuit légal de l'argent par l'intermédiaire des places offshore, et, le cas échéant, quels en sont les montants. "Il n'existe aucun recueil de données empirique sur cette question", avoue Michael Findeisen, qui doit coordonner la lutte menée par les autorités allemandes contre le blanchiment de l'argent au sein de l'Office fédéral de surveillance du crédit[26]. La police fédérale suisse estime que, depuis 1990, plus de cinquante milliards tirés de sources illégales et provenant de la seule Russie ont été stockés à l'Ouest[27]. La tête de pont financière des différentes mafias russes est le centre offshore de Chypre, où trois cents banques russes entretiennent des filiales *pro forma* et font état de chiffres d'affaires annuels de douze milliards de dollars[28]. Findeisen garantit que ces banques ont aussi accès au système de paiement électronique en Allemagne. Contrairement aux assurances données par le ministère allemand de l'Intérieur et au lobby des banques, les portes sont grandes ouvertes à l'argent du crime. Cela vaut aussi pour l'Autriche. Des experts viennois de la sécurité estiment à 200 milliards de schillings (environ 19 milliards de dollars) la fortune provenant de l'entourage de la mafia et placée dans des banques de la république alpine.

Mais le danger d'être noyauté par des organisations criminelles multinationales n'est rien à côté des pertes dévastatrices que la fuite organisée et légale des capitaux provoque dans les caisses de l'Etat. A eux seuls, les détenteurs de fortunes allemands ont placé plus de 200 milliards de marks dans les filiales et fonds d'investissement créés au Luxembourg par le secteur financier allemand. Le ministère des Finances d'Allemagne fédérale perd ainsi chaque année plusieurs dizaines de milliards de ressources – à peu près la moitié du supplément de solidarité réclamé aux contribuables allemands pour financer l'unification. Les administrateurs de ces fonds replacent la plus grande partie de l'argent "évadé" en Allemagne – ils le font même souvent en achetant des obligations. L'Etat devient ainsi le débiteur de ceux qui échappent frauduleusement à l'impôt, et paie même des intérêts qui assurent aux créanciers un revenu supplémentaire et défiscalisé.

La variante luxembourgeoise n'est cependant que l'un des canaux de la saignée imposée au budget de l'Etat. Si l'on fait la somme de tous les lieux d'évasion, le manque à gagner fiscal s'élève, pour rester prudent, à quelque 50 milliards de marks par an – à peu près autant que la dette contractée chaque année par l'Etat fédéral allemand. A l'échelle de la communauté mondiale, les pertes accumulées représentent une catastrophe financière permanente. Si l'on en croit les statistiques du FMI, ce sont au total plus de 2 000 milliards de dollars qui sont gérés sous le pavillon des différents nains offshore, et qui échappent ainsi à l'emprise des Etats où cette richesse est créée. A elles seules, et depuis une décennie déjà, les îles Caïmans reçoivent plus de fonds placés par des étrangers que la totalité des établissements financiers en Allemagne. Et l'on est encore loin de connaître toutes les sommes qui échappent au fisc. Chaque année, la balance internationale des paiements affiche un déficit de plusieurs dizaines de milliards. Cela signifie que si la sortie des fonds est encore enregistrée, ils n'arrivent en revanche nulle part, d'un point de vue statistique, parce qu'un grand nombre de banques, sur les places offshore, ne fournissent même pas les données nécessaires à ces relevés. En 1987, les experts de l'OCDE et du FMI évaluaient déjà à un billion de dollars supplémentaire l'ampleur des fortunes cachées dans ce trou noir de l'économie mondiale[29].

Ce qui est grotesque, c'est que d'un point de vue matériel tout cela n'a rigoureusement aucun lien avec ces structures politiques insignifiantes qui mettent leur pavillon à la disposition du monde des finances et dont la souveraineté nationale est, dans le meilleur des cas, achetée à crédit. Personne ne voyage effectivement aux Caraïbes ou au Liechtenstein avec des valises pleines d'argent liquide. On n'y trouve presque jamais non plus les infrastructures nécessaires à la gestion des fonds. Cela n'est pas utile. Une boîte aux lettres, un délégué général ou un fidéicommissaire suffisent. Les ordinateurs se chargent du reste. Car physiquement, c'est dans les réseaux informatiques des banques et des entreprises que se réalise l'évasion des capitaux. Leurs centrales se trouvent certes sur le sol allemand, britannique, japonais ou américain. Mais avec son système de connexions, le secteur financier a vite fait de proclamer l'extraterritorialité d'une bonne partie de ses disques durs.

Ce serait donc chose facile, pour les autorités fiscales et policières, que de boucher les canaux d'évasion sans avoir pour autant à occuper de petits pays. Mais une telle procédure est incompatible avec la libre circulation des capitaux. A ce jour, les groupes financiers ont pourtant réussi à arrêter toutes les manœuvres contre leur "secret" ; il leur a suffi pour cela d'expliquer que cela ne ferait que transférer les affaires dans d'autres lieux.

L'Allemagne fédérale a connu au début 1996 une nouvelle représentation de cette farce. Constatant l'accroissement du déficit budgétaire, les chasseurs d'impôts allemands ont entrepris pour la première fois quelques perquisitions dans de grandes banques. Jürgen Sarazin, directeur de la Dresdner Bank, a rapidement réagi (à l'instar de beaucoup de ses collègues) en affirmant que cette opération n'était pas "susceptible d'élever la morale fiscale" et ne faisait que nuire à l'Allemagne dans son rôle de place financière. Et comme pour prouver les possibilités dont elle disposait pour faire évader l'argent, la Deutsche Bank publiait un peu plus tard un bilan annuel faisant état d'un résultat d'exploitation de 4,2 milliards de marks, soit le deuxième profit le plus élevé de son histoire, et d'une baisse simultanée de ses versements au fisc, inférieurs de 377 millions de marks à l'année précédente.

LE PACTE DE FAUST

Selon ce principe, les Etats nationaux et leurs gouvernements sont devenus des objets de chantage. Sous la pression de l'industrie financière organisée, ils suivent presque dans le monde entier le chemin que Sarazin, de la Dresdner Bank, et ses collègues ont une fois de plus emprunté en éclaireurs en 1996 : diminution des impôts sur la fortune et le capital, dérégulation de toutes les prestations de service financières, économies dans les dépenses engendrées par les prestations de service de l'Etat et les missions sociales. Car, selon Sarazin, des taux d'imposition élevés "nourrissent la frustration et provoquent la résistance" qui mène à l'évasion des capitaux. D'un budget annuel à l'autre, d'une loi fiscale à l'autre, l'inégalité se renforce ainsi avec la globalisation, si différentes que puissent être les cultures ou les valeurs sociales.

La mécanique de cette uniformisation politique dépasse les budgets des Etats. Le rattachement au système financier international équivaut, pour les pays concernés, à un "pacte de Faust", pour reprendre le commentaire du magazine d'information américain *Newsweek*[30]. Dans un premier temps, il permet aux gouvernements d'avoir accès aux réserves de capitaux disponibles dans le monde. Les Etats peuvent, pour leurs investissements, s'endetter à un niveau beaucoup plus élevé que s'ils dépendaient uniquement de l'argent des épargnants et des riches de leur pays. Jusqu'ici, aucun gouvernement ambitieux n'a su résister à ce chant des sirènes. L'unité allemande, elle non plus, n'aurait pu être financée sans l'argent d'étrangers ayant souscrit des emprunts d'Etat. Plus d'un tiers de la dette de l'Etat allemand se trouve aujourd'hui entre des mains étrangères. Mais l'entrée dans l'univers des finances mondiales se paie cher : par la soumission à la loi de la hiérarchie des taux, par une allégeance à des puissances dont la plupart des électeurs n'ont aucune idée.

La plus influente de ces agences anonymes d'un marché financier qui s'est transformé en puissance mondiale réside dans un bâtiment de onze étages en grès massif, situé au 99 de la Church Street, à New York. A l'ombre des deux tours du World Trade Center travaillent les trois cents analystes payés à prix d'or du Moody's Investors Service, la plus grosse agence du monde pour l'évaluation des placements de capitaux, et la plus sollicitée. Audessus du portail, un bas-relief doré à la feuille explique sur plus de douze mètres carrés la philosophie de l'entreprise et ses intérêts : "Le crédit commercial est la création des temps modernes, et il n'est accordé qu'aux nations éclairées et bien gouvernées. Le crédit est le souffle vital du système libre dans le commerce moderne. Il a contribué, plus de mille fois plus que toutes les mines [de métaux précieux] de cette terre, à la richesse des nations."

Derrière cette profession de foi dorée commence un univers incomparable de pouvoir et de mystère. En aucun autre lieu du monde, sans doute, on ne garde les secrets d'autant d'entreprises et d'Etats différents. Aucun visiteur étranger, quel que soit son rang, ne peut entrer dans les salles de travail des collaborateurs de l'entreprise. On prie d'abord les invités de passer discrètement dans une salle de réception au sol couvert de gros tapis ; les entretiens ont lieu exclusivement dans les salles de conférence élégantes du onzième étage.

Vincent Truglia, vice-président de cette entreprise fondée dès le début du siècle, commence par expliquer ce que Moody's ne voudrait pas être. "Non, nous ne prononçons pas de jugements sur des nations entières, notre évaluation n'est pas morale et ne dit rien des véritables valeurs d'un pays. Non, nous ne disons pas aux gouvernements ce qu'ils doivent faire, nous ne donnons jamais de conseils[31]." Mais à l'aune des pratiques réelles de l'entreprise, ces protestations d'innocence tiennent tantôt de l'euphémisme, tantôt de l'hypocrisie. Truglia est en effet le directeur du *Nation Rating* chez Moody's ; sous son égide, l'agence classe les nations du monde en fonction de la fiabilité de leur crédit. Seule l'élite de l'économie financière reçoit le grade "Aaa", ce que l'on appelle le "triple *a*" : les Etats-Unis, le Japon, et les pays stables de l'Union européenne, comme l'Allemagne et l'Autriche. La Norvège, pourtant riche en pétrole, doit déjà se contenter d'un simple "double *a*" parce que, selon la définition de Moody's, les "risques à long terme" des placements de capitaux y sont "un peu plus élevés". L'Italie, fortement endettée, doit se satisfaire d'un simple "A", parce qu'elle n'est "pas à l'abri d'un affaiblissement futur". Quant à la Pologne, elle se situe très loin dans le tableau, avec un "Baa". L'Institut attend encore qu'une "sécurité financière adéquate" y soit instaurée. En Hongrie (Ba), même cela est "douteux".

Cette évaluation a un effet immédiat : dans les fonds et dans les banques, les négociants convertissent directement le *rating* en suppléments de risques pour l'achat d'obligations d'Etat. Moody's est ainsi à la fois une métaphore et une mémoire du marché. Moody's n'oublie jamais et il lui faut des années pour pardonner. L'Argentine, par exemple, continue imperturbablement à porter l'étiquette de pays "B" parce qu'il y a quelques années, en raison d'une politique financière chaotique, elle a été affligée d'un taux d'inflation à trois chiffres et n'a pu, en quelques occasions, payer ses dettes en temps utile. Mais aujourd'hui l'Argentine a la monnaie la plus stable d'Amérique du Sud. Depuis cinq ans la banque centrale maintient une parité constante avec le dollar, et le taux d'inflation n'est pas supérieur à celui des Etats-Unis. Cette nouvelle politique financière rigide a plongé le pays dans une sévère crise de structure économique. Mais les marchés financiers ne sanctionnent pas les sacrifices accomplis par la population pour assurer la stabilité monétaire. Le gouvernement de Buenos Aires doit payer, même pour des emprunts en deutschemarks dont le cours est garanti, des taux d'intérêt de 3,8 % supérieurs à ceux versés par l'Allemagne, un pays doté du "triple A[32]".

Pour Truglia et son équipe, tout cela n'est que la conséquence de l'application cohérente de critères économiques. Pour se protéger contre les tentatives de corruption, les collaborateurs de Moody's voyagent exclusivement à deux, par exemple lorsqu'ils partent examiner les finances d'un Etat à l'invitation des ministères des Finances nationaux. Chaque analyste doit donner chaque mois la liste de ses propres investissements ; personne n'est autorisé à spéculer lui-même par anticipation sur un verdict publié ultérieurement, garantit le vice-président de Moody's. Même lorsque les gouvernements font pression, on ne prend pas de gants. "Nous ne connaissons que les intérêts des investisseurs, nous ne faisons pas de politique."

Mais le résultat, lui, est politique. Les verdicts de l'agence peuvent coûter des milliards de frais financiers supplémentaires aux pays concernés, ils influencent les élections et jouent un rôle dans le sentiment que des nations entières ont d'elles-mêmes. Lorsqu'en février 1995 le dollar canadien s'est mis à déraper, alors qu'on le négociait déjà sur les marchés comme un "peso nordique", le premier ministre Jean Chrétien a tenté d'arrêter la fuite des capitaux en annonçant un nouveau plan budgétaire et des coupes dans les dépenses. Mais avant même que le plan ait pu être discuté au parlement, Moody's a affirmé que ces coupes étaient insuffisantes, et a annoncé une possible descente des *bonds* canadiens au niveau "Aa". Le leader de l'opposition s'est alors fait une joie de reprocher au gouvernement l'instabilité de sa politique financière. Les chances électorales de Chrétien ont rapidement diminué, et le *New York Times* a commenté, non sans cynisme : *"The Man from Moody's rules the world* (L'homme de Moody's gouverne le monde)[33]. "Le même processus s'est répété en 1996, lorsque l'agence a placé le statut du crédit de l'Australie *"under review"*, à vérifier, là encore juste avant des élections. Le plus grand quotidien de Sydney a titré "Nuages sombres au-dessus du gouvernement". Et le Labor Party a perdu les élections.

UN TRIBUNAL SANS LOI

La rigidité avec laquelle s'impose la logique du marché n'est pas uniquement due aux méchants investisseurs étrangers. Lorsque le marché des capitaux est internationalisé, les détenteurs de fortunes nationales ont leur place, eux aussi, au jury des inspecteurs des Etats. En Europe, la Suède, plus que tout autre pays, en a fait l'amère expérience. Jadis vanté pour sa politique sociale exemplaire, cet Etat était devenu un symbole : celui d'un capitalisme compatible avec la justice sociale. Il n'en reste plus rien, ou plus grand-chose, aujourd'hui. Depuis la fin des années quatre-vingt, les grands groupes industriels et les grandes fortunes n'ont cessé de transférer à l'étranger des emplois et des capitaux provenant de l'épargne. Malgré une baisse des ressources fiscales, le gouvernement a donc dû diminuer les prélèvements sur les hauts revenus. Le déficit budgétaire a connu une véritable explosion et a forcé à limiter de nombreux programmes sociaux.

Mais cela n'allait pas assez vite pour les "marchés". En 1994, le prince de l'industrie Peter Wallenberg, principal actionnaire, entre autres entreprises, du fabricant de poids lourds Scania, menaça de transférer le siège du groupe à l'étranger si le gouvernement, alors dirigé par une coalition conservatrice, ne diminuait pas le déficit de l'Etat. Björn Wollrath, directeur de la Skandia, la plus grande entreprise d'assurance de Scandinavie, appela même au boycott des emprunts d'Etat suédois, qui étaient jusqu'alors négociés au taux d'intérêt européen moyen. Dès le lendemain, les titres de rente sur Etat émis par Stockholm étaient invendables, le cours de la couronne chuta, et avec lui la valeur des actions. Le gouvernement et tous les emprunteurs en couronnes suédoises durent désormais payer 4 % d'intérêt de plus que les débiteurs en deutschemarks. Le pays s'enfonça encore plus profondément dans les dettes, des coupes radicales dans le budget devinrent inévitables. Aujourd'hui, la Suède dispose de moins d'argent pour ses pauvres que l'Allemagne.

Après avoir ainsi été placé sur son orbite antisociale, l'ancien pays modèle a retrouvé une monnaie appréciée et des taux d'intérêt relativement avantageux. Mais la menace n'a pas disparu. Le premier ministre social-démocrate Göran Persson en a fait l'expérience en janvier 1996. Il a proposé publiquement de faire remonter l'aide aux chômeurs et aux malades à 80 % de leur ancien revenu. Deux jours plus tard, Moody's publiait un rapport affirmant que la stabilisation du budget suédois n'était pas encore suffisante. Il faudrait au contraire, selon l'agence, "vraisemblablement faire des coupes supplémentaires dans les programmes sociaux". Dès le lendemain, les cours des emprunts d'Etat et des actions chutaient respectivement de trente et de cent points ; la parité de la couronne dérapa elle aussi[34].

En Allemagne, où l'Etat social utilisait jusqu'ici la progressivité de l'impôt pour contenir l'inégalité sociale, le démantèlement du système se déroule selon le même scénario. Coupe après coupe, la coalition conservatrice et libérale a répondu aux exigences de refonte du système fiscal émises par l'industrie et les banques. Ces dernières années, elle a diminué à deux reprises le taux de l'impôt sur les bénéfices sur les sociétés, c'est-à-dire le niveau des ressources que lui apportaient les grandes entreprises. La tranche la plus élevée de l'impôt a également été diminuée de 5 %. Le nombre des avantages à l'amortissement dont bénéficient les travailleurs indépendants a lui aussi augmenté. A l'inverse, tous les frais supplémentaires entraînés par l'unité allemande ont été couverts exclusivement par les impôts de masse, essentiellement les impôts sur les salaires et la taxe sur la valeur ajoutée. Le résultat se passe de commentaire : lorsque Helmut Kohl est devenu chancelier d'Allemagne fédérale, en 1983, les entreprises et les travailleurs indépendants supportaient encore 13,1 % de toute la pression fiscale. Treize années plus tard, cette part avait chuté à 5,7 %[35]. En 1992, un groupe d'experts de haut niveau à la Commission européenne de Bruxelles avait déjà constaté que le niveau de taxation des entreprises en Allemagne était passé en dessous de celui pratiqué aux Etats-Unis, au Japon et (en moyenne) dans les pays de l'Europe de l'Ouest[36]. L'Allemagne fédérale, au moins pour ce qui concerne les impôts, a donc depuis longtemps cédé à l'agression contre l'Etat social, avant même que les marchés des capitaux n'aient pu la sanctionner en lui imposant des taux d'intérêt supérieurs.

Même le gouvernement des Etats-Unis suit désormais docilement le verdict de ceux qui dirigent le flot des capitaux. Lorsque Bill Clinton est entré à la Maison-Blanche, en 1992, il a promis à ses électeurs un vaste programme de réformes. Les écoles publiques délabrées du pays devaient redevenir un système éducatif efficace, tout Américain bénéficierait à l'avenir d'une protection sociale contre la maladie. Mais aucun de ces projets n'était réalisable sans dépenses supplémentaires de l'Etat. Immédiatement après les élections, le cours des obligations américaines commença à chuter, les banquiers d'investissements firent ouvertement front contre les réformes. Après quelques mois seulement de présidence, bien avant que Clinton ne perde la majorité au Congrès, les projets de réforme étaient déjà abandonnés. James Carville, qui fut pendant de longues années le conseiller de Clinton, déclara avec résignation : "Jadis, je me disais que s'il existe une réincarnation, je voudrais être président ou pape dans ma prochaine vie. Aujourd'hui, je reviendrais sous forme de marché des valeurs : ça permet de menacer n'importe qui[37]."

La soumission au régime des marchés financiers se transforme ainsi en attaque contre la démocratie. Bien sûr, chaque citoyen garde son suffrage. Les hommes politiques sont encore contraints de rechercher l'équilibre des intérêts entre toutes les catégories sociales pour obtenir des majorités, que ce soit en Suède, aux Etats-Unis ou en Allemagne. Mais une fois l'élection passée, la décision revient à ce que les économistes appellent, dans un euphémisme, le droit de vote monétaire. Ce n'est pas une question de morale. Même les administrateurs financiers professionnels ne font que leur devoir en exigeant les rendements les plus élevés possibles pour le capital qui leur a été confié. Mais ce pouvoir gigantesque leur permet aujourd'hui de remettre en question tout ce qui a été acquis en matière de compensation sociale, au fil de cent années de lutte des classes et de politique de réforme.

Ironie de l'histoire, c'est d'ailleurs le succès terrassant obtenu par la social-démocratie pour brider le capital qui favorise aujourd'hui le déchaînement global du capitalisme. Ce sont les hausses constantes des salaires et la protection sociale organisée par l'Etat qui ont donné le jour, au cours de ces cinquante dernières années, à cette société des classes moyennes dont les économies permettent aujourd'hui aux marchés financiers de travailler. Jamais dans l'histoire il n'y a eu autant de personnes disposant de revenus supérieurs à ceux que réclame leur existence courante. Ce sont elles qui, avec leurs économies, fournissent aux assurances, aux banques et aux sociétés de fonds les munitions utilisées dans l'assaut contre les syndicats et l'Etat social. A eux seuls, les fonds d'investissements détiennent dans le monde sept billions de marks, si l'on en croit l'estimation réalisée par le département recherche de la Deutsche Bank. Dix autres billions de mark sont administrés par les sociétés proposant des plans d'épargne retraite – ce que font en Allemagne, par exemple, les compagnies d'assurance[38]. Le citoyen bien payé des classes moyennes est donc trop souvent à la fois victime et coupable, gagnant et perdant. Le capital de son assurance-vie lui rapporte plus, mais la pression fiscale croissante lui fait perdre une partie de ses revenus. Et les managers de ce fonds d'investissement dans lequel il a placé ses économies peuvent à n'importe quel moment, pour peu qu'ils soient actionnaires avec droit de vote, faire nommer dans son entreprise un président qui supprimera son emploi au nom de la rationalisation – et dans l'intérêt des investisseurs du fonds !

Les gouvernements qui se soucient de la stabilité des cours de la bourse et de la monnaie peuvent donc tout à fait prétendre servir les objectifs d'une partie de la société de prospérité. Mais tous les individus qui ne disposent pas d'épargne digne de ce nom, tous ceux qui perdent leur emploi et ne peuvent plus satisfaire aux obligations de leurs plans d'épargne, tous ceux-là passent à la trappe. Le mouvement aveugle visant à laisser les "marchés" "discipliner" les Etats est donc beaucoup moins "sain" que ne veulent le faire croire les monétaristes. Ce courant de pensée n'ignore pas seulement que la politique démocratique est nécessairement soumise à d'autres règles que les simples lois du marché. Il nivelle aussi les différences socioculturelles entre les nations, et engendre un potentiel de conflit qui s'accroît dangereusement.

La grande majorité des Suédois ne veut pas, pour le moment, que le seul critère de fonctionnement de leur société soit le rendement des capitaux. C'est la seule raison pour laquelle le gouvernement a refusé le démantèlement de l'Etat social. Au début 1995, le premier ministre du Canada, Jean Chrétien, n'eut pas lui non plus la possibilité d'aller au-delà de ce qu'il avait proposé en matière de coupes dans le budget de l'Etat. A cette époque, il ne pouvait avoir qu'un seul objectif : protéger le pays de la déchirure que risquait de lui faire subir un référendum séparatiste dans la province francophone du Québec. S'il avait réduit les moyens dont disposent les gouvernements régionaux, il n'aurait fait qu'apporter de nouveaux partisans aux séparatistes, et aurait ainsi risqué d'infliger des dommages économiques bien plus sérieux à son pays.

Et si le gouvernement italien s'opposa à la dévaluation de la lire en 1992, ce ne fut pas par bêtise bureaucratique, comme l'affirmèrent ensuite certains professeurs et spéculateurs narquois. Son but était plutôt de protéger le bon million de familles qui, sur les conseils des banques, avait financé leurs maisons et leurs appartements avec des hypothèques calculées en écus, qui était à cette époque la monnaie virtuelle de l'Union européenne. Lorsque le SME s'effondra, leur revenu, calculé en écus, diminua d'un tiers, et ils durent payer plus de 30 % de plus aux banques foncières sans que la valeur de leur maison ait augmenté d'une seule lire. Les spéculateurs favorisèrent ainsi grandement la coalition de partis d'extrême droite "Alliance pour la liberté", dont le porte-parole extrémiste, le néo-fasciste Gianfranco Fini, se fit un nom en défendant les débiteurs hypothécaires dupés[39].

Dans les rapports entre nations aussi, les marchés financiers ont provoqué des conflits de plus en plus difficiles à gérer politiquement. Le marché des devises et des obligations, que les économistes adeptes du marché ont transformé en tribunal financier mondial, prononce des jugements extrêmement injustes, ne connaît aucune loi, et engendre au bout du compte non pas le droit, mais le chaos économique.

Dans les salles de courtage, les chasseurs de bénéfices favorisent ainsi par principe les grandes nations économiques par rapport aux petites, sans tenir aucun compte de la situation financière des Etats en question et de leurs économies nationales. Des pays comme l'Irlande, le Danemark, le Chili ou la Thaïlande paient, dans les faits, jusqu'à 2 % d'intérêts supplémentaires parce qu'ils sont petits. Du point de vue de la technique du marché, cela a un sens. Plus un marché est petit, plus grand est le risque de ne pas trouver d'acheteurs en cas de crise. "A ce moment-là, c'est comme dans une salle de cinéma en feu, explique Klaus-Peter Möritz, qui fut jusqu'en 1995 directeur des devises à la Deutsche Bank. Tout le monde veut sortir, mais il n'y a pas assez de portes." Cet *exit risk* force les petits Etats à payer une prime supplémentaire. Mais du point de vue de l'économie nationale, ce principe n'en est pas moins absurde ; il rend en outre les investissements plus onéreux.

De la même manière, les grands ont moins à craindre le jugement des marchés que les petits. Ce sont avant tout les Etats-Unis qui en profitent. Plus qu'aucune autre nation au monde, l'Amérique se sert du capital épargné par les autres. Depuis plus d'une décennie, les statistiques des Etats-Unis affichent une balance des paiements négative – cela signifie que les consommateurs, les entreprises et le gouvernement américains prennent beaucoup plus d'argent à l'étranger qu'ils n'en investissent pour leur part sur les marchés mondiaux. Depuis 1993, ce déficit s'élève à 10 % du PIB ; les Etats-Unis sont le plus grand débiteur du monde. Mais les entreprises ou les promoteurs immobiliers américains n'ont pas à subir pour autant la sanction d'une hausse des taux d'intérêt. La simple taille du marché, qui rend les placements en dollars relativement sûrs et donc attirants, suffit à le leur éviter. En outre, le dollar est resté la monnaie réserve du monde entier. 60 % des réserves en monnaie forte de toutes les banques centrales sont constituées en dollars ; mais c'est aussi le cas de la moitié de l'épargne privée globale[40]. Un paysan chinois ou une ouvrière russe stockent eux aussi leurs excédents en dollars, bien que la production économique américaine réelle des Etats-Unis constitue moins d'un cinquième de la production mondiale. C'est la raison pour laquelle n'importe quel gouvernement américain sait qu'il a la moitié du monde à ses côtés dès qu'il s'agit de stabiliser sa monnaie.

L'ARME DU DOLLAR

Mais ce déséquilibre dramatique rend de vastes parties de l'économie mondiale dépendantes de l'évolution intérieure américaine. Depuis 1990, les négociateurs et les économistes constatent qu'au bout du compte seule la situation au sein de l'espace dollar a joué un rôle décisif sur l'évolution des intérêts dans le monde. Au début 1994, par exemple, en Allemagne, tous les indices laissaient croire à un affaiblissement de la croissance. Selon les règles économiques en vigueur, cet état de fait et la faiblesse des demandes de crédits auraient dû conduire à une baisse sensible des taux d'intérêt, condition indispensable à une relance des investissements. Mais l'économie américaine affichait une croissance en hausse et sur le marché des valeurs aux Etats-Unis les taux d'intérêt explosèrent tout d'un coup. En Europe aussi, les taux dépassèrent les 7 % – du “poison pour la croissance”, dans le jargon des augures économiques. Une année et demie plus tard, l'Allemagne fédérale sombrait de nouveau dans la récession, et la même comédie se répéta lorsque les usines américaines annoncèrent qu'elles avaient atteint leur rendement maximum. Même le fait que la Bundesbank affiche le taux d'intérêt le plus bas depuis plus d'une décennie n'y changea rien. Les gardiens allemands de la monnaie prêtèrent certes aux banques plus d'argent que jamais, et permirent aux entreprises allemandes de contracter en 1995 7 % de crédits supplémentaires par rapport à l'année précédente. Mais ce capital à bon prix s'écoula immédiatement sur les marchés étrangers, qui offraient de meilleurs rendements. Helmut Hesse, membre du conseil central de la Bundesbank, constata sobrement que les banques centrales avaient hélas “beaucoup perdu” de leur capacité à “diminuer, de leur propre chef, les taux d'intérêt[41]”.

La dépendance des nations à l'égard de la zone dollar donne aux politiciens chargés des finances et de la monnaie à Washington une position de pouvoir qui les place de plus en plus souvent en opposition frontale avec d'autres nations. Les cours des devises sont les baromètres des rapports de force dans la guerre latente pour la prééminence en matière d'économie financière. Dans les quatre premiers mois de 1995, le cours de la monnaie américaine par rapport au yen et au deutschemark connut une chute qui alla parfois jusqu'à 20 % ; ces aléas précipitèrent la machine économique mondiale dans le chaos et provoquèrent une nouvelle récession en Europe et au Japon. Pris de panique, les stratèges du portefeuille convertirent leurs investissements en marks et en yens. Par la suite, le dollar ne fut pas le seul à descendre : toutes les autres monnaies européennes se déprécièrent par rapport au franc et au mark. D'un seul coup, les revenus à l'étranger des entreprises allemandes perdirent une grande partie de leur valeur. Daimler, Airbus, Volkswagen et des milliers d'autres sociétés virent leurs chiffres passer dans le rouge et annoncèrent qu'à l'avenir elles investiraient essentiellement à l'étranger. Une fois de plus, des revues spécialisées comme *Business Week*, *Handelsblatt* ou *The Economist* décrivirent "l'impuissance des banques centrales" face aux caprices de ce marché où fluctuaient des milliards de devises et dont le volume d'affaires quotidien était pratiquement deux fois plus élevé que toutes les réserves des banques centrales rassemblées.

Objectivement, la chute rapide du cours ne paraissait pas justifiée. Le pouvoir d'achat réel du dollar correspondait plutôt à 1,80 deutschemark qu'à sa valeur de négociation, 1,36 deutschemark. On demandait même pour les prêts en dollars sur le marché de l'argent, c'est-à-dire pour des crédits à court terme, 1 % d'intérêt de plus que pour le mark et le yen, devenues des monnaies de qualité. Les économistes de tout bord ne savaient plus à quel saint se vouer. Marcel Stremme, expert monétaire de l'Institut allemand de recherche économique à Berlin, estima qu'"il n'y avait plus aucune explication logique" aux variations du cours du dollar. Même l'économiste en chef du FMI, Michael Mussa, dut constater que "les marchés étaient devenus fous".

Des mouvements irrationels, et dépourvus de toute logique ? Les initiés du jeu des monnaies voient la chose tout autrement.

Klaus-Peter Möritz, par exemple, à l'époque directeur du service des opérations de change à la Deutsche Bank, interprète avec lucidité la chute du dollar comme une "stratégie politique volontaire des Américains[42]". Il s'agissait selon lui de doper l'économie américaine, dont les exportations étaient trop faibles, en lui permettant de vendre ses produits à meilleur prix sur les marchés extérieurs. Le cours du dollar devint ainsi une arme dans le combat engagé avec le Japon et l'Allemagne pour les parts de marché.

Cette explication est sans doute manichéenne, mais elle est plausible. La grande majorité des *global players* sur le marché financier sont des établissements américains disposant d'une infrastructure mondiale. Ils ne sont certainement pas aux ordres du gouvernement des Etats-Unis, mais ils se conforment tout à fait aux objectifs de la Fed et de son président Alan Greenspan. Même les spéculateurs les plus courageux ne s'opposent pas à la plus grande banque centrale du monde – car elle dispose de réserves en dollars illimitées. "Dès lors, il suffit qu'un directeur de la Fed indique par téléphone à un représentant au Congrès que les Etats-Unis ne voient plus d'intérêt à assurer la stabilité du billet vert", estime Möritz. Le reste est l'affaire des négociateurs, qui entrent très rapidement en scène. Indirectement, les deux hommes les plus puissants d'Amérique ont eux aussi confirmé cette stratégie. Pendant la crise mondiale du dollar, en avril 1995, le président Clinton a fait savoir que les Etats-Unis ne pourraient "strictement rien faire" pour arrêter la chute[43]. Peu avant, le directeur de la banque centrale, Greenspan, avait même laissé entrevoir lors d'une audience parlementaire la possibilité d'une baisse du taux directeur, qui n'eut pas lieu[44]. Dans les deux cas, le signal adressé aux marchés ne laissait aucun doute : la banque d'émission et le gouvernement voulaient que le cours du dollar s'effondre. Le professeur d'économie Wilhelm Hankel, de Francfort, considère lui aussi que la chute du dollar n'était qu'une "politique monétaire habile menée par les Etats-Unis". Dans un univers de monnaies faibles en proie à l'inflation, Hankel considère pour sa part que la menace d'une réévaluation considérable plane sur le dollar. Dans la mesure où les gardiens de l'argent à Washington le maintiennent à un bas niveau, "ils transfèrent le problème sur d'autres pays[45]". C'est également ainsi que l'ont compris les conseillers économiques d'Helmut Kohl. Faisant une entorse à la retenue dont il témoigne d'ordinaire à l'égard du grand frère d'outre-Atlantique, le chancelier a personnellement protesté contre la politique monétaire d'obstruction pratiquée par Washington, et l'a publiquement qualifiée de "totalement inacceptable" – ce qui n'a d'ailleurs pas servi à grand-chose.

Les statistiques économiques pour 1995 illustrent la victoire des stratèges du dollar ; en Allemagne, la croissance économique réelle a été moitié moins importante que la croissance prévue ; la faiblesse du dollar a provoqué des licenciements massifs. La crise a frappé encore plus durement les Japonais. En l'espace de douze mois seulement, leur excédent commercial avec les Etats-Unis a diminué des trois quarts, le pays est passé de la récession à la déflation et le nombre de chômeurs a doublé[46]. Greenspan et le ministre des Finances américain, Rubin, n'ont abandonné leur ligne dure qu'à l'automne 1995, lorsqu'ils ont été certains d'avoir atteint le résultat souhaité. A partir du mois de septembre, les banques centrales des trois pays ont repris les achats de soutien du dollar ; lentement et tranquillement, le cours a monté et s'est de nouveau fixé, au cours de l'été 1996, aux environs de 1,48 mark.

Les marchés des changes ne sont donc pas du tout devenus fous : ils suivent simplement la baguette d'Alan Greenspan. Si les experts sont déconcertés face à ce phénomène, c'est qu'ils oublient, en échafaudant leurs théories, que même dans le cyberspace des finances mondiales agissent des hommes qui veulent le pouvoir ou lui sont soumis. Toutes les banques centrales n'ont pas le même degré d'impuissance face au moloch du marché. Elles ont leur place dans une hiérarchie des tailles. Au sommet se trouve la Federal Reserve. Suivent la Bank of Japan et la Bundesbank, qui dominent pour leur part leurs voisins dans la zone du yen ou dans celle du deutschemark.

GUÉRILLA DANS LA JUNGLE FINANCIÈRE

Au moins sur les marchés financiers, la mondialisation ne signifie pas grand-chose de plus, jusqu'ici, que l'américanisation du monde. Pour des professionnels du commerce, comme Möritz, cette situation a une certaine logique : "C'est peut-être le prix à payer pour que l'Amérique intervienne à notre place dans les Balkans." Les dégâts économiques provoqués par cette dépendance sont cependant énormes – et ils ne vont pas sans risques, y compris pour les Etats-Unis. Moins le géant américain prend de précautions lorsqu'il fait jouer sa puissance, plus les réactions agressives deviennent probables. L'exemple de la Malaisie, un pays en ascension, montre ce qui peut se passer lorsqu'un pays se sent floué. Sous l'égide de celui qui fut longtemps son premier ministre, Mahathir Mohamad, le pays est devenu avec Singapour la nouvelle puissance économique montante de l'Asie. Mahathir se plaît en outre à attaquer constamment l'arrogance, la décadence et les visées impérialistes de l'Occident. Et, en 1988, il s'est proposé de battre son adversaire sur son propre terrain : le marché monétaire.

Auparavant, la banque centrale du pays, la Bank Negara, avait subi des pertes considérables. Pendant des années, la politique de taux d'intérêt élevés menée par l'administration Reagan avait fait monter le cours du dollar à des sommets. Puis, lors d'une rencontre secrète au *Plaza-Hotel* de New York avec les banques centrales du Japon, de la Grande-Bretagne et de l'Allemagne fédérale, les Américains convinrent de faire de nouveau baisser le cours en lançant des interventions communes, et laissèrent leur monnaie chuter de près de 30 % dans des conditions chaotiques. Furieux, le directeur de la Negara, Tan Sri Dato'Jaffar bin Hussein, un ancien collaborateur de la société de vérification économique Price Waterhouse, fut bien forcé de constater que les réserves en dollars accumulées par la Malaisie avaient perdu une part considérable de leur valeur, sans que la Malaisie y soit pour quoi que ce soit. L'accord du *Plaza* "avait totalement changé la mise", s'indigna-t-il lors d'un discours prononcé à New Delhi, en Inde[47].

Il décida donc de ne plus respecter les règles du jeu, qui veulent que la mission suprême de toute banque centrale consiste à assurer la stabilité. Avec l'assentiment de Mahathir, Jaffar inversa cette loi non écrite et organisa une guérilla financière. Pourvue de tous les privilèges d'une banque centrale – crédit illimité, accès optimal à l'information, pouvoir de surveillance –, la Negara spécula avec succès contre les monnaies des pays du G7. Les Malais qui disposaient de sommes gigantesques, presque illimitées, eurent la partie facile. Dans la plupart des cas, ils vendaient une monnaie simultanément dans plusieurs dizaines de banques, par tranches de plusieurs milliards, provoquant ainsi une chute inattendue des cours. Lorsque cette chute était suffisante, les programmes *stop-loss* des ordinateurs, dans les salles de courtage, invitaient les marchands de devises à se débarrasser eux aussi de cette monnaie. Avant que la vague de ventes ne s'aplanisse, Negara rachetait et engrangeait des bénéfices substantiels.

On dispose de beaucoup de données sur l'attaque lancée contre la livre britannique en 1990. Pour la mener, les guerriers de la finance de Mahathir ont jeté sur le marché, en l'espace de quelques minutes, un milliard de livres, provoquant une chute du cours de quatre cents US par livre. Les banques britanniques ont alors protesté et formé un cartel défensif pour parer de futures attaques. Mais la Negara pouvait compter sur le soutien d'autres pays. Le seul fait de connaître à temps une opération de la Negara valait de l'or pour n'importe quelle banque. "S'ils avaient tenté cela dans n'importe quelle bourse organisée du monde, affirma un haut fonctionnaire de la Fed en commentant cette manipulation du marché sur ordre d'un Etat, les coupables se seraient retrouvés en prison."

Mais sur le marché global interbancaire des devises, aucun Etat ne pouvait mettre un terme à ces pratiques. Ce sont des investisseurs privés, encore plus énergiques, qui ont finalement mené la Negara à la chute en imitant sa tactique. Lors de l'effondrement du Système monétaire européen, Jaffar se trompa dans l'analyse de la situation. Surprise par le retrait rapide des Britanniques du SME, sa banque perdit près de six milliards de dollars en 1992 et 1993. Jaffar dut s'expliquer sur ce que le leader de l'opposition baptisa "le plus grand scandale financier de la Malaisie", et perdit son poste. Depuis, son successeur ne prend plus des risques pareils.

L'opération spéculative menée par la Negara montre combien le monde financier interconnecté est sensible aux tensions qu'il a lui-même provoquées. En raison de la croissance exponentielle des marchés, un pays comme la Malaisie serait certainement trop petit, aujourd'hui, pour menacer la stabilité du système. Mais le "volcan dollar", pour reprendre l'expression de Hankel, crache de plus en plus de billets verts et fait ainsi gonfler la masse de monnaie américaine en circulation hors des Etats-Unis. Les banques centrales asiatiques contrôlent déjà près de la moitié des réserves mondiales en devises fortes. Les réserves de la Chine dépassent les soixante-dix milliards, la petite Taiwan dispose de la même somme, le Japon en détient plus du double. Dans le contexte des discordances croissantes entre l'Amérique et ses partenaires commerciaux asiatiques, ces chiffres fourniraient "suffisamment de matériau pour un thriller financier", prévenait en 1995 *The Economist*[48].

Il est encore invraisemblable aujourd'hui que des Etats asiatiques hostiles à l'Amérique sabotent le dollar, et donc le système financier mondial, en se livrant à des ventes massives. Ces pays dépendent encore du marché américain, mais aussi de la protection militaire des Etats-Unis. Mais cela ne durera pas forcément. La dynamique des nations asiatiques en croissance déplace vers l'Asie l'équilibre des forces.

En revanche, de l'autre côté de la planète, en Europe, la tentative d'ébranler la toute-puissance du dollar ressemble à un soap-opéra balourd et dépourvu de happy end. Là, les gouvernements des deux plus grands pays de l'Union européenne, l'Allemagne et la France, se battent pour mettre en place une monnaie européenne commune. Mais leur "grand élan", comme dit Helmut Kohl, a déclenché entre le marché et l'Etat une lutte de pouvoir qui n'a pas fini de tenir l'Europe en haleine.

L'AVENTURE DE L'EURO : LE COMBAT POUR L'UNION MONÉTAIRE

Depuis le mercredi 11 décembre 1991, la petite ville néerlandaise de Maastricht est certaine d'avoir sa place dans les livres d'histoire. C'est là que les douze chefs de gouvernement de ce qui était alors la Communauté européenne ont apposé leur signature en bas d'un traité qui exercera une influence décisive, au cours des décennies à venir, sur le cours de l'histoire européenne. Ce traité prévoyait la fondation de l'Union européenne, et la création d'une monnaie commune pour ses Etats membres. La réforme de l'Europe n'a pas changé grand-chose aux rouages politiques et technico-administratifs de cette union d'Etats ouest-européens. En revanche, l'accord sur la future union monétaire témoigne d'une ferme volonté que l'on ne rencontre plus que rarement dans les démocraties modernes. Au début de l'année 1999, c'est ce que prévoit ce traité aujourd'hui ratifié dans tous les pays, la majorité des Etats de l'Union européenne lieront leurs monnaies les unes aux autres, avec des cours de change inamovibles. Deux années plus tard, les anciennes dénominations des monnaies européennes devront disparaître en faveur d'une monnaie commune réelle baptisée "euro". Au 1er janvier 2002, si tout se déroule conformément au plan, toutes les marchandises, tous les revenus, tous les paiements et tous les impôts seront calculés en euros, une monnaie dont la valeur correspondra aux cours de conversion payés sur les marchés depuis 1999.

Il ne faut pas sous-estimer les conséquences de cette démarche. En accédant au système de l'euro, les pays européens se débarrasseront d'un certain nombre des problèmes considérables posés par la diversité monétaire. Le supplément de taux d'intérêt qui frappe les petits marchés disparaîtra, tout comme les provisions de change élevées que les banques étaient jusqu'ici tenues de conserver. Mais surtout, l'ensemble du commerce entre les Etats de l'Union sera libéré du risque coûteux d'un changement subit des parités. Ils ne disposeront plus de billets de banque indépendants, mais céderont ces reliques de leur souveraineté à la future Banque centrale européenne. Cela attachera encore plus les Etats de l'Union européenne les uns aux autres. Aucun membre de l'Union monétaire ne pourra plus actionner le frein de secours de la dévaluation lorsque sa propre économie d'exportation sera dépassée par les autres. Les Etats participants n'auront plus d'autre choix que de calquer leur politique financière, fiscale et sociale sur la ligne la plus rigoureuse. Si ce plan monétaire est effectivement mis en œuvre, la création d'une véritable union politique capable de décider rapidement, mais dans des conditions démocratiques, deviendra bientôt une question de survie.

Mais face à un projet d'aussi grande portée, force est de constater que le discours public sur le projet politique le plus ambitieux d'Europe demeure, même cinq années après la conclusion du traité, à un niveau modeste. Tantôt, l'Union monétaire est censée faire en sorte "que la guerre ne parte plus jamais du sol allemand" (Helmut Kohl). Tantôt, c'est à cause d'elle que "l'Europe retombe dans la dissension" (Douglas Hurd, ministre britannique des Affaires étrangères). Un autre jour, on dit qu'elle constitue une "menace pour les emplois allemands", comme l'a affirmé un candidat social-démocrate très en vue, Dieter Spöri, lors de la campagne électorale du Bade-Wurtemberg, en mars 1996.

Au milieu du brouillard de propagande et de désinformation qui entoure les débats sur l'Union monétaire européenne, il s'est tout de même trouvé quelqu'un pour parler clairement. C'était le 18 janvier 1996, à Francfort. L'European Finance Foundation, un lobby bancaire, organisait ce jour-là un débat avec le ministre des Finances français, Jean Arthuis. On avait invité tout ce qui avait un nom dans le secteur financier. Le ministre commença par présenter quelques propositions techniques, évoqua les marges de parité que l'on s'efforçait d'atteindre et les scénarios de transition. Puis, dans un discours improvisé, il chercha à définir le véritable objectif de l'Union monétaire européenne. Si le projet aboutissait, affirma Jean Arthuis, l'euro pourrait devenir "la monnaie de référence la plus importante du monde", soutenue par le plus grand des marchés intérieurs de la planète, avec ses quelque 400 millions de citoyens. Sur cette base, l'Europe pourrait faire jeu égal avec les Etats-Unis. Avec cette faculté de piloter le cours des changes, l'Union européenne se verrait dotée d'un "instrument de politique commerciale", plus efficace que n'importe quelle barrière douanière[49].

Les représentants de la haute finance qui assistaient au débat se montrèrent douloureusement touchés. Malgré la crise du dollar et l'apoplexie du SME, on considéra comme un sacrilège l'idée que l'Etat puisse intervenir sur la scène économique et financière et contrecarrer le libre jeu des forces du marché. Mais c'est précisément ce rétablissement de la puissance de l'Etat face aux marchés financiers qui constitue le véritable noyau du combat pour l'Union monétaire. L'UME – c'est ce que promettent sous le manteau les hommes politiques parisiens – mettra un terme à la "tyrannie du dollar".

Si tel devait être un jour le cas, les Européens auraient d'abord payé une facture élevée et douloureuse. Car pour dompter le marché, il faut d'abord le calmer. C'est exactement ce qui se cache derrière les fameux "critères de Maastricht" que les représentants de la Bundesbank ont fait figurer dans le texte du traité, au cours de la négociation. On le sait, seuls pourront entrer au club de l'UME les pays dont la dette d'Etat ne dépasse pas 60 % de la valeur ajoutée nette annuelle, et dont le déficit annuel ne dépasse pas 3 % du PIB. En outre, les monnaies nationales concernées devront auparavant avoir respecté une parité stable avec le mark. Les valeurs de convergence ont été choisies arbitrairement et correspondent exclusivement à la situation attendue pour l'Allemagne au cours de l'année de lancement, en 1999. C'était, pour les gardiens allemands de la monnaie, la seule manière de convaincre les négociateurs en devises que l'euro serait d'emblée aussi sûr que le mark, et que les attaques spéculatives n'avaient aucune chance d'aboutir.

En théorie, cette idée était fort convaincante. Mais elle a très vite été rattrapée par la réalité. Quatre ans après la signature du traité, le plan est devenu un corset qui cause plus de dégâts qu'il n'apporte de profit. Dans un premier temps, à partir de 1994, la France a été contrainte de copier la politique monétaire allemande. Une banque centrale indépendante a été créée, dont le gouverneur, Jean-Claude Trichet, mène depuis cette date la politique du "franc fort". Pendant quatre ans, les emprunteurs français et les entreprises françaises ont dû payer jusqu'à 3 % d'intérêts de plus que les Allemands, dans le seul but de défendre le cours libre contre des vagues de spéculation incessantes. A l'été 1996, enfin, le taux d'intérêt des deux pays s'est stabilisé à un niveau identique. Dans le même temps, toutes les nations de l'Union européenne se sont attelées à la diminution du déficit budgétaire. En période de hausse des revenus, une telle politique aurait été tout à fait viable. Mais hormis une brève interruption, l'Union européenne se trouve en récession depuis 1993 ; les revenus fiscaux diminuent de manière dramatique ; et en 1995, l'Allemagne, elle non plus, ne remplissait plus les critères de l'Union monétaire européenne.

Depuis, la ligne des économies budgétaires va à l'encontre de toute logique économique. Lorsque les entreprises et les groupes envoient des millions de personnes au chômage pour diminuer les coûts, il est impératif que le secteur public joue son rôle d'investisseur et d'employeur. C'est la raison pour laquelle le projet d'Union monétaire européenne est devenu la bête noire des Français, aux prises avec des mesures de rigueur qui ne font qu'accroître la crise. A l'automne 1995, pour la première fois depuis des décennies, les syndicats unis ont organisé un mois de grève contre la rigueur budgétaire. Sous le coup de cette vague de protestation, même un industriel comme le directeur de Peugeot, Jacques Calvet, ou l'ancien président Valéry Giscard d'Estaing, ont exigé une modification du plan de Maastricht.

En Allemagne aussi, la résistance s'est accrue. En accord avec la grande majorité de ses confrères, Heiner Flassbeck, directeur de service de l'Institut allemand de recherche économique, a annoncé que la diminution radicale des dépenses de l'Etat risquait de déstabiliser toute l'Europe et d'amorcer un processus que l'on avait déjà connu : sous la république de Weimar, en Allemagne, le chancelier du Reich, Heinrich Brüning, avait imposé des coupes budgétaires et avait ainsi transformé la crise de 1930 en véritable catastrophe[50].

A l'été 1996, tout plaidait donc en faveur d'un report de l'Union monétaire à des temps meilleurs – on disait qu'il faudrait au moins deux ans supplémentaires. Mais les régents de l'Union européenne, et notamment le visionnaire de l'Europe qu'est Helmut Kohl, ne sont plus du tout libres de prendre pareille décision. C'est en effet ce qu'attendent tous ceux qui, pour des motifs égoïstes, combattent depuis des années le projet d'UME : la caste des cambistes de la City londonienne et de Wall Street. Michael Snow, par exemple, directeur du service des changes dans la filiale de l'UBS à New York, le géant parmi les banques suisses, ne cache pas son opposition. "Cela nous ôterait du travail et des possibilités de profit ; nous sommes contre, bien entendu." Depuis l'été 1995, les établissements financiers anglo-saxons et suisses ont systématiquement semé l'inquiétude parmi les investisseurs. Ils ont diffusé des quantités de lettres publicitaires et donné des dizaines d'interviews pour annoncer que les titres émis en deutschemarks étaient susceptibles de perdre de leur valeur, tout en proposant à de nombreux clients des titres en francs suisses, bien que leur rendement soit proche du zéro. Seuls les grands établissements financiers allemands et français ont empêché une intervention à plus grande échelle. S'ils ont soutenu le projet de l'euro, c'est parce que la monnaie unique ferait disparaître ces niches de marché qui sont encore aujourd'hui le domaine réservé d'innombrables petites banques dans les autres pays de l'Union européenne.

Dans ce combat pour le pouvoir, les ennemis de l'euro peuvent compter sur des alliés influents. A Londres, par exemple, on a assisté à une alliance entre le gouvernement et la City, le quartier des banques, situé autour de la Lombard Street. Parce que leurs traditions leur interdisent de suivre le mouvement, mais qu'ils ne veulent pas non plus rester à la traîne, les ministres et les fonctionnaires britanniques font "tout", en coulisses, "pour que l'affaire échoue", a expliqué, sous couvert de l'anonymat, un politicien monétaire allemand de haut niveau. Un élément joue un rôle encore plus important dans l'ambiance sur la place du marché électronique : le soutien que le directeur de la Bundesbank, Tietmeyer, accorde aux ennemis de l'euro parce qu'il considère que le saint Graal de sa doctrine monétariste est menacé : la banque centrale indépendante allemande. L'UME n'a "absolument aucune nécessité économique", a-t-il répété au monde financier en mars 1996, lors d'un symposium sur l'Europe organisé par le ministère fédéral des Affaires étrangères à Bonn.

Dans le contexte de cette structure monétaire fragile qui court en permanence le risque de se briser sous le poids de la spéculation (favorable ou défavorable à l'euro), la politique de l'Union européenne ne peut plus ni avancer, ni reculer. "Les marchés puniraient sans pitié" toute transformation du plan de Maastricht, a averti Hans Jürgen Kobnik, membre du conseil bancaire central de la Bundesbank[51]. "Manifestement, on a déjà préparé des fonds considérables pour tirer dès que possible les conséquences d'un report", annonçait en janvier 1996 la *Frankfurter Allgemeine Zeitung*. Paul Hammet, expert en marché des capitaux à Londres pour la banque Paribas, explique que cela se passerait "très simplement". Si la monnaie unique était rejetée, alors "on appliquerait le plan B : achetez des deutschemarks". L'effet d'un ajournement des coupes budgétaires serait ainsi annihilé par les machines électroniques du monde des finances. Pour Hammet, on pourra alors s'attendre à payer un dollar 1,35 deutschemark. Une fois de plus, l'Allemagne, la locomotive économique européenne, serait frappée par une vague de réévaluation qui lui coûterait sans doute un million d'emplois supplémentaire.

Dès lors, Helmut Kohl et son partenaire Jacques Chirac n'ont strictement aucun autre choix que de s'en tenir imperturbablement à leur projet d'euro. Ils ont annoncé que, conformément au traité, il faudrait attendre le début 1998 pour savoir qui ferait partie de l'Union monétaire ; tout le reste se déroulera comme prévu. De telles garanties, qui furent données presque chaque semaine au cours du premier semestre 1996, depuis Bonn, Bruxelles et Paris, ne sont bien sûr guère plus que des rodomontades. Plus la date de décision approche, plus il devient évident qu'hormis le Luxembourg aucun des pays de l'Union européenne ne remplira les critères d'admission. Mais si les planificateurs de l'euro veulent tout de même fixer définitivement les taux de change en Europe à partir de 1999, le drame du SME, en 1992, se reproduira à grande échelle. "Les acteurs du marché vont tester la résistance de cette résolution", a annoncé un banquier de Francfort. "Si suffisamment de gens ayant suffisamment d'argent estiment que l'Union européenne est en train d'échouer, prédit *The Economist* en février 1996, alors cette opinion s'avérera juste très probablement. Leur action suffira à confirmer la justesse de leur pronostic[52]."

IMPOSER AIDE A GOUVERNER : LA TAXE TOBIN

En toute connaissance de cause, les gouvernements de l'Union européenne risquent donc ainsi une fois de plus d'essuyer une défaite écrasante face aux marchands de devises et à leurs clients des fonds d'investissement – un jeu irresponsable avec le feu. Si le projet monétaire échoue, l'économie européenne ne sera pas la seule perdante. A terme (imprévisible), l'idée même de l'intégration perdra toute sa crédibilité, et le vieux continent se privera de ce dont ses nations ont le plus besoin à l'ère de la mondialisation : la faculté d'agir en commun. Cette marche vers le cul-de-sac européen est caractérisée par une ignorance ahurissante des politiciens responsables et de ceux qui les contrôlent au sein des parlements : leur impuissance à l'égard du marché financier est le fruit d'un libre choix, et n'a rien d'obligatoire. Même sans remonter dans le temps et sans revenir à un système mondial dans l'esprit de Bretton Woods, il serait possible de brider la force destructive de l'armée électronique des négociateurs.

Dans les années soixante-dix, l'économiste et prix Nobel américain James Tobin a élaboré un plan pour y parvenir. L'argument de Tobin était que le flot de capital dérégulé, avec ses changements de direction brutaux et ses variations de cours chaotiques, nuit à l'économie matérielle. Il a recommandé de glisser "un peu de sable dans les rouages de nos marchés financiers internationaux, démesurément efficaces", et de prélever une taxe de 1 % sur toutes les transactions en devises[53]. Ce taux paraît peu élevé, mais il aurait un effet considérable. En tout premier lieu, le commerce des différences de taux entre les différents marchés et pays ne serait plus rentable que dans des cas exceptionnels. Avant de placer, par exemple, des deutschemarks à taux d'intérêt bas dans des titres en dollars au rendement plus élevé, l'investisseur devrait prévoir d'abandonner au fisc 2 % de son capital investi, puisqu'il lui faudrait changer deux fois de monnaie. Pour les investissements actuels en devises à trois mois, l'opération ne serait rentable que si la différence entre les taux d'intérêt allemand et américain – rapportés à l'année – s'élevait à 8 % : un scénario invraisemblable. Investie à plus long terme, la somme initiale générerait certes de plus grands profits, mais on courrait aussi le risque de subir une nouvelle diminution de la différence d'intérêts et de la valeur du placement.

L'avantage pour l'économie réelle est manifeste : les banques centrales pourraient aussitôt reprendre en main, indépendamment les unes des autres, le niveau des taux d'intérêt sur les marchés financiers, en fonction de la situation économique de leur pays. Même si la croissance s'emballait aux Etats-Unis, les Européens en proie à la récession pourraient prêter leur argent jusqu'à un taux inférieur de 8 % à celui de la Réserve fédérale américaine.

La *Tobin tax*, ainsi nommée d'après son inventeur, ne donnerait pas non plus aux gouvernements la liberté de fixer les taux de change selon leur bon vouloir. Une telle attitude n'aurait d'ailleurs aucun sens. Lorsque des pays suivent une évolution économique différente, il faut aussi qu'ils puissent transformer les parités de leur monnaie. Pourtant, les mouvements spéculatifs diminueraient considérablement, et l'évolution des cours suivrait plutôt les données réelles, ce que le jargon économique appelle les "fondamentales". Dans le même temps, les banques centrales retrouveraient leur fonction spécifique et stabiliseraient les cours. Leurs achats de soutien (exonérés de la taxe) retrouveraient leur signification, dès lors que le volume de capitaux liquides en circulation dans le système serait bien moins important.

Les revenus fiscaux que rapporterait une taxe fiscale de type Tobin sur le commerce des devises ne sont pas le dernier argument en sa faveur. Selon le taux de la taxe (et même si le volume des transactions diminuait des deux tiers), les spécialistes ont calculé qu'elle dégagerait, au niveau mondial, un revenu s'élevant entre 150 et 720 milliards de dollars[54]. Ce ne serait pas seulement une manière de soulager les budgets exsangues des Etats – ce serait aussi une "taxe *on Wall Street* et non, exceptionnellement, une taxe *on Main Street*", écrit Jörg Huffschmid, professeur d'économie à Brême[55]. Cela compenserait au moins partiellement l'évasion fiscale organisée par l'industrie financière.

Depuis deux décennies, on n'a pas trouvé d'argument économique et politique sérieux contre la proposition de Tobin. Celle-ci est "théoriquement inattaquable", estime même Hans-Helmut Kotz, économiste en chef de la Deutsche Girozentrale, l'institut central des caisses d'épargne. Cette idée simple présente cependant un inconvénient majeur : les personnes concernées la refusent et, comme pour les impôts normaux, font jouer les Etats du monde les uns contre les autres. Kotz l'affirme ; "New York et Londres empêcheront toujours l'adoption de cette taxe[56]." Or si l'on en exonère ne serait-ce qu'une seule des grandes places financières, le marché des devises se concentrera dans ce lieu. Et même si les pays du G7 introduisaient ensemble la taxe Tobin, le secteur financier pourrait opérer formellement ses transactions dans ses filiales offshore des îles Caïmans ou à Singapour, et saper l'effet de ralentissement recherché. Un économiste de la Deutsche Bank prédit par conséquent "un échec programmé" de la taxe sur les changes[57]. L'un de ses collègues américains a ouvertement formulé cette menace. Si l'Etat intervient dans les transactions, "nous installerons nos quartiers généraux sur des navires qui croiseront au milieu de l'Océan[58]".

Jusqu'ici, les gouvernements se sont tous pliés à cette logique. A deux reprises, déjà, un projet de loi allant dans ce sens a échoué au Congrès américain. Même le ministère des Finances allemand, qui supporte des milliards de déficit budgétaire, accepte sans mot dire les menaces d'évasion formulées par les négociateurs financiers. La proposition de Robin n'est "plus applicable aujourd'hui", explique le secrétaire d'Etat Jürgen Stark pour expliquer l'absence de mesures fiscales contre les spéculateurs. Elle ne fonctionnerait que si elle était "adoptée par la totalité des 190 Etats du monde[59]". Si ce projet rationnel "qui permettrait de limiter la labilité des marchés des devises" a été enterré, ce n'est donc pas "pour des motifs techniques, mais parce qu'il nuirait aux profits du secteur bancaire", résume Huffschmid.

Même une taxe de ce type ne permettrait donc pas de dompter une industrie financière revenue à l'état sauvage, du moins tant que les Etats entreront en concurrence les uns avec les autres pour attirer emplois et capital. Les différents pays, notamment l'Union européenne, ne sont pas pour autant condamnés à la passivité. Ils pourraient agir seuls, comme l'a montré Tobin dans une nouvelle étude, à l'été 1995[60]. Mais ils devraient faire un pas supplémentaire dans la fiscalisation et soumettre aussi à un impôt le prêt de leur monnaie à des instituts étrangers, y compris les filiales expatriées des banques ayant leur siège sur leur territoire. Une telle mesure serait imparable : quand on veut spéculer contre le franc, on doit d'abord se procurer des francs. Même si l'on en commande auprès d'une banque à New York ou à Singapour, celle-ci devra au bout du compte se refinancer auprès des banques françaises, qui répercuteront le surplus fiscal sur leurs clients.

L'impôt toucherait cette spéculation indésirable à sa source : celle des crédits qui permettent de financer l'attaque. On annulerait ainsi partiellement, *de facto,* par le biais de la fiscalisation, la libéralisation du commerce des capitaux. Le commerce et l'économie réelle n'en seraient pourtant pas affectés. Cette taxe supplémentaire ne jouerait pratiquement aucun rôle sur les investissements étrangers réalisés sous forme de placements industriels ou sur les échanges de marchandises. Elle en jouerait un, en revanche, sur les transactions spéculatives portant sur plusieurs milliards de francs, opérant sur des marges très réduites et tirant profit de variations de cours s'élevant à quelques centièmes de point.

Ironie de l'histoire, le traité de Maastricht prévoit même explicitement la réintroduction de contrôles sur la circulation des capitaux en cas de nécessité. Mais les banquiers et les économistes adeptes du marché considèrent qu'une telle stratégie est une dangereuse hérésie. Dans leur combat pour le capital, ils ont aussi pu compter, jusqu'à ce jour, sur le soutien de la plupart des journalistes économiques des grands médias. Le *Franfkurter Allgemeine Zeitung,* par exemple, cède aux fantasmes lorsqu'il affirme que la taxe Tobin déboucherait sur la "création à l'échelle mondiale d'un Etat policier à la Orwell[61]".

Le nombre de ceux qui critiquent l'absence de tout contrôle sur le marché de l'argent grandit pourtant, y compris parmi les élites politiques. Depuis le ministre des Finances du Canada jusqu'à ses collègues de Tôkyô et de Paris, en passant par les directeurs de banques centrales d'Asie du Sud-est et des Pays-Bas, des hommes politiques dignes d'être pris au sérieux font depuis des années des propositions sur la manière dont on pourrait de nouveau serrer la bride aux marchés financiers. Jusqu'ici, c'est Jacques Delors, l'ancien président de la Commission européenne, qui est allé le plus loin. Après l'apoplexie du SME, à l'été 1993, il a exigé au Parlement européen, à Strasbourg, des mesures pour limiter les mouvements de capitaux spéculatifs. L'Europe, affirma-t-il, doit être capable de se défendre. Les banquiers, rappela Delors, ne sont pas, eux non plus, autorisés à agir selon leur bon vouloir. Pourquoi ne pas fixer quelques règles du jeu ? Pourquoi la Communauté ne prendrait-elle pas l'initiative ? conclut-il[62]. Les banquiers en question ne tardèrent pas à émettre des protestations fielleuses : "Où allons-nous si l'homme qui a créé le marché unique plaide à présent pour les contrôles ?" s'indigna Hilmar Kopper, de la Deutsche Bank. Dans une déclaration commune avec les directeurs de la Dresdner et de la Commerzbank, il protesta contre la "diabolisation de la spéculation", rappelant que la seule nécessité était de mener la bonne politique financière[63].

Jusqu'ici, aucun gouvernement n'a osé se dresser contre ces puissances. Tous ceux qui ont voulu lancer des réformes ont été sifflés hors jeu. Et malgré tout, les jours de l'anarchie financière globale sont comptés. Tôt ou tard, on n'aura plus d'autre choix que de soumettre de nouveau les marchés des capitaux à une surveillance rigide de l'Etat. Car la dynamique interne et chaotique du monde des finances échappe même à ses acteurs. Dans leur cyberspace composé de millions d'ordinateurs en réseau s'accumulent aujourd'hui des risques comparables à ceux de la technologie nucléaire.

PRODUITS DÉRIVÉS : LE KRACH EN EMBUSCADE

Nul ne l'avait prévu ; aucun négociateur ni directeur de fonds n'y était préparé. Au début 1994, l'économie américaine ne se portait pas mal. Les groupes investissaient, la consommation augmentait et les Américains construisaient plus d'immeubles que jamais. Pour prévenir une possible surchauffe de la croissance et pour apaiser la crainte de l'inflation qui s'emparait des marchés, le comité du marché de la Réserve fédérale, sous la direction de son président Alan Greenspan, émit dans la deuxième semaine de février un signe prudent : il éleva d'un quart de point le taux directeur des banques américaines, jusqu'alors assez bas. Mais ce qui devait être une simple manière d'appuyer doucement sur la pédale pour manifester la vigilance de la banque centrale se transforma, dans les salles de négociation, en un coup de frein brutal pour l'économie mondiale. Du jour au lendemain débuta une évasion sans précédent des fonds, qui se mirent à fuir les emprunts d'Etat de Washington. Pendant trois longs mois, les cours tombèrent sans interruption, et le taux d'intérêt monta en flèche. Non pas de 0,25 %, comme l'avait prévu la Réserve fédérale, mais de huit fois plus : les crédits à court et moyen terme en dollars devinrent 2 % plus chers. L'effondrement des cours et la hausse des taux touchèrent aussi très rapidement les pays européens, le "mini-krach" (jargon boursier) sur le marché des capitaux poussa tout le continent vers la récession. Gregory Millman, expert financier et bon connaisseur des milieux bancaires newyorkais, commenta en ces termes cette crise inattendue : les banquiers centraux, expliqua-t-il, étaient habitués à conduire le marché monétaire "comme une vieille Ford". Mais cette fois, le marché réagit comme une voiture de course, et "les passagers passèrent à travers le pare-brise[64]".

Les plus sérieusement touchés furent les investisseurs qui avaient couvert leurs placements spéculatifs à haut risque avec des emprunts des Etats-Unis, dits *treasuries*. Leurs garanties ne couvraient plus les dettes, et leurs créanciers dénoncèrent les contrats. Orange County, l'un des arrondissements les plus riches de Californie, au sud de Los Angeles, et jusqu'alors l'un des organismes publics les mieux dotés, dut déposer son bilan – un exemple parmi mille autres. Près de trois milliards de dollars manquaient dans une caisse jusque-là bien remplie. Dans le monde entier, l'industrie des finances était mise à mal. La chute du cours des placements à long terme lui valut les plus grandes pertes annuelles de l'après-guerre. Du jour au lendemain, ou presque, plus de trois mille milliards de dollars étaient partis en fumée[65]. Mais le plus ahurissant était que personne ne savait au juste ce qui s'était passé.

Au quartier général de la Réserve fédérale, dans la Liberty Street à New York, un groupe d'économistes se lança à la recherche des milliards disparus. Les enquêtes menées auprès des négociateurs menèrent à un résultat étonnant : c'est le commerce des dettes hypothécaires qui avait provoqué la panique sur le marché des emprunts d'Etat *(bonds*[66]*)*.

Contrairement à ce qui se passe en Allemagne et en France, les détenteurs d'hypothèques aux Etats-Unis peuvent résilier leur crédit immobilier à tout moment lorsque le marché leur offre des taux d'intérêt plus bas que ceux fixés par leur contrat. Contre ce risque, les émetteurs des obligations hypothécaires correspondant à ces emprunts se couvrent en vendant leurs titres de rente à terme, c'est-à-dire à une date fixée dans l'avenir. Si le taux baisse, et si les propriétaires immobiliers convertissent leur dette, les cours de ces options de titres montent et compensent la perte de bénéfice due au manque à gagner des hypothèques résiliées. Les années où les taux chutent, la conversion des dettes devient un marché aux bénéfices gigantesques. Ainsi, les lettres hypothécaires n'étaient plus que des placements à court terme ; les acheteurs ne se couvraient donc plus qu'à l'aide d'options de titres à court terme.

Lorsque la Réserve fédérale annonça un changement du taux d'intérêt, le marché bascula. D'un seul coup, les administrateurs du très vaste marché américain des hypothèques tentèrent de vendre, de manière massive et à terme, des emprunts d'Etat qui courent sur cinq années et plus. Ni la Fed, ni les banques ne s'y étaient attendus. On ne savait pas grand-chose, jusqu'alors, sur le lien entre le commerce des hypothèques et les emprunts. Or c'est de ce recoin du marché qu'arriva ce jour-là un courant de ventes qui poussa rapidement les cours vers le bas. Sur les écrans de tous les autres participants au marché apparut en l'espace de quelques heures le redouté *stop-loss-signal.* Dès lors, eux aussi furent forcés de vendre. Un mouvement exponentiel se déclencha alors, et une vague de vente mondiale s'éleva à partir du néant. Ainsi, un simple affluent du grand système des eaux sur le marché du capital, un bras que presque personne n'avait remarqué jusqu'ici, provoqua une inondation ; et une petite correction de cours apportée par la banque centrale américaine enfla jusqu'à frôler le krach.

La crise des *bonds* de 1994 montra mieux que jamais à quel point l'industrie des finances était sensible à des événements et à des réactions en chaîne échappant à tout pronostic. Cette incertitude qui pèse sur les finances modernes, avec leur haute technologie, est très étroitement liée au commerce des produits dérivés. La libéralisation de la circulation des capitaux, dans les années quatre-vingt, n'a fait qu'abolir les frontières entre les marchés nationaux. Le marché des produits dérivés des années quatre-vingt-dix conduit cette suppression des frontières à son point extrême : "Les produits dérivés, se réjouissait par exemple Hilmar Kopper, le directeur de la Deutsche Bank, rendent tous les marchés des capitaux interchangeables. Ils transforment les lignes de crédits longues en lignes courtes, et les lignes courtes en lignes longues. Ils réalisent ce dont nous ne pouvions que rêver autrefois[67]."

Rêve ou cauchemar ? A présent, comme dans un système de vases communicants, tout est lié à tout. Mais il devient ainsi chaque jour plus difficile d'évaluer les relations réelles. Les expériences d'hier peuvent ne plus valoir dès le lendemain. Les négociateurs sont totalement incapables de calculer eux-mêmes la valeur de leurs ventes et de leurs achats. Pour pouvoir négocier leurs "produits structurés", comme le dit le jargon, les jongleurs de la finance ont besoin de programmes informatiques d'étude de la valeur et du risque auxquels ils doivent se fier aveuglément. De la qualité de ces programmes dépendent des bénéfices et des pertes qui peuvent représenter des milliards. Le directeur des produits dérivés d'une banque privée explique que son portefeuille contient plusieurs milliers de contrats complexes basés sur un avenir incertain. Il se réfère fièrement à son programme, qui lui donne à tout moment la valeur globale de tous les contrats. Les nouvelles données provenant de plusieurs dizaines de marchés s'intègrent constamment au calcul. "Là, dit-il, et son index vole sur une ligne parmi cent autres, je vois si nous sommes en train de gagner, ou non. Chaque jour où les taux d'intérêt restent au même niveau, nous perdons 49 000 marks. Une baisse d'un centième de point nous en rapporte 70 000."

Encore faut-il pour cela que tout ce qui est théoriquement vendable trouve aussi un acheteur sur le marché. Or ce n'est pas toujours certain. Plus les liens entre les différents marchés deviennent complexes, plus le nombre de facteurs qui, associés, déterminent les hausses et les baisses devient important, plus grand est le danger de voir les cours suivre une trajectoire totalement chaotique. De la même manière que les options de titres des marchands d'hypothèques ont fait dégringoler le marché mondial des *bonds*, d'autres liens de dépendance inconnus à ce jour pourraient apparaître demain.

L'imprévisibilité des marchés des produits dérivés a donc déjà mené plus d'un jongleur de la finance dans le gouffre ; elle a valu à d'innombrables entreprises sérieuses des pertes de sommes faramineuses. La liste des victimes va de la Frankfurter Metallgesellschaft, que seuls des milliards de subventions ont pu sauver de la faillite, jusqu'aux assureurs allemands Gothaer, Colonia und Hannoversche Rückversicherungs AG, en passant par le groupe mondial Procter & Gamble et la grande banque japonaise Daiwa. Le plus grand accident à ce jour a été provoqué en février 1995 par le Britannique Nick Leeson, alors âgé de vingt-sept ans. Ses spéculations erronées avec des options sur l'index Nikkei, l'indicateur japonais des actions, à la bourse de Singapour, ont coûté plus de six milliards de francs à la Barings Bank de Londres, et ont forcé le plus vieil établissement financier britannique à déposer son bilan. Cette affaire spectaculaire a montré au grand public ce que les contrôleurs travaillant dans les organismes de surveillance bancaire savaient depuis des années. Le développement exponentiel du commerce des produits dérivés n'a pas seulement multiplié les risques dans les transactions financières : il a aussi déstabilisé un système de sécurité que cette branche avait mis des décennies à bâtir.

ACCIDENT MAJEUR DANS LE CYBERSPACE

Pourtant, en principe, les pertes des différents négociateurs et des banques peuvent laisser les surveillants indifférents. Mais le jeu devient dangereux lorsque de grandes banques et sociétés d'investissement se retrouvent en cessation de paiement. Cela peut mettre en danger l'ensemble du système. La faillite d'un établissement peut en entraîner d'autres du jour au lendemain, et, par effet de dominos, toucher le monde entier. "Alors, le risque atteint les bourses, des bourses, il passe aux taux de change, et il entre ainsi dans le monde réel", s'inquiétait dès le début 1994 Horst Köhler, le président de l'Union allemande des caisses d'épargne. Un tel " accident majeur" est selon lui "tout à fait possible[68]". Dans une telle hypothèse, le négoce cesserait d'un seul coup, tout le système serait atteint d'apoplexie, et l'on ne pourrait éviter un krach global, semblable à celui que le monde a connu en octobre 1929, lors du "Vendredi noir".

Köhler parle d'accident majeur (il utilise en allemand, le terme technique de *GAU*, qui désigne le plus grand accident nucléaire envisageable dans le jargon des ingénieurs atomistes). La comparaison est exacte. Car les risques systémiques des marchés financiers que l'on désigne ainsi sont tout à fait analogues à ceux des centrales nucléaires. La probabilité de voir survenir un véritable accident est faible, mais la mesure des dommages potentiels est pratiquement infinie. C'est la raison pour laquelle les autorités de contrôle, dans le secteur bancaire des grands pays industrialisés, tentent depuis des années d'imposer des règles rigoureuses. Depuis 1992, et de Tôkyô à Francfort, une règle d'or veut ainsi que chaque banque soit pourvue, en capital propre, de réserves correspondant à au moins 8 % de tous les crédits accordés. Si un grand crédit s'avère défaillant, ce capital doit être disponible pour couvrir la perte. Mais le marché des produits dérivés mène cette précaution à l'absurde. Le plus souvent, les positions des marchés en cours de réalisation par les négociateurs n'apparaissent pas du tout dans les bilans, et, dans ce cas, c'est aux établissements financiers que revient le soin d'évaluer la hauteur du risque.

Depuis que les scandales et les accidents s'accumulent, beaucoup de surveillants tirent le signal d'alarme. Juste avant l'accident de la Barings, le directeur de la Securities and Exchange Commission (SEC, l'autorité de surveillance du marché des titres), Arthur Levitt, avait ainsi prévenu qu'il était "minuit moins cinq[69]". Wilhelm Nölling, qui fut jusqu'en 1992, en tant que président de la Landeszentralbank à Hambourg, membre du directoire de la Bundesbank, demanda que la politique internationale adopte d'urgence des mesures visant à "protéger le monde financier contre lui-même" et à éviter un "accident majeur dans le système financier[70]". Le banquier new-yorkais Felix Rohatyn, candidat à la fonction de vice-président de la banque centrale des Etats-Unis, a lui aussi reconnu le "risque mortel que fait courir la combinaison de nouveaux instruments financiers et de techniques commerciales hautement technicisées, qui peuvent contribuer au déclenchement d'une réaction en chaîne destructrice. Aujourd'hui, les marchés financiers mondiaux constituent un plus grand péril pour la stabilité que les armes nucléaires[71]." Jochen Sanio, vice-président de l'Office fédéral du crédit, lança une mise en garde analogue en avril 1995. A ses yeux, l'affaire Barings était, en fin de compte, du menu fretin. Les choses deviendraient en revanche problématiques si l'un des *global players* faisait faillite. Il n'existe que peu d'établissements comme Goldmann Sachs, Merryll Lynch ou la Citibank, mais c'est sur eux que se concentre la plus grande partie du commerce des produits dérivés. Si l'un de ces points nodaux venait à défaillir, "le réseau pourrait tout d'un coup être soumis à une grande épreuve de résistance". Il faut donc, selon Sanio, une "centrale de la transparence" formant un réseau mondial, auprès de laquelle devraient être déclarées les grandes ventes de produits dérivés – de la même manière que les grands crédits, aujourd'hui, font l'objet d'une déclaration officielle au niveau national. Ce serait selon lui la seule manière de discerner à temps les points où le marché accumule des risques trop élevés. "Une pression démesurée s'exerce pour que des marchés soient conclus", affirme Sanio[72]. Même le gourou de la finance, George Soros, l'un des plus hommes qui a le plus profité du commerce rapide et sans frontière de l'argent, lance aujourd'hui des appels à la prudence. En janvier 1995, il a expliqué à un parterre de trois mille managers de haut niveau et hommes politiques du monde entier, lors du forum économique mondial de Davos, que le système financier n'était pas armé contre les grandes crises. Et qu'en cas de problème sérieux, ce système risquait l'infarctus[73].

Mais curieusement, tous ces avertissements n'ont – presque – rien changé à ce jour. La centrale de transparence que l'on réclamait a disparu des débats, tout comme l'appel à l'adoption de lois plus rigoureuses. Au lieu de cela, les instances de surveillance des grandes places financières, qui entretiennent un groupe permanent de coordination à la Banque de compensation internationale des paiements à Bâle, se disputent depuis deux années avec les lobbies bancaires sur les méthodes à adopter pour appréhender les risques commerciaux. En décembre 1995, tout cela a débouché sur une directive non obligatoire qui laisse aux banques le soin d'évaluer elles-mêmes le risque. On leur demande seulement de multiplier par trois le résultat, au cas où, et de réserver la somme ainsi obtenue sous forme de capitaux propres[74].

Cette recommandation, qui ne sera peut-être inscrite dans la loi que dans trois ans, a dans un premier temps apaisé le débat. Mais il ne s'agit certainement pas d'une mesure de sécurité efficace. Même Edgar Meister, qui dirige à la Bundesbank le Conseil directorial de la surveillance des banques, l'a admis indirectement. Dans un centre des congrès bien protégé près de Francfort, lors d'une conférence tenue devant la European Risk Management Round Table, il a présenté en janvier 1996 (six semaines tout juste après la publication de la recommandation de Bâle) des dizaines d'exemples des faiblesses qui affectent les calculs couramment effectués par les banques. Beaucoup de modèles comprenaient selon lui "des suppositions simplificatrices", n'intégraient pas "les variations extrêmes des cours", tiraient de manière peu fiable "des conclusions sur l'avenir à partir du passé", et, pour finir, ne tenaient pratiquement pas compte des "goulets d'étranglement en liquidités, auxquels on s'est trouvé confronté dans les cas de la Metallgesellschaft et de Barings[75]". En d'autres termes, la gestion auto-organisée du risque cesse justement de fonctionner là où l'on en a le plus grand besoin : sur les grands mouvements de marché imprévisibles. C'est aussi ce que confirme Thomas Fischer, qui a dirigé jusqu'à l'été 1995 le commerce des produits dérivés à la Deutsche Bank. "Les choses deviennent graves lorsque personne ne voit plus ce qui est en train de se passer, explique ce négociateur expérimenté. Alors, tout le monde veut vendre, et l'on ne trouve pas beaucoup d'acheteurs" – le marché est alors dépourvu de liquidités. "Dans de telles situations, tous les modèles de calcul ne servent plus à rien : en l'espace de trois secondes, les négociants sont à leur limite de perte, et rien ne va plus[76]."

Le risque de krach est aggravé par une faiblesse particulièrement criante du système, que l'on passe le plus souvent sous silence, avec une certaine gêne : l'architecture high-tech du marché électronique est tout, sauf parfaite. Une fois négociées aux tables de vente et à la corbeille, les affaires sont loin d'être conclues. Leur donner une forme juridique, mandater les paiements, effectuer dans les faits le transfert de propriété des titres de valeur : tout cela est organisé après coup, par les légions d'auxiliaires qui travaillent dans ce que l'on appelle les *back offices.* Mais contrairement à celui des négociateurs, leur système à eux fonctionne lentement – trop lentement pour un secteur capable de mettre le monde entier en faillite en quelques heures.

Leur principal instrument est la Society For Worldwide Interbank Financial Telecommunication, la Swift, en abrégé. Cette organisation gère le réseau de communication privé le plus performant du monde ; plus de cinq mille établissements lui sont rattachés. Par l'intermédiaire de quelques dizaines de points de jonction régionaux et de deux grands ordinateurs dont l'emplacement précis, près d'Amsterdam et de Washington, est tenu secret, Swift organise la transmission de plus de cinq cents millions de mandatements annuels. C'est seulement à cette étape, en utilisant un codage parfait qui répond à des exigences militaires, que les banques passent, en leur nom et en celui de leurs clients, les accords ayant force de loi. Il faut attendre une double confirmation des messages de la Swift pour qu'ait lieu la liquidation proprement dite, c'est-à-dire l'imputation au débit et l'inscription au crédit des comptes concernés. Aujourd'hui comme autrefois, ces transactions passent exclusivement par l'intermédiaire des réseaux nationaux d'échanges interbancaires – en Allemagne, par exemple, par le biais du système directeur des banques centrales régionales. Les avoirs en marks ne quittent jamais réellement l'Allemagne fédérale, mais changent exclusivement de propriétaire sur les comptes des banques autorisées. A chaque fois que l'on veut mener une transaction en deutschemarks, on a besoin d'une banque ou d'une filiale en Allemagne. Mais, ne serait-ce qu'en raison des différents fuseaux horaires, tout cela dure deux, parfois même trois jours, y compris lorsqu'il s'agit d'une simple affaire de devises. Dès lors, en cas de crise, les gestionnaires des banques savent beaucoup trop tard s'ils peuvent réellement disposer des sommes qu'ils ont négociées.

La liquidation est encore plus compliquée dans le négoce international des titres de valeurs. Ce marché-là est l'affaire d'Euroclear, une organisation unique en son genre, dont le siège se trouve avenue Jaquemain à Bruxelles. Là, derrière une façade anonyme en granit et en verre, se cache l'un des points nodaux les plus sensibles du système financier mondial. Seuls dix des neuf cent cinquante collaborateurs sont autorisés à entrer dans la centrale informatique hautement sécurisée, qui dispose de ses propres générateurs et de grandes citernes sur le toit, capables d'approvisionner si nécessaire le système en courant et en eau réfrigérée. Dans un lieu tenu secret fonctionne en outre, parallèlement, une autre installation complète, qui peut reprendre immédiatement toutes les opérations en cas de défaillance de l'ordinateur principal. Chaque jour, un réseau de télécommunication privé du groupe américain General Electric transmet les ordres concernant 43 000 transactions à des ordinateurs qui prennent les messages pendant la journée et les traitent pendant la nuit. Mais jamais une action ou un certificat d'obligation n'arrive concrètement à Bruxelles. Euroclear a créé un système des systèmes, qui fait le pont entre les organisations nationales de liquidation. En Allemagne fédérale, il s'agit du Deutscher Kassenverein, dont le siège est à Düsseldorf, et où l'on conserve la majorité des titres de valeur allemands. Il arrive facilement que différentes adresses, jusqu'à dix, soient impliquées dans une même affaire : outre les partenaires commerciaux proprement dits, il y a les courtiers, les centrales de dépôt nationales et les banques sur les comptes desquelles doivent être inscrits les paiements correspondants. Ainsi, malgré un équipement électronique optimal et une mise en réseau mondiale, la procédure dure trois jours au total[77].

En cas de problème sérieux, ce délai pourrait être fatal au monde financier tout entier. Car au moment même où les négociateurs ont recommencé depuis longtemps à faire des affaires avec les revenus attendus, le flot de données, qui transporte des milliards, peut déjà s'être interrompu en un autre point. "Une assez grande rupture dans la chaîne de la liquidation peut mettre au repos de grandes parties du système", avertit Gerald Corrigan, directeur de la stratégie, chargé des placements internationaux chez Goldmann Sachs, et ancien président de la Réserve fédérale à New York. "Dans ce cas pourrait survenir le blocage redouté, le point où les participants au marché en arrivent à la conclusion que le plus sûr est de ne plus rien faire : bloquer les paiements, encaisser les garanties laissées par les partenaires commerciaux et ne plus laisser sortir les titres déjà vendus." Les biens qui pourraient être bloqués de cette manière sont selon lui devenus beaucoup trop volumineux. Le volume des affaires et les risques qui leur sont liés "grandissent beaucoup plus vite", selon Corrigan, "que la capacité des banques à les assumer[78]".

Dans le contexte de ce genre de mises en garde, une catastrophe de grande envergure dans le cyberspace sans Etats de la finance mondiale paraît beaucoup plus vraisemblable que beaucoup de ses acteurs ne veulent bien l'admettre – et le dire à leurs clients. C'est vrai : les surveillants et les gestionnaires du risque ont mis en place d'innombrables mécanismes de sécurité. La plupart des négociateurs doivent donc s'en tenir strictement aux limites qui leur ont été fixées. Presque partout, ils ne sont autorisés à mener leurs affaires qu'avec des partenaires dont la fiabilité du crédit a été vérifiée auparavant. Les centrales de *clearing* comme Euroclear tiennent à disposition des tampons de crédit internes et des fonds de titres de valeurs pour franchir les goulets d'étranglement dus à l'absence de liquidités. Mais ni la technique, ni la vérification ne permettront aux experts en sécurité de la machine financière mondiale d'éviter ce que tous les gestionnaires d'autres systèmes à haut niveau technique redoutent le plus : la défaillance humaine. Dans les cas isolés, cela ne joue pratiquement aucun rôle sur les lieux de négociation. Les pertes de l'un sont les profits de l'autre. Mais dans la course globale au rendement, l'erreur est contagieuse. Lorsque des négociateurs connus dans leur secteur et travaillant pour des banques et des fonds renommés prennent de grands risques, l'instinct grégaire a tôt fait de se réveiller. Alors, ce n'est plus chez un, mais chez des milliers d'individus que la cupidité endort la raison, et ces stratèges habitués à calculer froidement oublient tous ensemble toutes les règles de sécurité.

Il n'y avait rien d'autre derrière la "première grande crise de notre nouveau monde des marchés mondialisés" à laquelle ont dû faire face, en janvier 1995 le directeur du FMI, Camdessus, et le gouvernement américain. Lorsque le gouvernement mexicain commença par dévaluer le peso, avant de se déclarer en cessation de paiement, de nombreux gestionnaires financiers américains se plaignirent d'avoir été abusés sur le montant du déficit mexicain en dollars et prétendirent que le Mexique avait gardé trop longtemps secrètes les véritables données. C'est uniquement pour cette raison, dirent-ils, qu'ils avaient insufflé leurs milliards dans ce pays en développement jusqu'alors très prometteur. Mais ce type d'affirmations témoigne, dans le meilleur des cas, d'une illusion collective, lorsqu'il ne s'agit pas de simples mensonges. Moody's et les autres agences de conseil disposaient de toutes les données, et avaient déjà estimé pendant toute l'année 1994 que les valeurs d'Etat mexicaines étaient devenues des placements extrêmement risqués. Mais dans ce cas, même les gestionnaires des plus grands fonds ne voulurent pas croire les chiens de garde de la branche. "Les profits étaient tout simplement trop sexy", a concédé l'un des courtiers impliqués. Bien avant l'éclatement de la crise, le ministère des Finances mexicain offrait des taux d'intérêt à deux chiffres pour les *tesobonos*, les emprunts d'Etat formulés en dollars, qui ne risquaient pas d'être dévalués : il attira ainsi dans le pays 14 milliards de dollars, apportés par des investisseurs américains. Le plus grand fonds de gestion de biens de particuliers au monde, le Fidelity Investment Group, qui administre l'argent de millions d'épargnants américains, devint un temps le plus grand créancier du Mexique. Le secteur financier américain fut d'autant plus pris de panique lorsqu'à Mexico City la cessation de paiement du gouvernement commença à se dessiner.

D'un seul coup, la colère que l'on exprimait si volontiers jusqu'alors lorsqu'on évoquait la rage de régulation étatique et les déficits budgétaires générateurs d'inflation, cette colère, donc, se fit très discrète. Les porte-parole de tous les marchés expliquèrent au contraire aux membres du Congrès américain et lors des contacts avec le directeur du FMI les conséquences que pourrait avoir un effet de dominos mondial, susceptible de faire exploser le système, et réclamèrent ces milliards d'aide que Camdessus et le ministre des Finances, Rubin, finirent par rassembler en grattant les fonds de tiroir des recettes fiscales au cours de leur opération quasi clandestine.

Mais la crise du peso ne révéla pas seulement la faiblesse des Etats à l'égard de la spéculation incontrôlée : elle montra aussi l'impuissance de ceux qui font le marché à l'égard de leurs propres faiblesses. L'esprit anarchiste, anti-étatique, de ceux qui dirigent le flot des capitaux s'inverse toujours lorsqu'il s'agit de maîtriser les conséquences des accidents qu'ils ont eux-mêmes provoqués. Bien sûr, les marchés doivent réagir, mais ils doivent le faire en adoptant le comportement d'une dictature à responsabilité limitée. Les crises demeurent de la compétence de la communauté internationale des Etats. Mais combien de Mexique cette communauté endurera-t-elle encore ? Un autre scénario de krach circule depuis très longtemps. Depuis le début de 1995, pour assainir son secteur financier en mauvais état, la Bank of

Japan inonde la planète de yens accordés pratiquement sans intérêt, et offre aux investisseurs appâtés un véritable eldorado. Les fonds et les banques du monde entier ont emprunté des milliards de yens à bon marché, les ont convertis en dollars et ont encaissé avec les intérêts des marges pouvant aller jusqu'à 6 %. 300 milliards de dollars de source japonaise ont été consacrés à la seule acquisition d'emprunts américains. Aux gros profits a succédé la crainte de la mort par étouffement. Comment pouvait-on faire reculer ce rouleau compresseur financier ? Que se passerait-il si l'expansion japonaise faisait un bond et si la banque centrale relevait le taux d'intérêt ? Au mois d'août 1996, la manne du yen continuait, le taux d'intérêt japonais restait peu élevé. Mais dans le monde entier, analystes et membres des banques centrales se demandaient si un nouveau tremblement de terre n'était pas imminent sur le marché des *bonds*, comme au début 1994 – un séisme dont l'épicentre, cette fois-ci, ne serait plus Washington, mais Tôkyô[79].

La situation sur les bourses brésiliennes contribue elle aussi à mettre les marchés en émoi. En juin 1996, l'économiste américain Rüdiger Dornbusch a prévenu que le Brésil risquait de connaître le même destin que le Mexique. Au Brésil aussi, le gouvernement conserve un cours du dollar irréaliste pour sa monnaie nationale, le réal, et attire trop de capitaux spéculatifs étrangers sur son marché en pratiquant des taux d'intérêt trop élevés. Le Brésil "roule sur la file de gauche, en espérant que personne n'arrivera jamais dans l'autre sens", a expliqué Dornbusch[80].

Ainsi, chaque année, la probabilité de voir la machine financière devenir folle et provoquer des vagues de crises mondiales que la seule foi dans la puissance organisatrice du marché ne suffira certainement pas à apaiser va en augmentant. Mais même l'appel à l'Etat pourrait lui aussi bientôt se révéler inutile. Car l'internationale de la haute finance sape en permanence ce dont elle a le plus grand besoin en cas de crise : la capacité d'action des Etats et de leurs institutions internationales.

Le secteur financier n'est cependant pas le seul dans ce cas. Un deuxième groupe de nouveaux dirigeants mondiaux, autoproclamés sous le signe de la mondialisation, contribue lui aussi à scier la branche : les dirigeants des groupes multinationaux, quel que soit leur secteur d'activité. A la suite du bouleversement politique de 1989, ils ont entamé une marche triomphale qui transforme le monde plus rapidement et plus radicalement que ce qu'aucun empire ou mouvement politique n'avait fait jusqu'alors. Mais cette victoire-là, elle aussi, a un goût amer. Et le sentiment de triomphe ne durera pas longtemps.

LA LOI DES LOUPS

La crise internationale de l'emploi et la nouvelle transnationale

Abolissez les douanes et soutenez le libre-échange : alors, dans tous les domaines de l'économie, nos ouvriers seront ramenés au niveau des serfs et des pouilleux, comme en Europe.

ABRAHAM LINCOLN,
seizième président des Etats-Unis d'Amérique (1860-1865)

A Dearborn, dans l'Etat américain du Michigan, à la lueur de nombreux écrans d'ordinateurs, les ingénieurs de pointe du groupe Ford, le deuxième constructeur automobile du monde, sont au travail. Ils n'ont guère de difficulté à prouver que la symbiose entre l'homme et la machine fonctionne admirablement. Un designer de carrosserie fait courir son crayon câblé sur la table à dessin électromagnétique qui se trouve sur son bureau. Une rapide pression ici, une ligne là, et l'on discerne sur son moniteur les contours d'un véhicule qui deviendra peut-être bientôt le nouveau modèle Ford et attirera les regards des acheteurs dans les salles d'exposition du monde entier. Tout d'un coup, on entend une voix caverneuse résonner dans un haut-parleur discret situé à côté du moniteur : "Ça me plaît bien, annonce le commentateur anonyme, mais qu'est-ce que vous diriez si nous faisions ça comme ça ?" Et comme sous l'action d'une main de fantôme, le croquis du véhicule se transforme sur l'écran, s'arrondit sur le haut tandis que ses côtés se font encore plus tranchants.

Cette sorte de spectre qui participe au dessin se trouve à Cologne dans la centrale européenne de Ford. Tantôt en simultané, tantôt successivement, par équipes, les développeurs installés en Allemagne travaillent sur les mêmes projets que leurs collègues de Dearborn. Ils rassemblent des idées européennes, américaines, mais aussi japonaises. Partout, on a installé les mêmes ordinateurs Silicon Graphics ; cinq centres de développement éparpillés sur les continents constituent un unique studio global de construction automobile dans lequel chaque *crash-test* virtuel, chaque calcul aérodynamique effectué pour chaque modèle ne requiert plus qu'une seule série de tests communs.

Le design par vidéo et informatique, franchissant les océans et les frontières temporelles, est un élément de la réorganisation la plus radicale jamais entreprise à ce jour par le groupe Ford. Depuis le début 1995, ce ne sont plus les filiales régionales qui développent, chacune de leur côté, leurs propres modèles. L'époque est révolue, où la première division transmettait son produit fini pour qu'une deuxième la revoie et que la troisième l'adapte. Le patron de Ford, Alex Trottman, a ordonné la fusion des anciens groupes régionaux en deux grosses entités qui serviront le marché en Europe et aux Etats-Unis, mais aussi en Asie et en Amérique latine. L'utilisation de la technique de communication la plus moderne, qui paraissait encore longue et pesante voici peu, ouvre d'un seul coup la voie à l'entreprise-machine, intégrée à un système global. Développement, achat, diffusion – Ford optimise *on line* à l'échelle mondiale et évite tout doublon dans le travail, jusque dans ses filiales de province les plus reculées. Le résultat, ce sont les *global cars* qui permettent à Ford de définir une fois de plus la norme mondiale, la plus grande efficience possible dans la construction d'automobiles. Cette conversion permet d'économiser des frais de plusieurs milliards, et, prévoit-on, de se passer de plusieurs milliers de salariés hautement qualifiés, cadres, ingénieurs et vendeurs bien payés. Pour le modèle récemment commercialisé dans le monde entier, la Mondeo, les constructeurs ont encore eu besoin de deux mois et de vingt conférences de travail internationales avant que le projet ne soit mûr pour le lancement. Mais pour le dernier modèle sorti des cartons à dessins, la Taurus, il a tout juste fallu quinze jours de travail et trois réunions de contrôle avant que la direction ne donne le feu vert au démarrage de la production – un bond de plus de cent pour cent dans l'efficience[1].

La "révolution Ford", comme l'a appelée le magazine *The Economist*, n'est pas la réponse à une quelconque pression née d'une crise économique. En 1994, le groupe a enregistré plus de six milliards de dollars de bénéfices. Trottman et son équipe dirigeante réalisent uniquement ce que leur permet l'utilisation de la technologie la plus moderne dans le réseau mondial – tous les autres suivront, et pas seulement dans la construction automobile.

Un secteur après l'autre, une profession après l'autre, cette révolution est en train de bouleverser le monde du travail. Presque personne n'est épargné. Les hommes politiques et les économistes cherchent encore, en vain, un succédané aux emplois des cols bleus qui disparaissent dans les chantiers navals Vulkan, dans les ateliers de montage aéronautiques de la Dasa ou sur les chaînes de chez Volkswagen. Ici, la peur du chômage s'est répandue depuis longtemps dans les bureaux des employés, et s'attaque à présent à ce qui constituait jusqu'ici les secteurs les plus sûrs de l'économie. Les anciens emplois à vie se transforment en petits boulots ; ceux qui, hier, avaient encore une profession d'avenir savent que leurs capacités peuvent du jour au lendemain devenir un savoir inutile.

Une sombre période commence ainsi pour le petit million d'employés du secteur des banques et des assurances en Allemagne. Depuis que les entreprises de l'économie financière s'affrontent à l'échelle mondiale, la compétition sans frontière leur promet un destin aussi rude que celui connu, il y a quelques années, par les employés du textile. Tout a commencé avec les distributeurs automatiques de billets et les imprimantes à extraits de compte. A présent, les banquiers américains et japonais, les assurances et les fonds d'investissement se battent sur le marché européen, et surtout allemand, des épargnants et des emprunteurs. Depuis 1995, par exemple, American Express propose des comptes courants offrant des taux d'intérêt plus élevés que les comptes d'épargne sur des sommes disponibles à tout moment. Vingt-quatre heures sur vingt-quatre, le client peut donner par téléphone ou sur le clavier de son PC des ordres de toute espèce, convertir en l'espace de quelques minutes son épargne en placements à meilleur rendement, et même se faire envoyer de l'argent liquide à son domicile. Fidelity Investment, la plus grande société de gestion de fonds du monde, dont le siège central se trouve à Boston, dans l'Etat américain du Massachusetts, vend elle aussi ses titres de valeur par téléphone depuis sa concession au Luxembourg, et dans toute l'Union européenne. Cette stratégie de commercialisation renverse les structures traditionnelles du commerce bancaire. Les réseaux denses de filiales, qui constituaient jusqu'ici un avantage en raison de leur proximité avec le client, deviennent aujourd'hui un luxe coûteux et un handicap dans la compétition. En Allemagne, avec par exemple la Bank 24 ou l'Advance Bank, derrière lesquelles on trouve la Deutsche Bank et la Vereinsbank, tous les grands établissements financiers fondent actuellement des filiales indépendantes pour passer au système de la banque par téléphone. A cette phase initiale succédera dans les années qui viennent une cure d'amaigrissement radicale des succursales.

A cette date, on n'aura plus besoin que d'un petit nombre d'employés de banque diplômés, titulaires d'un baccalauréat, ayant suivi un apprentissage et une formation permanente onéreuse assurée par l'entreprise et payés en conséquence. Il ne restera plus grand-chose de l'image traditionnelle de la profession, celle de l'employé aimable et bien payé. Chez VB-Dialog, par exemple, la branche banque directe de la Bayerische Vereinsbank, les accords salariaux passés avec le syndicat ont été suspendus. Au lieu des 23 à 30 marks (78 à 102 francs) horaires traditionnels, les collaborateurs ne reçoivent plus que 16 marks de l'heure (54 francs), un peu moins que le salaire courant dans le secteur du nettoyage. La grande banque munichoise ne verse plus à ses nouveaux collaborateurs de prime de vacances ni de prime de Noël. Ils doivent en outre, sans supplément, être prêts à intervenir vingt-quatre heures sur vingt-quatre, y compris le week-end. Même pour les experts hautement spécialisés qui servent une clientèle huppée et des entreprises clientes, le ciel s'assombrit, tout comme pour les jongleurs de millions sur le marché financier électronique mondial. Cinq des grands établissements financiers allemands se sont déjà fait une place parmi les banques d'investissement à Londres et y concentrent leurs affaires avec les grands clients. Chez Kleinwort Benson (Dresdner Bank) ou Morgan Grenfell (Deutsche Bank), les candidats allemands n'ont pas beaucoup de chances de se faire embaucher, même s'ils viennent de la maison mère. Leurs employeurs préfèrent miser sur du personnel anglo-saxon.

A Washington et à New York, les professionnels américains de la finance se moquent du système bancaire européen, selon eux vieilli, inefficace et surtout beaucoup trop peu rentable. "Le management des grands fonds en Suisse, explique un gestionnaire de fonds de premier plan à Wall Street, a grandi dans un autre monde. Mais tous ces gens vont rater le train si les investisseurs touchent chez nous trente pour cent de rendement annuel, alors que les banques suisses en offrent peut être deux ou trois pour cent." En l'espace de quelques années, beaucoup de grands spéculateurs américains en sont persuadés, ils attireront aussi vers leurs fonds à risque les milliards des épargnants allemands, suisses et autrichiens, jusqu'ici prudents. "Nous commençons par ouvrir une filiale bien visible dans la Bahnhofstrasse, à Zurich. Les clients suisses vont d'abord froncer le nez et n'auront pas confiance en nous. Mais au bout de quelques années, quand un voisin courageux qui aura placé son argent chez nous passera devant chez eux au volant de la Porsche gagnée avec ses intérêts, ils changeront tout de suite d'avis" – c'est un homme du métier qui décrit ainsi très concrètement la stratégie adoptée.

Les conséquences seront brutales. "Les banques sont la métallurgie des années quatre-vingt-dix", prophétise Ulrich Cartellieri, membre du directoire de la Deutsche Bank[2]. Cela n'a rien d'une exagération, si l'on en croit les experts du marché employés par la société de conseil aux entreprises Coopers & Lybrand. Dans une étude sur les projets des cinquante premières banques du monde, ils prévoient que dans le secteur financier, la moitié des collaborateurs perdra son poste dans les dix années qui viennent. Projeté sur le secteur financier allemand, cela signifie la disparition d'un bon million d'emplois bien payés[3].

TROIS INDIENS POUR UN SUISSE

Ce qui débute tout juste dans les banques et les compagnies d'assurances a déjà commencé depuis longtemps dans un secteur que l'on croyait d'avenir : l'industrie du software. Alors que dans les universités allemandes, à l'automne 1996, plus de 30 000 jeunes gens étudiaient l'informatique, on peut déjà prévoir qu'une grande partie des futurs experts dans ce domaine n'auront que peu de chances de trouver un emploi stable sur le marché du travail. Les programmateurs de la Silicon Valley, en Californie, savent déjà depuis quelque temps à quelle vitesse peut chuter la valeur de leurs connaissances. Il y a dix ans, les directeurs du développement d'entreprises comme Hewlett-Packard, Motorola ou IBM ont commencé à embaucher à bas salaire de nouveaux spécialistes venus d'Inde. Ensuite, ils ont affrété des charters entiers pour transporter les auxiliaires convoités. Ils ont donné à ce concept d'économie le nom de *brain shopping*, achat de cerveaux. Les experts locaux en logiciels se sont d'abord opposés à cette concurrence à bas prix, et le gouvernement les a soutenus. Il n'a accordé que dans quelques cas exceptionnels les visas nécessaires aux informaticiens indiens.

Mais cela n'a pas été d'une grande utilité pour les ingénieurs informaticiens américains. De nombreuses entreprises se sont contentées de transférer directement vers l'Inde des éléments importants de leurs activités informatisées. Le gouvernement de New Delhi leur a proposé presque gratuitement, dans dix zones spéciales aménagées à cette fin, la totalité de l'infrastructure nécessaire, depuis les grands laboratoires climatisés jusqu'à la liaison satellite. En l'espace de quelques années, l'*electronic city* de la mégalopole de Bangalore, au centre du haut plateau indien, a acquis une réputation mondiale. Siemens, Compaq, Texas Instruments, Toshiba, Microsoft et Lotus – tous les *global players* du secteur informatique – entretiennent aujourd'hui des filiales ou confient des travaux de développement aux entreprises de sous-traitance indiennes locales. Au total, l'industrie du software du sous-continent emploie déjà aujourd'hui 120 000 diplômés des universités de Madras, New Delhi et Bombay. En 1995, ils ont rapporté à leurs entreprises un chiffre d'affaires converti de 1,2 milliard de dollars, provenant, pour les deux tiers, de l'exportation de leurs prestations de service[4]. Mais comme l'expansion fulgurante, à Bangalore, a quadruplé le trafic automobile, rendant la pollution de l'air insupportable, et comme la misère massive et persistante déprime les employés, la ville est de nouveau en déclin. Les orfèvres du logiciel s'en vont, et préfèrent, depuis peu, la ville de Poona.

Dix ans après des débuts anodins où l'on avait envoyé du personnel indien en Californie, rien ne va plus comme autrefois dans les pays où est né ce secteur : les Etats-Unis, l'Europe occidentale et le Japon. En Allemagne, depuis 1991, les trois géants de l'informatique, IBM, Digital Equipment et Siemens-Nixdorf ont à eux seuls supprimé plus de dix mille postes – pas seulement, mais aussi à cause de la mise en place de leurs filiales à Bangalore. De la même manière, beaucoup d'entreprises qui ont à traiter des quantités de données importantes utilisent elles aussi les services proposés par l'autre côté de la planète. Swissair, British Airways et Lufthansa ont confié de grandes parties de leur comptabilité à des entreprises de sous-traitance indiennes. La Deutsche Bank a chargé sa succursale de Bangalore de la maintenance et du développement des systèmes informatiques de ses filiales à l'étranger. Ce sont aussi des Indiens qui ont mis au point le concept logistique des docks de Bremerhaven, ou les programmes de pilotage de l'Intercope de Hambourg, qui organise le réseau de télécommunications de l'entreprise. Le motif de l'expansion vers l'Inde est toujours le même : les collaborateurs locaux sont admirablement formés dans des universités anglophones, mais ne coûtent qu'une fraction de ce que reviennent leurs collègues au nord. Hannes Krummer, porte-parole de la Swissair, a exprimé la devise simpliste des indophiles de l'électronique : "Pour le prix d'un Suisse, nous pouvons embaucher trois Indiens." Le seul transfert du service de facturation a selon lui permis d'économiser cent vingt emplois à Zurich, et des coûts annuels de l'ordre de huit millions de francs suisses[5].

Et ce n'est jamais que le commencement. Depuis 1990, un nouveau million d'informaticiens qualifiés se presse sur le marché : ceux de Russie et d'Europe de l'Est. Une entreprise de Minsk effectue déjà un travail de maintenance intensif par satellite pour IBM Allemagne. L'entreprise allemande Software AG fait créer ses programmes à Riga, et la Debis, filiale de Daimler-Benz, passe des commandes de programmation à Saint-Pétersbourg. "On nous y fait des offres encore plus avantageuses qu'en Inde", explique le patron de la Debis, Karl-Heinz Achinger. René Jötten, expert pour les questions de l'Inde chez Siemens, l'approuve. A Bangalore, les coûts sont déjà devenus trop élevés, "Nous songeons à nous implanter bientôt ailleurs".

Mais une autre concurrence guette désormais les informaticiens à bon marché et peu exigeants de l'Est et du Sud : le collègue ordinateur lui-même est en train de devenir imbattable. Ceux qui connaissent bien ce secteur, comme Karl Schmitz, de la Gesellschaft für Technologieberatung und Systementwicklung, considèrent que le travail salarié régional dans le domaine de l'informatique est un "phénomène provisoire". Selon lui, les modules de software achevés et de nouveaux langages de programmation rendront bientôt superflue toute espèce de travail, ou presque. Avec ces nouveaux outils, un programmeur du futur aura une productivité aussi importante que cent de ses collègues actuels – un pronostic impitoyable pour une profession qui comptait jusqu'ici parmi l'élite des travailleurs sur le front du progrès[6]. Si Schmitz a raison, sur les 200 000 postes de travail qu'offre actuellement l'industrie allemande du logiciel, il n'en restera que 2 000. Vous avez bien lu : 2 000.

Les experts informatiques peuvent cependant espérer un accroissement des demandes auxquelles devra répondre leur branche professionnelle. Dans le monde entier, les entreprises de téléphonie se concentrent sur l'installation de réseaux à hautes performances, ces "autoroutes de l'information" relanceront les prestations de services multimédias. Ecrire les programmes d'application exigera encore beaucoup de travail. En 1995, pour la première fois, les entreprises de logiciels ont recommencé à embaucher. Mais dans le même temps, le boom imminent du *on line* va faire disparaître dans le cyberspace d'innombrables autres professions dans le domaine des prestations de services. Archivistes et bibliothécaires, commerciaux d'agences de voyages, marchands au détail, collaborateurs de journaux régionaux et d'hebdomadaires de petites annonces : tous deviennent superflus. Lorsque la majorité des foyers sera équipée de PC et de modems, lorsque les clients pourront en l'espace de quelques minutes faire leur choix dans le monde entier sans même quitter leur appartement, de grandes parties du marché du travail seront tout simplement emportées par le flot.

DES VICTIMES PAR MILLIONS POUR LE MARCHÉ MONDIAL

Déstocker, simplifier, supprimer et licencier – l'économie de la haute performance et du high-tech dévore le travail de la société de prospérité, et licencie ses consommateurs. Un tremblement de terre économique et social aux dimensions inconnues jusqu'ici s'annonce. Qu'il s'agisse de construction d'automobiles ou d'ordinateurs, de chimie ou d'électronique, des télécommunications ou des services postaux, du commerce de détail ou de l'économie financière : à chaque fois que les produits ou les prestations de services sont négociés librement, par-delà toutes les frontières, les employés sont pris dans un tourbillon apparemment irrésistible de dévalorisation et de rationalisation. Dans l'industrie ouest-allemande, pour les seules trois années 1991-1994, plus d'un million d'emplois ont été perdus[7]. Et encore, l'Allemagne n'a pas à rougir de la comparaison internationale. Dans les autres pays de l'OCDE, organisation regroupant vingt-trois nations industrielles riches et cinq voisins plus pauvres, le nombre des emplois bien payés a diminué encore plus rapidement[8]. En 1996, plus de 40 millions de personnes déjà cherchent en vain un travail dans les pays de l'OCDE. Des Etats-Unis jusqu'en Australie, de la Grande-Bretagne au Japon, la prospérité de masse diminue rapidement dans les nations qui dominent l'économie mondiale.

Même l'activité qui devrait décrire ce déclin et pour laquelle les *bad news* sont toujours des *good news* commence à ressentir ce changement d'époque : journalistes et documentalistes, enquêteurs et secrétaires de rédaction sont eux menacés par la montée de l'univers du *tittytainment*. Un nombre toujours plus réduit de professionnels des médias produit de plus en plus rapidement toujours plus de "papiers". Les journalistes de la nouvelle génération ne peuvent même plus rêver de ces postes garantis avec notes de frais somptuaires que l'on proposa si longtemps dans les navires amiraux de la presse et dans les chaînes de télévision publiques. Ce qui était jadis une norme toute naturelle au *Spiegel* ou au *Stern*, au WDR ou au Bayerischer Rundfunk, est aujourd'hui réservé aux collaborateurs de longue date et à quelques stars de la nouvelle génération. Les nouveaux venus dans la profession doivent se contenter de contrats forfaitaires incertains et de piges chichement calculées au lignomètre. Même les éditeurs de livres et les réalisateurs sérieux de télévision et de cinéma font appel au travail à bon marché. Les maisons d'édition hésitent à embaucher, on ne sait pas ce qui guette encore cette branche saignée par la hausse du prix du papier et la baisse de l'intérêt des lecteurs.

On peut aussi s'attendre à des coupes claires dans les secteurs où les entreprises promettaient encore il y a peu à leurs collaborateurs un emploi à vie, indépendamment des hauts et des bas de la conjoncture mondiale. En France, dans le secteur bancaire, 30 000 emplois ont été perdus entre 1984 et 1994. Les spécialistes estiment que sur les 400 000 places encore existantes dans le domaine du crédit, au moins 15 % sont superflues. On évoque partout de nouvelles "cures d'amaigrissement". 5 000 emplois supprimés en 1996 au Crédit lyonnais, plusieurs milliers à la Banque de France, 1 000 au Crédit foncier : le chemin est tracé. Les banques et les compagnies d'assurances ne sont pas les seules menacées par un grand mouvement de suppression d'emplois : il en va de même pour les entreprises de télécommunications, les compagnies aériennes et le service public. Si l'on prend pour critère la rentabilité de chaque leader international dans sa branche, et si l'on calcule sur cette base les futures pertes d'emplois dans les groupes allemands ou dans les autres groupes européens, on voit s'annoncer dans toute l'Europe des licenciements massifs – cf. à ce propos les tableaux des pages 140 à 143. L'Allemagne et l'Union européenne offrent une proie bien grasse aux loups affamés de la compétition globale.

Et l'on ne voit pas la fin de cette chute de l'emploi. Au contraire : après l'exploitation des enquêtes menées par la Banque mondiale, l'OCDE, le McKinsey Global Institut, le groupe de recherche des leaders du marché mondial pour le conseil en entreprise, ainsi que de nombreux services d'information par secteurs et rapports économiques, les auteurs de ce livre en viennent à la conclusion qu'au sein de l'Union européenne, quinze autres millions d'ouvriers et d'employés risquent de perdre leur emploi à plein temps au cours des années à venir – à peu près autant que ceux qui étaient déjà inscrits au chômage à l'été 1996.

L'Observatoire français des conjonctures économiques (OFCE) estime qu'en France, en 1997, plus de 400 000 emplois seront perdus, et qu'on franchira ainsi à la fin de l'année le seuil symbolique des trois millions et demi de chômeurs[8a]. Pour la seule Allemagne, plus de quatre millions d'emplois sont sérieusement menacés. Le taux de chômage pourrait être multiplié par plus de deux, passant de 9,7 % actuellement à 21 %. En Autriche, il pourrait bondir des 7,3 % actuels à 18 %[8b]. On n'en arrivera sans doute pas là, car un bon nombre des emplois stables perdus seront vraisemblablement remplacés par des emplois à temps partiel, des contrats à durée déterminée et des emplois à bas salaire. Cela étant dit, dans ce nouveau monde du travail qui fera sauter des millions de travailleurs occasionnels d'un emploi à court terme à un autre, les revenus seront nettement plus bas que dans le système de salaires conventionnés en vigueur jusqu'ici. La société des deux dixièmes se rapproche.

Chacun sent bien les conséquences de ce bouleversement, même ceux dont l'emploi personnel paraît encore garanti.

L'angoisse de l'avenir et l'incertitude se propagent, la structure sociale se brise. Mais la majorité des responsables décline toute responsabilité. Les gouvernements et les directions des groupes se prétendent impuissants et s'estiment innocents. Le démantèlement massif de l'emploi, encore impensable il y a peu de temps, est la conséquence d'un inéluctable "changement structurel", expliquent-ils à leurs électeurs et à leurs employés. Si les salaires demeurent à leur niveau élevé, la production de masse n'a plus d'avenir en Europe de l'Ouest, estime par exemple Martin Bangemann, commissaire à l'économie de l'Union européenne : "Avec la Chine et le Viêt-nam, nous avons déjà des pays qui s'apprêtent à se lancer dans la compétition et dont les coûts salariaux sont sans concurrence[9]." Et le journal pour managers *Wall Street Journal* constate : "Dans une économie globale et brutale, la concurrence crée un marché du travail global. Aucun emploi n'est désormais à l'abri[10]."

Les profiteurs de l'économie sans frontière transforment volontiers la crise en une sorte de processus naturel. "Dans le village global, la compétition est comme un raz de marée : personne ne peut y échapper", promettait en 1993 Edward Reuter[11], le directeur de Daimler-Benz à cette époque. Trois ans et un million d'emplois supprimés plus tard, Heinrich von Pierer, directeur de groupe chez Siemens, répète presque mot pour mot le même message : "Le vent de la compétition est devenu une tempête, et le véritable ouragan nous attend encore[12]." L'intégration de l'économie par-delà toutes les frontières ne suit cependant pas du tout une loi naturelle ou un progrès technique linéaire aux conséquences inéluctables. Elle est au contraire le résultat d'une politique menée consciemment depuis des décennies par les pays industriels occidentaux – une politique qu'ils suivent encore aujourd'hui.

LA GRANDE COUPE CLAIRE

Les menaces de disparitions d'emplois chez les principaux prestataires de services

SECTEUR BANCAIRE

Employés surnuméraires, dans le pays et à l'étranger, dans les groupes financiers allemands et autrichiens, mesurés à l'aune de la productivité de la grande banque américaine Citicorp en 1995 (résultat d'exploitation par collaborateur = 68 769 dollars US)

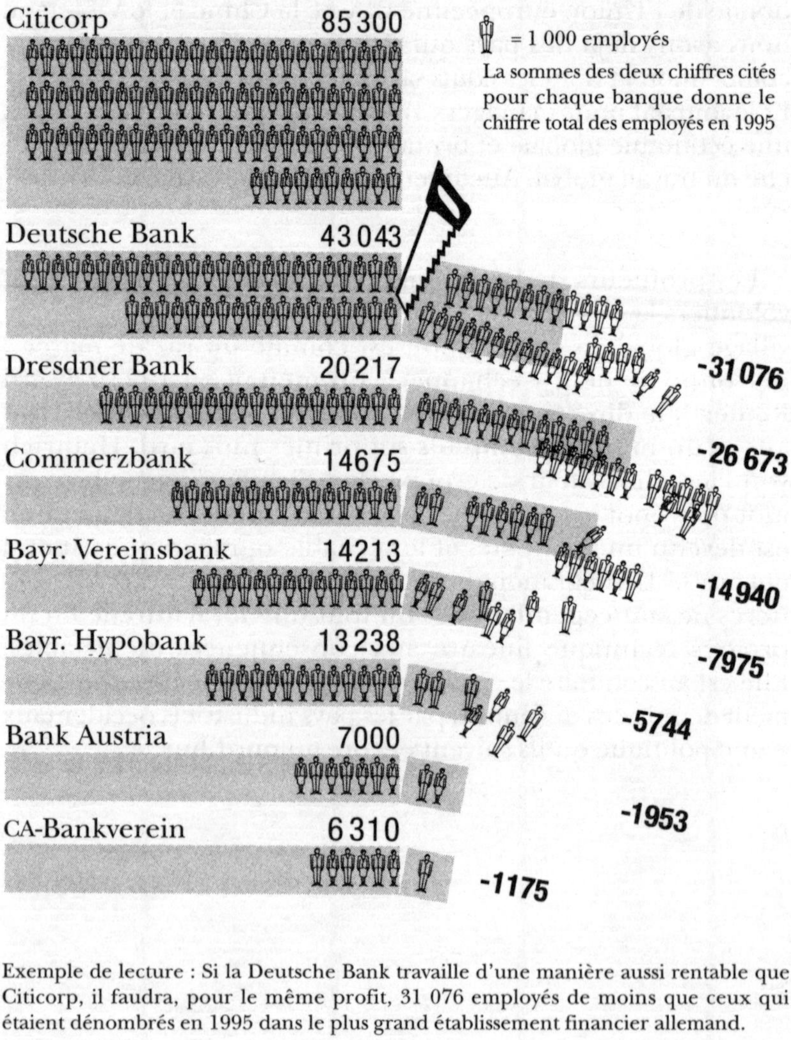

Sources : rapports financiers des banques.

Exemple de lecture : Si la Deutsche Bank travaille d'une manière aussi rentable que Citicorp, il faudra, pour le même profit, 31 076 employés de moins que ceux qui étaient dénombrés en 1995 dans le plus grand établissement financier allemand.

TÉLÉCOMMUNICATIONS
Employés surnuméraires dans les entreprises de télécommunication européennes, rapportés à la productivité de la société de téléphonie américaine Pacific Telesis en 1994 (296 raccordements principaux par collaborateur)

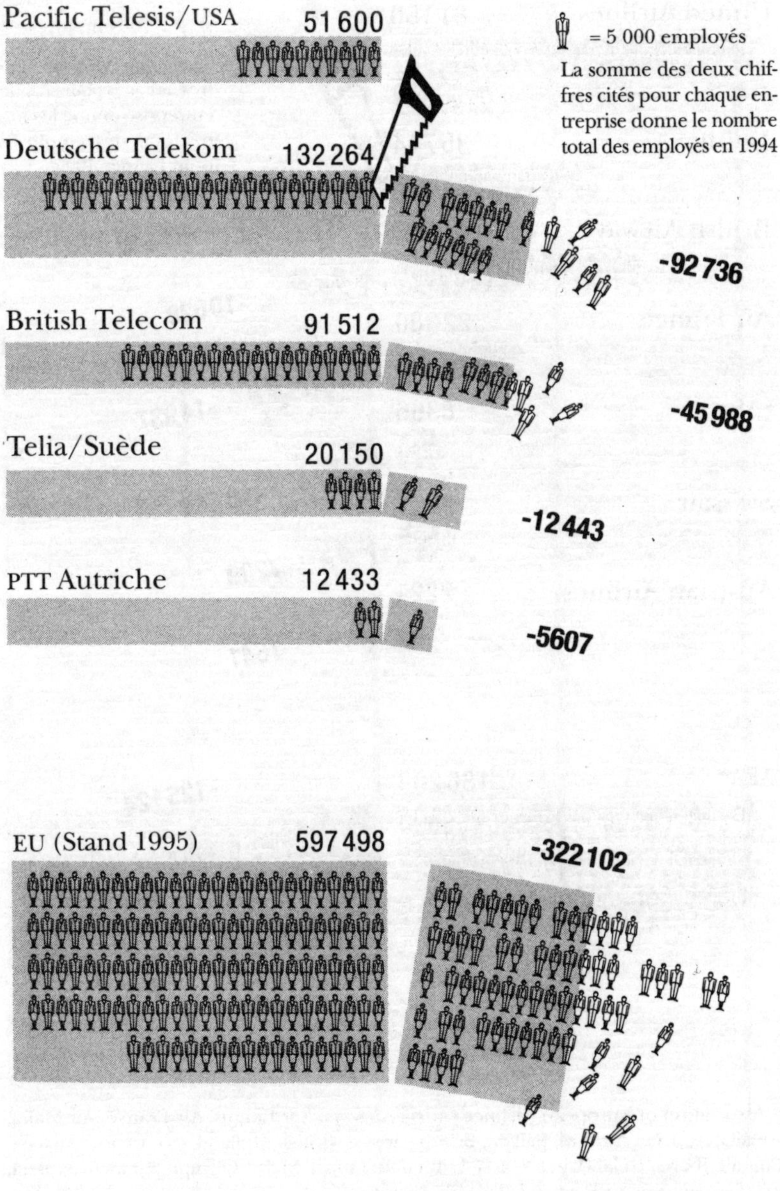

Sources : ITU World Communication Indicators Database ; Sirius.

COMPAGNIES AÉRIENNES
Employés surnuméraires dans les compagnies aériennes européennes, mesurés à l'aune de la productivité de la compagnie américaine United Airlines en 1995 (2,2 millions de kilomètres-passagers par collaborateur)

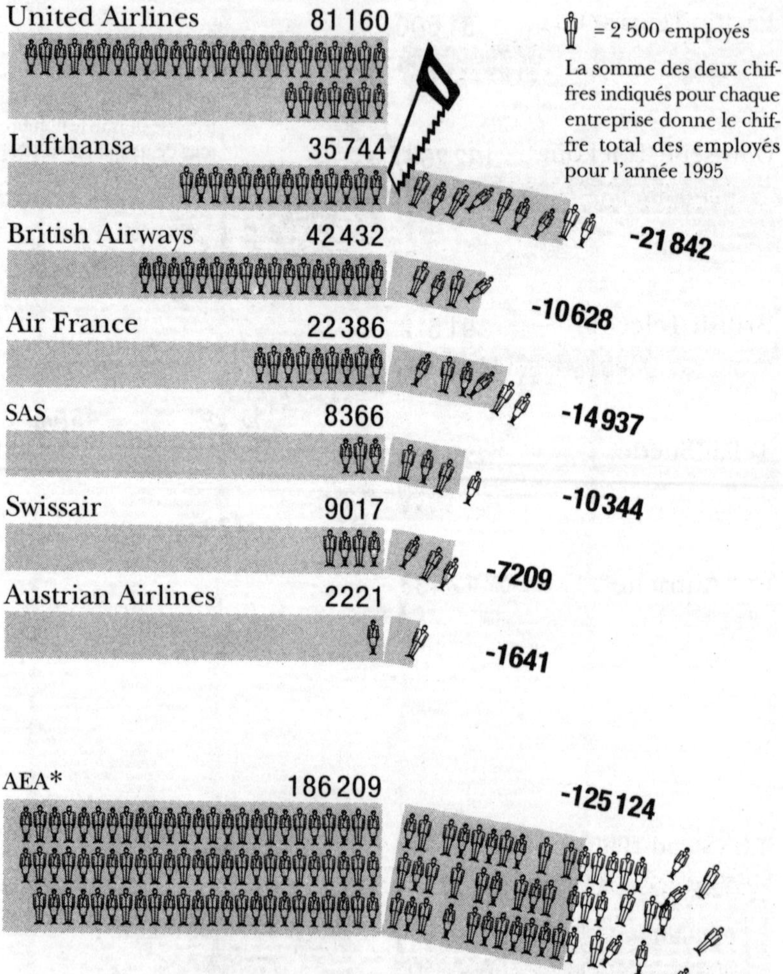

* Association of European Airlines (Adria Airways, Aer Lingus, Air France, Air Malta, Alitalia, Austrian Airlines, Balkan, British Airways, British Midland, CSA, Cyprus Airways, Finnair, Iberia, Icelandair, JAT, KLM, Lufthansa, Luxair, Malev, Olympic Airways, Sabena, SAS, Swissair, TAP Air Portugal, Turkish Airlines).

Sources : Association of European Airlines, Yearbook ; IATA, World Air Transport Statistics ; rapports d'activité des lignes aériennes.

ASSURANCES

Employés surnuméraires dans le secteur européen des assurances, mesurés à l'aune de la productivité dans le secteur français des assurances en 1994 (revenus des primes, Direct Total Gross Premiums, par collaborateur = 902 504 dollars US)

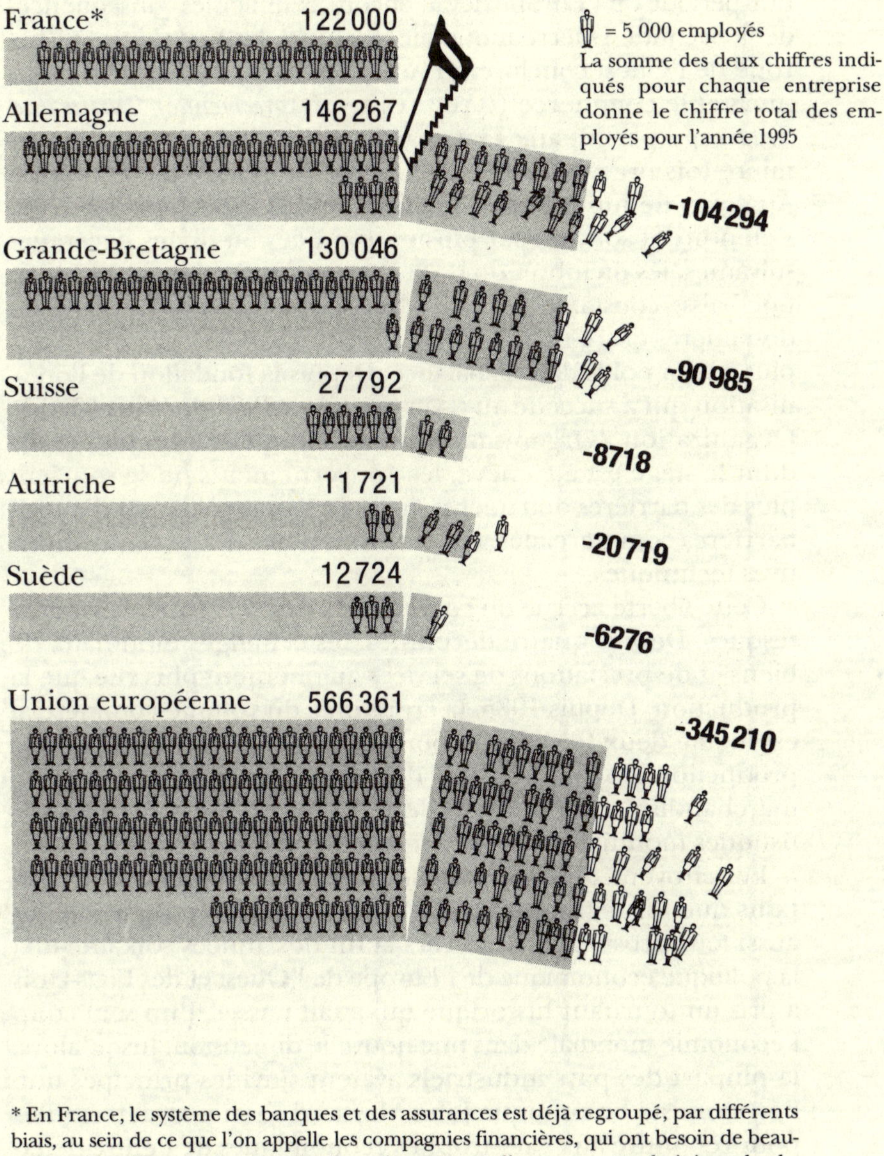

* En France, le système des banques et des assurances est déjà regroupé, par différents biais, au sein de ce que l'on appelle les compagnies financières, qui ont besoin de beaucoup moins d'employés pour distribuer les contrats d'assurance et administrer le placement des primes. Dans les autres pays européens, on attend une intégration comparable pour le secteur financier.

Sources : OCDE, Insurance Statistics Yearbook, Paris 1996 ; European Insurance in Figures.

La marche vers le court-circuit économique global a débuté à une période où l'Europe devait encore assimiler les conséquences de la Seconde Guerre mondiale. En 1948, les Etats-Unis et l'Europe de l'Ouest conclurent l'Accord général sur les tarifs douaniers et le commerce (GATT : *General Agreement on Tariffs and Trade*) qui permit aux Etats participants d'édifier pour la première fois un système de commerce international commun. Au cours de huit rounds de négociations internationales, qui s'étendirent souvent sur plusieurs années au fil des décennies suivantes, les membres du GATT sont convenus de mener à bien une baisse constante des tarifs douaniers. Aujourd'hui, les taxes douanières entre nations développées ne pèsent pratiquement plus aucun poids dans la balance. Depuis la fondation de l'organisation qui a succédé au GATT au début 1994, le World Trade Organization (Organisation mondiale du commerce, OMC) dont le siège est à Genève, les gouvernements ne se soucient plus des barrières douanières, mais du démantèlement d'autres barrières commerciales, tels les monopoles d'Etat ou les directives techniques.

Cette liberté accrue du commerce a des conséquences gigantesques. Depuis quatre décennies, les échanges mondiaux de biens et de prestations de services augmentent plus vite que la production. Depuis 1985, la croissance du volume commercial est même deux fois plus importante que l'augmentation de la production globale. En 1995 déjà, un cinquième de toutes les marchandises et prestations de services recensées dans les statistiques mondiales étaient négociées hors des frontières[13].

Les citoyens des pays industrialisés ont longtemps été certains que l'intégration économique croissante augmenterait aussi leur prospérité. Mais vers la fin des années soixante-dix, la politique économique de l'Europe de l'Ouest et des Etats-Unis a pris un tournant historique qui a fait passer d'un seul coup l'économie mondiale dans une nouvelle dimension. Jusqu'alors, la plupart des pays industriels avaient suivi les principes que l'économiste britannique John Maynard Keynes avait formulés pour répondre aux catastrophes économiques de l'entre-deux-guerres. Keynes élevait l'Etat au rang d'investisseur financier central des économies nationales : dans son système, c'est l'Etat qui intervient, pour les corriger, sur les budgets publics, lorsque le cours naturel du marché mène au sous-emploi et à la déflation. En augmentant leurs investissements en cas de baisse de la croissance, les gouvernements devaient produire une demande supplémentaire et éviter les crises de croissance. En période de forte expansion, ils compensaient l'endettement public ainsi créé en prélevant des revenus fiscaux plus importants, afin d'éviter une surchauffe et l'inflation. Beaucoup d'Etats aidèrent en outre des industries ciblées dont on pouvait attendre une croissance rapide et une demande supplémentaire en main-d'œuvre. Mais avec les chocs provoqués en 1973 et 1979 par la hausse des prix du pétrole, tout ce système s'est mis à vaciller. Dans de nombreux cas, les gouvernements ne sont plus parvenus à contrôler le déficit de l'Etat ni l'inflation. Il devint impossible de maintenir des parités fixes pour les monnaies.

Après leurs victoires électorales de 1979 en Grande-Bretagne et de 1980 aux Etats-Unis, les conservateurs ont choisi de fonder leur politique sur un dogme économico-politique radicalement différent : le "néolibéralisme" prôné par des économistes comme le conseiller de Reagan, Milton Friedman, ou le mentor de Thatcher, Friedrich August von Hayek, une théorie que l'on nomme aussi "monétarisme" dans sa version financière. Ces théoriciens ne reconnaissaient plus à l'Etat qu'un rôle de gardien de l'ordre. Plus on laisserait les coudées franches aux entreprises privées dans leurs investissements et dans leurs activités, plus la croissance serait grande et plus la prospérité profiterait à tous. C'est du moins ce qu'ils promettaient. A partir de cette hypothèse, les gouvernements occidentaux, dont une majorité défendait le libéralisme économique, menèrent dans les années quatre-vingt une sorte de combat pour la libération du capital. Ils abolirent à grande échelle les contrôles et les possibilités d'intervention de l'Etat, et forcèrent les pays partenaires indociles à suivre la même ligne en leur infligeant des sanctions commerciales ou en utilisant divers autres moyens de pression.

Dérégulation, libéralisation et privatisation : ces trois principes devinrent les instruments stratégiques de la politique économique européenne et américaine, qui fit du programme néolibéral une idéologie prescrite par l'Etat. Les extrémistes du marché qui gouvernaient à Washington et à Londres proclamèrent que la loi de l'offre et de la demande était le meilleur des principes d'ordre possibles. L'extension du libre commerce devint une fin en soi, sur laquelle on cessa de s'interroger. Avec la libération totale de la circulation internationale des devises et des capitaux, l'intervention la plus radicale jamais menée dans la constitution économique des démocraties occidentales s'imposa sans résistance notable.

On vit rapidement qui supporterait désormais le risque du marché. Dans les secteurs à fort taux d'emploi, notamment, celles qui employaient encore beaucoup de main-d'œuvre peu ou pas qualifiée, les entreprises de toutes les tailles furent confrontées à la concurrence des pays à bas salaires. En Europe de l'Ouest et aux Etats-Unis, la production de meubles, de textiles et de chaussures, de montres ou de jouets n'avait désormais de sens que si de grandes parties de la production étaient automatisées ou transférées à l'étranger. Dans le même temps, avec le Japon, un nouveau pays industrialisé entra dans la phalange des leaders du marché mondial, et, en menant une politique agressive de produits à bas prix, mit aussi sous pression les autres secteurs industriels. Le vieil Occident répondit d'abord par de nouvelles barrières douanières ou obtint par la force des accords de limitation des importations que l'on présenta comme des renoncements volontaires. Mais les tenants du libre-échange gardèrent la haute main politique et idéologique. Ils accusèrent ce type de protectionnisme d'entraver le progrès technique et imposèrent que la plupart des mesures défensives ne soient prises qu'à titre provisoire.

Abandonnons la confection de masse à fort taux d'emploi, en route vers la production high-tech et la société des services ! Cette évolution était censée guérir les blessures infligées par la concurrence internationale et l'automatisation. Cet espoir ne se réalisa jamais. Malgré une croissance persistante, dans tous les pays de l'OCDE, à l'exception du Japon, le nombre d'hommes et de femmes qui ne trouvaient plus de travail bien rémunéré ne cessait de croître.

LA PROSPÉRITÉ PAR LE LIBRE-ÉCHANGE : LA PROMESSE ROMPUE

Si les choses s'étaient déroulées conformément à la doctrine économique en vigueur, le marché du travail n'aurait jamais dû connaître une telle situation. L'échange illimité de marchandises par-delà les frontières nationales, c'est ce qu'enseignent encore aujourd'hui les apologistes du libre-échange, multiplie la prospérité des nations au profit de tous les participants. Pour étayer cette idée, professeurs et hommes politiques se réfèrent constamment à la théorie de "l'avantage comparatif des coûts" qu'a exprimée au XIXe siècle l'économiste britannique David Ricardo. A l'époque, Ricardo chercha à expliquer pourquoi l'échange international avantage aussi les pays qui sont moins productifs que leur partenaire commercial. Il prit comme exemple le commerce du vin et du drap entre l'Angleterre et le Portugal. Les deux marchandises étaient produites dans les deux pays ; les Anglais, à l'époque, devaient y consacrer plus de travail, ils étaient donc moins productifs, et leurs marchandises auraient pu être considérées comme trop onéreuses pour l'exportation. Pourtant, il pouvait être intéressant, pour le Portugal, de vendre du vin en Angleterre et d'acheter du drap anglais avec le produit de la vente. A l'inverse, l'Angleterre tirait un profit en vendant du drap au Portugal et en important du vin portugais. La cause en était le rapport de prix des deux marchandises à l'intérieur de leurs frontières nationales respectives. Car – c'est ce que calcule Ricardo dans son exemple – en Angleterre, une heure de travail dans la fabrication du drap produit la contre-valeur de 1,2 heure dans la production de vin. Au Portugal, en revanche, le rapport était de 1 à 0,8. Chez son partenaire ibérique, le vin valait donc moins, par rapport au drap, qu'en Angleterre. Il en résultait, pour les deux parties, un avantage de coût relatif, *comparatif*. Pour le Portugal, cela avait un sens d'employer plus de main-d'œuvre dans la viticulture et de ne pas fabriquer du drap ; l'Angleterre, elle, se spécialisa dans l'autre sens. Grâce au commerce, les deux peuples pouvaient au bout du compte consommer plus de vin *et* plus de drap sans devoir travailler plus.

La théorie de Ricardo est aussi simple que géniale. Elle explique pourquoi le commerce entre les nations a toujours prospéré, y compris avec les marchandises que les deux partenaires peuvent produire. Seulement voilà, elle n'a plus grand-chose à voir avec le monde actuel. Car la brillante théorie du commerce de Ricardo repose sur une supposition qui n'est plus valable depuis longtemps : les avantages de coûts comparatifs animent le commerce aussi longtemps que le capital et les entreprises privées ne sont pas mobiles, et demeurent dans le pays. Pour Ricardo, c'était encore une évidence : "L'expérience montre, écrivait-il, que l'incertitude et l'aversion qu'éprouve chaque homme à l'idée de quitter le pays de sa naissance et de se fier à un gouvernement étranger freinent l'émigration du capital[14]..."

Un siècle et demi plus tard, la supposition fondamentale de Ricardo est totalement périmée. Rien, aujourd'hui, n'est plus mobile que le capital. Les investissements internationaux dirigent désormais les flux commerciaux, des transferts de plusieurs milliards opérés à la vitesse de la lumière décident des taux de change, ainsi que du pouvoir d'achat international d'un pays et de sa monnaie. Ce ne sont plus les différences relatives de coûts qui constituent le moteur des affaires. Ce qui compte, c'est l'avantage absolu, sur tous les marchés et dans tous les pays à la fois. A chaque fois que des entreprises transnationales font produire leurs marchandises là où les salaires sont les plus faibles, là où les taxes sociales ou les frais entraînés par la protection de l'environnement ne jouent strictement aucun rôle, le niveau absolu de leurs coûts descend. Cela ne fait pas seulement baisser le prix des marchandises, mais aussi le prix de la main-d'œuvre.

La différence n'est pas un simple détail dans la dispute académique à laquelle se livrent les différentes écoles des sciences économiques. Car la chasse à l'avantage absolu a fondamentalement transformé les mécanismes d'après lesquels se développe l'économie mondiale. Plus la production et le capital devenaient disponibles sans avoir à franchir l'obstacle des frontières, plus devenaient puissantes et incontrôlables ces organisations gigantesques qui intimident et privent de leurs pouvoirs, aujourd'hui, aussi bien les gouvernements que leurs électeurs : je veux parler des multinationales. L'organisation du commerce de l'ONU, la CNUCED, a dénombré quelque 40 000 entreprises qui entretiennent des centres de production dans plus de trois Etats. Ensemble, les cent plus grandes produisent un chiffre d'affaires annuel d'environ 1,4 billion de dollars. Les multinationales effectuent aujourd'hui deux tiers du commerce mondial ; ensemble, elles réalisent près de la moitié de ces échanges au sein des réseaux propres à leur groupe[15]. C'est elles qui se trouvent au centre de la mondialisation – et la font progresser sans discontinuer. La logistique moderne et des frais de transport peu élevés leur permettent d'homogénéiser et de concentrer, sur tous les continents, les différentes étapes de la production. Des groupes bien organisés, par exemple le géant des machines et des installations Asea Brown Boveri (ABB) avec ses mille filiales dans quarante pays, peuvent, en cas de besoin, transférer en l'espace de quelques journées la production de chaque produit ou élément d'un pays à l'autre. Ce ne sont plus les différents Etats et leurs entreprises nationales qui proposent les marchandises dans le commerce mondial pour négocier ensuite ou contester la répartition du profit obtenu au sein des frontières du pays. Aujourd'hui, les prolétaires de tous les pays ne sont plus en concurrence que pour le travail qu'on leur laisse accomplir dans la production organisée au niveau mondial.

Ce processus fait éclater les règles des anciennes économies nationales : d'une part, il a accéléré jusqu'à l'absurde la succession des innovations techniques et des rationalisations. La productivité augmente plus vite que la production globale. La conséquence en est ce que l'on appelle le *jobless growth*, une croissance qui ne crée pas d'emplois supplémentaires. Par ailleurs, le rapport de forces entre le capital et le travail se transforme fondamentalement. L'internationalisme, qui fut jadis une arme dans la propagande du mouvement ouvrier contre les gouvernements bellicistes et les capitalistes, travaille désormais pour l'autre camp. Face aux employés, dont l'organisation est presque exclusivement nationale, se dresse aujourd'hui une internationale des groupes industriels qui repousse toute revendication en jouant la carte de l'expatriation. Pour les investisseurs en capitaux et les responsables des groupes, la prospérité par le libre-échange est peut-être encore une perspective réaliste. Mais pour leurs employés et leurs ouvriers, et surtout pour le nombre croissant des chômeurs, le compte n'y est plus. Et le prétendu progrès est devenu une régression.

Cette tendance est devenue une évidence, au plus tard, avec le début des années quatre-vingt-dix. C'est pourtant cette période qu'ont attendue les gouvernements non pas pour appuyer sur le frein, mais pour donner un bon coup d'accélérateur. Les Etats d'Europe de l'Ouest inaugurent alors le Marché intérieur européen. Dans le sillage des projets "Europe 1992", tous, de Lisbonne à Copenhague, éliminent la quasi-totalité des obstacles à la circulation internationale des capitaux, des marchandises et des prestations de services. Les Etats-Unis, le Canada et le Mexique répondent pour leur part en fondant la zone de libre-échange nord-américaine, l'ALENA, qui intègre pour la première fois un grand pays émergent : le Mexique, nation de cent millions d'habitants située au sud du río Grande. Dans le même temps, les Etats membres du GATT mènent à bien le dernier round des accords de baisse des tarifs douaniers : en décembre 1993, de nombreuses prestations de services sont ainsi à leur tour devenues négociables dans le monde entier.

Toutes ces mesures étaient censées déverser sur les pays participants une véritable corne d'abondance. Le rapport dit "Cecchini", une étude de plus de mille pages sur lequel la Commission de la CEE, à Bruxelles, fonda en 1988 le projet de marché intérieur, promettait ainsi six millions d'emplois nouveaux, 2 % de déficit budgétaire en moins et 4,5 % de croissance supplémentaire[16]. La fondation de l'ALENA et de l'OMC alla de pair avec des promesses du même ordre. En réalité, c'est exactement le contraire qui s'est passé. Avec l'augmentation de la concurrence, le marché intérieur a assené à l'industrie européenne un véritable "coup de fouet", pour reprendre l'expression de l'hebdomadaire *Die Zeit*, et ce traitement de choc a provoqué sur tout le continent un élan de rationalisation sans précédent. Les taux de chômage ont augmenté, tout comme les déficits budgétaires. La croissance, en revanche, a plutôt ralenti.

En Autriche, un pays qui a attendu 1995 pour faire son entrée dans le marché unique, les salariés commencent tout juste à en ressentir les conséquences. Lorsque le groupe Rewe, le géant allemand du commerce de détail, a acheté en juillet 1996 la chaîne de boutiques autrichienne Billa, c'est près de la moitié du marché national de l'alimentation qui est passé sous le contrôle d'un groupe actif dans toute l'Europe. Depuis, un tiers au moins des quelque 30 000 collaborateurs de l'industrie agricole et alimentaire autrichienne redoutent de perdre leur emploi. Les produits de cette industrie ne sont guère concurrentiels sur le marché européen ; les acheteurs employés par Rewe ne paieront aux fabricants, en Autriche, que les bas prix en vigueur dans le reste de l'Europe ou bien, comme ils en ont l'habitude, achèteront à leurs fournisseurs dans les autres pays de l'Union de meilleurs produits dans des conditions plus avantageuses.

Les Américains du Nord ont fait des expériences analogues avec l'ALENA, leur zone de libre-échange. Ils attendent toujours les bienfaits qu'on leur avait promis. Malgré tout cela, les gouvernements des Etats de l'OMC veulent encore accélérer leur intégration transnationale. Au cours de l'année 1996, trois autres traités de libre-échange se préparent : le géant chinois doit signer l'accord sur le commerce mondial, les monopoles nationaux des télécommunications doivent tomber et les pays de l'OMC doivent harmoniser au niveau bas les directives d'Etat sur les investissements des entreprises étrangères afin que les groupes puissent agir encore plus librement. Le secrétaire général de l'OMC, Renato Ruggiero, prévoit même la suppression définitive – et mondiale – de toutes les barrières douanières. Il demande aux gouvernements membres d'abandonner d'ici à 2020 tous les traités régionaux et de transformer le monde entier en zone de libre-échange – si l'on se fie à toutes les expériences faites jusqu'ici, ce projet ne pourrait qu'aggraver encore la crise de l'emploi[17]. Cela n'empêche pas la plupart des politiciens de l'économie de s'accrocher à cette idée, de Washington jusqu'à Bruxelles et Bonn.

Le piège de la mondialisation semble s'être définitivement refermé, et les gouvernements des pays les plus riches et les plus puissants du pays apparaissent comme les prisonniers d'une politique qui n'autorise plus de changement de trajectoire. Nulle part la population ne le ressent plus durement que dans le pays où est née la contre-révolution capitaliste : les Etats-Unis.

LA VICTOIRE DU BULLDOZER

Cela n'aurait pas pu se passer plus mal. Le visage pétrifié, Jack Hayes est assis dans sa cuisine étroite et tente de garder contenance. Depuis vingt-neuf ans, il travaille comme tourneur et installateur de machines chez Caterpillar, le plus grand producteur mondial d'engins du bâtiment et de bulldozers. Dans l'usine principale, la centrale du groupe à Peoria, dans l'Etat de l'Illinois, il a vécu tous les hauts et les bas de l'histoire de l'entreprise, sa "Cat", y compris les dures années quatre-vingt, lorsque la société a failli déposer son bilan. Hayes a passé d'innombrables heures, volontairement et sans salaire, pour modifier les processus de travail, pour installer les nouvelles machines assistées par ordinateur et pour former dans les halls de montage des *teams of quality* qui ont fait remonter l'entreprise au sommet. Puis, se rappelle Hayes, en 1991, lorsque l'entreprise a de nouveau connu des chiffres d'affaires records et a fait des bénéfices, la direction a déclaré la guerre au personnel. On voulait faire subir aux salaires une baisse allant jusqu'à 20 %, et rallonger de deux heures les horaires de travail. La direction ne proposa même pas de négociations. Pour Hayes et la plupart de ses collègues, qui avaient passé une partie de leur vie dans l'entreprise, la situation était inadmissible : avec leur syndicat, l'United Auto Workers (UAW), ils ont lancé la grève dans tous les sièges américains du groupe. Cela paraissait parfaitement légitime. Ils avaient le droit et la morale de leur côté : pourquoi le personnel n'aurait-il pas participé à la hausse des profits ?

Quatre ans plus tard, Hayes ne connaît toujours pas la réponse à cette question. A plusieurs reprises, et en dernier lieu pendant plus de dix-huit mois, les ouvriers syndiqués de Cat ont fait grève, tantôt à l'intérieur, tantôt à l'extérieur des ateliers. Ce qui avait commencé comme une grève normale contre une direction d'entreprise prise de démence devint le conflit du travail le plus long et le plus dur de l'histoire américaine de l'après-guerre ; il coûta au syndicat au moins trois cents millions de dollars d'indemnités pour ses membres – et tout cela en vain[18]. Le 3 décembre 1995, un dimanche soir, le secrétaire de l'UAW, Richard Atwood, tira les conclusions de cette affaire devant Hayes et ses compagnons de lutte : "Les seules personnes auxquelles la grève ait réellement nui, ce sont nos membres fidèles." On n'avait pas pu atteindre Caterpillar, expliqua-t-il : les grévistes devaient reprendre le travail. Quelques jours plus tard, Hayes a déjà accompli quelques services horaires – aux nouvelles conditions. Mais il ne comprend pas comment on a pu en arriver là. "Jamais, dit-il en secouant la tête, jamais je n'aurais cru que l'entreprise nous traiterait aussi mal".

L'entreprise, c'est Donald Fites, l'homme qui a repris la présidence du conseil d'administration chez Caterpillar en 1991 et auquel la *business community* américaine réserve depuis des éloges exceptionnels. Car Fites a montré comment on peut mettre un terme définitif au pouvoir des syndicats. Ce qui est encore difficilement concevable dans la plupart des pays industrialisés le bulldozer parmi les chefs d'entreprise américains a pu le prouver : même si elles durent des années, même si elles sont accompagnées de campagnes et de manifestations nationales, les grèves ne peuvent plus forcer une entreprise à augmenter les salaires. Pour un groupe doté d'une organisation mondiale, elles offrent au contraire une occasion bienvenue d'économiser sur les coûts salariaux et d'augmenter les bénéfices de l'entreprise, pour peu que la direction agisse avec suffisamment de détermination.

Jusqu'au début des années quatre-vingt, la chose aurait encore été inconcevable. Caterpillar était une entreprise américaine classique dans laquelle on avait organisé une longue chaîne de fabrication – depuis la production de vis jusqu'au montage final dans ses propres ateliers. Les filiales étrangères, tout autour du globe, fonctionnaient de la même manière. Mais à partir de 1981, le concurrent japonais, Komatsu, commença à envahir le marché américain en pratiquant le dumping. La sous-évaluation extrême du yen par rapport au dollar, activement soutenue par la banque centrale du Japon, facilita beaucoup l'offensive de ses exportations. Les comptes de Caterpillar virèrent au rouge, et la direction du groupe entreprit une transformation radicale de la production. Les gestionnaires se mirent à acheter un nombre toujours plus important d'éléments et de groupes de composants à de plus petits fournisseurs, qui avaient souvent été fondés spécialement à cette fin. En règle générale, le personnel de ces nouvelles firmes était jeune et bon marché : beaucoup d'entre elles s'installèrent dans les Etats ruraux du Sud, où les syndicats ne sont pas en mesure de s'organiser. Dans le même temps, la direction de Cat intégra les ateliers situés à l'étranger dans le processus de fabrication et investit 1,8 milliard de dollars dans l'automatisation des ateliers américains. Les syndicalistes jouèrent le jeu : il fallait bien que l'entreprise recommence à faire des bénéfices. L'UAW passa même des accords de coopération spéciaux pour augmenter la productivité, et elle accepta sans résistance la fermeture de nombreuses fabriques. La composition du personnel se transforma. En 1979, environ 100 000 personnes travaillaient dans le groupe, dont presque la moitié étaient membres de l'UAW. Huit ans plus tard, Caterpillar n'employait plus que 65 000 Américains, et un quart seulement de ses collaborateurs avaient leur carte du syndicat. En revanche, la direction de l'entreprise annonçait que ses machines-outils avaient conquis de nouvelles parts de marché, et que les profits n'avaient jamais été aussi importants.

Alors vint l'heure de Fites. Au Japon et au Mexique, on paie des salaires moins élevés qu'à Peoria, expliqua-t-il à son personnel. Dès lors, les nouvelles embauches ne se feraient plus qu'en dessous du tarif conventionnel ; quant aux ouvriers déjà en place, ils devraient se contenter de ce qu'ils avaient. Il n'y aurait plus de hausses des salaires réels. Lorsque l'UAW appela à la grève, Fites contra en menaçant de remplacer tous les grévistes par de nouveaux employés. Aux Etats-Unis comme chez nous, le droit du travail interdit le licenciement en cas de grève ; mais il n'empêche pas l'embauche de briseurs de grève. Dans les premières années, les syndicalistes n'avaient rien à craindre : il n'existait pas suffisamment de personnel spécialisé disponible pour assurer la production à leur place. Mais la récession, la rationalisation et les importations à bon marché venues d'outremer ont mis au chômage une armée d'ouvriers spécialisés qui ne demandent qu'à se faire embaucher. En outre, l'automatisation a réduit au minimum le nombre des travaux complexes. Il fallait donc prendre au sérieux la menace du patron de Cat.

Les United Auto Workers tentèrent donc de paralyser la production de l'intérieur, en faisant la grève du zèle. Mais Fites renvoya sans hésiter tous les permanents des syndicats de ses entreprises. Les ouvriers furieux arrêtèrent de nouveau le travail, cette fois certains de leur victoire : de tels licenciements étaient illégaux. Selon le droit, Fites n'était pas non plus autorisé à briser cette grève-là en faisant appel à une main-d'œuvre extérieure. C'est alors que Fites tenta son coup le plus audacieux : il envoya les employés de bureau, les ingénieurs, tout l'encadrement de moyen et de bas niveau, et surtout les quelque 5 000 ouvriers à temps partiel du groupe dans les halles de montage. Dans le même temps, il passa autant de commandes que possible auprès des filiales à l'étranger – et il arriva à ses fins. Tandis que les piquets de grève restaient des mois durant devant les portes de l'entreprise, le groupe augmentait même la production et les ventes. Lorsque les grévistes finirent par capituler, Fites leur imposa des conditions de travail que l'on n'avait plus vues depuis des décennies. Depuis, chez Caterpillar, on doit travailler douze heures par jour en cas de besoin, y compris le week-end, et sans supplément. Fites, triomphal, fit savoir que la réorganisation menée pendant la grève avait fait apparaître d'immenses réserves de productivité. On pourrait, annonça-t-il, économiser 2 000 emplois supplémentaires[19].

La guerre menée par Fites contre ses ouvriers fut spectaculaire, les résultats ne le sont pas. Ce que l'on a obtenu par la force brutale chez Caterpillar, la plupart des autres grandes entreprises américaines l'ont imposé elles aussi en utilisant des méthodes plus subtiles. Après que les concurrents japonais, mais aussi européens, se furent introduits sur le marché américain des biens de consommation de haute valeur, comme les automobiles et l'électronique de divertissement, rien ne fut plus comme avant dans l'économie américaine. Pour augmenter la productivité et faire baisser les coûts, les groupes ne connaissaient plus qu'une seule stratégie : rationalisation et baisse des salaires. *Downsizing* (réduction), *outsourcing* (délocalisation) et *re-engineering* (réorganisation) : ainsi se nomment les méthodes auxquelles chaque Américain fut bientôt confronté. Le résultat paraît justifier les sacrifices. Dix ans après les grandes ruptures, l'Amérique possède désormais "l'économie la plus productive du monde", comme l'a annoncé le magazine économique américain *Business Week* à l'automne 1995[20]. Et le gouvernement, lui aussi, exulte. L'économie américaine va "mieux que jamais depuis trente ans" : c'est ce qu'a répété le président Clinton, en 1996, pendant toute sa deuxième campagne présidentielle. Il s'appuyait sur les statistiques du marché du travail : au bout du compte, on avait créé plus d'emplois qu'on n'en avait perdu – pendant les quatre années où il avait exercé ses fonctions, le chiffre des créations d'emplois s'était élevé à dix millions, soit 210 000 par mois. A 5,3 % le taux de chômage était selon lui plus bas que dans tous les autres pays de l'OCDE[21].

C'est vrai, l'Amérique a repris la première place. Mais ses citoyens en paient la facture, et elle est lourde. Car le pays le plus productif et le plus riche du monde est devenu, dans le même temps, le plus grand pays à bas salaires de l'économie mondiale. Les "avantages du site" de l'Amérique ne sont plus aujourd'hui son grand marché intérieur ou ses scientifiques brillants, mais sa main-d'œuvre à bon marché. Cette compétition acharnée a valu à plus de la moitié de la population de vivre le nouveau cauchemar américain : une descente sans fin. En 1995, quatre cinquièmes de tous les employés et ouvriers masculins aux Etats-Unis gagnaient, en termes réels, 11 % de moins par heure de travail qu'en 1973[22]. Cela signifie que depuis deux décennies, pour la très grande majorité, le niveau de vie réel est en baisse.

Jadis, John F. Kennedy, qui fut président dans les années d'or, les années soixante, avait pu résumer en une formule simple l'espoir d'un accroissement de la prospérité de masse : "Lorsque le niveau des eaux monte, tous les navires qui s'y trouvent montent aussi." Mais la vague de libéralisation et de dérégulation qui a déferlé pendant l'ère Reagan a produit une forme d'économie à laquelle cette métaphore ne s'applique plus. Entre 1973 et 1995, le produit intérieur brut par tête de la population américaine a certes augmenté d'un tiers en termes nominaux. Mais dans le même temps, pour tous les employés sans fonctions dirigeantes, c'est-à-dire pour près des trois quarts de la population active, les salaires bruts moyens ont diminué de 19 % – pour atteindre seulement 258 dollars, environ 1 300 francs, par semaine[23]. Et ce ne sont que des valeurs statistiques moyennes. Pour le tiers inférieur de la pyramide des revenus, la diminution du salaire a été encore plus dramatique : cette part de la population, qui représente des millions de personnes, touche même des salaires inférieurs de 25 % à ce qu'elle percevait il y a vingt ans.

Malgré tout, la société américaine, globalement, n'est pas du tout plus pauvre que jadis. Les citoyens américains n'avaient jamais eu de fortunes et de revenus plus importants qu'aujourd'hui. Seules les statistiques montrent que toute la croissance ne profite qu'au cinquième supérieur de la population, soit à environ 20 millions de foyers. Et même au sein de ce groupe, les gains sont répartis d'une manière extrêmement inégale. 1 % des foyers, les plus riches, ont doublé leurs revenus depuis 1980, et ceux que l'on appelle les "dix mille du haut de l'échelle", qui représentent un demi-million de super-riches, possèdent aujourd'hui un tiers de tout le patrimoine privé aux Etats-Unis. La transformation complète de l'économie américaine a manifestement profité aussi aux cadres supérieurs des grandes entreprises : en moyenne, leurs revenus déjà élevés ont augmenté de 66 % net depuis 1979. En 1980, déjà, ils touchaient à peu près quarante fois plus que leurs simples employés. Aujourd'hui, la proportion est de un pour cent vingt. Ce chiffre tient compte de salaires comme celui d'Anthony O'Reilly, directeur du géant alimentaire Heintz, qui gagne plus de 80 millions de dollars par an, soit un peu moins de 40 000 dollars de l'heure.

La plupart des dirigeants ont été et sont encore rémunérés pour faire baisser par tous les moyens le coût du travail. Le chemin le plus simple a été emprunté par l'industrie *low tech* des vêtements, des chaussures, des jouets et de l'électroménager. Dans ces secteurs, la plus grande partie de la confection a disparu du *God's own country.* Les producteurs sont devenus des importateurs qui font leurs achats en Asie ou gèrent eux-mêmes leurs propres lieux de production à l'étranger. Des leaders du marché mondial, comme le groupe de chaussures de sports Nike ou le géant du jouet Martel n'ont même plus aujourd'hui d'usines sous leur propre régie. Ils se contentent de passer des commandes de production à des fabricants variables, depuis l'Indonésie jusqu'au Mexique ou même aux USA en passant par la Pologne, en fonction du lieu où les coûts sont le plus bas. Derrière la seule frontière mexicaine, les entreprises américaines emploient près d'un million de personnes à des salaires de famine de moins de cinq dollars par jour, dans ce que l'on appelle les *maquilladoras.* Là-bas, les prestations sociales comme l'assurance maladie ou les fonds de pension sont inconnues. Ce phénomène a d'abord touché ce que l'on a appelé les ouvriers *blue-collar,* la main-d'œuvre non qualifiée et les ouvriers à la chaîne dans la production de masse. Pendant les années quatre-vingt, se rappelle Joseph White, économiste à la Brookings Institution, politiquement neutre, "il n'existait pas un seul permanent syndical auquel on n'ait pas dit, devant une table de négociations, que les emplois de ses collaborateurs partiraient pour le Mexique s'il en demandait trop".

La *Corporate America* ne voulait de toute façon plus rien avoir à faire avec les syndicats. Les directions développèrent sous forme transversale, entre toutes les branches, des stratégies qui leur permirent d'empêcher leurs collaborateurs de défendre leurs intérêts. C'est le président Ronald Reagan lui-même qui donna le signal du départ. En 1980, il fit renvoyer d'un seul coup tous les syndicalistes de la Sécurité aérienne, qui était pourtant un organisme d'Etat. Par la suite, le gouvernement et le Congrès assouplirent à plusieurs reprises le droit du travail, si bien que les directeurs et les cadres des groupes purent donner aux relations de travail un tour radical qu'elles n'avaient jamais connu depuis la fin de la guerre. On peut tout à fait affirmer, écrit Lester Thurow, économiste au Massachusetts Institut of Technology (MIT), que les capitalistes américains "ont déclaré la guerre des classes à leurs ouvriers – et qu'ils l'ont gagnée[24]".

La décentralisation de secteurs entiers de l'administration et de la production est devenue le principal instrument de la direction d'entreprise. Dans des domaines comme la comptabilité salariale, la maintenance informatique, la technique des bâtiments ou le calcul des impôts, on a licencié un nombre incalculable de salariés. On les a informés que leur travail serait désormais assumé par un sous-traitant. Beaucoup se sont retrouvés un peu plus tard collaborateurs de ce type d'entreprise, mais avec des salaires incomparablement plus bas, sans caisse maladie ni caisse de retraite, et, presque partout, avec l'obligation de ne pas adhérer à un syndicat.

Un autre modèle apprécié est la transformation d'employés en travailleurs indépendants. Des millions d'anciens salariés accomplissent aujourd'hui comme experts en informatique, spécialistes du marketing ou chargés de clientèle le même travail que jadis. Mais ils sont payés à la pièce ou au contrat, en fonction des besoins : ils sont donc seuls à assumer le risque du marché. Au même rythme que ces indépendances fallacieuses, on a aussi vu augmenter très rapidement le nombre des employés à temps partiel et des travailleurs intérimaires. Parallèlement à la fabrication en flux tendus, la production sur commande et sans frais de stockage, les entreprises ont aussi inventé les ouvriers à flux tendus, les employés révocables à merci, ceux que, dans des temps révolus, on appelait tout simplement les travailleurs journaliers. Plus de cinq millions de citoyens américains gagnent leur vie, sans l'avoir choisi, dans des emplois incertains de ce type. Certains travaillent pour deux ou trois entreprises à la fois. Tantôt à l'intérieur, tantôt à l'extérieur de l'entreprise, les managers disposent ainsi de réserves de capacité gratuites auxquelles ils peuvent faire appel en fonction de la situation du marché. Aujourd'hui, le plus grand employeur des USA ne s'appelle donc plus General Motors, AT&T ou IBM : c'est Manpower, l'entreprise de travail intérimaire, qui tient la première place incontestée dans les statistiques.

La mutation a touché la quasi-totalité du monde du travail. Entre 1979 et 1995, 43 millions de personnes ont perdu leur emploi[25]. La plupart d'entre elles en ont retrouvé un rapidement. Mais dans deux tiers des cas, elles ont dû se contenter de salaires bien inférieurs et de conditions de travail plus mauvaises. Les entreprises, surtout les grandes, ont subi des cures d'amaigrissement, et le travail s'est réparti sur une quantité d'unités séparées tant dans l'espace que dans leur forme juridique. Mais avec l'éparpillement de l'organisation du travail, la base structurelle des syndicats s'est elle aussi effondrée – comme chez Caterpillar. En 1980, 20 % des employés et ouvriers adhéraient encore à un syndicat, ils ne sont plus que 10 % aujourd'hui : une baisse de moitié. A eux seuls, les United Auto Workers ont perdu plus d'un demi-million de membres.

A l'abri de tout contre-pouvoir et de tout contrôle de l'Etat, un principe s'est ainsi imposé pas à pas dans l'économie américaine, et imprègne aujourd'hui la société américaine tout entière : *"The winner takes all"*, le vainqueur ramasse tout. C'est ainsi que les deux économistes Phillip Cook et Robert Frank ont résumé le schéma selon lequel la plupart des entreprises sont organisées aujourd'hui[26]. On a résilié sans préavis un contrat social qui a longtemps été tout naturel. Jadis, lorsque IBM, General Motors ou n'importe quelle autre entreprise prospérait, leurs employés en profitaient. Cela n'est plus vrai aujourd'hui. Au début des années quatre-vingt, estime William Dickens, de la Brookings Institution, la plupart des grandes entreprises américaines partageaient environ 70 % de leurs bénéfices mobilisables avec leurs employés[27]. Ce sont précisément les grands groupes qui payaient à leurs employés des salaires supérieurs à ceux que l'on proposait en moyenne pour des emplois comparables sur le marché du travail. Dans le même temps, il était courant que les branches plus rentables des entreprises subventionnent les moins rentables. Du moment que l'ensemble de l'entreprise pouvait afficher des chiffres positifs, chaque secteur n'était pas obligé de réaliser les plus grands rendements possibles. Mais l'économie financière déréglementée a transformé cette force sociale en faiblesse du management. Des courtiers financiers rusés travaillant dans les banques d'investissement de Wall Street ont été les premiers à découvrir de telles "inefficiences", mettant ainsi au jour l'eldorado des spéculateurs des années quatre-vingt. Leur tactique consistait à lancer, à crédit, des offres d'achat hostiles de sociétés anonymes qu'ils rejetaient ensuite sur le marché en pièces détachées, débarrassées de toute main-d'œuvre surnuméraire ou surpayée, avant d'encaisser les bénéfices. Cette stratégie des *jobkillers* est devenue célèbre grâce à Hollywood avec le film *Wall Street*, dans lequel un courtier financier sans scrupule, Gordon Gekko, démantèle une société aérienne au détriment du personnel ; elle a ensuite fait carrière dans le monde entier.

Pour éviter ce genre de rachats hostiles, la plupart des chefs d'entreprise se sont rapidement transformés en acteurs du réaménagement, et personne n'a été épargné. IBM, par exemple, est allé jusqu'à transformer en entrepreneurs indépendants les chauffeurs du parc automobile jadis attachés à l'entreprise, et a divisé par deux le salaire des secrétaires de direction. Dans de nombreux cas, on a soumis aux collaborateurs de différentes divisions l'offre que l'on a faite aux 14 000 employés d'IBM France aux environs de Noël, en 1994 : sommés de choisir entre des réductions de salaires ou deux mille licenciements, ils ont renoncé volontairement à un dixième de leur salaire. Entre 1991 et 1995, IBM a ainsi réduit ses frais salariaux d'un tiers, et a privé 122 000 personnes de leur emploi. Dans le même temps, le conseil d'administration récompensait pour leurs mérites les exécuteurs du *downsizing*, les cinq membres du directoire, en leur versant des primes (indépendantes de leur salaires) de 5,8 millions de dollars par tête[28]. Chez IBM comme partout ailleurs, le message est sans ambiguïté : le seul critère à considérer pour évaluer le succès d'une entreprise est la *shareholder value*, le bénéfice des actionnaires. Dans le cas d'IBM, le cours et les dividendes battent tous leurs records précédents depuis 1995. Cette logique explique pourquoi même les collaborateurs d'entreprises qui enregistrent de véritables bénéfices peuvent désormais redouter les licenciements.

LA PEUR DE L'INÉGALITÉ

Ainsi, toujours plus d'entreprises renversent le principe qui, jadis, avait donné sa vitalité au capitalisme américain et l'avait aidé à mener sa marche triomphale tout autour du monde : la promesse faite par Henry Ford. Lorsque ce capitaliste des premiers temps doubla purement et simplement le salaire journalier de ses collaborateurs en le faisant passer à cinq dollars, le *Wall Street Journal* dénonça son acte comme un "crime économique". Mais Ford avait seulement découvert la logique de la future économie nationale de croissance. S'il voulait que ses voitures deviennent des biens de consommation pour tous, les clients potentiels devaient gagner suffisamment d'argent pour pouvoir s'offrir les nouveaux produits. Il payait donc à ses collaborateurs, en trois mois, une somme représentant le coût de l'un de ses modèles "T". Aujourd'hui, beaucoup des ouvriers des groupes automobiles n'atteignent plus ce rapport, surtout s'ils sont employés au Mexique, en Asie du Sud-Est ou dans les Etats du Sud américain. La chute des frontières commerciales nationales et l'écrasement des syndicats ont "fait tomber toutes les barrières morales", déplore Robert Reich, économiste réputé et jusqu'en 1996 ministre du Travail du gouvernement Clinton. Comme les entreprises vendent dans le monde entier, "leur survie ne dépend plus du pouvoir d'achat de la classe ouvrière américaine", qui devient de plus en plus une "classe de l'angoisse[29]".

Thurow, économiste au MIT, estime donc que les statistiques officielles du chômage publiées par les autorités américaines sont dans le meilleur des cas trompeuses, et ne représentent pas beaucoup plus que de la propagande. Aux sept millions de demandeurs d'emploi officiellement recensés en 1995 par le ministère du Travail en se fondant exclusivement sur des sondages, il faudrait en ajouter six autres qui ont besoin de travail mais ont cessé d'en chercher. Il existe en outre à peu près 4,5 millions d'actifs qui travaillent, malgré eux, à temps partiel. Si l'on assemble ces trois groupes, le travail véritable manque en fait déjà pour 14 % de la population active. Et la légion des sous-employés monte à 28 % si l'on compte les groupes qui ne travaillent que par phases : 10,1 millions de travailleurs à durée déterminée et d'employés sur des postes précaires, ainsi que 8,3 millions de personnes à leur compte, des spécialistes disposant le plus souvent d'une formation universitaire, mais qui n'ont que rarement un nombre de commandes suffisant[30]. La répartition des revenus correspond à cette réalité. Un cinquième des personnes ayant un emploi travaille déjà pour des salaires situés en dessous du seuil officiel de la pauvreté, a annoncé l'OIT, l'organisation du travail de l'ONU. Les *working poors,* les pauvres qui travaillent, sont devenus une catégorie courante de la sociologie américaine. Dans le même temps, les employés doivent aujourd'hui, en moyenne, travailler plus longtemps aux Etats-Unis que leurs collègues dans la plupart des pays de l'OCDE, ce sont eux qui jouissent de la moindre protection, eux encore qui doivent le plus souvent changer d'emploi et de domicile.

Ainsi, le "miracle de l'emploi en Amérique" dont se rengorgent beaucoup d'économistes européens est devenu pour les personnes concernées une malédiction. "Un taux de chômage peu élevé ne signifie pas grand-chose, a écrit le *New York Times,* pourtant favorable à Wall Street, lorsqu'on licencie un ouvrier d'usine qui gagne quinze dollars de l'heure et ne gagnera plus que la moitié dans son emploi suivant." Le magazine d'information américain *Newsweek* a qualifié la nouvelle compétitivité de l'Amérique de "capitalisme tueur". L'extrême inégalité de la répartition de la richesse n'a pourtant rien d'une nouveauté historique en Amérique. C'est tout de même la recherche de la liberté économique qui a mené à la fondation des Etats-Unis. Les Américains ont toujours offert toutes les richesses à leurs entrepreneurs à succès ; mais la plupart des autres en retiraient tout de même quelque chose au bout du compte. Avant 1970, l'histoire des Etats-Unis ne connaît pas de période durable dans laquelle la grande majorité de la population ait été forcée d'accepter encore des pertes tandis qu'une minorité multipliait son patrimoine et ses revenus.

Ce déclin a des conséquences dévastatrices pour l'ensemble de la vie sociale ; il menace en outre de plus en plus la stabilité politique. Des Américains de plus en plus nombreux, y compris membres de l'élite blanche et riche, considèrent donc que l'on s'est fourvoyé. Edward Luttwak, par exemple, économiste au Center for Strategic and International Studies, l'une des usines à penser conservatrices de Washington, a quitté son rôle de soldat de la guerre froide pour devenir le critique le plus acéré du néolibéralisme économique. Selon lui, le "turbo-capitalisme" qu'il a engendré est une "mauvaise plaisanterie : ce que les marxistes affirmaient il y a cent ans, et qui était à l'époque absolument faux, devient aujourd'hui une réalité. Les capitalistes deviennent de plus en plus riches tandis que la classe ouvrière se paupérise." La compétition globalisée "fait passer les gens à la moulinette" et détruit la cohésion sociale, affirme Luttwak[31].

Mais les dissidents de l'économie, comme Thurow, Reich et Luttwak, ne sont pas les seuls à changer d'opinion. Des hommes de terrain, dans l'économie comme dans la politique, doutent de plus en plus de la justesse des théories économiques orthodoxes et se demandent si la politique ne s'est pas déjà trop retirée de l'économie. Le sénateur républicain Conni Mack, par exemple, président de la commission économique au Sénat des Etats-Unis, a lui-même lancé beaucoup de lois allant dans ce sens. Mais au début de l'année 1996, Mack a reconnu que "les Américains qui travaillent dur sont à juste titre emplis de scepticisme", qu'ils "sentent que quelque chose ne tourne pas rond[32]". Alan Greenspan, le directeur de la banque centrale américaine, la Federal Reserve, a toujours condamné la politique de redistribution sociale de l'Etat. Cela ne l'a pas empêché de lancer une mise en garde pendant une audition au parlement : l'inégalité croissante, a-t-il dit, est devenue "une menace significative sur notre société[33]". Un retournement spectaculaire a été celui de Stephan Roach, économiste en chef chez Morgan-Stanley, la quatrième plus grande banque d'investissement à New York. Depuis près d'une décennie, avec ses livres et ses études scientifiques, Roach s'était fait un nom comme stratège du management. Dans les débats télévisés, dans les universités, devant le Congrès et dans les séminaires pour gestionnaires triés sur le volet, il a toujours recommandé la délocalisation systématique du travail et une simplification radicale de l'organisation des entreprises. Mais le jeudi 16 mai 1996, tous les clients de sa banque occupant des postes de responsables d'entreprise ont reçu une lettre dans laquelle Roach abjurait publiquement, comme ne le font d'ordinaire que les réformateurs de l'Eglise catholique. "Pendant des années, j'ai vanté la vertu de la hausse de la productivité, écrivait-il, mais je dois confesser que j'ai aujourd'hui une idée toute différente lorsqu'on me demande si cela nous a vraiment menés à la Terre promise." La refonte de l'économie américaine revient selon lui au principe de "l'écobuage" pratiqué par les paysans primitifs qui, pour obtenir des profits à court terme, détruisent le sol qui les fait vivre, expliqua Roach à ses lecteurs stupéfaits. La stratégie du *downsizing* et du *lean management* relève selon lui du même principe. Si les chefs d'entreprise du pays ne prennent pas rapidement un autre chemin, s'ils ne reconstituent pas leur main-d'œuvre au lieu de la déqualifier, l'Amérique manquera de ressources pour pouvoir garder sa place sur le marché mondial. Roach l'affirme : "La main-d'œuvre ne peut pas être ainsi compressée éternellement. Le démantèlement sans fin du travail et des salaires est au bout du compte un concept qui mène à l'élimination de notre industrie[34]."

A la mi-janvier 1997, le spéculateur et milliardaire George Soros a fait parler de lui dans le monde entier lorsqu'il s'est livré à une critique fondamentale du néolibéralisme, en dénonçant "l'individualisme et la compétition excessifs[34a]". "S'il existe encore une croyance dans notre société, c'est bien la foi dans le marché." Dans l'esprit d'un capitalisme du laisser-faire, on sert mieux le bien commun lorsque l'on se consacre sans limites à ses propres intérêts", estime Soros, pour en venir à cette conclusion : "Si nous ne révisons pas cette conception, si nous ne plaçons pas le bien commun au-dessus de nos intérêts personnels, notre système risque de s'effondrer." "L'idéologie du laisser-faire, selon Soros, est tout autant une perversion des vérités scientifiques que le marxisme." Au bout du compte, "le danger que fait peser un libéralisme exagéré est actuellement supérieur à la menace qui émane des idéologies totalitaires".

Lorsqu'il s'agit de savoir comment le changement de trajectoire, ce passage du démantèlement à la reconstitution, peut se produire, il est vrai que même des Cassandre comme Roach, Mack ou Reich n'ont pas grand-chose de plus à offrir qu'un appel aux managers de haut niveau afin qu'ils tiennent compte des conséquences sociales et des effets à long terme de leurs actes. Mais on a ouvert la boîte de Pandore. "La triste vérité, écrivait le *Financial Times* pour commenter la sortie de Roach, c'est que le *downsizing* est payant pour les actionnaires et les gestionnaires d'entreprises. Wall Street préfère désormais économiser un dollar sur les coûts plutôt que gagner un dollar de plus." C'est ce qu'ont montré les courtiers en actions à la bourse de New York, le lendemain de l'envoi de cette spectaculaire circulaire par l'économiste de l'institut Morgan-Stanley. La direction du groupe alimentaire ConAgra a fait savoir qu'elle licencierait au cours de l'année 6 500 collaborateurs supplémentaires, et qu'elle fermerait 29 usines. A elle seule, cette nouvelle a fait monter si haut le cours de l'action ConAgra que la valeur en bourse de l'entreprise a augmenté d'environ 500 millions de dollars en l'espace de vingt-quatre heures[35]. Ainsi, le couplage rapide entre le marché financier et les managers de pointe appâtés par les stock-options impose la poursuite de cette course impitoyable à l'efficience et au travail à moindre coût. Mais même si l'on parvenait à rejeter le diktat des chasseurs de bénéfices à court terme aux Etats-Unis, que ce soit par la loi ou par un changement de mentalité chez les investisseurs locaux, on aurait de toute façon toutes les peines à revenir sur la perte de salaire et de pouvoir d'achat subie par la population active américaine. Car tandis que l'élite américaine se réveille et réfléchit à des solutions alternatives, la transnationale des grands groupes a mis en route dans d'autres pays industrialisés de l'OCDE la même compétition qu'aux Etats-Unis. D'une manière apparemment inéluctable, l'Europe et les pays avancés de l'Asie sont à leur tour pris dans le siphon de *l'american way of capitalism*, et le tourbillon qui entraîne vers le bas l'emploi et les salaires continue à tourner. Souvent, la concurrence immédiate sur les marchés des produits n'est plus que la cause indirecte de ce processus. Un autre mécanisme intervient plus rapidement : le réseau transnational.

"QU'EST-CE QUI EST ENCORE ALLEMAND CHEZ HOECHST ?"

Le changement dans l'industrie automobile illustre le rythme suffocant de l'intégration globale. Le dégraissage du personnel des usines, la *lean production* des années quatre-vingt, n'était qu'un début. Elle a transféré aux sous-traitants une partie de la production et cette fraction n'a cessé d'augmenter : aujourd'hui, ils livrent des modules complets et montés, comme les essieux, la climatisation ou les tableaux de bord. Les usines automobiles américaines les plus récentes n'abritent plus qu'un tiers de la fabrication : le reste est assuré par les sous-traitants qui, de leur côté, poussés par leurs commanditaires à baisser les prix, "rationalisent" en permanence. La tournure qu'a prise tout récemment cette course à la productivité a révélé à quel point le travail se simplifiait et s'imbriquait, par-delà toutes les frontières – celles des Etats, mais aussi celles des entreprises.

Les voitures allemandes n'existent plus que dans les catégories de luxe. La nouvelle Polo de Volkswagen est certes montée à Wolfsburg, mais la moitié de ses pièces vient de l'étranger. La liste des pays fournisseurs va de la République tchèque au Mexique et aux Etats-Unis en passant par l'Italie, l'Espagne et la France[36]. Toyota produit déjà plus outre-Océan qu'au Japon, et à l'inverse, l'industrie automobile américaine s'effondrerait s'il lui fallait renoncer aux livraisons des fabricants japonais[37]. Mais même le remplacement de la désignation d'origine *Made in Germany* par *Made by Mercedes* ou *Made by Ford* est trompeur. Si acharnée que soit la concurrence, les constructeurs ont découvert depuis longtemps qu'ils pouvaient économiser beaucoup d'argent s'ils produisaient ensemble les pièces de détail, communes à tous les groupes. Jadis, on comptait cent alternateurs différents dans les voitures allemandes. Aujourd'hui, toutes marques confondues, on n'en trouve plus qu'une bonne douzaine. L'unification ne s'arrête même pas devant la motorisation, voire devant la totalité du véhicule. Des Volvo roulent avec des moteurs diesels de chez Audi fabriqués en Hongrie. Mercedes achète chez Volkswagen le six cylindres du nouveau minivan Viano, et même l'éminente marque Rolls Royce installe des moteurs BMW dans ses limousines traditionnelles.

Dans le même temps, les groupes ne cessent de conclure des alliances, de monter des joint ventures et d'organiser des fusions qui poussent au maximum le gain d'efficacité. Outre Audi, Volkswagen a aussi englouti le groupe espagnol Seat et le leader du marché en Europe de l'Est, Skoda. BMW a acheté le plus grand groupe automobile britannique, Rover, et Ford a repris la direction chez Mazda, le quatrième plus grand producteur automobile japonais. Avec le groupe Volkswagen, Ford gère au sud de Lisbonne une usine où l'on produit deux monospaces identiques, mais diffusés sous deux noms différents. Chez Ford, la voiture s'appelle Galaxy, tandis que Volkswagen la commercialise sous le nom de Sharan. Fiat, Peugeot et Citroën font la même chose. Renault et l'entreprise sud-coréenne Hyundai Motor Co produiront, en collaboration avec trois entreprises malaises, des véhicules de livraison et de petits poids lourds en Malaisie. Citroën y produit déjà des véhicules légers et des motos, en collaboration avec les entreprises japonaises Mitsubishi, Daihatsu et Kawasaki. Chrysler, pour sa part, se fait fabriquer en Thaïlande, par Mitsubishi, de petites voitures diffusées aux Etats-Unis sous étiquette américaine, tandis qu'aux Pays-Bas, Mitsubishi produit en commun avec Volvo.

L'industrie automobile tisse ainsi un réseau complexe et mondial dont la mobilité et la flexibilité sont dignes de ses produits. Les véritables producteurs ne sont plus qu'un facteur de coût, des figurines dépourvues de droits, que l'on peut à tout instant mettre sur la touche. En juillet 1996, les présidents de Renault et de PSA, Louis Schweitzer et Jacques Calvet, ont demandé aide et soutien au premier ministre, Alain Juppé : ils se sont plaints de la pyramide des âges dans leurs entreprises et ont demandé à pouvoir envoyer à la retraite 40 000 travailleurs de plus de cinquante ans. On pourrait ainsi, selon eux, laisser la place à 14 000 jeunes qui permettraient, à la fin du siècle, de faire face à la concurrence étrangère. L'Etat français, s'il finançait ces opérations, devrait débourser trente milliards de francs, et le plan social qui doit accompagner les licenciements de salariés âgés de cinquante à cinquante-sept ans risquerait d'être suspendu. La seule branche automobile allemande a perdu plus de 300 000 emplois entre 1991 et 1995. Dans l'industrie automobile française, ce sont au total 85 000 emplois qui ont été perdus. En Allemagne comme en France, le nombre des véhicules produits chaque année est resté constant. Nul ne peut prévoir quand cette tendance s'arrêtera. "Nous prévoyons d'augmenter l'efficience *chaque année* de six à sept pour cent jusqu'en l'an 2000, promet le directeur de Ford Europe, Albert Caspers. Aujourd'hui, nous avons encore besoin de vingt-cinq heures pour produire une Escort. D'ici à l'an 2000, il ne nous faudra plus que dix-sept heures et demie." Plus de voitures, moins de travail : c'est aussi la devise chez Volkswagen. En l'espace de quatre ans, la productivité doit augmenter de 30 %, a annoncé le directeur financier Bruno Adelt. Chaque année, ce sont ainsi entre 7 000 et 8 000 emplois qui disparaîtront chez Volkswagen. Dans le même temps, c'est ce que promet la direction de VW à ses actionnaires, les ratios sur le chiffre d'affaires seront multipliés par cinq[38].

Les pertes d'emploi provoquées par ces intégrations transnationales sont dangereuses. Mais il y a un phénomène qui pèse encore plus lourd dans la balance : le fait que les anciennes stratégies de compensation jadis mises en œuvre par la politique sociale et économique nationale soient neutralisées. Jusqu'aux années quatre-vingt-dix, les nations économiques dominantes suivaient encore des chemins d'évolution différents. Le Japon cultivait le principe de l'emploi à vie. Les sacrifices rendus nécessaires par l'adaptation étaient répartis également. La sécurité sociale collective passait, non seulement dans l'échelle sociale des valeurs, mais aussi dans la pratique des entreprises, avant l'amélioration du rendement du capital. En France, des technocrates ont mené, avec un effet souvent remarquable, une politique industrielle nationale qui a affirmé la place du pays dans l'économie mondiale sans faire baisser le niveau de vie global. L'Allemagne a brillé avec son système de formation hautement développé et l'étroite coopération entre le capital et le travail. Le niveau élevé de la technique, du personnel et du climat social compensait les pertes dans les secteurs moins ambitieux.

Tout cela ne paraît plus valoir grand-chose aujourd'hui. On voit d'un seul coup les chefs d'entreprise japonais prôner eux aussi le *lean management* et l'*outsourcing*, comme s'ils étaient de simples clones de leurs collègues américains. Là où les licenciements sont encore proscrits, ils relèguent leur personnel à des postes plus mal payés, ordonnent des réductions de salaires ou transfèrent leurs collaborateurs dans de petites filiales et les condamnent à exercer des emplois de second ordre pour qu'ils partent d'eux-mêmes. Mais le licenciement direct, que la langue des samouraïs désigne d'une métaphore qui signifie "couper la tête", n'est plus, lui non plus, l'objet d'un tabou social. Dans un premier temps, il n'a touché que les titulaires de contrats à durée déterminée, les femmes célibataires et les jeunes auxiliaires. Depuis, même des cadres moyens qui avaient fait leurs preuves sont touchés, on arrête des usines et des centres administratifs entiers. "Autrefois, nous partagions solidairement la souffrance et nous faisions confiance au gouvernement, raconte Jiro Ushito, le directeur d'une entreprise d'électronique. A l'avenir, seules les règles du marché s'appliqueront encore[39]." Le gouvernement tente encore de masquer les conséquences. Officiellement, le nombre des actifs inscrits au chômage ne dépasse pas les 3,4 % – un simple mensonge statistique : on disparaît des listes au-delà de six mois. Si l'on faisait le décompte selon les méthodes américaines – qui ne sont pas vraiment proches de la réalité, elles non plus –, le taux se situerait déjà aux alentours de 8,9 millions – c'est ce qu'a révélé une étude interne du ministère de l'Economie, dès l'année 1994[40]. Aujourd'hui, selon les observateurs critiques, un Japonais sur dix en âge de travailler cherche du travail. Le gouvernement, autrefois gardien de la stabilité sociale, encourage à présent ce processus. La dérégulation et la libéralisation du commerce mettent à bas des secteurs entiers. Les excédents commerciaux ne sont plus qu'une fraction de ce qu'ils étaient jadis. Tadashi Sekizawa, directeur du groupe Fujitsu, donne à ce phénomène une explication apparemment simple : le système japonais s'est, dit-il, "trop fortement éloigné de la moyenne internationale", et cela doit désormais changer.

Le même argument fait aussi fureur de l'autre côté de la planète. Depuis cinq ans, les groupes français ne cessent de comprimer leur personnel. L'énorme taux de chômage, qui dépasse les 12 % en termes réels, n'est pas la seule source d'angoisse. Quelque 45 % des actifs doivent aujourd'hui se contenter de conditions de travail précaires avec des contrats à durée déterminée ou sans protection contre les licenciements. En 1994, 70 % de toutes les nouvelles embauches étaient à durée déterminée[41]. L'idée de la retraite à 55 ans est particulièrement populaire. L'Etat et les entreprises publiques ont pris les devants et ont poussé vers la porte de sortie les plus de soixante ans. France Télécom et la RATP ont suivi avec un programme de retraite anticipée pour les plus de 55 ans. La Fédération nationale du bâtiment voudrait se séparer de 30 000 employés vieillissants – toujours par référence à la structure d'âge relativement défavorable au sein de l'entreprise, et avec la promesse d'embaucher de jeunes employés. Dans le même temps, les syndicats perdent leurs adhérents, leur influence et, surtout, leurs perspectives. Le marché transnational sape la base de leur pouvoir. Il en va ainsi dans la quasi-totalité des pays de l'Union européenne, à l'exception de la Grande-Bretagne, où dès les années Thatcher, le gouvernement et les chefs d'entreprise avaient œuvré en commun pour ramener les salaires et les conditions de travail au niveau actuel du Portugal.

C'est dans la riche Allemagne que le changement de système est le plus radical. Les conseils d'administration de la branche industrielle allemande la plus rentable, l'industrie chimique, en apportent une preuve impressionnante. Pour l'année sociale 1995, les trois géants Hoechst, Bayer et BASF ont affiché les bénéfices les plus élevés de leur histoire. Mais dans le même temps, ils ont annoncé un nouveau dégraissage de leur personnel en Allemagne, alors qu'ils avaient déjà supprimé 150 000 emplois au cours des années passées. “Nous savons que les gens ressentent cela comme une contradiction”, a admis le directeur de Bayer, Manfred Schneider. Mais à l'en croire, les bénéfices élevés réalisés par le groupe ne doivent pas faire illusion : “En Allemagne, Bayer est sous pression[42].”

En deux phrases laconiques, Schneider résume ainsi sa perspective. Car Bayer, tout comme ses concurrents, n'est plus une entreprise allemande que par tradition, et parce que le siège de l'entreprise se trouve en Allemagne. En moyenne, les successeurs du groupe IG-Farben font déjà 80 % de leur chiffre d'affaires à l'étranger ; un tiers seulement du personnel travaille encore en Allemagne. “Qu'y a-t-il encore d'allemand chez Hoechst ?” s'interroge Jürgen Dormann, l'un des dirigeants du géant de la chimie à Francfort. “Notre plus grand marché national, ce sont les Etats-Unis ; notre actionnaire koweïtien a plus de parts dans la société que tous les actionnaires allemands réunis ; notre compétence dans la recherche est internationale.” Ce qui ne fonctionne pas, selon lui, c'est la société anonyme allemande : on n'y gagne plus d'argent. Cela peut paraître exagéré, mais c'est vraisemblablement exact, si l'on compare les actions allemandes à celles des groupes américains ou asiatiques. Dans le même souffle, Dormann garantit que son groupe a naturellement en Allemagne, une "mission sociale, parce que nous nous considérons – aussi – comme des citoyens allemands". On a seulement jusqu'ici, selon lui, "un peu exagéré le patriotisme[43]".

Un manager de haut rendement, dans une activité organisée au niveau mondial, ne peut justement plus se permettre d'avoir une attitude socialement responsable – et ce n'est pas seulement le problème de Dormann. La plupart de ses collègues estiment eux aussi que la clause sociale de l'article 14 de la Constitution allemande, selon laquelle "la propriété crée des devoirs" et doit "servir le bien commun", n'est plus réalisable. Selon une méthode que l'on n'utilisait jusqu'ici qu'aux Etats-Unis, les managers organisent leurs groupes en centres de profit : ou bien ces centres rapportent de très hauts bénéfices, ou bien on les liquide. Hoechst démantèle peu à peu les vieilles entreprises chimiques, et il apparaît aujourd'hui nécessaire d'assainir le groupe Agfa, appartenant à Bayer, bien qu'il fasse des bénéfices – mais ceux-ci ne représentent que trois pour cent de son chiffre d'affaires. Le vieux concept de la société "Allemagne SA" s'effondre, et une culture de l'homme d'entreprise à la fois nouvelle et très ancienne refait son entrée en scène. La *shareholder value* : dans beaucoup de grandes entreprises allemande, cette expression est devenue la nouvelle formule magique. Elle ne signifie rien d'autre que la maximalisation des profits en faveur des actionnaires, un principe qui ne date pas d'hier. C'est le même objectif qui sous-tend la fusion, décidée en mai 1996, des géants de la pharmacie Ciba-Geigy et Sandoz qui indigne beaucoup de Suisses en raison des licenciements qu'elle semble devoir provoquer. Même l'archevêque de Vienne, Christoph Schönborn, qui a longtemps enseigné à l'université de Fribourg, est intervenu dans le débat : "Lorsque deux des plus grands groupes chimiques du monde fusionnent, affirme Schönborn, alors que tous deux se portent pour le mieux sur un plan économique, et «libèrent» ainsi 15 000 places de travail, il ne s'agit pas d'une obligation décrétée par le dieu tout-puissant du «marché libre», mais des conséquences de l'avidité de dividendes éprouvée par un petit nombre d'individus[44]."

Mais cette adaptation aux principes américains n’est pas seulement l’œuvre de capitalistes arbitraires et malveillants. C’est le marché financier transnational, le centre d’énergie de la mondialisation, qui exerce la véritable pression sur les entreprises et leurs managers de haut niveau. Le marché mondial des actions détruit encore plus radicalement les liaisons nationales que ne le fait la mise en réseau de la production. Un tiers des actions Daimler-Benz se trouve d’ores et déjà dans des mains étrangères. Les parts de son principal actionnaire, la Deutsche Bank, sont détenues à 43 % par des investisseurs étrangers. Bayer, Hoechst, Mannesmann et beaucoup d’autres sont majoritairement détenus par des étrangers. Mais la plupart de ces investisseurs ne sont ni de petits actionnaires sans pouvoir, ni des banques et des groupes qu’il faudrait intégrer dans l’entrelacs des participations à l’industrie allemande. Ceux qui se sont véritablement installés en Allemagne grâce à leurs achats sont pour l’essentiel des fonds d’investissement, d’assurances et de retraite opérant depuis les Etats-Unis et la Grande-Bretagne. Leurs gérants s’efforcent à présent de tirer au moins autant de profits de leurs engagements à l’étranger que de leurs portefeuilles dans leurs pays d’origine, et soumettent les entreprises concernées à des exigences draconiennes. “La pression des actionnaires étrangers sur les entreprises allemandes s’accroît”, admet le directeur financier de Bayer, Helmut Loehr[45]. Les plus redoutés, ces derniers temps, sont les délégués du fonds de retraite des employés du secteur public californien, qui disposent de fonds à investir représentant près de cent milliards de dollars. Les gestionnaires du California Retirement System (Calpers), qui imposent déjà leurs exigences de profits et de cours à des groupes aussi puissants que General Motors et American Express, ont augmenté leurs investissements à l’étranger pour atteindre les 20 % (dernier chiffre connu), parce que “les inefficiences sur les marchés internationaux sont aujourd’hui plus grandes que sur le marché national”, a expliqué Jose Arau, le stratège de la Calpers, pour justifier l’expansionnisme du fonds. Sont inefficientes, aux yeux de ces pilotes des courants mondiaux de capitaux, les entreprises dans lesquelles les différents éléments du groupe rapportent moins de 10 % de revenus sur le capital investi – une situation parfaitement normale à l'extérieur des Etats-Unis. Au Japon, en France et en Allemagne, notamment, Arau et son équipe interviennent désormais systématiquement contre les gestionnaires de grandes sociétés anonymes qui ne se plient pas à ce principe, "afin de faire prendre conscience des intérêts des actionnaires à ces entreprises étrangères", explique l'un des conseillers de la société de fonds[46].

Que ce soit en réponse à de telles exigences ou pour les prévenir, on voit aussi en Allemagne de plus en plus de "chiens féroces" s'installer sur les fauteuils de directeurs ; c'est ce qu'a constaté Frank Teichmüller, le président du syndicat IG Metall pour l'Allemagne du Nord. Quand on ne recule pas devant les licenciements et quand on a la main rude avec les syndicats, on est promis à une belle carrière. Jürgen Schrempp a ainsi mis les choses au point tout de suite lorsqu'il a repris en mai 1995 la direction de Daimler-Benz. Alors qu'il portait lui-même une part de la responsabilité dans les près de six milliards de pertes enregistrées l'année précédente, il a mis fin aux activités du constructeur aéronautique Fokker et de l'entreprise AEG, qui faisait partie du groupe. Puis il a annoncé que celui-ci mettrait à la rue 56 000 collaborateurs en l'espace de trois ans. Cette coupe claire a fait monter de près de 20 % le cours de l'action Daimler, et enrichi d'un peu moins de dix milliards de marks les titulaires d'actions Daimler, bien qu'ils aient été contraints de renoncer aux dividendes annuels. Cet homme que les employés considèrent comme un raté, le *Wall Street Journal* et *Business Week* l'ont encensé, en le présentant comme un révolutionnaire qui avait mis un terme à la politique de flatteries aux employés et avait enfin mis la structure du groupe au service des actionnaires. Ensuite, Schrempp (salaire annuel : 2,7 millions de marks, soit 9,2 millions de francs environ) a fait voter par les représentants des actionnaires au conseil d'administration l'attribution à 170 cadres supérieurs et à lui-même de stock-options qui leur assureront, à lui et aux autres privilégiés, un revenu supplémentaire d'un bon million de francs par personne, grâce à la hausse des cours.

Ce que le directeur de Daimler a mis en œuvre pour améliorer la cotation du groupe, un nombre incalculable de ses collègues l'ont pratiqué ailleurs. Alors que des années durant, seuls quelques cas remarqués (comme la dénonciation de la convention collective chez IBM, ou les délocalisations chez Siemens et à la Deutsche Bank) ont fait les grands titres de la presse, c'est tout le système allemand du partenariat social qui se démantèle depuis le début 1996. Du jour au lendemain, ou presque, les syndicalistes découvrent qu'ils ne se battent plus pour que leurs adhérents soient augmentés de quelques points, mais pour la pure et simple survie des syndicats. Ici, les entreprises sapent les accords salariaux en vigueur ; ailleurs, elles quittent l'union patronale qui les garantissait. Les PME négocient avec leurs conseils d'entreprise des contrats qui apprennent la peur aux syndicalistes. Presque partout, la méthode est le simple chantage. Chez Viessmann, une entreprise de chaudières située à Kassel, par exemple : cette société très productive, qui emploie 6 500 collaborateurs, réalise chaque année un chiffre d'affaires de 1,7 milliard de marks (5,8 milliards de francs). Dans son cas, le simple fait que la direction annonce qu'elle ferait fabriquer en République tchèque la prochaine série de chaudières à gaz a suffi. 96 % du personnel a accepté la proposition de travailler trois heures de plus par semaine sans salaire supplémentaire, plutôt que de risquer la fermeture d'une usine en Allemagne[47]. La "modernisation" de l'entreprise de technique médicale Dräger, à Lübeck, s'est elle aussi déroulée dans la plus grande discrétion, à peu de chose près. Depuis l'emballeur jusqu'aux informaticiens et aux formateurs, des centaines de collaborateurs se sont tout d'un coup retrouvés employés par des filiales indépendantes dans lesquelles les anciens accords salariaux n'avaient plus de validité. Dans leurs nouvelles entreprises, ces employés gagnent entre six et sept mille marks de moins par an, tout en effectuant un plus grand nombre d'heures de travail[48].

En Allemagne, ces méthodes permettent de faire baisser les salaires. Mais dans les pays où ils sont déjà bas, ces pratiques servent à les empêcher de monter. Les ouvriers de la filiale tchèque de Volkswagen, Skoda, ont ainsi constaté que si leur productivité avait bien augmenté de 30 % depuis l'arrivée du géant automobile de Wolfsburg, leurs salaires, en revanche, n'avaient pas bougé. "Si les choses continuent ainsi, même dans cinquante ans nous n'aurons pas atteint des conditions de vie comparables à celles de l'Allemagne", a déclaré avec mauvaise humeur le porte-parole du conseil d'entreprise de Skoda, Zdenek Kadlec. Mais le directeur de Volkswagen, Ferdinand Piëch, a sagement repoussé les revendications salariales de ses collaborateurs tchèques. Le personnel de Skoda, a-t-il dit, ne devait pas se priver lui-même des avantages liés à sa situation. Dans le cas contraire, "nous devrions certainement nous demander si la production ne serait pas, par exemple, plus avantageuse au Mexique[49]".

Dans la quasi-totalité des cas, les syndicalistes tentent de se dresser contre de tels chantages – mais ils en sortent presque toujours perdants, parce que "l'employeur réussi à opposer les uns aux autres les personnels des différents sites de production", déplore Klaus Zwickel, patron du syndicat IG Metall[50]. Certains syndicalistes, comme l'adjoint de Zwickel, Walter Riester, cherchent encore à se persuader qu'en raison du droit de vote dont disposent les syndicats dans les conseils d'administration et de l'unité syndicale, on peut "éviter l'évolution fatale" qui a mis à genoux les syndicats américains[51]. Mais les courbes des adhésions le démentent. Les licenciements, les délocalisations, la constatation du fait que l'adhésion à un syndicat coûte de l'argent, mais ne protège pas en cas de crise et peut même, le cas échéant, nuire à la carrière, ont fait perdre à la fédération du Deutscher Gewerkschaftsbund un cinquième de ses membres depuis 1991. A lui seul, l'IG Metall a perdu 755 000 cotisants. Il est vrai que plus de la moitié de cette baisse est due au déclin de l'industrie est-allemande, mais à l'Ouest aussi, les syndicalistes ont été un petit million à rendre leur carte. Si les chantages comme celui de l'affaire Viessmann fonctionnent si bien, c'est aussi et surtout parce que, dans cette entreprise, seul un dixième du personnel est encore syndiqué.

Depuis le début 1996, les unions patronales allemandes utilisent les nouvelles faiblesses de leurs anciens partenaires sociaux et lancent leurs grandes offensives par vagues successives. En mai 1996, encouragé par le gouvernement de Bonn, le président de l'Union fédérale de l'industrie allemande, Olaf Henkel, a invité ses membres à abroger dans toutes les branches les conventions collectives afin de diminuer les rémunérations versées en cas de maladie. Un mois plus tard, Werner Stumpfe, président de l'Union patronale de la métallurgie, faisait le premier pas vers une abolition du droit de grève. Son union ne veut plus négocier désormais, au niveau de la branche, que les pourcentages d'augmentation et le temps de travail annuel. Tout le reste – le temps de travail hebdomadaire, les congés payés ou les indemnités de maladie – doit désormais relever de la compétence des conseils d'entreprise. Il veut ôter aux syndicats le droit d'organiser le soutien à ce type de revendications parce que "la grève est un anachronisme" et que les entreprises frappées par la grève "ne feraient que perdre des parts de marché". Apparemment, Stumpfe n'a pas du tout conscience du fait que cette proposition agressive contredit un droit fondamental garanti par la Constitution. Henkel, Stumpfe et leurs collègues de l'Union patronale ont en outre refusé d'approuver l'introduction d'un salaire minimum dans le bâtiment, bien que les employeurs et les syndicats de ce secteur l'aient revendiqué ensemble. La loi fédérale correspondante ne peut entrer en vigueur qu'avec l'accord des employeurs, pour respecter l'autonomie des conventions collectives en vigueur en Allemagne. Or, en refusant cet accord, les représentants des entreprises ont accepté de voir l'industrie allemande du bâtiment entraînée par la plus grande vague de faillites de l'après-guerre, faute de pouvoir opposer des règles au dumping salarial des offres étrangères. Quelque 6 000 entreprises de bâtiment allemandes vont ainsi s'effondrer, et 300 000 emplois disparaître, a annoncé l'Union centrale du bâtiment allemand[52].

LA DÉRÉGULATION : UNE ABSURDITÉ MÉTHODIQUE

Les gestionnaires de fonds et les présidents de groupes ne sont pas les seuls, bien entendu, à faire avancer le démantèlement de l'emploi et des salaires. Un troisième groupe d'acteurs joue un rôle dans ce phénomène : il s'agit des gouvernements nationaux. Aujourd'hui encore, dans les pays de l'OCDE, la majorité des ministres et des partis de gouvernement croit qu'il suffit de réduire l'influence de l'Etat sur l'économie pour que la prospérité et les emplois nouveaux apparaissent d'eux-mêmes. C'est au nom de ce programme que, de Tôkyô à Washington en passant par Bruxelles, toutes les entreprises possédant un monopole ou un oligopole, dirigées par l'Etat et opérant dans le cadre national sont peu à peu dégraissées. La compétition est tout, les emplois ne sont rien. Mais en privatisant la poste et le téléphone, l'électricité et l'eau, les transports aériens et les chemins de fer, en libéralisant le commerce international de ces prestations de services, et en dérégulant tout, depuis la technique jusqu'à la protection du travail, les gouvernements aggravent les crises qu'ils étaient censés combattre.

Aux Etats-Unis et en Grande-Bretagne, cette contradiction est flagrante depuis longtemps. C'est la dérégulation du transport aérien américain qui a fourni le modèle classique du genre. Dans les années soixante-dix, pour des raisons de sécurité et de contrôle, un cartel organisé par l'Etat attribuait les lignes aux différentes compagnies ; la compétition était l'exception. A l'époque, les compagnies aériennes faisaient suffisamment de profits et offraient dans la plupart des cas des emplois à vie à leurs collaborateurs. Les prix étaient cependant relativement élevés. Lorsqu'on avait plus de temps et moins d'argent, on prenait le car ou le train. L'administration Reagan inversa tout cela. Les prix s'effondrèrent, et avec eux de nombreuses entreprises. L'industrie du transport aérien mais aussi l'industrie aéronautique devinrent des branches particulièrement instables. Cela provoqua des vagues de licenciements collectifs, des rachats hostiles suivis de démantèlements, des situations chaotiques dans les aéroports. Au bout du compte, il n'est plus resté que six compagnies déterminantes. Elles vendent plus de vols que jamais, avec moins de personnel qu'il y a vingt ans, et prendre l'avion n'a jamais été aussi bon marché. Seulement les bons emplois sont perdus à tout jamais.

Dans les années quatre-vingt, l'idée de la déréglementation a trouvé des partisans enthousiastes dans l'élite ouest-européenne du management. Mais sauf en Grande-Bretagne, on ne pouvait réunir nulle part une majorité politique autour de conceptions pareilles. Pourtant, la Commission européenne, à Bruxelles, est devenue un véritable Ordre des partisans radicaux du marché ; ce sont ses fonctionnaires qui mettent au point la majeure partie de la législation européenne, en coopération très étroite avec des entreprises de consultants liées à l'industrie et aux organisations de lobbying[53]. La privatisation et la dérégulation de tous les secteurs dirigés par l'Etat sont devenues une constante du grand plan du marché intérieur, en l'absence presque totale de débat public. L'ancien commissaire européen Peter Schmidhuber en a justement parlé comme du "plus grand projet de dérégulation de l'histoire économique". Le plan "Europe 1992" a d'abord déclenché une gigantesque vague de concentrations dans l'économie privée, qui a coûté au moins cinq millions d'emplois. Dans une deuxième étape, les pays de l'Union européenne doivent aussi, désormais, abandonner les secteurs protégés par l'Etat et les monopoles. Une nouvelle vague de suppressions d'emplois est ainsi programmée.

Comme jadis aux USA, le premier secteur touché dans la nouvelle Europe a été le transport aérien. L'année où démarra la mise en œuvre du plan, en 1990, l'Union européenne libéra l'ensemble du transport aérien international. Les prix se sont mis à déraper, et avec eux toutes les compagnies aériennes d'Etat, à l'exception de British Airways, qui avait déjà été privatisée, et de la Lufthansa. Les petites compagnies ne sont pratiquement plus concurrentielles – parmi elles, on compte Alitalia, Austrian Airlines, Iberia, Sabena et Swissair. Dans un climat de querelle perpétuelle avec le personnel, les assainissements se succèdent, le plus souvent grâce aux millions injectés par l'Etat ; mais sans aucune perspective de succès ; cette évolution a déjà coûté 43 000 emplois à ce jour[54]. Depuis le mois d'avril 1997, les compagnies aériennes sont aussi autorisées à proposer des vols intérieurs au sein des différents Etats de l'Union européenne – par exemple, la British Airways peut proposer une ligne Hambourg-Munich. En attendant ce nouveau bond dans "l'efficience", une deuxième grande vague de licenciements déferle sur ce secteur. A elle seule, la Lufthansa allemande compte économiser 1,5 milliard de marks (plus de 5 milliards de francs) sur sa masse salariale en l'espace de cinq ans. Outre un nombre non précisé de licenciements, le directeur de la Lufthansa, Jürgen Weber, a annoncé un blocage des salaires, un rallongement du temps de travail et une diminution des congés[55]. A la fin de ce combat pour les parts de marché dans le ciel européen, il ne restera plus que quatre ou cinq *mega-carriers*, comme le dit le jargon de la profession.

En soi, ce programme de destruction des emplois mené à marche forcée par les Etats dans une période de croissance rapide du chômage est une démarche politique pour le moins opaque. Mais à côté du projet global, le transport aérien n'est apparemment qu'un petit laboratoire expérimental. A partir du début 1998, l'ensemble du commerce des prestations de services en télécommunications au sein de l'Union européenne sera aussi libéré – un nouvel eldorado pour les investisseurs et les groupes détenant des quantités de capitaux importantes[56]. D'Helsinki à Lisbonne, les entreprises d'Etat, jusqu'ici en situation de monopole, doivent être "dégraissées" pour la compétition, tandis que les consortiums privés internationaux s'arment avant de se ruer sur un marché se chiffrant par milliards, dont la croissance à deux chiffres et des marges de profits annuels pouvant aller jusqu'à 40 % justifient toutes les dépenses. Une comparaison entre la Deutsche Telekom et la compagnie américaine AT&T peut illustrer ce que cela signifiera au bout du compte. Avec seulement 77 000 collaborateurs, le leader du marché américain a pu afficher un bénéfice de 5,49 milliards de dollars pour l'année sociale 1995. Avec un chiffre d'affaires à peu près analogue, de 47 milliards de dollars, la Telekom allemande employait 210 000 collaborateurs, presque trois fois plus qu'AT&T, et ne réalisait que la contre-valeur de 3,5 milliards de dollars de profits[57]. D'ici à 1998, c'est ce dont l'ancien cadre de Sony, actuel directeur de la Telekom, Ron Sommer, est convenu avec le syndicat, on doit d'abord se débarrasser de 60 000 travailleurs du téléphone, en profitant des départs volontaires et des préretraites. Pour maintenir la concurrence de la Telekom, ce sont toutefois quelque 100 000 employés qui devront partir d'ici l'an 2000, une coupe claire sans précédent dans l'histoire allemande de l'après-guerre[58]. Une fraction de ces emplois, tout au plus, réapparaîtra chez les nouveaux consortiums de concurrence formés autour des deux entreprises d'électricité VEBA et RWE (en partenariat avec AT&T et British Telecom) : les nouveaux venus peuvent en effet s'appuyer sur leurs propres réseaux téléphoniques internes le long des canaux d'acheminement de l'électricité, et disposent, en tant qu'entreprises monopolistiques de distribution électrique, de réserves de personnel considérables qu'elles peuvent désormais faire passer d'un emploi à l'autre pour leur plus grand bénéfice. Le législateur leur a en outre accordé la garantie de pouvoir utiliser à un tarif avantageux le réseau de répartiteurs de la Telekom, et la possibilité de focaliser dans un premier temps leur activité sur les seules zones de concentration urbaine et industrielle, dont l'équipement réclame moins de personnel et qui sont donc particulièrement lucratives.

Les opérateurs gouvernementaux ne veulent cependant plus être seuls à mettre en œuvre cette augmentation du chômage décidée et programmée. Depuis le mois de novembre 1996, le gouvernement fédéral allemand revend la Telekom par tranches sur toutes les grandes bourses du monde ; son partenaire France Télécom suivra en 1997. Les chasseurs de la *shareholder value* dans les sociétés de fonds se chargeront du reste. Le même drame se répète dans toute l'Europe et fera inéluctablement monter les taux de chômage au sein de l'Union européenne. Et tandis que les entreprises européennes de télécommunication s'arment contre leurs futurs concurrents, la politique lance d'ores et déjà le prochain round de la libéralisation.

Au début 1996, le Congrès des Etats-Unis a lui aussi décidé de libérer le marché téléphonique local, jusqu'alors protégé. Les trois groupes AT&T, MCI et Sprint, qui offraient jusqu'ici leurs services au niveau national, seront désormais en concurrence dans tous les secteurs avec les sept sociétés de monopole régionales déjà existantes. Les groupes régionaux se sont rapidement regroupés pour former de plus grandes unités, ce qui s'est accompagné, à chaque fois, de suppressions d'emplois. AT&T, elle aussi, a annoncé la suppression de 40 000 postes supplémentaires. De la même manière, la British Telecom compte encore faire un grand pas vers la création d'une machine à profits sans emploi. Bien qu'elle ait déjà supprimé 113 000 postes (près de 50 % de son personnel) depuis le début de sa privatisation, en 1984, elle compte encore se séparer de 36 000 collaborateurs d'ici à l'an 2000. Britanniques et Américains se préparent ainsi à une compétition totale et mondiale, dont la politique fixe le cadre. Au siège genevois de l'Organisation mondiale du commerce, l'OMC, des délégations gouvernementales négocient depuis l'automne 1995 les détails d'un accord mondial de libre-échange dans le domaine des télécoms. Si l'accord entre effectivement en vigueur – et les lobbies des groupes s'y emploient – il "ne restera plus que quatre ou cinq géants" dans le monde, annonce le professeur Eli Noam, un chercheur spécialisé dans ce secteur à la Columbia University de New York[59].

Les adeptes du marché à Washington, à Bruxelles et dans la plupart des capitales européennes ne comptent pas s'arrêter avec la dérégulation des télécommunications. Si l'on s'en tient à la volonté de la commission européenne, ce sera à partir de 2001 le tour des services postaux, c'est-à-dire de 1,8 million d'employés des postes en Europe. Les monopoles de la distribution d'électricité tomberont eux aussi. Après les Britanniques, le gouvernement allemand veut désormais mener ce démantèlement en cavalier seul, tout comme quelques Etats américains.

Si les hommes politiques européens sont sérieux lorsqu'ils affirment que le chômage est leur plus grande préoccupation (et ils le font souvent), alors ils gèrent la folie avec beaucoup de méthode. Savent-ils encore ce qu'ils font ? On est en droit d'en douter. C'est ce que prouve l'expérience qu'a faite Ron Sommer au début de l'année 1996. Le premier janvier, le stratège de la Telekom allemande a changé la structure des tarifs : les conversations à distance sont devenues moins chères, les conversations locales plus coûteuses. Une mesure rationnelle si l'on veut préparer le géant du téléphone allemand à la compétition et à l'entrée en bourse. Dans le combat concurrentiel, il n'est plus question de faire subventionner les conversations de proximité, en majorité privées, par des entreprises qui ont beaucoup plus souvent des communications à moyenne et longue distance ; les nouveaux concurrents commenceront en effet par tenter d'attirer les gros clients en baissant leurs tarifs longue distance. Sommer doit armer la Telekom allemande contre ce risque. Mais à peine ce nouveau tarif entré en vigueur, la presse à grand tirage allemande et les hommes politiques unanimes lançaient la colère populaire contre la méchante Telekom : quoi, on allait désormais taxer la grand-mère isolée pour laquelle le téléphone est indispensable, tout en accordant des remises aux hommes d'affaires fortunés ? Les mêmes hommes politiques spécialisés dans l'économie, membres de tous les partis représentés au parlement allemand, qui avaient auparavant approuvé les nouveaux tarifs, exigèrent alors un tarif social pour les conversations téléphoniques avec les amis et les parents. Ce fut notamment le cas du ministre CSU* de la poste, Wolfgang Bötsch. Il ne resta plus à Sommer qu'à se plaindre et à affirmer que pareil populisme était "révoltant[60]".

Cette farce politique du Nouvel An, entre l'indignation et l'hypocrisie, n'était pas seulement absurde. Elle a aussi prouvé que la majorité des gouvernants ne voit absolument plus quelles conséquences peuvent avoir les principes politico-économiques mondiaux sur lesquels repose la nouvelle législation. "La décision de libéraliser certaines branches dans lesquelles on propose des prestations de services publics n'a rien d'idéologique : elle est l'expression d'une propension *naturelle* à s'adapter aux évolutions économiques et technologiques", garantit Karel Van Miert, le commissaire européen à la concurrence[61]. Mais le vocabulaire de Van Miert est révélateur : à chaque fois que les hommes politiques se réfèrent à la nature pour distribuer la

* Union chrétienne-sociale, parti bavarois, allié du CDU. *(N.d.T.)*

propriété de l'Etat, les fonds publics et les avantages économiques, on retrouve cette même idéologie sur laquelle nul ne prend le temps de s'interroger. Des représentants de groupes de pression, comme Dirk Hudig, qui effectue le travail de lobbying à Bruxelles pour le compte des trusts industriels britanniques, sont déjà plus clairs sur ce point. Les prix élevés des services publics en Europe sont selon lui le "résultat de l'inefficience des entreprises d'Etat, qui servent plus leurs employés que le client, regrette-t-il. Si l'Europe doit devenir compétitive, elle ne peut plus continuer à faire supporter ces inefficiences par les parties productives de la société[62]."

A première vue, cela paraît logique. Dans la compétition globale, les coûts plus élevés pour le téléphone, le transport, l'électricité ou les voyages d'affaires constituent un handicap pour l'économie européenne. Les consommateurs privés, eux aussi, paient aux monopoles des prix excessifs et ont en outre à se plaindre d'un service souvent innommable. Il ne fait aucun doute qu'à l'aune de l'optimum technique, la majorité des entreprises concernées travaille de manière inefficace. Mais en temps de crise, elles offrent des masses d'emplois stables. Lorsque des millions de citoyens sont déjà marginalisés, ou craignent pour leur travail et pour l'avenir de leurs enfants, la dérégulation tourne donc à la démence politique. Cela n'empêche pas la plupart des gouvernements de s'en tenir à ce principe, parce que leurs experts, croyant fermement à la théorie néolibérale, promettent que la baisse des prix aidera les entreprises de haute technologie et de prestations de services à créer de nouveaux emplois et un meilleur travail.

Mais le miracle n'arrive jamais – ni dans le passé, ni à l'avenir, pour cette industrie de la communication dont on nous rebat les oreilles et à laquelle la privatisation des télécoms ouvre la voie. Le boom du multimédia, qui doit passer par ces "autoroutes de l'information" ouvertes à bon marché par les gérants de réseaux, sera lui aussi avant toute chose un programme tueur d'emplois. Plus les clients pourront effectuer eux-mêmes, *on line,* leurs réservations de voyage, leur gestion de comptes et leurs achats de toute nature, moins il y aura d'emplois dans les banques et les assurances, les agences de voyage et le commerce de détail. Peu d'indices laissent penser que la perte sera compensée, même approximativement, par des embauches chez les prestataires de services en informatique, dont les programmes et les ordinateurs organiseront le monde virtuel du futur. Dans les quelques branches de l'industrie du multimédia qui embaucheront beaucoup de personnel, par exemple le secteur du film et du divertissement, l'Allemagne et l'Europe sont malheureusement en position de faiblesse, résume la société de conseil aux entreprises Roland Berger, une filiale de la Deutsche Bank. La politique ne devrait donc pas nourrir trop d'espoirs sur son entrée dans l'ère de l'information[63].

La stratégie de la dérégulation pousse ainsi l'obsession de l'efficience jusqu'à la pure et simple autodestruction. Dans le même temps, la majorité des experts des institutions dominantes de l'économie mondiale, qu'il s'agisse de l'OCDE, de la Banque mondiale ou du Fonds monétaire, réclame la poursuite de l'intégration mondiale. L'aggravation des problèmes dans les pays hautement développés dément sans doute leurs promesses optimistes. Mais les spécialistes rappellent unanimement que le marché sans frontières ouvre au moins au Tiers Monde un chemin permettant de sortir de la pauvreté et du sous-développement. "Pour beaucoup de pays émergents, la mondialisation offre la possibilité d'accéder par l'économie à la catégorie des pays industrialisés", écrivent par exemple Erich Gundlach et Peter Nunnenkamp, de l'Institut für Weltwirtschaft à Kiel, la citadelle économique des néolibéraux en Allemagne[64]. Et la *Frankfurter Allgemeine Zeitung*, fer de lance journalistique dans ce combat pour la liberté du capital, affirme que seule "la globalisation permettra à 6 milliards de citoyens supplémentaires d'avoir leur part dans ces conquêtes dont seuls 600 millions d'individus appartenant aux anciens pays industrialisés ont profité jusque dans les années quatre-vingt". L'argument est fort, mais est-il exact ? La perte de prospérité au Nord profite-t-elle effectivement aux pauvres du Sud ?

DES MENSONGES COMMODES

La légende du bon site et de la mondialisation juste

Il est assis, muet, mains jointes entre les jambes, lèvres serrées. Le Mexicain n'aurait jamais cru qu'il atterrirait ici. Pendant de longues années, il a travaillé dur, il a pu s'élever jusqu'à la fonction de technicien en électricité et a fini par trouver l'un de ces emplois tant convoités dans l'industrie automobile en expansion, un travail payé normalement et apparemment stable. On montait dans son usine des amortisseurs pour des motos et des tracteurs mexicains : en principe, rien ne pouvait capoter. Pourtant, tout s'est effondré : d'abord la monnaie, puis le commerce, et pour finir l'économie du pays tout entière. Son entreprise a déposé son bilan. A présent, ce père de famille de trente ans passe ses journées sur le trottoir de la bruyante avenida San José, au centre de Mexico. Il est assis sur une caisse d'artisan en fer-blanc ; sur un morceau de carton, il se désigne, dans une écriture tremblée, comme *electricista* et espère trouver quelques commandes ponctuelles. Il ne croit plus en des jours meilleurs. La crise, dit-il, "durera bien plus longtemps que nous ne l'avons pensé".

Au Mexique, en 1996, le destin de Jesus Gonzalez est la règle. Un Mexicain en âge d'activité sur deux est sans emploi et gagne sa vie avec des petits boulots sous-qualifiés, comme travailleur journalier dans l'économie parallèle. Depuis un an et demi, la production par tête est en baisse. Troubles politiques, grèves, insurrections paysannes secouent le pays. Le gouvernement et ses conseillers américains avaient pourtant prévu les choses tout autrement. Dix années durant, trois présidents différents avaient suivi docilement les conseils de la Banque mondiale, du Fonds monétaire international et du gouvernement des Etats-Unis. Ils avaient privatisé la plus grande partie des entreprises industrielles d'Etat, éliminé les obstacles qui freinaient les investisseurs étrangers, démantelé les taxes à l'importation et ouvert le pays au système financier international. En 1993, le Mexique passa même avec les Etats-Unis et le Canada un accord de libre-échange, l'"ALENA" qui devait intégrer totalement le pays, en l'espace de dix ans, au marché nord-américain. La communauté internationale des néolibéraux avait trouvé un élève modèle. En acceptant le Mexique au sein de l'OCDE, le club des pays riches avait pour finir rendu hommage à la trajectoire prétendument exemplaire des Mexicains. C'était en 1994.

Au premier regard, l'idée paraissait effectivement fonctionner. De nombreux groupes transnationaux ouvrirent ou agrandirent des usines de production. Les exportations montaient chaque année de six pour cent et la dette extérieure de l'Etat, qui étranglait encore le pays en 1982, diminuait. Pour la première fois, le Mexique vit aussi émerger une classe moyenne certes peu nombreuse, mais dotée d'un fort pouvoir d'achat, qui fondait de nouvelles entreprises et payait des impôts. Mais en réalité, seule une petite partie de l'économie et de la population profita du miracle. Les nouvelles industries de croissance dans les branches de la chimie, de l'électronique et de l'automobile dépendaient très largement des importations et n'offraient qu'un nombre relativement limité de nouveaux emplois. La grande industrie, dont une bonne partie était nationalisée, fut attribuée à quelques grands actionnaires. A elles seules, vingt-cinq sociétés en holding contrôlent un empire d'entreprises qui produit la moitié du PIB[1]. Mais, dans le même temps, l'ouverture fulgurante en direction des Etats-Unis a exposé des secteurs importants de l'économie nationale à la concurrence nord-américaine. Une vague d'importations a submergé le pays et l'industrie des moyennes entreprises, le réservoir de l'emploi, s'est retrouvée à genoux. Dans le seul secteur de la machine-outil, la moitié des entreprises a dû fermer ses portes, tout comme dans le textile, une branche stable jusqu'à cette date. La croissance économique réelle passa en dessous du taux de croissance de la population. La capitalisation à marche forcée de l'agriculture, censée relancer les exportations et soutenir la résistance aux gigantesques concurrents américains, eut un effet catastrophique. Plusieurs millions de travailleurs agricoles mexicains perdirent leur emploi, remplacés par des machines, et allèrent se réfugier dans des villes déjà surpeuplées. A partir de 1988, les importations augmentèrent quatre fois plus vite que les exportations et se convertirent en un déficit commercial accumulé qui atteignit en 1994 une somme égale au déficit de tous les autres Etats d'Amérique latine réunis[2]. Mais désormais, les stratèges du Mexique ne pouvaient plus revenir en arrière. Pour garder ses électeurs et maintenir le bas niveau de prix des importations, le gouvernement rendit sa propre monnaie plus coûteuse en pratiquant des taux d'intérêt très élevés. Cette mesure étrangla l'économie intérieure du pays, mais elle y fit aussi entrer plus de cinquante milliards de dollars : des investissements à court terme provenant des fonds d'investissement américains. En décembre 1994 arriva ce qui devait arriver : ce boom à crédit s'effondra et la dévaluation du peso devint inéluctable. Par peur de la colère des investisseurs américains floués et d'un krach financier mondial, Rubin, le ministre des Finances à Washington, et le directeur du FMI, Camdessus, mirent en route le plus grand crédit d'urgence de tous les temps*. Cette opération sauva sans doute les investisseurs étrangers, mais elle précipita aussi le Mexique dans une catastrophe économique. Pour rétablir la confiance des marchés internationaux, le président Ernesto Zedillo prescrit à son pays un nouveau traitement de choc. Des taux annuels réels de plus de 20 % et de gigantesques coupes dans les dépenses de l'Etat provoquèrent la pire récession que le pays ait connue depuis soixante ans. En l'espace de quelques mois, 15 000 entreprises firent faillite, quelque trois millions de personnes perdirent leur emploi, et le pouvoir d'achat de la population diminua d'au moins un tiers[3].

Après une décennie de réformes néolibérales, cette nation de cent millions d'habitants, au sud du río Grande, se porte plus mal qu'auparavant. Depuis la guérilla rurale des zapatistes, au sud, jusqu'au million de membres des classes moyennes qui, incapables de rembourser leurs crédits dont les taux ont monté en flèche, ont constitué une organisation, les mouvements de protestation les plus divers déstabilisent l'Etat. Le Mexique est toujours une nation émergente, juge la sociologue Anne Huffschmid, qui connaît bien ce pays. A cela près que le

* Cf. le chapitre "Dictature à responsabilité limitée", p. 59.

seuil qu'il est en train d'atteindre n'est pas celui de la richesse, mais celui "de l'ingouvernable, de la guerre civile[4]".

Dès lors, pour son gigantesque voisin du Nord, le bilan de l'aventure de l'ALENA est aussi négatif. Lorsque, dans un premier temps, les chaînes de montage américaines ont émigré vers le sud, l'administration Clinton pouvait encore arguer qu'en faisant progresser l'industrie exportatrice américaine, la hausse des ventes au Mexique créerait 250 000 emplois supplémentaires aux Etats-Unis. Mais avec l'effondrement économique, la demande des Mexicains en produits nord-américains a chuté, et, en 1994, l'excédent commercial des Etats-Unis à l'égard du Mexique s'est transformé en déficit. Il n'est rien resté de la hausse de l'emploi espérée aux Etats-Unis. Une seule chose a augmenté : les bénéfices de toutes les entreprises qui avaient réduit leurs coûts salariaux en faisant travailler des ouvriers à bon marché au Mexique. La dévaluation du peso procura même un avantage supplémentaire sur le marché mondial à beaucoup de groupes des Etats-Unis, mais aussi à de nombreuses entreprises allemandes et asiatiques d'automobile et d'électronique. Les emplois dans ces entreprises offrent les moyens de vivre à beaucoup de familles mexicaines, mais elles ne compensent pas, et de loin, les pertes causées par l'effondrement de l'économie intérieure. Ce n'est pas un hasard : le nombre de Mexicains qui franchissent le río Grande dans la clandestinité, souvent dans des circonstances rocambolesques, pour aller chercher aux Etats-Unis des possibilités de survie, a lui aussi remonté, bien que l'accord de l'ALENA signé avec le Mexique ait été censé empêcher cette migration.

L'expérience mexicaine montre à quel point il est naïf et illusoire de s'imaginer que le marché total apporte le miracle de la prospérité. A chaque fois qu'un pays moins développé, dépourvu d'aide ciblée à l'industrie et de la protection des barrières douanières, tente de faire face à la concurrence supérieure des pays industrialisés occidentaux, l'échec est prévisible : le libre-échange, c'est uniquement l'application du droit du plus fort – et pas seulement en Amérique centrale.

L'Europe aussi a son Mexique : il s'agit de la Turquie. Dans l'espoir d'un bond rapide vers la modernisation, le gouvernement d'Ankara a conclu avec l'Union européenne un traité d'union douanière entré en vigueur en 1996. Les industriels turcs espéraient que cet accord ferait croître leurs exportations vers l'Union européenne. Mais les modernisateurs du Bosphore ont sous-estimé, comme les Mexicains, les conséquences de l'ouverture de leurs propres marchés. Depuis que des produits du monde entier peuvent être importés en Turquie aux conditions en vigueur dans l'Union, les produits étrangers à bas prix font fureur. En l'espace de six mois, la balance commerciale turque s'est profondément enfoncée dans le rouge. Il est vrai que les exportations ont augmenté de 10 % – mais les importations, elles, ont fait un bond de 30 %. Craignant pour ses réserves de devises menacées, le nouveau gouvernement, sous la direction du Parti de la prospérité (Refah) islamiste, a immédiatement rétabli une taxe de 6 % sur les importations. Mais l'union douanière avec l'Union européenne n'adopte ce genre de mesures de protection que pendant 200 jours. La Turquie est prise au piège[5].

On voit une fois de plus que pour un pays émergent disposant de beaucoup d'espoirs mais de peu de capitaux, l'intégration aux zones de libre-échange des nations industrialisées hautement développées apporte plus d'inconvénients que d'avantages. Cette découverte n'en est pas une. Contrairement aux adeptes européens et américains du marché, beaucoup de dirigeants de pays pauvres de l'hémisphère sud l'ont compris depuis des années déjà et ont frayé à leurs nations un chemin bien plus intelligent vers la prospérité.

QUAND LE DRAGON REMPLACE LE MOUTON : LE MIRACLE ASIATIQUE

Les étrangers aiment bien venir à Penang, et cela ne date pas d'hier. Le climat maritime et les sols fertiles ont attiré, au siècle passé, les colonisateurs britanniques qui se sont aménagé un point de chute sur cette île située devant la côté occidentale de la Thaïlande et de la Malaisie. Aujourd'hui encore, une grande activité règne à George Town, la plus grande cité de l'île. Ce ne sont plus le commerce des fruits des plantations ou les curiosités touristiques qui attirent les étrangers. Pourtant, les visiteurs à la peau claire venus du Japon, d'Europe et des Etats-Unis se pressent dans le hall d'arrivée de l'aéroport, devant le tapis où défilent les bagages. La nouvelle attraction de Penang, c'est son secteur industriel. Texas Instruments, Hitachi, Intel, Seagate et Hewlett-Packard s'y affichent en grandes enseignes lumineuses, et montrent ainsi qu'aucun grand groupe électronique ne peut se permettre de ne pas être représenté ici avec ses propres entreprises. "Silicon Island" : c'est le nom que les Malais donnent fièrement à leur ancienne île balnéaire ; ses usines, qui emploient déjà 300 000 personnes, ont fait de cet Etat d'Asie du Sud-Est le plus grand exportateur mondial de semi-conducteurs.

Penang n'est qu'un indice, parmi beaucoup d'autres signes ahurissants, de la révolution économique que cet ancien pays agricole connaît depuis à présent vingt-cinq ans. Cela fait longtemps que la Malaisie a cessé d'être un pays en développement. Depuis 1970, l'économie nationale croît en moyenne de 7 à 8 % par an ; la production industrielle connaît même une expansion de plus de 10 %. Aujourd'hui, ce ne sont plus 5 %, mais 25 % des actifs qui travaillent dans l'industrie, laquelle fournit déjà un tiers de toute la production globale. De 1987 à 1995, les revenus par tête de ce peuple de vingt millions de personnes ont été multipliés par deux, pour atteindre 4 000 dollars par an. Si les plans du gouvernement se réalisent, ce chiffre aura été quintuplé d'ici à 2020, et aura ainsi atteint le niveau des Etats-Unis[6].

La Malaisie n'est pas le seul concurrent dans cette course spectaculaire à la prospérité. La Corée du Sud, Taiwan, Singapour et Hong-kong, que l'on a depuis longtemps qualifié de "tigre" de l'Asie, avaient atteint le niveau de la Malaisie avec cinq ou dix années d'avance. Ces derniers temps, la Thaïlande, l'Indonésie et la Chine ont elles aussi pris leur envol, et connaissent des succès tout à fait analogues, qui leur ont valu le surnom de "dragons". Dans le monde entier, les économistes et les industriels ont présenté le miracle économique asiatique comme exemplaire, une preuve vivante du fait qu'il existe tout de même une issue à la pauvreté et au sous-développement dans le cadre de l'économie de marché. Seulement le boom asiatique n'a pas grand-chose à voir avec le capitalisme du laisser-faire pratiqué par la plupart des pays de l'OCDE. Les pays montants de l'Extrême-Orient ont tous, sans exception, misé sur une stratégie que l'on a justement bannie en Occident : une intervention massive de l'Etat à tous les niveaux du processus économique. Au lieu de se laisser mener comme des moutons à l'abattoir de la compétition internationale, comme l'a fait le Mexique, les dragons de l'expansion guidée par l'Etat, de Djakarta à Pékin, ont mis au point un outillage diversifié qui leur a permis de contrôler leur développement. Pour eux, l'intégration au marché mondial n'est pas l'objectif, mais un simple moyen dont ils se servent avec prudence et circonspection.

Dans tous les pays asiatiques à forte croissance, l'ouverture de l'économie à l'étranger suit le principe du porte-avions inventé par les Japonais. Des droits de douane élevés sur les importations et des directives techniques bloquent les importations dans tous les secteurs de l'économie au sein desquels les planificateurs jugent leurs propres entreprises trop faibles pour affronter la concurrence internationale et veulent y préserver l'emploi. A l'inverse, autorités et gouvernement mettent tous les moyens en œuvre, de l'exonération fiscale à l'infrastructure gratuite, pour la production exportatrice. La manipulation des cours des devises est un instrument important dans cette stratégie. Tous les pays asiatiques copient le modèle japonais et, grâce aux ventes pratiquées par leurs banques centrales, maintiennent artificiellement la valeur extérieure de leurs monnaies à un niveau inférieur à celui qui correspondrait au pouvoir d'achat réel dans le pays. Cela explique que la valeur des salaires moyens en Asie du Sud-Est ne correspond qu'à un quarantième des salaires ouest-européens si on les convertit selon les taux de change, alors qu'à l'aune de leur pouvoir d'achat, ils correspondent tout de même à un huitième du niveau européen[7].

Les ingénieurs de la croissance asiatiques n'interviennent pas seulement sur les courants de capitaux à court terme des marchés financiers : les investissements directs des groupes multinationaux sont eux aussi soumis à des règles précises. La Malaisie, par exemple, organise systématiquement la participation de ses propres entreprises nationalisées et privées dans les filiales des groupes. On est ainsi certain qu'un nombre croissant de salariés locaux acquiert lui-même le know-how nécessaire pour accéder au marché mondial. Pour élever la qualification générale de leur population, tous les Etats investissent en outre une part considérable de leur budget dans la mise en place d'un système de formation efficace.

Lorsque cela ne suffit pas, des contrats supplémentaires passant par des licences et des brevets assurent le transfert de technologie.

Les directives portant sur la part occupée par les entreprises nationales dans la production destinée au marché mondial veillent en outre à ce qu'une part suffisante des profits réalisés à l'exportation reste dans le pays et soit réinjectée dans la création d'entreprises nationales. L'automobile la plus avantageuse en Malaisie est ainsi la Proton, qui est certes produite avec la participation de Mitsubishi, mais réalisée à 70 % dans les centres de production du pays. Malgré les vaines protestations des groupes automobiles des pays de l'OCDE, l'Indonésie suit la même stratégie, en collaboration avec deux firmes automobiles coréennes. Toutes ces mesures ont un but commun : les gouvernements restent souverains en matière économique et font en sorte que le capital, aussi bien local qu'étranger, serve les objectifs fixés par la politique. Ceux qui ne participent pas en sont exclus[8].

Le succès donne raison aux planificateurs de l'économie asiatique. Presque tous les Etats en expansion rapide de l'Asie orientale ont commencé, à l'instar du Mexique, comme simples fournisseurs des groupes mondiaux. Mais les autorités gouvernementales n'ont jamais perdu de vue la protection et la croissance de leur économie intérieure, qu'ils se contentent de financer avec les exportations réalisées par les filiales des groupes. Ils ont peu à peu créé leurs propres entreprises, contrôlées pour moitié par l'Etat, pour moitié par le privé ; ensuite seulement, ces entreprises sont allées affronter le marché privé. La Corée n'est pas la seule, aujourd'hui, à posséder de gigantesques conglomérats d'entreprises, baptisés *chaebol*, comme Hyundai ou Samsung, qui intègrent dans un même groupe plusieurs secteurs d'activité, de la voiture au bateau en passant par l'ordinateur. La Malaisie, un pays relativement petit avec ses vingt millions d'habitants, dispose déjà, elle aussi, de plus de six multinationales. La plus grande d'entre elles, Sim Darby, emploie 50 000 personnes dans 21 pays, par le biais de 200 filiales. Son capital en actions vaut déjà plus que les Singapore Airlines, par exemple, c'est-à-dire la première compagnie aérienne de l'Asie.

La globalisation de l'économie mondiale ne suit donc pas du tout un principe unique et universel. Tandis que les anciens pays prospères prônent le retrait de l'Etat et accordent de plus en plus de place aux forces du marché, les nouveaux pays en expansion font exactement l'inverse. Et ces mêmes stratèges d'entreprise qui, aux Etats-Unis ou en Allemagne, rejettent brutalement toute ingérence de l'Etat dans leurs décisions de placements, acceptent docilement, lorsqu'ils investissent des milliards en Asie, de se soumettre aux instructions de bureaucrates d'Etat. Lesquels ne se gênent pas pour dire que leur travail constitue une planification centrale de l'économie. La croissance à deux chiffres des bénéfices a suffi à écarter toutes les réserves idéologiques.

LE COMMERCE LOYAL : UNE PROTECTION POUR LES PAUVRES ?

Il est vrai que le miracle économique a aussi sa face cachée : le boom s'accompagne de corruption, de répression politique et de ravages écologiques ; il se fonde sur l'exploitation souvent démesurée d'une main-d'œuvre sans droits. Prenons l'exemple de Nike : les chaussures de sport coûteuses qui valent jusqu'à 150 dollars la paire en Europe et aux Etats-Unis sont cousues et estampées en Indonésie, dans des entreprises sous contrat, par quelque 120 000 ouvriers des deux sexes qui touchent moins de trois dollars par jour. C'est un salaire de famine, même par rapport aux conditions en vigueur en Indonésie, mais cela correspond au minimum légal qui s'applique à plus de la moitié des 80 millions de travailleurs du pays[9]. Pour préserver cet avantage, le gouvernement militaire du dictateur Suharto, en place depuis des décennies, étouffe dans l'œuf toute espèce de protestation ouvrière. Lorsque, par exemple, Tongris Situmorang, un ouvrier de chez Nike, âgé de vingt-deux ans, a voulu mobiliser ses collègues pour une grève, à l'automne 1995, dans la ville industrielle de Serang, les militaires locaux l'ont enfermé sept jours durant dans une cabane sur le terrain de l'entreprise en l'interrogeant jour et nuit. Il en est tout de même sorti, vivant et libre, et n'a perdu que son travail. D'autres, comme les deux femmes syndicalistes connues dans tout le pays qu'étaient Sugiarti et Marsinah, ont payé leur courage de leur vie. Leurs corps mutilés par la torture ont été découverts dans la décharge des usines où elles avaient tenté d'organiser une grève. Le ministre de l'Industrie, Tungki Ariwibowo, rappelle que la concurrence locale s'est aussi développée depuis longtemps entre pays à très bas salaires. En Chine, au Viêt-nam et au Bangladesh, les salaires ne sont pas plus élevés, explique-t-il pour justifier cette exploitation cautionnée par l'Etat. Si l'on relevait le salaire minimum, "nous ne pourrions pas faire concurrence à ces pays-là". La stratégie de son gouvernement, explique-t-il, est à présent d'attirer dans le pays une production ayant la plus grande valeur ajoutée possible[10].

La Malaisie voisine a déjà franchi cette étape. L'accès à la chaîne de la création de richesses a apporté le plein emploi et la hausse des salaires pour beaucoup de Malais, parce que le gouvernement a toujours toléré les syndicats d'entreprise. Mais cet Etat n'est pas encore, il s'en faut de loin, un pays libre garantissant les droits démocratiques fondamentaux. Le régime du premier ministre Mohamad Mahathir, au pouvoir depuis quinze ans, exerce une censure rigoureuse sur tous les médias. Les grèves et les rassemblements sont interdits, les partis d'opposition jouent un simple rôle de figurants lors d'élections organisées à l'intention de l'opinion publique internationale. La puissance économique croissante d'une classe moyenne en développement va de pair avec des conditions de travail souvent inhumaines pour les classes populaires, et l'arrivée de plus d'un million de travailleurs immigrés provenant des pays voisins, plus pauvres, ouvriers livrés à n'importe quelle exploitation. De toute façon, au bout de trois ans, ils doivent sans exception quitter le pays et laisser la place à une nouvelle main-d'œuvre à bon marché. C'est la raison pour laquelle Siemens, dans son usine de microprocesseurs malaise, a dû payer à un tarif relativement élevé le personnel spécialisé local, mais pas les 600 ouvrières indonésiennes que le groupe mondial emploie à la chaîne comme autant de serfs. Pour 350 marks (1 200 francs) par mois, elles triment six, voire assez fréquemment sept jours par semaine, et habitent un foyer appartenant à l'entreprise, verrouillé comme une prison pendant la nuit. Pour empêcher la fuite de ces abeilles avant l'expiration de leur contrat trisannuel, le directeur local de Siemens leur a même fait enlever leur passeport[11].

Mais c'est ailleurs que l'on rencontre la véritable absence de scrupules à l'égard des ouvriers : dans bon nombre des plus de 150 000 entreprises en joint venture sino-étrangère qui permettent à des investisseurs du monde entier de s'assurer, dans l'Empire du Milieu, une part de l'expansion ultra-rapide de l'économie socialiste de marché. Quinze heures par jour, voire plus si nécessaire, une bonne partie des ouvrières (elles sont plus d'un million) doivent coudre, estamper ou emballer, rivées à leur poste de travail. "Les gens sont contraints de travailler comme des machines", a écrit un journal local. Souvent, à leur entrée dans l'usine, elles doivent verser une caution correspondant à plusieurs mois de salaire – une somme qu'elles ne récupèrent pas si elles quittent l'entreprise contre la volonté de la direction. La nuit, elles sont serrées dans des dortoirs souvent fermés à clef qui se transforment en pièges mortels en cas d'incendie. Même le gouvernement central de Pékin a admis que les lois de protection du travail étaient bafouées ; en 1993, en l'espace de six mois seulement, on avait recensé plus de 11 000 accidents du travail mortels, et 28 000 incendies[12]. Mais dans le même temps, les gouvernants, au nom de la classe ouvrière chinoise, interdisent toute résistance, notamment dans les zones économiques spéciales réservées aux investisseurs étrangers. "Lorsqu'on se plaint, ou lorsqu'on tente de créer des syndicats, on est le plus souvent condamné à trois ans de camp de travail. Actuellement, quelques centaines de syndicalistes se trouvent en prison", a indiqué la Confédération internationale des syndicats libres en juin 1996[13].

Face aux campagnes inacceptables – selon les critères occidentaux – menées par les pays d'Asie du Sud-Est pour conquérir des parts de marché, la plupart des gouvernements de l'Ouest restent sur une étonnante réserve. La dernière fois que les chefs de gouvernement d'Europe de l'Ouest ont fait preuve d'un pareil aveuglement, c'était au début mars 1996, lorsque, avec leurs collègues des huit nations asiatiques de premier plan, ils se sont retrouvés à Bangkok pour promouvoir les relations économiques mutuelles. Tandis qu'au centre où se déroulait la conférence, les orateurs se succédaient pour invoquer la compréhension entre les peuples, les représentants de plus de cent organisations de base rassemblées pour une contre-conférence protestaient contre les conditions de travail inhumaines en vigueur dans les usines asiatiques. Dans le même temps, plus de 10 000 Thaïlandais installaient un camp de toile devant le siège de leur chef de gouvernement, pour protester contre la répartition inégale de la richesse croissante de leur nation[14]. Mais aucun des invités européens ne jugea nécessaire de prononcer publiquement le moindre mot sur ces questions. Le chancelier fédéral allemand, tout comme le premier ministre britannique, a préféré négocier lors de conversations discrètes de grandes commandes pour des groupes qui portent encore des noms allemands ou anglais. Dans le même temps, le directeur de Daimler-Benz, Jürgen Schrempp, faisait courir le bruit que l'Allemagne devait être prête à “prendre des leçons auprès de l'Asie”, et le Congrès allemand de l'industrie et du commerce présentait une étude dans laquelle on vantait la “stabilité politique” et les “conditions d'investissement particulièrement favorables” de la dictature indonésienne[15].

Ce genre d'ignorance sert de vecteur à un message redoutable : la protection de l'environnement et de la santé, la démocratie et les droits de l'homme doivent marquer le pas dès qu'il s'agit de l'économie mondiale. Ce n'est pas l'avis de tout le monde. “Nous ne devons pas tolérer que les régimes autoritaires soient considérés comme une condition nécessaire du succès économique”, met en garde John Evans, secrétaire général de l'organisation internationale TUAC, la commission syndicale de consultation auprès de l'OCDE à Paris : “Les seuls régimes où l'on peut discuter de la répartition des bénéfices sont les démocraties[16].” Comme la plupart des syndicalistes dans le monde entier, Evans se bat donc depuis longtemps pour répondre aux violations des droits de l'homme et des normes de protection de l'environnement en faisant prendre des sanctions commerciales contre les pays concernés.

Le gouvernement américain de Bill Clinton, élu avec le soutien des syndicats, a même fait sienne cette exigence *pro forma.* A la fin des négociations sur la fondation de l'Organisation mondiale du commerce, le représentant des Etats-Unis a plaidé pour l'intégration d'une clause sociale et d'une clause sur l'environnement au traité de l'OMC. Selon ce traité, les Etats dont on peut prouver que les marchandises exportées sont produites en violation des normes minimales de l'Organisation internationale du travail de l'ONU peuvent faire l'objet de plaintes auprès de l'OMC et, le cas échéant, subir des amendes douanières. Les Etats susceptibles d'être touchés par cette mesure n'ont pas été les seuls à protester. Leur résistance aurait pu être surmontée, car ils avaient beaucoup à perdre en renonçant à ce nouveau traité qui abolit beaucoup de droits de douane protectionnistes et d'obstacles au commerce. Mais si l'on n'a pu imposer cette avancée, c'est avant tout à cause des pays de l'Union européenne qui, à l'exception de la France, se sont tous prononcés contre cette mesure. Le projet s'est notamment heurté à un refus rigoureux des gouvernements allemand et britannique – deux Etats où l'on "croit au libre-échange comme les enfants au père Noël", comme l'a commenté, acerbe, *Le Monde diplomatique*[17]. On a ainsi laissé s'échapper l'unique chance d'introduire un code commercial valide dans le monde entier – alors que les négociations s'étaient étirées sur sept années au total.

Il n'existe pourtant aucun argument défendable contre le respect de normes minimales. Les normes centrales de l'OIT, comme l'interdiction du travail des enfants et du travail forcé, de la discrimination ethnique ou sexuelle, et la garantie des libertés syndicales, font de toute façon partie des conventions de l'ONU, ratifiées depuis longtemps par tous les Etats. La menace de sanctions commerciales ne ferait que donner une force supplémentaire à ces traités déjà en vigueur. Les adversaires de cette mesure, en revanche, comme le ministre allemand de l'Economie Günther Rexroth, ou le secrétaire général de l'OMC, Ruggiero, affirment pour leur part qu'en imposant des règles sociales dans le commerce mondial, on permettrait à "un néo-protectionnisme de se faufiler par la porte de derrière". Les pays plus riches pourraient utiliser le social comme prétexte pour tenter de se protéger contre la concurrence à meilleur marché en provenance du sud. C'est exactement le même argument qu'ont utilisé tous les représentants des pays émergents aux négociations de Genève : selon eux, une clause sociale dans le traité de l'OMC reviendrait à refuser une nouvelle fois aux pauvres du Sud leur part de la prospérité.

Mais cet argument n'a, dans le meilleur des cas, qu'une valeur de propagande ; dans la bouche des politiciens européens, il frôle l'hypocrisie. Lorsqu'il s'agit de défendre les intérêts des unions professionnelles influentes et des détenteurs de capitaux, la Commission et les gouvernements de l'Union européenne prennent moins de gants en matière de politique commerciale. A chaque fois que des entreprises européennes ne s'étaient pas elles-mêmes assurées à temps une base dans les pays à bas salaires et que les unions professionnelles ont porté plainte auprès d'elle, la Commission a jusqu'ici toujours décrété des taxes antidumping élevées, notamment lorsqu'il s'agissait d'importations asiatiques. Depuis les roulements à bille chinois jusqu'aux produits chimiques de base en provenance de Russie, en passant par les caméscopes coréens : pour bien plus de cent catégories de produits, les surveillants du commerce à Bruxelles ont décidé, même après la conclusion du traité de l'OMC, d'appliquer ce genre de sanctions douanières, au motif douteux que les offreurs vendaient les marchandises au-dessous de leur valeur réelle afin de conquérir de manière déloyale des parts de marché.

L'introduction de normes sociales et écologiques minimales ne serait donc, en principe, rien de neuf ; seulement elle imposerait une forme de loyauté envers les ouvriers ou envers les populations atteintes par la pollution dans les pays en voie de développement. Les gouvernants de ces pays riches mentent tout autant lorsqu'ils affirment que la liberté syndicale ou une interdiction du travail des enfants rendraient les pauvres encore plus pauvres. Au contraire : ce sont leurs propres profits commerciaux qui seraient menacés si les élites non démocratiques du Sud étaient enfin mises sous pression et forcées de laisser de grandes parties de la population participer aux succès économiques de leurs pays. Et surtout, on pourrait facilement éviter l'abus des quotas d'importations fondés sur la base de clauses sociales intégrées au traité de l'OMC si l'on transmettait aux institutions compétentes de l'ONU les cas d'atteintes aux droits de l'homme.

LE PROTECTIONNISME : UN BOUCLIER POUR LES RICHES ?

Si raisonnables et justes que puissent être les sanctions commerciales contre les régimes autoritaires, elles ne contribueraient guère à diminuer la pression de la concurrence en provenance du sud. Beaucoup de syndicalistes estiment que ces mesures permettraient de mettre un terme à la propagation des bas salaires et du chômage. Ils se trompent. Si les pays à bas salaires sont des lieux où l'on peut produire à moindre coût, ce n'est pas exclusivement dû à l'oppression politique ou à l'esprit antisocial de certaines entreprises ou de certains fonctionnaires gouvernementaux. Un nombre relativement réduit de pays en voie de développement est en train de réussir la percée et exporte de plus en plus. Cela tient avant tout au niveau de vie général de la population qui, puisque les prix du logement et de la nourriture sont bas, ne revendique pas de revenus élevés. En outre, les jeunes pays qui montent dans le système capitaliste n'ont pas encore besoin de système d'assurance sociale, parce que leurs structures familiales sont encore largement intactes. "Notre système social, c'est la famille" : c'est ce que répondent couramment les hommes politiques asiatiques lorsqu'on les interroge sur leurs institutions de prévoyance pour la maladie et pour la vieillesse. Un autre élément pèse encore plus lourd dans la balance : le dumping monétaire, qui abaisse le prix de leurs exportations à un niveau défiant toute concurrence. C'est la raison pour laquelle l'usine de microprocesseurs de Siemens en Malaisie resterait rentable même si elle devait rémunérer 2 500 francs par mois ses ouvrières à la chaîne et si le pays avait des syndicats libres. La fabrication des chaussures de sport Nike en Indonésie et au Bangladesh aurait encore une justification économique si le salaire minimum était multiplié par deux. Il est indispensable d'imposer le respect de normes minimales, parce qu'il assurerait plus de justice sociale dans le Sud. Mais il ne permettrait pas de préserver ou de créer des emplois dans le Nord.

Beaucoup d'économistes français, se situant ainsi dans la tradition protectionniste de leur pays, réclament donc la mise en place ciblée de directives commerciales. Gérard Laffay, conseiller économique du gouvernement, propose par exemple de lever contre les exportateurs asiatiques des taxes antidumping qui compenseraient au moins la sous-évaluation artificielle de la monnaie dans les pays exportateurs asiatiques. Les revenus de ces taxes ne devraient cependant pas entrer dans la caisse de l'Etat, mais être attribués aux exportateurs des mêmes produits en monnaie européenne. Ceux-ci pourraient ainsi financer les importations en provenance d'Europe et établir un meilleur équilibre dans le commerce et les taux de change. L'idée paraît légitime, mais elle ne va pas sans poser de problème. La fixation des taxes ouvrirait grande la porte à l'arbitraire. Personne ne pourrait décider objectivement quelle compensation serait juste ; et l'on peut se demander si, dans les faits, on ne condamnerait pas ainsi aux pays concernés l'accès au marché du Nord, dont ils ont absolument besoin pour leur développement.

Reste à savoir si la construction de remparts contre la concurrence des bas salaires pourrait arrêter la dévalorisation galopante de la main-d'œuvre dans les pays hautement développés. Il ne fait aucun doute que la hausse des importations en provenance de l'Est et de l'Extrême-Orient a causé des dégâts dans les secteurs de l'industrie employant beaucoup de main-d'œuvre. Dans l'industrie de la chaussure et du textile, de la technique informatique, de la mécanique de précision et dans les secteurs apparentés, tous les pays de la triade formée par l'Europe, l'Amérique du Nord et le Japon ont perdu des emplois en faveur des nouveaux venus de l'économie mondiale. C'est la raison pour laquelle le nombre d'emplois non spécialisés et les postes automatisés à la chaîne sont les premiers à disparaître. L'économiste britannique Adrian Wood a prouvé, dans une vaste étude empirique, qu'en moyenne, depuis 1980, dans les pays de la triade, la hausse du commerce avec des nations en développement a fait baisser de 15 % le nombre des emplois proposés dans l'industrie[18].

Mais du point de vue des économies nationales, cette évolution a jusqu'ici été une excellente affaire pour la plupart des pays prospères du Nord. Car avec les importations, ce sont aussi les achats des pays en ascension qui ont augmenté chez leurs clients. Depuis l'équipement d'usine jusqu'au satellite de télécommunication, ces nations doivent au bout du compte acheter tout ce qu'elles ne produisent pas encore elles-mêmes. Sur ce point, aucun Etat de l'OCDE n'a connu plus de succès que l'Allemagne. Aujourd'hui encore, le géant économique au cœur de l'Europe est le plus grand pays exportateur du monde par rapport à son PNB. La balance commerciale de l'Allemagne fédérale est excédentaire aussi bien avec l'Asie du Sud-Est qu'avec les nouvelles économies de marché en Europe centrale. Le gros des profits à l'exportation arrive cependant sur les comptes des branches requérant des investissements élevés et dépendant de connaissances de pointe, comme la construction de machines et d'installations, de chimie, de technique électrique et de précision.

Ce décalage est la principale cause de la crise du travail. La plupart des entreprises allemandes, mais aussi françaises ou japonaises, tirent de grands profits de la globalisation. Seule diminue inlassablement la part de leur chiffre d'affaires qu'elles consacrent à rémunérer la main-d'œuvre dans leur pays d'origine. Ce n'est pas la prospérité générale qui diminue, mais uniquement la partie de la production économique qui revient vers les salaires et les traitements. Même en Allemagne, un pays encore soucieux d'équilibre il y a peu de temps, la part des salaires a diminué de 10 % depuis 1982. Dans le même temps, l'inégalité de la répartition du salaire annuel entre les différents groupes de professions s'accroît. Des spécialistes difficilement remplaçables ou des prestataires de services qualifiés qui ne sont pratiquement pas exposés à la concurrence internationale peuvent encore s'attendre à voir augmenter leurs salaires. Le reste – surtout les personnes non qualifiées – glisse peu à peu vers le bas.

Mais ce processus n'est dû que pour une petite part aux pays récemment industrialisés de l'Asie ou de l'Europe centrale. Les grandes saignées sur le marché du travail résultent avant tout des relations qui se sont établies à une vitesse fulgurante entre les différents pays de l'OCDE. Même pendant les années quatre-vingt-dix, plus des deux tiers des investissements internationaux ont été effectués au sein de ce groupe d'Etats. Certes, les investissements des entreprises du Nord ont augmenté dans les pays en développement. Mais plus de la moitié de ces capitaux transférés servent à l'exploitation des matières premières et à l'installation d'entreprises de prestations de services, comme les hôtels ou les banques, ce qui n'a pas grand-chose à voir avec le transfert du travail. Les achats d'entreprises et les investissements augmentent encore plus vite entre les pays riches. Tandis que les investissements directs à l'étranger passaient entre 1992 et 1995, pour ce qui concernait les pays en développement, d'un peu moins de 55 à 97 milliards de dollars par an, les groupes industriels ont fait faire un bond spectaculaire au chiffre des investissements dans les pays de l'OCDE : il est passé dans la même période de quelque 111 à 216 milliards de dollars annuels[19]. Le club des riches continue à réaliser entre soi la plus grande partie d'un commerce mondial en expansion rapide.

Ces données montrent quelles proportions a atteintes l'intégration capitalistique et commerciale des Etats de l'OCDE. Mais cette nouvelle situation a accru la concurrence entre nations prospères ; dès lors, depuis des années, la productivité augmente plus vite que la production économique globale. C'est la transformation technique, menée au pas de charge sous la pression de la concurrence, qui rend le travail toujours plus superflu. Les responsables du chômage et de la baisse des salaires ne sont pas les travailleurs sous-payés du Sud et de l'Est. Eux sont tout au plus des instruments, voire de simples lubrifiants qui maintiennent en mouvement cette spirale engendrée par la rationalisation et la diminution des coûts du travail au sein des pays de l'OCDE.

L'école économique néolibérale a rempli des bibliothèques entières avec des études qui tentent de prouver que la seule cause de la crise de l'emploi est le progrès de la technique et des méthodes de management – et que l'intégration transnationale et la concurrence n'en sont pas responsables[20]. Cette distinction est purement académique. Dans le monde réel, les deux phénomènes sont indissociablement liés l'un à l'autre, parce que seule l'intégration globale donne au progrès technique cette force qui lui permet de s'imposer et de reléguer aujourd'hui des millions de personnes en marge de la société. Pour lutter contre cette évolution, rien ne servirait de mettre des obstacles au commerce et d'élever des barrières douanières, si ce protectionnisme était exclusivement dirigé contre les pays à bas salaire. Un Etat ne pourrait reconstituer ses industries à haut niveau d'emploi qu'en se protégeant aussi contre la concurrence des autres pays hautement développés. Mais cela lui ferait perdre tous ses marchés à l'exportation, parce que ses concurrents lui répondraient en utilisant les mêmes armes – une stratégie du chaos. Le prix de ce renversement structurel serait, là encore, une énorme perte de prospérité, même si elle va de pair avec une hausse du taux de l'emploi.

A chaque fois que les économistes et les observateurs spécialisés lancent des mises en garde et affirment que les citoyens prospères devront à l'avenir se serrer la ceinture parce que de nouvelles légions de travailleurs à bon marché se pressent partout sur le marché, ils passent sous silence le fait que la production globale des pays riches continue à croître. Le rendement moyen du capital investi augmente lui aussi, sa croissance s'est même accélérée. Ce ne sont donc nullement les pays pauvres qui ôtent aux pays riches leur prospérité.

Mais il est vrai, d'un autre côté, que ce sont les privilégiés du Nord et du Sud, les riches, les détenteurs de capitaux et les travailleurs hautement qualifiés qui tirent de la mondialisation de l'économie, aux frais du reste de la population, une part toujours plus importante des richesses produites dans le monde en quantité croissante. Les statistiques de la Bundesbank sur les sources des revenus privés montrent que cette tendance s'est depuis longtemps emparée de l'Allemagne, malgré la puissance que détenaient jusqu'ici ses syndicats et le niveau élevé de ses transferts sociaux. En 1978 encore, 54 % des revenus disponibles en Allemagne de l'Ouest provenaient des salaires et traitements. Le reste se répartissait par moitiés entre les dividendes et prises de bénéfice, d'une part, le paiement des retraites et des prestations sociales, de l'autre. Seize ans plus tard, la part des salaires et traitements nets était descendue à 45 %. En revanche, un bon tiers du revenu national allait au non-travail payé des bénéficiaires de dividendes sur les actions et des bénéfices des entreprises[21].

Dès lors, les conflits liés à la fusion économique mondiale ne sont rien de plus, mais rien de moins, qu'une lutte pour la répartition des richesses – un combat aussi ancien que le capitalisme lui-même. Ce qui est ahurissant, c'est le fait que les mystiques du marché parviennent toujours à nier cette simple vérité, à se la dissimuler à eux-mêmes comme au grand public. C'est par exemple le cas en Allemagne, où les débats sur la localisation économique des entreprises et sur le "bon site" prennent des traits de plus en plus grotesques et produisent une politique aberrante.

LE MODÈLE ALLEMAGNE : LE(S) MENSONGE(S) DU "BON SITE"

Helmut Kohl ne tarissait pas d'éloges, ce jour-là. "Les syndicats se sont montrés extraordinairement coopératifs et disposés à dialoguer", affirma-t-il, flatteur. Leur signature, apposée en bas du pacte pour l'emploi, aurait selon lui des "conséquences positives". Le président de l'IG Metall, Klaus Zwickel, était un "concitoyen allemand qui savait s'y prendre". Le chancelier souhaitait aussi témoigner au syndicat IG Chemie "tout son respect et sa reconnaissance". Il garantissait chaleureusement qu'il saurait apporter son soutien à ces syndicalistes courtisés, lorsque les temps seraient difficiles. "Je suis un disciple de Ludwig Erhard. Ce parti ne mènera jamais une politique uniquement axée sur le marché ; le social est un élément essentiel, et c'est la raison pour laquelle il n'y a pas de démontage social[22]." Le chancelier fédéral parlait encore ainsi en avril 1996, dans une émission diffusée à un horaire de grande écoute. Deux mois plus tard seulement, les destinataires de ces louanges organisaient à Bonn la plus grande manifestation de l'après-guerre pour protester contre ce chancelier et sa politique. Plus de 300 000 personnes firent jusqu'à 70 heures de trajet dans 74 trains spéciaux et 5 400 bus pour protester contre le démantèlement des prestations sociales, le chômage et la diminution des salaires prescrite par l'Etat. Si le gouvernement fédéral s'en tient à son programme, "cette république [allemande] connaîtra une situation face à laquelle la France n'aura été qu'un prélude fatigué", annonça le patron du DGB, Dieter Schulme, en faisant allusion à l'espèce d'insurrection déclenchée par ses collègues français six mois plus tôt dans des conditions identiques. A cette date, Kohl avait oublié ses éloges, et traitait ses anciens partenaires de "dénigreurs professionnels, spécialistes de l'objection" qui n'ont "en tête que la défense des privilèges" et qui "gâchent l'avenir de l'Allemagne[23]".

Les temps ont changé en Allemagne : le gouvernement conservateur libéral défend désormais ouvertement, globalement et d'une manière offensive ce que l'élite capitaliste du pays affirme et exige depuis des années déjà. "Nous sommes trop chers", dit le chancelier – mais ce "nous" concerne exclusivement ceux qui tirent leurs revenus de leur travail d'employés et d'ouvriers. Le mot "privilèges" fait désormais fureur. Le premier ministre de la Saxe, l'éclaireur intellectuel du CDU, Kurt Biedenkopf, a même mis au jour "toute une montagne de privilèges" qu'il convient de "faire exploser[24]". Il veut parler des indemnités maladie, des allocations familiales, de la protection contre les licenciements, des indemnités de chômage, des emplois publics, de la semaine de cinq jours, des trente journées de congés annuels et de beaucoup d'autres choses qui constituent jusqu'ici le cadre social de l'économie de marché allemande. Il ne fait aucun doute que par comparaison avec l'étranger, la plupart des employés allemands peuvent difficilement se plaindre de leur sort. Cette situation a valu au pays l'admiration et la jalousie du monde entier ; elle a incité les partis politiques du pays à faire du "modèle allemand" le leitmotiv de leurs campagnes électorales. Mais face à la compétition globale, les conquêtes se transforment en "privilèges". "Pour la croissance et l'emploi", comme l'annonce le titre de leur programme de gouvernement publié en avril 1996, Kohl et ses ministres s'attellent à présent à l'abolition des privilèges et effectuent des coupes sombres dans tout l'éventail des prestations sociales et des accords collectifs. Même les femmes, dont chacun sait qu'elles accroissent leurs privilèges en attendant des enfants, doivent à l'avenir être sanctionnées par des diminutions de salaire lorsque cela les empêche de travailler.

L'intention est claire : puisque la machine économique mondialisée laisse de moins en moins d'argent pour rémunérer le travail, ceux qui reçoivent les salaires et les prestations sociales doivent se répartir le reste de telle sorte que tous reçoivent quelque chose et que le nombre des chômeurs diminue. L'Allemagne doit tirer les leçons de la situation en Amérique, où l'on recense plus de personnes au travail, mais avec des salaires plus bas, une absence quasi absolue de prestations sociales, des temps de travail plus longs et des conditions de travail plus mauvaises. L'un des partisans de la hausse des profits du capital en Allemagne l'exprime ouvertement : "Il faut que les salaires bruts diminuent de 20 % si l'on veut revenir au plein emploi" – la formule est de Norbert Walter, ancien directeur de l'Institut pour l'économie mondiale à Kiel, aujourd'hui directeur de la recherche économique à la Deutsche Bank, dont la direction vient tout juste d'être récompensée par des stock-options, pour avoir entretenu la *shareholder value*[25]. Il y a quelques années encore, l'économiste se serait mis en marge de la politique en faisant pareille proposition. Aujourd'hui, il sait qu'il a le soutien du gouvernement. Cette percée, Walter et ses compagnons de combat la doivent à des années de campagne multimédiatique au cours de laquelle aucune déformation, aucune falsification n'était de trop si elle permettait la victoire : il fallait imposer la légende du déclin de l'Allemagne comme site économique.

L'un des arguments centraux de cette bataille de propagande est que l'Etat social allemand est devenu trop cher, que trop de citoyens adoptent une "mentalité d'assistés", comme le dit Walter, et préfèrent profiter des prestations sociales plutôt que de travailler. Il y a certainement beaucoup de choses à réformer dans le système social allemand. Les diverses prestations sociales (152 au total) sont souvent organisées de manière chaotique, entraînent des coûts de gestion élevés et favorisent souvent les profiteurs tandis qu'elles ne suffisent même pas à assurer un toit à ceux qui en ont véritablement besoin. Plus de huit millions de personnes vivent déjà en dessous du seuil de pauvreté, et l'on n'a pas assez d'argent pour les réintégrer par la formation et l'emploi. Mais une chose est fausse : l'idée que l'Etat social est devenu trop coûteux. On a certes payé près d'un billion de marks en 1995 pour toutes les prestations sociales, onze fois plus qu'en 1960. Mais dans la même période, le revenu national global a été multiplié lui aussi, exactement dans les mêmes proportions. En 1995, toutes les prestations sociales de la république coûtaient un peu plus de 33 % du PIB allemand. En 1995, vingt ans plus tôt, ce chiffre était exactement identique pour l'Allemagne de l'Ouest : 33 %[26]. En décomptant les prestations sociales versées en Allemagne de l'Est, ce taux serait même inférieur de 3 % aujourd'hui*.

Ce qui s'est dramatiquement transformé, en revanche, c'est le financement de ces charges. Près des deux tiers des versements sociaux sont financés à partir des prélèvements effectués sur les revenus des salariés. Mais comme la part qu'ils occupent dans le produit intérieur ne cesse de descendre en raison du chômage et de la lente baisse des revenus, le taux de ces prélèvements a dû être augmenté de manière exorbitante, au fil des années, pour pouvoir financer les retraites, les allocations chômage et les traitements médicaux. Les quatre millions de chômeurs font perdre chaque année 16 milliards de marks aux seules caisses de retraite. La crise du système de prévoyance allemand est donc presque exclusivement une conséquence de la crise du travail, et non le résultat des excès auxquels se seraient livrés les habitants d'un pays de cocagne. Pour ne pas rendre la main-d'œuvre inutilement plus coûteuse, il eût été logique, compte tenu de la richesse croissante du pays, de faire participer aussi au financement, par le biais de l'impôt, ceux qui ne paient pas de taxes sociales : les fonctionnaires, les professions libérales et les rentiers. Le gouvernement Kohl a fait exactement le contraire. Dans le fil de la reconstruction de la partie orientale du pays, il a pillé les caisses sociales pour assurer toutes sortes de paiements qui n'avaient strictement rien à voir avec leur objectif initial, la prévoyance, depuis les versements d'indemnités aux victimes du régime est-allemand

* Les "nouveaux Länder", plus pauvres et affligés d'un taux de chômage beaucoup plus élevé, constituent en effet un poids social bien plus important, proportionnellement, que les "anciens Länder". *(N.d.T.)*

jusqu'aux fonds de préretraite pour les anciens serviteurs de l'ex-RDA. Si les caisses de retraite, de chômage et de maladie étaient simplement libérées des charges qu'elles n'étaient pas destinées à assurer, on pourrait diminuer immédiatement de 8 % les prélèvements sociaux sur les salaires – le calcul a été fait par les gestionnaires des autorités fédérales concernées[27]. Les principaux dénonciateurs de l'Etat social excessif se sont d'ailleurs eux aussi servis sans la moindre gêne de l'argent des assurés sociaux. De 1990 à 1995, les entreprises et les directeurs du personnel allemands ont envoyé 750 000 collaborateurs en préretraite, rajeunissant ainsi leur personnel aux frais de ceux sur qui l'on prélève ces sommes. Les dépenses supplémentaires ainsi infligées aux caisses de retraite s'élèvent à 15 milliards de marks par an, soit un point de prélèvement complet ou 1 % des salaires totaux[28].

Il existe une autre méthode, tout aussi douteuse, pour inciter le citoyen allemand à diminuer ses prétentions : la comparaison internationale des coûts du travail. C'est un fait : il n'existe aucun pays où l'heure de travail soit plus élevée qu'en Allemagne. Comparer les salaires horaires des différents pays est cependant tout aussi instructif que de comparer les coûts d'un immeuble neuf au cœur de Paris et dans les faubourgs de Mantes-la-Jolie. Ce qui compte effectivement, sur le marché mondial, ce sont les coûts salariaux à la pièce : c'est-à-dire la valeur des marchandises produites par unité de travail. En exploitant ces données-là dans le monde entier, les économistes Heiner Flassbeck et Marcel Stremme, de l'Institut allemand de recherche économique, à Berlin, ont fait apparaître des réalités étonnantes. Calculés sur la base des monnaies locales, les coûts salariaux à la pièce, en Allemagne, ont augmenté de 97 % au total entre 1974 et 1994 ; l'augmentation moyenne de tous les autres pays de l'OCDE était quant à elle de 270 %[29]. La machine d'efficience allemande fonctionne donc remarquablement. C'est précisément la raison pour laquelle les entreprises allemandes sont si bien placées aujourd'hui sur de nombreux marchés. Les économistes de l'Ifo-Institut munichois, l'un des six centres de recherche auxquels le gouvernement fédéral allemand demande conseil, sont arrivés au même résultat. "Nulle part le revenu moyen réel par employé n'a augmenté plus faiblement qu'en Allemagne", ont écrit les experts de l'Ifo dans un rapport destiné au ministère de l'Economie, à Bonn. "On ne trouve de chiffres analogues que pour les Etats-Unis. Ces données confirment la thèse de la modération des syndicats allemands et montrent que les salaires élevés pour des temps de travail effectifs courts sont justifiés par la productivité[30]. »

Bien sûr, aucun pays ne peut vendre pendant des décennies dans le monde entier plus qu'il n'importe lui-même sans conséquences. Dans une telle situation, le deutschemark monte constamment par rapport à d'autres monnaies. La discipline des coûts que s'imposent les Allemands, et qu'ils remettent en vigueur à chaque négociation collective, est ainsi compensée en permanence par la perte de valeur des rentrées en monnaie étrangère. En 1994, les produits allemands à l'exportation ont obtenu un rendement de 10 % inférieur à celui de 1992, parce que la crise du Système monétaire européen et la politique du dollar à bon marché pratiquée par la banque centrale américaine a poussé le cours du deutschemark vers le haut, et celui du dollar vers le bas. En intégrant ces décalages des taux flottants, on constate que l'évolution des coûts dans tous les pays industriels suit une ligne à peu près parallèle à celle de l'Allemagne – c'est ce qu'ont établi les chercheurs du DIW. C'est la raison pour laquelle, aujourd'hui, convertis en dollars, les coûts salariaux allemands à la pièce dans l'industrie de transformation correspondent à peu près aux coûts américains, comme l'a également calculé l'Institut der Deutschen Wirtschaft, un institut dont le siège est à Cologne, proche des unions patronales[31].

Dans ce contexte, on peut dire qu'Olaf Henkel, ancien directeur d'IBM et président de l'Union fédérale de l'industrie allemande, s'est livré à une opération de propagande audacieuse à l'automne 1995, lorsqu'il s'est attaqué aux employés allemands trop bien payés. Il a expliqué que puisque les entreprises allemandes investissaient chaque année de nombreux milliards de marks à l'étranger, les emplois émigraient aussi avec le capital. « Les postes de travail sont le plus grand succès d'exportation des Allemands », a dit Henkel[32]. Cette affirmation a fait l'effet d'une bombe, elle s'est répandue dans tout le pays. Il s'agit pourtant d'une grossière erreur.

Pour étayer sa thèse, Henkel a fait le calcul suivant : depuis 1981, les chefs d'entreprise et les groupes ont investi pour 158 milliards de marks dans les filiales étrangères. Dans le même temps, selon lui, le nombre des personnes employées dans ces filiales a augmenté de 750 000. Il en résulte que l'Allemagne a "exporté" près de 70 000 emplois chaque année. La réalité est toute différente. Un pays qui enregistre continuellement, pendant de nombreuses années, des excédents commerciaux, doit obligatoirement exporter plus de capital qu'il n'en importe. Pour les mêmes raisons, et dans le même laps de temps, les groupes japonais ont même investi cent milliards de plus dans leurs filiales étrangères que les groupes allemands. La majorité des investissements ne se dirige d'ailleurs pas vers les pays à bas salaires, mais vers les autres nations industrielles. Les objectifs principaux de l'expansion allemande à l'étranger sont la Grande-Bretagne, l'Espagne, les Etats-Unis et la France.

Mais surtout, les emplois supplémentaires que Henkel croit pouvoir décompter à l'étranger sont un pur mirage. C'est ce qu'a pu démontrer l'économiste Michael Wortmann, de l'Institut de recherche berlinois pour l'économie extérieure, qui enregistre depuis dix ans les investissements des entreprises allemandes à l'étranger[33]. Il est vrai que le nombre de collaborateurs d'entreprises allemandes à l'étranger a augmenté de 190 000 entre 1989 et 1993, si l'on en croit les statistiques de la Bundesbank. Mais dans le même temps, les investisseurs allemands ont aussi acheté des entreprises étrangères, qui comptaient plus de 200 000 employés. Les emplois exportés existaient donc depuis longtemps à l'étranger. Bien entendu, de nombreux groupes ont aussi bâti de nouveaux centres de production. BMW construit en Caroline du Sud, aux Etats-Unis, Siemens dans le nord de l'Angleterre, Bosch au Pays de Galles, Volkswagen au Portugal et en Chine. Mais dans le même temps, les stratèges allemands du marché mondial mènent bien entendu dans les filiales étrangères achetées et déjà existantes le même travail qu'en Allemagne : rationalisation, délocalisation, concentration. Beaucoup d'achats à l'étranger servent ainsi simplement à épurer le marché ; la fermeture d'une entreprise succède rapidement à son rachat. Au bout du compte, les entreprises allemandes créent donc relativement peu d'emplois supplémentaires à l'étranger – comme en Allemagne.

Le débat sur la compétitivité allemande est ainsi tissé d'absurdités, de contradictions et de fausses informations destinées à tromper le public. Son effet sur la politique n'en est pas moins désastreux. Fermement convaincu par la rhétorique du "bon site" utilisée par les extrémistes du marché, le gouvernement fédéral a imposé à son pays un programme d'économies qui crée plus de dégâts qu'il n'apporte de profits. D'ici à 1998, ce sont quelque 200 000 emplois qui disparaîtront dans le service public. Avec la diminution des aides à l'emploi, on précipitera en outre 195 000 personnes supplémentaires dans le chômage en Allemagne orientale. Dans le même temps, les coupes dans les prestations sociales diminueront une fois de plus le pouvoir d'achat sur le marché intérieur. Faute de clientèle, Holger Wenzel, directeur de l'Union centrale du commerce de détail allemand, s'attend à une perte annuelle de 35 000 emplois dans les boutiques et les grands magasins[34]. "Le chômage s'auto-alimente", a prévenu Wolfgang Franz, l'un des cinq sages de l'économie travaillant pour le gouvernement fédéral[35]. Mais les ministres continuent à affirmer qu'il n'y a pas d'alternative au programme d'austérité et se réfèrent, pour justifier ces mesures, aux déficits croissants des caisses publiques.

Mais cet argument, lui aussi, est cousu de fil blanc. Bien entendu, lorsque le chômage augmente, les revenus du fisc diminuent. Les gestionnaires de ce trou financier dissimulent avec gêne le fait qu'eux-mêmes ont aussi volontairement diminué les revenus. L'Etat fédéral allemand et les Länder distribuent généreusement, chaque année, une quantité toujours croissante d'exonérations pour les entreprises et les professions libérales, et tolèrent que des sommes de plus en plus importantes se déplacent vers les paradis fiscaux. En abaissant plusieurs fois l'impôt sur les sociétés de capitaux et en promulguant une véritable foison d'avantages à l'amortissement, le gouvernement a fait passer la pression fiscale sur les profits des entreprises de 33 % en 1990 à 26 % en 1995 – les revenus qu'en tire l'Etat ont même diminué de 40 %[36]. En 1980 encore, les impôts sur le bénéfice constituaient un quart des recettes de l'Etat. Si cette proportion était la même aujourd'hui, les caisses publiques seraient plus riches de 86 milliards de marks – une fois et demie le montant des dettes supplémentaires contractées par le ministre fédéral des Finances en 1996. Et même ce prétendu programme d'économies prévoit une nouvelle baisse des ressources. En diminuant les impôts sur la fortune et sur le capital d'exploitation, on se privera de 11 milliards de marks de revenus supplémentaires.

Tout cela est censé faciliter la création de nouvelles entreprises et d'emplois supplémentaires en Allemagne. Selon le ministre des Finances, Theo Waigel, qui cherchait à justifier la réforme fiscale menant à une diminution des revenus de l'Etat, il existe aussi une compétition entre les Etats pour ce qui concerne la fiscalité des entreprises. Mais il y a longtemps que l'on a cessé d'espérer que les profits supplémentaires se transformeront d'eux-mêmes en un surcroît de croissance et de travail. De 1993 à 1995, les bénéfices des entreprises en Allemagne fédérale ont augmenté en moyenne de 27 % tandis que les quotas d'investissement restaient constants.

SORTIR DE LA SPIRALE DESCENDANTE

Les contradictions de la politique allemande du "bon site" illustrent l'erreur fondamentale d'une politique qui fait de la compétition globale une fin en soi : elle ignore la perspective. La course folle pour les parts du marché mondial (de l'emploi) dévalorise la main-d'œuvre au fil de cycles toujours plus rapides ; pour la très grande majorité, elle ressemble à la fameuse compétition entre le lièvre et la tortue. Un concurrent meilleur marché est toujours là avant vous – et s'il ne s'y trouve pas encore, il y sera demain. Lorsqu'on "s'adapte", on ne fait que provoquer une nouvelle adaptation ailleurs, et l'on est rapidement obligé de recommencer. Quoi qu'ils fassent, la plupart des employés ne peuvent plus que perdre à ce jeu-là. Seule la minorité des possédants et des personnes bénéficiant, provisoirement, d'une qualification élevée, peut en tirer profit – ce qui représente en moyenne un cinquième de la population dans les vieux pays industrialisés. Aujourd'hui, même les défenseurs professionnels du libéralisme économique, comme les spécialistes de la centrale de l'OCDE à Paris, ne peuvent plus nier cette tendance qui nous mène à la société des deux dixièmes. Les statistiques des revenus n'illustrent que trop clairement le clivage croissant entre les pauvres et les riches.

Mais le prolongement infini de cette spirale descendante n'est pas une fatalité – il n'est même pas vraisemblable. Les contre-stratégies sont possibles, il en existe beaucoup, qui ont été élaborées depuis longtemps. La valorisation du travail devrait figurer au centre de la réforme fiscale. Même parmi les économistes libéraux, nul ne conteste les possibilités gigantesques que pourrait ouvrir une réforme fiscale écologique. Si la consommation d'énergie était rendue plus chère par une fiscalisation progressive et à long terme, cela ne contribuerait pas seulement à repousser la pollution qui nous menace. Cela permettrait aussi d'augmenter la demande de main-d'œuvre et ralentirait l'automatisation de la production par apport de technologies nouvelles. La hausse des coûts du transport fixerait en outre de nouvelles frontières à la division transnationale du travail. Organiser des entrepôts roulants de pièces détachés sous forme de files infinies de poids lourds sur les autoroutes n'aurait plus de justification économique.

En effectuant une projection dont les paramètres ont été choisis avec une assez grande prudence, l'Institut allemand de recherche économique a montré qu'avec un impôt écologique augmentant annuellement par petites étapes successives et portant sur le fuel, l'essence, le gaz naturel et la consommation d'électricité, on pourrait créer en Allemagne plus de 600 000 emplois supplémentaires en l'espace de dix ans. La diminution de la consommation d'énergie serait en grande partie le résultat d'un travail artisanal sur les bâtiments et de la production d'énergie décentralisée, ce qui procurerait des emplois à beaucoup de personnes[37].

On aurait besoin d'encore plus de travail si la consommation de matières premières devenait plus coûteuse. Sur ce point, le spécialiste des problèmes de production, Walter Stahel, a fait un compte particulièrement intéressant, publié sous le titre *Le Piège de l'accélération ou le Triomphe de la tortue*[38]. Des prix plus élevés pour les ressources apporteraient aux produits à longue durée de vie des avantages de coûts substantiels sur les articles à jeter et sur les offres éphémères de la concurrence – au profit du travail. Stahel a calculé les conséquences de cette inversion de tendance en travaillant sur l'exemple de la production automobile. D'un point de vue technique, il est possible depuis longtemps de produire des véhicules dont la carrosserie et le bloc-moteur durent vingt ans, au lieu des dix années courantes aujourd'hui. Pour un véhicule qui aura dix années de vie, le prix d'achat constitue en moyenne 57 % des frais globaux. 19 % seulement des dépenses sont consacrés aux travaux de réparation. Avec une durée de vie de vingt ans, la part que les consommateurs consacrent à l'achat d'une nouvelle voiture tombe à 31 % tandis que 36 % de l'ensemble des coûts automobiles vont aux réparations. En supposant que les consommateurs dépensent la même somme dans les deux cas pour leur automobile, les travaux effectués par les robots dans les usines auraient donc moins de valeur, tandis que la maintenance, qui exige une grande quantité de travail, en aurait plus.

Dans d'autres secteurs de la société, on ne manque pas non plus de missions intelligentes à remplir. Dans le système de santé, dans les universités, les lycées et les écoles surpeuplés, dans la remise en état de paysages agricoles détruits ou dans la rénovation de banlieues délabrées : du travail, il y en aurait plus qu'assez. Mais à eux seuls, ni les entreprises privées, ni le marché ne peuvent rien organiser de tout cela. Il faut que l'Etat et en premier lieu les collectivités territoriales puissent investir dans ce type de projets pour que soient créés les emplois correspondants.

On pourrait trouver les ressources publiques indispensables. On pourrait fiscaliser la circulation internationale des capitaux, ouvrant ainsi une source financière considérable qui n'augmenterait pas le coût du travail et ne nuirait pas à l'économie. L'interdiction des transferts de patrimoine dans les paradis fiscaux, du Liechtenstein aux îles Anglo-Normandes, en rapporterait encore plus : ces refuges de l'évasion fiscale, véritables trous noirs de l'économie mondiale, permettent de mettre chaque année des fortunes supplémentaires à l'abri de toute pression fiscale. Une telle réforme de l'impôt bloquerait le mouvement actuel de redistribution du bas vers le haut.

L'objection à ce type de propositions est évidente : en raison de leur intégration à l'économie globale, la majorité des Etats-nations, au moins dans le groupe des pays riches du Nord, n'est absolument plus en mesure de mener ce type de réformes fondamentales. Bien que tous les partis du Parlement fédéral allemand soutiennent, sur le principe, la réforme fiscale écologique, il a suffi, pour que ce projet soit remis au tiroir, que les milieux industriels annoncent qu'une hausse des prix de l'énergie ferait partir à l'étranger des milliers d'entreprises. La démocratie se transforme en une scène de théâtre sur laquelle les faits et gestes des acteurs n'ont plus de vraies conséquences.

La reconquête de l'action politique, le rétablissement du primat de la politique sur l'économie sont donc les missions centrales de l'avenir. Car il est déjà clair que l'on ne pourra pas rester longtemps sur le même cap. L'adaptation aveugle aux contraintes du marché mène inéluctablement les anciennes sociétés de consommation vers l'anomie et le démantèlement de structures sociales dont le fonctionnement leur est absolument nécessaire. Face à la force de destruction qui découle de la radicalisation d'une minorité croissante de déclassés et d'exclus, les marchés et les multinationales n'ont aucune réponse à apporter.

SAUVE QUI PEUT ! MAIS QUI PEUT ?

La disparition de la classe moyenne et la montée des séducteurs extrémistes

Ce monde va-t-il se transformer en un grand Brésil, en une multitude de pays où l'inégalité sera la règle et où des ghettos accueilleront les élites riches ?

En posant cette question, vous prenez le taureau par les cornes. C'est vrai : même la Russie se transforme en Brésil.

MIKHAÏL GORBATCHEV,
à l'hôtel *Fairmont*, à San Francisco, 1995[1].

Avec une nonchalance provocante et un certain retard, le jet Canadair, vol Lufthansa 5851, se dirige vers la piste de décollage à Vienne-Schwechat, à destination de Berlin-Tegel. Au seizième rang, près du hublot, un homme s'étire. Il s'appelle Peter Tischler, il a trente ans. Il aimerait se donner l'air particulièrement détendu, mais son corps indique qu'il n'en peut plus. Il regarde la tablette soulevée devant lui, il a l'œil vague, et il commence à raconter[2].

Ce vendredi du mois de juin 1996, il s'est levé à cinq heures du matin ; dans sa voiture de location, il a traversé à toute vitesse la Moravie et la région du Weinviertel, à l'est de l'Autriche, afin de pouvoir prendre l'avion de neuf heures cinq pour Berlin. Il y a rendez-vous le matin même ; le soir, il sera chez lui, à Eitorf, près de Bonn. Pour le week-end, il doit se rendre en Espagne ; et il sera mardi aux Etats-Unis. Prendre l'avion est pour lui aussi naturel que, pour d'autres, prendre le métro. Son existence est-elle plus enviable pour autant ?

Tischler connaît le monde, mais lui, personne ne le connaît. Il n'est ni manager, ni professionnel du tennis, mais une sorte de mécanicien de l'ère de la mondialisation : il corrige les erreurs dans les installations de moulage par injection assistées par ordinateur, il est stressé et frustré, et il ne s'embarrasse pas de précautions oratoires.

"Est-ce que ça vaut encore le coup ? demande-t-il, et sa question est toute rhétorique. Je travaille 260 heures par mois, dont un peu moins de 100 en heures supplémentaires. Sur 8 000 marks de salaire, il me reste tout juste 4 000 marks, parce que je suis imposé à la tranche maximale." Il n'a pas le temps d'avoir une famille, "l'Etat m'extorque mon argent, et il ne restera rien pour ma retraite". Bien que son employeur, l'entreprise de machines-outils ultra-spécialisée Battenfeld enregistre de beaux profits, elle a supprimé ces derniers temps un quart de tous les emplois, "et ça n'amuse plus personne". Sans qu'on le lui ait demandé, Tischler désigne ceux qui, de son point de vue, sont responsables de cette morosité : "les émigrés* et les Turcs". D'ailleurs "je n'arrive pas à comprendre pourquoi nous dépensons autant d'argent pour la Russie et l'aide au développement, et pourquoi nous versons encore du fric aux Juifs". "C'est quand même dément, cette manie que nous avons de brader notre pays et nos entreprises." Cet homme qui se targue d'une "grande expérience de l'international" sait pour qui il vote : "Pour les «Républicains**», évidemment", même si, hélas, ce parti-là n'est pas encore tout à fait le bon. Il ne peut certes pas "le dire à voix haute", mais "en ce moment, beaucoup de citoyens s'arment".

Changement de décor, un autre aéroport, une vie analogue, une tout autre réaction : par un après-midi torride du mois de juillet 1996, Lutz Büchner, directeur adjoint des vols à la Lufthansa, à Francfort, doit calmer un accoutumé des aéroports : il est arrivé à la porte B 31 douze minutes seulement avant le décollage de son appareil, or le temps minimal d'embarquement a été allongé quelques semaines plus tôt, passant de dix à quinze minutes. Büchner explique tranquillement les nouvelles règles et fait preuve de compréhension envers son voyageur pressé : "On sent la pression qui monte partout. Même des gens dont on n'aurait jamais attendu cela vous agressent maintenant au moindre petit désagrément[3]. Pourtant, explique Büchner avec confiance, je me réjouis lorsque j'arrive au travail, tous les matins. Je soutiens cette entreprise." Quelques jours plus tôt, cependant, il se trouvait avec un millier de ses collègues devant les portes d'entrée de l'aéroport, parce que

* En allemand : *Aussiedler.* Ce terme désigne les familles d'origine allemande qui quittent les pays de l'Est depuis la chute du Mur et reviennent s'installer en Allemagne, en bénéficiant d'aides de l'Etat. *(N.d.T.)*

** Parti d'extrême-droite allemand, dont les "idées" correspondent peu ou prou à celles de notre Front national. Après quelques succès impressionnants au début des années quatre-vingt-dix sous la direction d'un ancien *Waffen-SS,* ce parti a retrouvé une existence marginale. *(N.d.T.)*

malgré la bonne situation économique, 86 employés de la Lufthansa devaient, une fois de plus, être licenciés.

Comme l'informaticien Peter Tischler, Büchner, à trente-cinq ans, n'a pas d'enfants, "parce que je peux me retrouver au chômage un jour ou l'autre, moi aussi". Bien entendu, il est personnellement "disposé à faire des économies et à renoncer à une partie de son salaire, si cela garantit nos emplois". Mais il y aura selon lui une réaction à la spirale descendante de la mondialisation : "Il y aura une rébellion, ça ne fait aucun doute", estime Büchner. Mais il est pour sa part "absolument pacifiste. Bien entendu, je militerai, mais je ne me laisserai pas abattre pendant une manifestation : j'émigrerai auparavant avec mon amie grecque sur une petite île de la mer Egée."

L'extrémiste moderne Peter Tischler et l'homme troublé et pacifique qu'est Lutz Büchner incarnent-ils deux types de citoyens jusqu'ici bien placés et discrets, les prototypes de l'évolution future en Allemagne, peut-être même en Europe ? Derrière ces caractères, est-ce la vie politique quotidienne de cette fin de millénaire qui se profile ? Tirer ou se tirer : cela va-t-il devenir la question essentielle ? Même si l'histoire ne se répète pas nécessairement, beaucoup d'éléments laissent penser que l'on va vers un réveil de conflits analogues à ceux qui dominaient le continent européen dans les années vingt.

Le ciment qui maintient la cohésion des sociétés s'effrite. Le tremblement de terre politique qui s'annonce est un défi pour toutes les démocraties modernes. Et le pays où ce phénomène saute le plus aux yeux, même si on l'y étudie étonnamment peu, ce sont les Etats-Unis d'Amérique.

LA SOLITUDE DE CHARLIE BROWN

"Pourquoi l'Europe se suicide-t-elle ? Vous ne voyez donc pas que vous devez enfin suivre les courants économiques, vous adapter aux transformations globales ?"

En prononçant ces phrases, le conseiller d'entreprise Glenn Downing, de Washington, est persuadé d'avoir raison. Son invité vient de ce continent qui lui semble marcher à la mort. Downing lui-même, conservateur depuis son enfance, investit aujourd'hui, de préférence, dans le pétrole brut sibérien[4]. Sa fille Allison, une juriste diplômée, fait partie de l'état-major d'un délégué républicain au Congrès, une équipe ambitieuse. La veille, le dernier samedi de septembre 1995, elle s'est mariée à l'église et en grande pompe ; papa Downing est d'excellente humeur. "Enfin, quelque chose se passe", fait-il joyeusement. Il parle de la nouvelle *american revolution* promise par Newt Gingrich, le leader extrémiste de la majorité républicaine à la Chambre des représentants – une révolution qui constitue le plus grand espoir de la droite américaine depuis Ronald Reagan.

Il faut, selon lui, cesser de raconter que les salaires ont baissé : les seuls responsables de ces chiffres, ce sont les démocrates, "les statistiques ont été falsifiées, l'inflation n'a pas été correctement calculée". Il est selon lui "grotesque" de parler "d'une chute, ou même d'un démantèlement de la classe moyenne américaine", ou de dire que même dans les couples blancs de la classe moyenne, les deux partenaires doivent travailler dur, aujourd'hui, pour approcher un niveau de vie qui allait encore de soi dans les années soixante-dix. A cette époque, les hommes avaient un emploi assuré et bien payé, et leurs épouses menaient une vie tranquille dans les maisons de banlieue comme femmes au foyer, qu'elles aient ou non des enfants. La plupart de celles qui prenaient un emploi le faisaient par ennui, certainement pas par nécessité.

Les Downing vivent encore ainsi, à Reston, au cœur des forêts d'une région prospère, le comté de Fairfax, dans l'Etat de Virginie, près de l'aéroport Dulles, et pas très loin du quartier général de la CIA. "Regardez donc ici, autour de vous", dit le conseiller d'entreprise en désignant avec fierté sa nouvelle terrasse, qu'il a équipée lui-même, juste à temps pour la fête familiale, de briques fraîches : brun-rouge pour les cinq continents, rouge vif pour les océans, le monde entier, tout à plat.

Une petite année après les noces d'Allison, à l'été 1996, on voit déjà à quel point l'investisseur a perdu le sens des réalités. Ce monde idéal de la classe moyenne blanche n'existe plus. Bien sûr, la fille Downing, âgée de trente ans, demande gentiment que l'on fasse preuve de compréhension envers son père, qui en a presque soixante. "Les gens de sa génération ne perçoivent plus tout à fait les transformations sociales", explique-t-elle en présence de son époux Justin Fox, qui a grandi dans un faubourg douillet de la Californie, près de Berkeley[5]. "Pas moyen de nous payer le mode de vie de nos parents ; une maison comme celle que *dad* a achetée peu avant ma naissance coûte aujourd'hui environ 400 000 dollars, ce qui nous est inaccessible."

Justin Fox a tout de même réussi un remarquable bond dans sa carrière, il est devenu *writer-reporter* au magazine économique florissant *Fortune*, et les jeunes mariés vivent désormais à Manhattan. Allison a abandonné son emploi dans la capitale ; devenue directrice de campagne d'une candidate républicaine à la New York State Assembly, elle gagne 1 100 maigres dollars par mois. Le bulletin de paie de Justin n'affiche qu'une somme de 1 157 dollars net toutes les deux semaines. Le loyer mensuel de leur appartement confortable, mais minuscule, de la 39e rue, s'élève à 1 425 dollars et dévore à lui seul près de la moitié de leurs revenus communs, électricité et téléphone non compris. Le futur salaire brut annuel de Justin Fox s'élèvera à 45 000 dollars. "On aura tout de même du mal à s'en sortir", conclut Allison ; et pourtant, elle ne se dit pas insatisfaite. "Regarde donc les gens qui sont encore plus jeunes que nous et qui, à vingt-deux ou vingt-trois ans, sortent tout juste du *college*. Souvent, ils ne trouvent que des emplois de serveurs dans les bars, ou de cyclistes pour une entreprise de course." L'époux d'Allison commente cette situation en une brève phrase de journaliste : "La classe moyenne est en voie d'extinction."

Inquiets pour leur avenir, les survivants de la classe moyenne américaine des années quatre-vingt-dix placent leurs quelques économies dans des actions. Downing et Fox misent entre autres sur Coca-Cola, et se sont secrètement réjouis de constater que les Jeux olympiques étaient placés sous le signe de cette boisson. Pendant les seize journées des jeux du siècle à Atlanta, le cours des actions Coca-Cola à Wall Street a augmenté de 4,2 %[6].

Vingt millions de foyers américains jouent déjà à la roulette des actions, ou misent au moins sur l'un des 6 000 fonds de spéculation qui peuvent, au total, jongler avec six billions de dollars dans le monde. Tandis qu'il y a encore vingt ans, 75 % des économies privées, aux Etats-Unis, étaient placées sur des livrets de caisse d'épargne ou des titres de valeur à taux fixe – comme c'est encore couramment le cas en Europe –, le rapport s'est inversé au cours des années quatre-vingt-dix : les trois quarts des dépôts servent à spéculer en bourse. Ainsi, ce sont les épargnants qui donnent aux gestionnaires de fonds le pouvoir de faire pression pour obtenir dans le monde entier des diminutions de salaires et des compressions de personnels, y compris, souvent, dans les entreprises qui offraient jusqu'ici du travail à ces petits investisseurs[7].

Il n'empêche : pour les particuliers, aujourd'hui, "spéculer sur les actions est une preuve de bon sens". C'est en ces termes qu'un collègue de Fox a introduit son essai publié dans l'exigeante revue américaine *Harper's Magazine* en octobre 1995[8]. Quinze ans après le début de l'ère Reagan, l'article de Ted C. Fishman, de Chicago, en dit plus sur la situation économique et l'état d'âme de cette catégorie sociale politiquement majoritaire, à la peau fine et presque exclusivement blanche, que les interminables analyses ou séries de chiffres.

"Bien que je sois un homme de trente-sept ans, blanc, diplômé de l'Ivy League [université d'élite] et qu'à en croire toutes les statistiques, je cumule donc la quasi-totalité des privilèges dont on puisse jouir dans la société américaine, écrit Fishman, je ne peux absolument pas m'attendre à arriver à l'âge de la retraite avec des réserves financières suffisantes pour maintenir mon niveau de vie actuel. Je considère le marché des actions comme la seule voie permettant de collecter les sommes dont j'aurai besoin pour pouvoir prendre ma retraite. C'est pour cette raison que je suis devenu un joueur, comme 51 millions d'autres Américains. Je verse de l'argent chaque mois dans quatre *mutual funds* différents, et j'ai placé de l'argent dans sept autres fonds de ce type – il m'arrive «d'adapter» de temps en temps la répartition de ces fonds."

Mais contrairement à ce qui se passait dans les années quatre-vingt, lorsque les marchés des actions en expansion rapide étaient encore "chauffés par un certain optimisme reaganien, parce que les gens qui avaient déjà de l'argent disposaient d'une possibilité de le multiplier, le marché des actions est aujourd'hui dominé par la peur", écrit l'essayiste de Chicago. *"I need all the friends I can get"*, j'ai besoin de tous les amis que je peux trouver : c'est ce qu'on lisait encore dans les années soixante-dix en lettres noires et grasses, au dos des T-shirts orange vif que portaient volontiers les *kids* des grandes écoles californiennes. Côté poitrine, on voyait rayonner le personnage des *Peanuts*, Charlie Brown. Les *kids* de cette époque sont aujourd'hui des pères de famille soucieux, ils ont le plus souvent perdu leur sourire tranquille, et trouver des amis est devenu plus difficile que jamais. Car la société de compétition américaine dévore ses enfants ; avec les salaires lamentables de la génération du baby-boom, même la star des *Peanuts* ne trouverait pas un mot de consolation.

Chaque jour, des millions de familles sont prises de fièvre lorsque l'indice Dow Jones évolue ne serait-ce que de quelques points. Il leur arrive de discuter pendant des heures avec leurs conseillers de fonds et leurs courtiers en bourse sur les conclusions à en tirer. Presque tous les joueurs savent qu'au bout du compte, rares seront ceux qui gagneront gros ; et ce sera fréquemment aux dépens d'amis qui auront misé sur les mauvaises actions ou les mauvais emprunts. Il y a une fichue solitude, aujourd'hui, autour de Charlie Brown.

Si des universitaires comme les Downing, les Fox et les Fishman se sentent déjà tellement au pied du mur qu'ils croient que seule la spéculation sur les actions pourra garantir leur confort dans un lointain avenir, dans quel état d'esprit se trouvent tous ces Américains qui ne sont plus aussi jeunes, aussi privilégiés, en aussi bonne santé qu'eux – sans parler de ceux qui ne sont même pas blancs ?

Plusieurs millions de personnes – les 18,2 millions qui occupent encore aujourd'hui des emplois de bureau, par exemple – doivent s'attendre à perdre leur travail dans les années à venir, indiquait ainsi le *New York Times* au début février 1996 : le collègue Ordinateur leur volera leur place tôt ou tard[9]. Le jour où les distributeurs de journaux déposaient cette nouvelle information effrayante sur les paillassons des appartements et dans les bureaux, une grève qui durait depuis des semaines entrait dans sa phase décisive : celle des ouvriers de la maintenance à New York : les garçons d'ascenseur, femmes de ménage et simples employés de maison. Les unions patronales avaient exigé que le salaire de départ de tous les nouveaux employés soit diminué de 40 %. Les portiers, jusqu'alors fort bien payés, ne devraient plus gagner que 352 dollars par semaine[10]. Le syndicat des *service employees* ne l'accepta pas : il craignait qu'en cas d'accord, on ne licencie les employés expérimentés pour les remplacer par une main-d'œuvre nouvelle et bon marché. Les chefs d'entreprise unis décidèrent alors de rameuter, la nuit, plus de 15 000 "jaunes" heureux de pouvoir toucher neuf dollars de l'heure.

A New York, qu'on a toujours considéré comme la "ville des syndicats" et qui a souvent bruyamment chassé ce genre de *scabs*, on n'entendit pas cette fois-ci de protestation publique – même au bout de ce conflit, qui s'acheva sur un compromis de moins 20 % sur le salaire d'entrée et au terme duquel beaucoup de salariés ne retrouvèrent pas leur emploi. Trop de citoyens américains ont depuis été chassés de leur travail avec la même argumentation : les crève-la-faim, dans la rue, valent mieux que vous.

Bien sûr, les Etats-Unis ne se sont jamais considérés comme une société homogène, ni même solidaire ; mais à ce point ? L'agression contre toute la classe moyenne devient une nouvelle substance explosive ; elle alimente un incendie qui s'est de toute façon déjà propagé dans des compartiments entiers de cette société américaine qui dirige le monde. Les oppositions raciales non résolues, les problèmes de drogue, les chiffres de la criminalité, le déclin de ces *high schools* jadis réputées dans lesquelles des professeurs travaillent aujourd'hui pour un salaire qui ne permettrait même pas d'employer, en Allemagne, une aide-ménagère... La déchéance paraît ne pas avoir de limite – c'est une révolution, menée par le haut contre le bas.

L'Europe s'en sort-elle mieux ? Aujourd'hui, entre Lisbonne et Helsinki, l'heure n'est certainement pas à l'arrogance. Bien sûr, et heureusement, l'investisseur et conseiller d'entreprise Glenn Downing se trompe lorsqu'il annonce que le vieux continent court au suicide. Mais comment l'Europe, d'où sont jadis sortis les pères et les concepteurs du rêve américain, pourrait-elle s'affirmer aujourd'hui, lorsque le cauchemar américain, devenu réalité, lui revient comme un boomerang ?

LA FIN DE L'UNITÉ ALLEMANDE

L'abandon du principe sur lequel reposaient les économies nationales prospères, la nécessité de faire participer à la richesse une classe moyenne aussi large que possible, va de pair avec une décomposition sociale galopante.

En Allemagne, un quart au moins de la population a déjà fait ses adieux à la prospérité ; le bas des classes moyennes est victime d'une paupérisation rampante. Cette société qui est toujours la plus riche d'Europe laisse surtout sombrer sa jeunesse : aujourd'hui, un million d'enfants vivent d'ores et déjà de l'aide sociale[11]. Wilhelm Heitmeyer, spécialiste des problèmes de la jeunesse, chercheur à Bielefeld, lance une mise en garde : "Au cours de leur vie, les jeunes ont toujours pour mission d'élever le statut de leur famille d'origine, ou du moins de le maintenir. Aujourd'hui, ils ont des difficultés considérables pour y arriver, car les possibilités concrètes de trouver du travail et une formation deviennent extraordinairement rares. Cette incertitude qui pèse sur tous les projets d'avenir gagne peu à peu tous les milieux. Et la violence constitue une possibilité de faire face au stress et à la concurrence[12]."

Depuis 1989-1990, les statisticiens notent une montée rapide de la criminalité des enfants et des jeunes en Allemagne. Aux modèles d'explication courants, qui expliquent ce phénomène par une "chute de la morale et des mœurs", Heitmeyer réplique que "les jeunes qui se font ainsi remarquer ne rejettent pas les idéaux de la «société de marché extrémiste» : au contraire, ils s'y conforment de manière outrancière[13]".

"Faire le tri, piller, piétiner pour trouver la jouissance rapide" : c'est ainsi que le *Tageszeitung* de Berlin caractérise, avec sa concision habituelle, le sentiment existentiel de la jeune génération : "Partout, le concurrent est aux aguets[14]." Les parents "négligent l'éducation", déclare le président de la Commission des affaires intérieures au Bundestag, le député SPD Wilfried Penner. Mais des millions de parents répondent : combien de temps nous reste-t-il pour les éduquer alors que nous sommes contraints d'avoir deux salaires et que nous sommes complètement stressés – et d'ailleurs, combien d'enfants grandissent encore avec leurs deux parents[15] ?

Rien ne peut plus freiner ce déclin qui entraîne des millions de membres de la classe moyenne allemande, qui jouissaient jusqu'ici d'une bonne situation, vers des niveaux de ressources et des conditions de vie médiocres. Même si l'on mène au cours des années qui viennent la vaste offensive dont on a sans aucun doute besoin dans le domaine de la formation : les petits garçons et les petites filles les plus intelligents auront toujours besoin de quelques années pour arriver au baccalauréat.

Le clivage s'amplifie entre les pauvres et les riches ; ceux qui gagnent le plus ne veulent plus avoir grand-chose en commun avec ce peuple qui paraît de plus en plus agressif. L'unité allemande vient à peine de se faire, mais l'unité sociale du pays est en train de se décomposer. C'en est fini de la "prospérité pour tous" qu'annonçait le titre d'un livre de Ludwig Erhard en 1957. C'est aujourd'hui la "révolte des élites" qui s'impose partout, conformément à la thèse de l'historien américain Christopher, une œuvre posthume publiée en 1995. En France, seuls 56 % des demandeurs d'emploi peuvent prétendre à l'allocation chômage ; la moitié d'entre eux touche moins de 3 000 francs par mois. Les plus concernés sont les jeunes gens et les femmes. Près d'un million de Français âgés de 18 à 25 ans cherchent du travail. 550 000 d'entre eux n'ont pas d'indemnités de chômage ni d'aide sociale. Les Restaurants du Cœur ne parviennent plus à gérer l'afflux de demandeurs de leurs colis alimentaires ; ils doivent sélectionner les plus nécessiteux parmi les pauvres, selon des critères rigoureux. "Il m'arrive souvent de ne pas accepter un père de famille sans emploi, tout en lui signalant que le mois suivant il sera largement dans les barèmes, à cause de la dégressivité de son allocation", déplorait Christine Grèzes, l'une des pionnières des Restaurants du Cœur, peu avant Noël 1996[15a].

Tandis que dans un nombre toujours plus important de pays européens, la classe moyenne se bat contre la montée de la pauvreté, l'isolement devient la norme pour les riches, et le Brésil se transforme en modèle.

LA TRAHISON DES ÉLITES : LE BRÉSIL, MODÈLE MONDIAL

Les invités tartinent sur des crackers salés le fromage aux herbes sorti du tube, la bière claire est posée sur une tablette pliable, dans des boîtes en aluminium préréfrigérées. Des steaks volumineux grésillent sur le gril au charbon de bois tandis que le fils de huit ans portant un tee-shirt au nom d'une certaine *Miami National Football League* quitte le jardin pour courir dans sa chambre et aller chercher la coupe en plastique jaune d'or qu'il a gagnée lors du dernier tournoi de judo à l'école – scène idyllique de fin de semaine dans une banlieue américaine ordinaire[16] ?

Le soir, le père de famille, Roberto Jungmann, fait du vélo dans le quartier avec le petit judoka et sa cadette Louisa – il passe devant des eucalyptus fraîchement plantés et des maisons coquettes avec balcon de bois alpin ou façade postmoderne. Des dos d'âne freinent le maigre trafic automobile ; devant les entrées des garages, les sacs-poubelles traînent dans des corbeilles en fer-blanc à longues pattes, à cause des chiens. "Ici, c'est le paradis", dit l'épouse de Roberto, Laura. Le paradis s'appelle Alphaville, se situe à l'ouest du grand São Paulo et mesure exactement 322 581 mètres carrés, la surface de 44 terrains de football. Il est entouré de murs de plusieurs mètres de haut, équipé de projecteurs de poursuite et de senseurs électroniques qui réagissent au moindre mouvement : un refuge idéal pour les habitants de la métropole qui redoutent, au centre-ville, les criminels et les insurgés, et qui veulent vivre comme des familles moyennes en Europe ou dans les régions encore fortunées des Etats-Unis sans avoir à affronter la réalité sociale de leur propre pays.

A la recherche d'intrus, des gardiens privés patrouillent au paradis : le plus souvent, c'est leur second emploi, ils travaillent déjà dans la police militaire ; vingt-quatre heures sur vingt-quatre, ils patrouillent ainsi à travers Alphaville sur leurs motos et dans leurs véhicules d'intervention pourvus de gyrophares impressionnants – on les croirait sortis d'une série télévisée sur San Francisco. Qu'un simple chat se hasarde dans ce ghetto pour riches, et les gardes d'Alphaville se rendent immédiatement sur le lieu de l'action.

"Le système doit être parfait, explique l'interprète Maria da Silva, parce que beaucoup de gens très pauvres habitent juste à côté." Seuls les "gens véritablement riches" peuvent s'offrir plusieurs gardiens personnels. Pour la classe moyenne, estime le maître d'ouvrage, Renato de Albuquerque, "Alphaville est un modèle, et il a de l'avenir". "Mon fils peut s'amuser ici toute la journée sans que j'aie peur", se réjouit Jungmann, juriste de son état. Les enfants de moins de douze ans ne sont pas autorisés à franchir les grilles d'acier, à l'entrée, s'ils ne sont pas accompagnés par un adulte responsable ; et les mineurs ne peuvent le faire qu'avec une autorisation écrite de leurs parents.

Chaque visiteur doit décliner son identité ; on ne le laisse passer qu'après avoir contacté par téléphone l'habitant du ghetto chez qui il se rend. Les grands véhicules sont passés au crible, les gardiens font subir une fouille corporelle complète aux fournisseurs et aux ouvriers du bâtiment – ils pourraient avoir volé quelque chose.

Le pouvoir de cette milice à laquelle les habitants remettent leur sort avec joie est presque illimité. Les domestiques (qui ne sont pas du tout, au Brésil, le privilège d'une petite classe supérieure) ne peuvent être engagés qu'avec l'accord de cette troupe de protection. Qu'il s'agisse d'une garde d'enfants, d'une aide-cuisinière ou d'un chauffeur, on vérifie le passé de chacun en puisant dans les dossiers de la police militaire. "Quand on a volé ou chapardé, on n'a aucune chance de travailler chez nous", explique l'autre maître d'ouvrage d'Alphaville, Yojiro Takaoka.

Ce magnat du bâtiment, d'origine japonaise, affirme que cet univers n'a rien à voir avec le thriller de science-fiction *Alphaville* tourné voici plus de trente ans par Jean-Luc Godard. Ce nom est selon lui sorti de l'imagination d'un architecte brésilien – un lapsus freudien qui a bondi d'un continent à l'autre.

Takaoka ne vend les terrains "qu'à des gens qui n'ont pas mauvaise réputation". Le prix du mètre carré se situe aux alentours de 2 000 francs – un tarif réservé à quelques privilégiés, et pas seulement dans ce pays du Tiers Monde qu'est le Brésil.

L'idée de cet apartheid social mené au bout de sa logique, qui constitue selon Takaoka "une solution à nos problèmes", connaît un succès angoissant. Plus d'une douzaine d'"îles" Alphaville (le terme d'îles est celui qu'emploient les habitants) sont déjà achevées, de nombreuses autres sont en construction ou en préparation, toutes sur le même modèle. Albuquerque, l'associé de Takaoka, a calculé que 120 000 personnes environ peuvent vivre à Alphaville et dans le ghetto voisin, Aldeia da Serra, sur quelque 22 kilomètres carrés.

Entreprises industrielles, bureaux, centres commerciaux et restaurants se sont installés aux environs ; eux aussi sont sévèrement gardés. La police d'Etat, décriée pour sa corruption et son incompétence, ne s'y montre pratiquement jamais.

Cette belle tour d'ivoire est protégée par quelque 400 agents de sécurité portant à la hanche des revolvers à six coups. En outre, des unités spéciales lourdement armées patrouillent autour du ghetto : leurs hommes ont à la main des fusils Taurus calibre 12 à canon scié "qui permettent d'atteindre cinq ou six personnes à la fois", comme l'explique de bon cœur le chef de la sécurité d'Alphaville 1, José Carlos Sandorf.

Dans l'enceinte du ghetto, les gardiens sont autorisés à tirer sur n'importe quel étranger, même s'il ne menace personne, même s'il n'est pas armé. "Au Brésil, lorsqu'on abat un intrus sur son terrain privé, on est toujours dans son droit", explique Sandorf.

"Il s'agit *de facto* d'une guerre civile menée par les gens qui ont suffisamment d'argent et de pouvoir pour se protéger", estime Vinicius Caldeira Brant, sociologue au Cebrap, le centre d'analyse et de planification brésilien. "En Europe, dit Brant, qui a lui-même été victime à plusieurs reprises des militaires au pouvoir jusqu'en 1985, ce sont les criminels qui vivent derrière des murs ; chez nous, ce sont les riches." Alphaville, affirme Takaoka pour se justifier, n'est pas "une nécessité engendrée par le marché. Nous créons les conditions du bonheur terrestre."

Si les gardiens d'Alphaville n'ont guère eu à utiliser leurs colts jusqu'ici, "c'est que la populace sait quel niveau de sécurité on a atteint ici", explique Sandorf, leur patron. Mais lorsqu'il travaille chez son deuxième employeur, la police militaire, le canon de son arme n'a pas le temps de s'encrasser : il patrouille alors dans les rues, là où règne la loi du plus fort. Et s'il y avait un jour des émeutes de la faim tout autour d'Alphaville ? "J'espère être de service ce jour-là", dit Sandorf avec un petit sourire presque jouissif.

Alphaville – un modèle mondial ? Depuis que les conséquences de la mondialisation rongent les structures sociales des anciens pays riches, on trouve de plus en plus de copies de ces enclaves sinistres : en Afrique du Sud, autour du Cap, ou dans la région viticole de Stellenbosch, par exemple, où l'on continue à entretenir la ségrégation des races et de la richesse, même après la fin de l'apartheid d'Etat ; aux Etats-Unis, évidemment, où les murs surélevés et les propriétés de Beverly Hills et les services de garde privés, considérés comme des symboles du statut social, ont aussi conquis des banlieues comme Buckhead, près d'Atlanta, ou Mirinda, près de Berkeley ; ou encore en France, mais aussi sur les côtes méditerranéennes de l'Italie, de l'Espagne ou de l'Algarave, au Portugal ; ou bien à New Delhi et dans les zones d'habitation et les gratte-ciel de Singapour, contrôlés par des gardiens de blocs. Même les anciennes îles où l'on détenait jadis les détenus politiques qui se battaient pour la justice sociale se transforment désormais, parce que les riches ne veulent pas payer le prix de leur arrogance, en refuges pour possédants – par exemple l'admirable île enchantée d'ilha Grande, face aux côtes orientales de l'Amérique du Sud.

L'Allemagne nouvelle est elle aussi atteinte par cette mode brésilienne ; en quête d'investisseurs, la plus vieille station balnéaire d'Allemagne, Heiligendamm, est revenue au groupe immobilier Fundus, de Cologne. La fameuse "ville blanche", avec ses deux douzaines de villas datant du classicisme, au bord de la Baltique, près de Rostock, était du temps de l'empereur Guillaume un havre apprécié par la noblesse au cours de l'été ; puis elle tomba en disgrâce. A présent, forte de 150 à 250 nouveaux logis de luxe et d'un *Grand Hôtel* rénové et élargi, elle doit devenir un nouveau lieu de retraite sélect pour une population de haute volée et de haute finance, qui redoute le soleil et même, souvent, la lumière. Une seule condition à cela : il faut détourner la route publique qui traverse la ville et imposer des conditions d'accès rigoureuses. Une nouvelle clôture barbelée dans l'ancienne RDA ? "L'essentiel, c'est que quelque chose se passe enfin ici", dit Günter Schmidt, gérant d'un vieux café plein d'ambiance qui accueille surtout, pour le moment, les étudiants en beaux-arts qui sont encore logés à Heiligendamm. "Bien sûr, les gens particuliers ont un besoin particulier de sécurité, sans ça ils ne viennent pas du tout[17]."

C'est donc à cela qu'elle ressemblerait, la société des deux dixièmes… Mais bien avant qu'elle ne puisse naître, la résistance a déjà commencé. Une résistance qui transfigure le passé et dont les traits autoritaires sautent aux yeux.

CHAUVINISME DES RICHES ET IRRATIONALITÉ : PETER TISCHLER, CITOYEN MODERNE ET EXTRÉMISTE

"Ça va leur faire tout drôle !" Cela fait plusieurs fois que Peter Tischler, un Allemand aux opinions bien tranchées, répète cette phrase pendant notre descente vers Berlin-Tegel. Ce "leur" désigne en fait presque tous ceux qui se trouvent au sol, en dessous de lui. "Nous accueillons 200 000 immigrés chaque année, tout le monde se moque de nous, les Français, les Espagnols, en nous voyant faire. La barque est pleine. Et voilà ceux de l'Est. Eux, on leur paie tout, pendant que nous nous crevons au boulot. Près de chez moi, des Allemands de Russie ont acheté une superbe propriété. Nous, pour cela, nous aurions besoin de cautions bancaires ; eux, c'est l'Etat qui paie."

La rage que ces Allemands revenus dans leur pays inspirent à l'informaticien patriote bascule sans transition dans la xénophobie ordinaire. "Il y a beaucoup trop d'étrangers ; et maintenant, c'est le chômage qui monte. On suce jusqu'à la moelle le système social, et ce sont des travailleurs au noirs inscrits au chômage qui en profitent. Ils devraient faire attention : les choses pourraient devenir très dangereuses en Allemagne."

Ils ? "Ceux du gouvernement ; et puis les étrangers, évidemment", explique Tischler. "Ça n'est tout de même pas un hasard si nous avons de tels problèmes en tant que centre économique. Je voulais ouvrir ma propre entreprise, mais on peut faire une croix sur les aides de l'Etat, on vous les accorde dans de telles conditions qu'il vaut mieux ne pas y toucher." Mais il croit aussi savoir pourquoi les entreprises allemandes sont autant secouées : "Nous achetons beaucoup trop de pièces à l'étranger pour notre production et la qualité diminue ; d'ailleurs tout ça n'a plus rien de produits allemands."

Jusqu'à la fin des années quatre-vingt, explique-t-il, la situation continuait à s'améliorer : il faut renouer avec les points forts de ce temps-là. Faire remonter l'Allemagne à sa place, celle de champion du monde de l'exportation : la voilà, la mission que devraient se fixer les hommes politiques. "Et puis il faut de nouveau penser aux citoyens." On ne peut tout de même pas admettre que "les Kurdes puissent bloquer les autoroutes quand ça leur chante". Le jour où il s'est fait coincer à cause d'eux dans un embouteillage, Tischler était en route pour l'aéroport de Düsseldorf, il devait partir pour l'Algérie : "et eux, ils ne m'attendent pas". Quelle solution propose ce globe-trotter de l'informatique ? "Moi, j'aurais fait venir les patrouilles de la police des frontières ou le GSG9* et j'aurais fait évacuer les lieux en cinq minutes."

Des millions d'autres Allemands partagent son sentiment : tout le monde doit travailler plus tout en gagnant moins. Chez les chauvinistes de la prospérité, la richesse est un droit ; puisqu'ils l'ont perdu, il faut bien un responsable. Mieux vaut chasser les étrangers et les demandeurs d'asile que se poser des questions sur soi-même : telle est la devise.

* Equivalent de notre GIGN ou du RAID. *(N.d.T.)*

Mais en tant qu'électeur, Tischler n'a pas encore trouvé son bonheur chez les "républicains", bien qu'il se reconnaisse dans leurs slogans. "Le problème, malheureusement, c'est que nous n'avons pas encore de véritable parti en Allemagne." Tout changera cependant selon lui "lorsque nous aurons quelqu'un comme Jörg Haider en Autriche".

Dans l'espace aérien, entre les Alpes et la Prusse, Tischler décrit ainsi les contours d'un mouvement de citoyens extrémistes moderne "qui ramènera de l'ordre dans notre pays. Un parti comme celui-là pourrait certainement obtenir entre 20 % et 30 % des voix." Lorsqu'il sent de nouveau le sol sous ses pieds, dans la capitale allemande, il ressent pendant quelques minutes une profonde satisfaction. Bien que le vol de la Lufthansa relie deux villes de l'Union européenne, des douaniers tatillons attendent dans leurs cabines, dans la salle des arrivées étroite de la porte 14. "Cela me plaît, qu'ils vérifient tout de même les passeports, ici, estime cet informaticien si pressé d'habitude, même s'il me faut attendre ici pendant une heure." Mais une fois franchi le contrôle, plus rien ne le retient. Et c'est au pas de course que ce citoyen en règle se dirige vers son rendez-vous.

LES FONDAMENTALISTES AU POUVOIR : SCIENTOLOGIE, ROSS PEROT, JÖRG HAIDER, SAUVEZ-NOUS !

En Allemagne, la dimension politique d'Helmut Kohl peut encore cacher ce qui saute désormais aux yeux dans tous les autres Etats industrialisés : les électeurs sont de plus en plus nombreux à se détourner de leurs représentants traditionnels. Comme s'ils étaient dirigés par une main invisible, ils s'éloignent des partis modérés et cherchent refuge auprès des populistes de droite. Les anciennes institutions politiques se délitent – c'est aux Etats-Unis que ce phénomène est le plus visible. Traditionnellement, les citoyens américains ne participent qu'avec une certaine retenue aux élections. Même lors des confrontations spectaculaires pour la présidence – ce fut le cas en 1960, entre John F. Kennedy et Richard M. Nixon –, ils n'étaient pas plus de 60,7 %. En 1992, le vainqueur, Bill Clinton, a été élu par 24,2 % seulement des personnes inscrites sur les listes électorales. Pour sa première entrée en scène, le populiste de droite Ross Perot a fait un score de 10,9 % – soit 19 % de tous les suffrages exprimés.

A l'été 1996, comme quatre années auparavant, Perot était donné largement battu par les sondages. Mais cette fois-ci, il pouvait déjà s'appuyer sur l'appareil rigoureusement contrôlé du Parti de la réforme créé à son instigation, qui fait même voter ses membres par Internet[18]. Parallèlement, déçu par le populisme anti-minoritaire et anti-écologiste de Clinton, les Verts pouvaient eux aussi présenter officiellement leur premier candidat, l'avocat Ralph Nader, spécialiste de la consommation, qui veut "créer la force politique agressive de l'avenir".[19]

Lors des élections de novembre 1996, Perot n'a obtenu que 8 %, pour cette fois-ci. Mais la force d'intégration des deux grands partis américains continue de toute façon à décroître – un phénomène qui ouvre grandes les portes à des décideurs et à des décisions visiblement irrationnels. Il y a encore quelques années, il aurait été inconcevable, dans la capitale mondiale de l'immigration, de voir les candidats des républicains et des démocrates se lancer dans une surenchère à propos de l'expulsion des nouveaux arrivants. Pourtant, en août 1996, Jack Kemp, un ancien joueur de football jouissant d'une grande popularité a dû payer sa nomination comme candidat à la vice-présidence sur le "ticket" de Bob Dole en abjurant, comme un renégat pris de remords, sa position jusqu'alors relativement tolérante sur l'intégration des étrangers clandestins[20].

Les observateurs politiques attentifs lancent des mises en garde inquiétantes sur les transformations que subit aujourd'hui ce qui était jusqu'ici la plus stable des démocraties parlementaires du monde : "Nous nous trouvons dans une situation préfasciste", dit le fameux auteur et journaliste William Greider, de Washington, qui a déjà assez souvent fait preuve d'un certain flair sociopolitique. Dès 1987, il décrivait concrètement dans *Secrets of the Temple* la manière dont la Banque centrale "gouverne le pays". En 1992, il publia ce qui serait ultérieurement le best-seller du *New York Times* un livre consacré au système politique douteux de son pays, *Who Will Tell the People*, sous-titré "La trahison de la démocratie américaine[21]".

Il y a les républicains d'extrême droite étroitement liés au mouvement néonazi et aux *militias* (miliciens) autoproclamées. Il y a les poseurs de bombes. Il y a les "fous", comme on les appelle là-bas, par exemple ceux qui ont proclamé dans le Wyoming leurs "Etats indépendants" contre la puissance centrale de Washington et ne sont souvent que des oubliés de la prospérité. A cette liste, il faut ajouter les sectes, entre autres la scientologie, que des experts considèrent comme une "nouvelle forme de l'extrémisme politique". Tout cela ne promet guère des lendemains qui chantent[22].

"Le fascisme est le fruit de certains courants économiques et politico-financiers. Tout politicien autoritaire américain un peu crédible qui promettra du pain au peuple et agrémentera son discours de quelques notes racistes gagnera gros d'ici peu", prophétise Greider.

On n'en est pas passé loin lorsque le nationaliste et protectionniste Pat Buchanan, en 1996, a commencé par voler de victoire en victoire lors des primaires républicaines, qui devaient désigner le candidat à la présidence. Claus Leggewie, un politologue de Giessen qui enseigne aujourd'hui à l'université de New York, estime qu'il n'est "pas exagéré de déceler dans le programme de Buchanan des réminiscences de vieilles formes européennes du fascisme[23]". L'attaque populiste menée par Buchanan contre les pratiques du *big business* n'était pas dépourvue de relents antisémites et xénophobes. Elle alla cependant trop loin pour l'*establishment* républicain et la *Christian Coalition* un mouvement remarquablement organisé et fort de 1,7 million de membres, qui est devenu une puissance centrale au sein du parti républicain. Au bout du compte, la candidature de Buchanan a été rejetée.

Mais "le «mouvement Buchanan» rappelle ces nationaux-populistes que l'on rencontre aujourd'hui en Europe : Jörg Haider en Autriche, Umberto Bossi en Italie, Jean-Marie Le Pen en France, des hommes qui se présentent eux aussi comme des outsiders et des adversaires de la classe politique, partent en campagne contre l'immigration et se battent pour une diminution radicale des domaines d'intervention de l'Etat, et pour la propreté morale, estime Leggewie. Washington est à Buchanan ce que Vienne, Rome, Paris ou Bruxelles sont à ces hommes-là. Et lui aussi joue avec l'idée de la rébellion fiscale." La force de ces nouveaux extrémistes de droite n'est pas encore partout de nature électorale ; leurs idées, en revanche, ont un puissant pouvoir de séduction. Pendant la phase brûlante des élections américaines de 1996, Buchanan n'était plus en course ; mais les thèmes qu'il avait lancés dans le débat jouaient un rôle dominant.

L'autoritarisme, en tant que réaction à un excès de néolibéralisme, contamine la planète à la vitesse d'un feu de brousse. La Nouvelle-Zélande, par exemple, qui a très tôt ouvert la porte aux dérégulations, doit désormais lutter contre un mouvement raciste et irrationnel baptisé "New Zeland First", dont le leader, Winston Peters, a connu un très grand succès aux élections de l'automne 1996. L'Australie, pays voisin, auquel on ne prête guère attention d'ordinaire dans le monde, a fait les grands titres en 1996 parce que le gouvernement conservateur fraîchement nommé préparait de nouvelles lois sur le travail et des restrictions budgétaires tellement dures que les indigènes, les ouvriers et les étudiants ont pris d'assaut le parlement. En France, l'attitude à l'égard du parti d'extrême droite qu'est le Front national s'est dangereusement transformée ces derniers temps. Alors qu'en janvier 1994, 19 % tout juste des Français acceptaient avec sympathie les idées de Jean-Marie Le Pen, l'approbation a atteint 28 % en 1996, et même 45 % lors de la victoire du Front national à Vitrolles, en février 1997. Le Pen, qui fut jadis l'apôtre d'un ultralibéralisme économique, veut aujourd'hui dresser autour de la France, qui est tout de même la quatrième nation exportatrice du monde, une digue protectionniste. "Nous luttons contre le capital apatride", martèlent ses activistes, et le leader du FN fait porter globalement la responsabilité de tous les maux aux immigrés à la peau basanée – depuis le chômage jusqu'au trafic de stupéfiants, en passant par le déficit de l'Etat[24].

Le fondamentalisme, ces exemples le prouvent, est très loin d'être le problème du seul Islam. "Nous avons tous nos Ziouganov", commentait l'*International Herald Tribune,* faisant allusion au communiste rétrograde russe Gennadi Ziouganov[25]. Mais une fois de plus, ce sont les Autrichiens qui sont allés le plus loin : depuis 1986, le populiste d'extême droite Jörg Haider accomplit un parcours politique au pas de course qui devrait, selon lui, le mener avant même la fin du millénaire à la chancellerie viennoise. Seuls ses dérapages verbaux qui, dans l'Autriche vieille de mille ans, rappellent fâcheusement le "Reich millénaire" d'Hitler, l'ont jusqu'ici handicapé. Mais les dommages n'ont été, à chaque fois, que de courte durée.

Ce populiste professionnel qui, à quarante-cinq ans, a toujours l'air d'un jeune homme, profite mieux qu'aucun de ses compatriotes de l'insularité (cultivée) de son pays. L'entrée dans l'Union européenne en janvier 1995, à laquelle il n'y avait pas d'alternative mais que Haider a combattue avec virulence, a exposé la république alpine à un choc difficile à assimiler : il lui faut désormais s'adapter aux normes européennes d'efficience. L'Autriche doit d'autre part maîtriser les conséquences de la mondialisation qui posent tellement de problèmes à l'ensemble des Etats de l'Union européenne. Ce double défi dépasse totalement la majorité des Autrichiens – qui, en cas de problème, ont toujours tendance à prendre la fuite. "Nous sommes élus par le peuple, celui qui a une réflexion naturelle", dit Haider – et ce peuple "naturel" n'a pas encore remarqué que l'élu, s'il avait un jour le pouvoir, le plongerait encore plus profondément dans les ennuis. Car le séducteur est aussi un partisan extrémiste du marché, qui se vante d'avoir beaucoup appris auprès du néolibéral Jeffrey Sachs, à l'université de Harvard, notamment "la manière dont on prépare l'économie à répondre aux défis globaux". Ce qui ne l'a pas empêché de faire placarder dans les rues de Vienne des affiches aux slogans évocateurs : "Vienne ne doit pas devenir Chicago", "Pour que Vienne reste notre patrie", "Le jour des élections est le jour de la paie". "Nous nous trouvons dans une situation dangereuse", admet le secrétaire d'Etat Karl Schlögl (à l'époque social-démocrate), tandis que l'ancien secrétaire central du Parti rouge, Peter Marizzi, prophétise : "Ça va être un désastre." Le résultat a donné raison à Warner : le parti de Haider a obtenu 27,9 % des suffrages. Lors des élections des députés au Parlement européen, ils sont même arrivés presque à égalité avec les sociaux-démocrates et les conservateurs[26].

PREMIER DÉCOMPTE : LE RETOUR DE LA CAPITALE DE LA DOUBLE MONARCHIE

Si l'on devait, comme pour les élections, désigner un vainqueur en effectuant une projection à partir du décompte des premiers suffrages, la capitale de l'Empire austro-hongrois, Vienne, arriverait loin devant. Cette ville, qui était à la fin du siècle passé la septième métropole du monde, est certes aujourd'hui loin derrière, dans la liste des 325 villes de plus d'un million d'habitants, si l'on s'en tient à la seule puissance démographique. Mais elle pourrait bientôt profiter autant de sa grandeur passée que de sa petite taille actuelle.

Lorsque, en 2050 au plus tard, la montée prévisible du niveau de la mer à la suite du changement de climat menacera la plupart des villes géantes actuelles, lorsque les régions montagneuses devront, dans le monde entier, lutter contre les avalanches de boue, le lieu de naissance des Temps modernes, autour de la sécession viennoise, aura une place enviable : il conservera un climat continental modéré malgré la hausse des températures, il n'a aucune mer en vue, et n'a autour de lui que la douce chaîne de collines du Wienerwald, l'immense forêt viennoise dont on a tant fait de chansons et que l'on défendit déjà, il y a longtemps, contre les armées turques.

Les régents actuels de la ville ont tiré les leçons des erreurs des Habsbourg : contrairement à ce qui se passa dans les conflits de la fin du siècle passé, on a stoppé l'afflux des étrangers indésirables avant même qu'il ne puisse véritablement commencer. Les masses de Bosniaques mal lavés, les hordes tziganes, et encore moins les trafiquants venus d'Afrique noire, pour reprendre quelques fantasmes de l'extrême droite, ne doivent pas troubler les nouveaux paradis que se sont aménagés les classes supérieures autour du Prater de Vienne – un lieu à proximité immédiate duquel plus de cent mille Juifs, il y a cent ans, cherchèrent à échapper à une pauvreté encore plus terrible et à de nouveaux pogromes en Europe de l'Est.

Que personne ne s'alarme : on n'a guère à redouter une seconde expulsion des Juifs, cela ne servirait à rien, il n'en reste plus que quelques-uns – tels sont les propos immondes qu'on entend de nouveau à Vienne, et pas seulement aux comptoirs des cafés. Mais l'antisémitisme à la viennoise, un produit d'exportation autrichien tellement "efficient", a trouvé un successeur tout aussi prometteur : la xénophobie sans étrangers.

La Grande Coalition qui dirige encore l'Autriche, composée des sociaux-démocrates et du Volkspartei* a réagi dès 1994 avec une sage prudence – uniquement par crainte de cette âme populaire que l'on entendait si clairement dans les suffrages recueillis

* "Parti du peuple", conservateur. *(N.d.T.)*

par Jörg Haider, cela va de soi. A l'unanimité, comme toujours, le Conseil des ministres a promulgué un ensemble de lois qui ramena la république alpine au dernier rang de tous les Etats ouest-européens en matière de politique d'intégration des étrangers. Ils ne sont plus désormais, par an, que quelques milliers d'étrangers sans passeport européen à pouvoir obtenir une première autorisation de travail. Et ce sont, pour l'essentiel, des managers très qualifiés ou des sportifs professionnels.

Mais cela ne dérange absolument pas Haider, au contraire : ces mesures ont rendu la xénophobie définitivement fréquentable. Et Haider continue à gagner, la politique se "haiderise" sans même qu'il soit au pouvoir. Lorsque le ministre de l'Intérieur social-démocrate Caspar Einem, un descendant direct du chancelier allemand Bismarck, réclame au moins un souffle de générosité dans la politique de regroupement familial, ses conseillers doivent se justifier devant leur chancelier social-démocrate comme des gamins pris en faute : on jurerait qu'ils viennent de conseiller au ministre de l'Intérieur de prendre position pour l'amnistie des trafiquants d'héroïne.

En octobre 1996, craignant de perdre aux élections du parlement de Vienne la majorité absolue des mandats, qu'ils avaient conservée pendant des décennies, les sociaux-démocrates, par l'intermédiaire de leur adjoint à la circulation Johann Hatzl, recommandaient clairement l'usage de la voie de droite : "Je peux tout à fait m'imaginer que nous constations, lors d'une vérification, qu'une personne détenant une carte de séjour (c'est-à-dire un étranger vivant légalement en Autriche) a sans arrêt des contraventions pour excès de vitesse ou stationnement interdit. Cela aussi est un manque de volonté d'intégration. Dans ce cas-là, il faut retirer le permis de séjour[27]."

Malgré ce genre d'épurations, la tension économique croissante ne peut plus empêcher totalement la vision de la pauvreté sordide ou les attitudes agressives, y compris de la part d'individus autrichiens. Dans les années vingt, des années teintées d'or et de rouge, les sociaux-démocrates s'étaient encore efforcés de mettre en valeur la Ceinture, un boulevard qui fait presque tout le tour des arrondissements du centre-ville viennois, pour la transformer en une "route circulaire du prolétariat". Aujourd'hui, ce boulevard est devenu un enfer pour automobilistes. Le long des trottoirs s'alignent des prostituées venues, pour la plupart, d'Europe de l'Est. Haider, avec un instinct infaillible, dénonce la "transformation en bidonville" de cette zone et de quelques arrondissements voisins, des quartiers à bon marché dans lesquels vivent surtout des travailleurs immigrés venus d'Europe du Sud-Est. La municipalité s'efforce depuis peu de revaloriser ce secteur, avec une initiative nommée "Ceinture urbaine – Plus".

Cela n'a rien de visionnaire. Dans l'esprit de Hatzl et de Haider, on pourrait aujourd'hui – comme on l'avait fait jusqu'en 1850, le long du Ring, un autre boulevard circulaire, lorsqu'il fallait lutter contre les Turcs et autres intrus – élever un mur le long de la Ceinture, mais cette fois aux mesures de la haute technologie. Cela ne permettrait pas seulement de créer dans l'ancienne métropole royale et impériale des emplois garantis par la durée de la crise. Vienne aurait aussi à son actif un projet-pilote admiré dans le monde entier. La capitale autrichienne, qui n'a jamais voulu être une ville en mouvement malgré tous les remous politiques qui ont agité son histoire, pourrait ainsi retrouver, en son noyau sain, cette tranquillité à laquelle elle a toujours tellement tenu.

Restent les bienvenus, en revanche, les fonds provenant de toutes les évasions imaginables, que l'on encaisse discrètement dans les agences bancaires du centre-ville rénové, des établissements protégés par un secret rigoureux. Les quelques rares visiteurs russes, triés sur le volet (c'est ce qu'a annoncé la télévision autrichienne après l'assassinat d'un homme d'affaires géorgien douteux au centre-ville) dépensent déjà plus d'argent à Vienne que le flot quotidien des touristes allemands[28]. Les hôtes russes sont des clients particulièrement appréciés chez les joailliers et chez les agents immobiliers qui, jadis, proposaient de préférence leurs villas aux milliardaires saoudiens. La vente des pierres précieuses bat des records, les boutiques des principaux bijoutiers sont rénovées à grands frais.

"Le luxe est redevenu fréquentable dans le monde entier, il ne se cache plus, on l'accepte, on le respecte, il devient même une attraction pour le public. Cette tendance est un leitmotiv des années quatre-vingt-dix. En rénovant sa boutique à Vienne, Cartier contribue grandement à cette tendance", annonçait le joaillier Cartier en juillet 1996 à ses clients. Cette lettre arrogante était affichée sur la palissade située devant sa filiale, sur le digne Kohlmarkt, à proximité immédiate de la confiserie impériale Demel.

Les gens manquent de savoir-vivre : la lettre fut plusieurs fois arrachée, le mur fut même recouvert de barbouillages anticapitalistes primitifs, des badauds se montrèrent indignés. La directrice de chez Cartier dut finalement faire retapisser toute la palissade avec du papier de la firme imprimé à grands frais. Avec une surveillance au laser des murs de la ville, des cartes à puce stockant les données personnelles et des contrôles individuels efficaces aux entrées et dans les stations de métro, de tels désagréments pourraient tout à fait être évités. Par inadvertance sans doute, les concepteurs du métro, ce moyen de transport chic, l'ont aussi fait desservir les arrondissements périphériques. En revanche, et c'est bien fâcheux, il n'offre pas de liaison avec l'aéroport. Mais à l'intérieur de la Ceinture viennoise, les loyers et les prix de vente des appartements sont de toute façon déjà tellement élevés que pour tranquilliser tout le monde, il vaudrait mieux que les habitants soient désormais des clients fidèles de Cartier, et pas des fainéants barbouilleurs.

DU RYTHME, DU RYTHME, DU RYTHME : LE TURBO-CAPITALISME DÉPASSE TOUT LE MONDE

Non, trois fois non, a-t-on envie de crier. Une renaissance de Vienne sous cette forme ne peut être qu'un cauchemar, un mauvais thriller hollywoodien ou bien, dans le meilleur des cas, un thriller à succès – mais en tout cas sans aucun rapport avec la réalité, et surtout pas la réalité du futur. Tout cela pourrait se révéler être un faux pronostic, comme lors de ces élections de 1996 où l'on annonçait déjà la victoire de Haider : des fantasmes aberrants, un rêve fébrile provoqué par le rythme trop rapide de la mondialisation, qui ne laisse pratiquement plus le temps de la réflexion lucide.

C'est précisément la vitesse, "l'accélération du processus de destruction créative, qui constitue la nouveauté dans le capitalisme de marché actuel" : telle est l'analyse de l'économiste américain Edward Luttwak, qui a forgé pour sa thèse le concept de "turbo-capitalisme[29]". Le "rythme effrayant de la transformation" devient un "traumatisme pour une grande partie de la population", affirme ce natif de Roumanie qui s'est aussi fait un nom comme stratège militaire et historien[30].

Luttwak, proche des républicains américains, attaque de front ses compagnons politiques lorsqu'ils invoquent dans leur discours les *family values,* comme le fait le candidat à la présidence Bob Dole, mais pratiquent la politique opposée : "On ne peut pas à la fois considérer que la stabilité des familles et des communautés est importante et militer pour la dérégularisation et la globalisation de l'économie : car ce sont elles qui ouvrent la voie à la transformation technologique rapide. La décomposition des familles américaines, l'effondrement, que l'on constate dans de nombreuses parties du monde, de communautés chargées de sens, et les troubles qui surviennent dans des pays comme le Mexique, par exemple, sont les résultats de la même force destructrice[31]."

Luttwak cite comme un "exemple déjà classique des conséquences du turbo-capitalisme" la dérégularisation du trafic aérien aux Etats-Unis, qui a certes permis de faire baisser les prix des billets, mais a aussi mené à des vagues de licenciements et à la création de "compagnies aériennes chaotiques et instables". Cette évolution, dit-il, "serait un sujet intéressant pour une étude sociologique : combien de divorces, et donc d'enfants à problèmes, a-t-elle pu provoquer, combien de stress économique a-t-elle entraîné pour les familles des employés travaillant pour ces compagnies[32]" ?

Il est une autre conséquence, tout aussi lourde, de cette rapidité inquiétante : dans la compétition internationale, la gamme des marchandises proposées se transforme si rapidement que même des gens de trente ans ignorent l'univers de consommation de teenagers à peine plus jeunes qu'eux. Les jeux électroniques et l'informatique mettent notre entendement à rude épreuve. Des millions d'employés doivent pratiquer à plusieurs reprises des virages à cent quatre-vingts degrés au cours de leur vie professionnelle ; lorsqu'on veut aller de l'avant, il faut prouver sa "mobilité" et, fréquemment, changer de lieu de séjour. "C'est de la démence", dit Robert Weninger, dans la Herrengasse de Vienne, cette rue où Karl Marx conspuait déjà l'exploitation en 1848, année de la révolution : "Jadis, il suffisait de réparer une rupture de tuyau par jour ; aujourd'hui, il en faut au moins huit. Même dans le bâtiment, il y a moins d'ouvriers que par le passé pour effectuer plus de travail."

Avec un rythme pareil, forcément, les personnes qui ne sont pas disposées ou pas en mesure de transformer constamment leur image du monde et de travailler toute une vie durant au "top" restent sur la touche. Et elles y sont de plus en plus nombreuses. Il arrive souvent que l'on prenne des décisions fondamentales, que l'on adopte des projets de vie ou des objectifs d'entreprise dans une dangereuse frénésie. Quant aux hommes politiques, on leur réclame constamment leurs "réactions à chaud". Les préférences partisanes peuvent se transformer jusque dans l'isoloir et rendent obsolètes jusqu'aux sondages les plus récents. Des approbations et des impressions fortuites deviennent ainsi le fondement de décisions à longue portée. Weninger, qui a travaillé pendant vingt-cinq ans comme installateur avant de perdre son travail, et qui a trouvé un emploi de portier au sein de l'entreprise de sécurité Group4, a toujours voté social-démocrate. Mais en 1994, son suffrage est allé "naturellement à Jörg Haider. Il faut bien le laisser faire ses preuves[33]."

Par légitime défense, "dans des époques comme celles-ci, une sympathie se développe à l'égard de certaines inefficiences, voire du tirage au flanc", estime Ehrenfried Natter, économiste et conseiller d'organisation à Vienne[34]. Le "temps de souffler" que l'on dit tellement démodé, et auquel appelle par exemple le prudent penseur autrichien Franz Köb, qui prône un "ralentissement du temps" individuel[35], devient tout d'un coup un *talk of the town* global, une conversation urbaine dans le monde unifié.

"La mondialisation mène à un rythme du changement de structures qu'un nombre croissant de personnes est incapable d'assimiler", remarque même Tyll Necker, qui fut de longues années durant président de l'Union fédérale de l'industrie allemande (BDI) et qui rappelle encore avec fierté qu'il a "joué un rôle déterminant dans la naissance du débat (allemand) sur le «bon site[36]»". Ce capitaine d'industrie d'ordinaire tellement sûr de lui estime aujourd'hui que l'on a "depuis longtemps besoin" d'une "discussion sérieuse sur les effets de la mondialisation". La dynamique actuelle dépasse manifestement tout le monde – non seulement les simples électeurs, mais aussi ces *global players* que l'on disait invulnérables.

BOURREAUX OU VICTIMES ?

Les pauvres *global players* et le retour bienvenu de la force des choses

Je sais bien, mesdames et messieurs, tout est très compliqué, comme dans ce monde dans lequel nous vivons et agissons.

ALFRED SINOWATZ,
le chancelier fédéral autrichien
dans sa déclaration d'investiture en 1983.

La protection rapprochée contre les attentats demeure aussi aléatoire que le climat. Lorsqu'on veut participer, à New York, au bord de l'East River, aux conférences mondiales de l'ONU, on reçoit après avoir répondu à une foule de questions un laissez-passer plastifié très visible, avec photo d'identité. Puis il faut faire de longues queues pour franchir les contrôles minutieux permettant d'entrer dans le quartier général des Nations unies – des locaux aménagés il y a cinquante ans pour être ouverts et accueillants, selon les idées de Le Corbusier. Chaque corps est fouillé, chaque poche passée aux rayons et inspectée par des mains attentives. La peur des attentats est omniprésente[1].

Mais quand on indique qu'on a un rendez-vous personnel auprès du secrétaire général, on franchit les barrages comme un esprit invisible. Donner son nom suffit, le gardien ne réclame aucune espèce de sauf-conduit, et un bref coup de téléphone à la direction suffit pour que le chemin se libère. Au trente-huitième étage de l'immeuble de l'ONU, l'invité découvre alors les ternes insignes du pouvoir, une asepsie repoussante et de gigantesques bureaux qui rapetissent les gens – mais pas un seul gardien armé. Boutros Boutros-Ghali vit dangereusement[2].

Comme tant de célébrités de ce monde, il paraît beaucoup plus petit et fragile en chair et en os que sur l'écran de télévision ; les conflits permanents qu'a provoqués son engagement mondial ont laissé des traces visibles. Ce 22 juillet 1996, il est debout depuis trois heures du matin ; une fois de plus, il a tenté en vain d'alerter à temps la communauté mondiale avant qu'elle ne doive se contenter de réagir aux conséquences d'un conflit. Il a été informé qu'au moins 300 civils hutus ont été assassinés au Burundi et que d'autres massacres s'annoncent. Mais la France se tait, et les Etats-Unis aussi – l'administration Clinton est en pleine campagne électorale à Olympie.

La mondialisation est le sujet qui préoccupe Boutros-Ghali depuis quelque temps. Pour en parler, il rajoute une heure de travail supplémentaire à sa journée de quinze heures. "Il n'y a pas une mondialisation, mais plusieurs : celle de l'information, celle de la drogue, des épidémies, de l'environnement, et surtout, bien sûr, des finances. Ce qui complique beaucoup les choses, c'est que toutes ces mondialisations progressent à des vitesses très différentes, fait-il en se détendant peu à peu. Prenez un exemple : bien sûr, lors des conférences mondiales, comme dernièrement à Naples, nous parlons des crimes transnationaux. Mais notre réaction est extrêmement lente, comparée au rythme qu'a pris la mondialisation du crime.

Selon Boutros-Ghali, les transformations multiples et asynchrones du monde "compliquent extraordinairement les problèmes, et peuvent provoquer des tensions dangereuses". L'avenir de la démocratie est devenu son plus grand souci. "C'est cela, le vrai danger : le système qui pilotera la mondialisation sera-t-il autoritaire ou démocratique ? Il nous faut d'urgence un calendrier, un plan mondial pour la démocratisation." Cela vaut, dit-il, pour tous les Etats membres de l'ONU, et pour leurs relations mutuelles. "A quoi nous sert-il que la démocratie soit défendue dans quelques pays si le système global est dirigé par un pouvoir autoritaire et par les technocrates ?"

Conséquence de la mondialisation, "les Etats en tant que tels ont de moins en moins de possibilités d'exercer une influence, tandis que les compétences des *global players* ne cessent de croître – dans le domaine financier, par exemple – sans que quiconque ne les contrôle". Les principaux chefs d'Etat, avec lesquels Boutros-Ghali est en contact permanent, en sont-ils conscients ? "Non, fait le secrétaire général de l'ONU en secouant la tête, résigné. En tant que chefs de leur pays, ils ont toujours l'impression de disposer de la souveraineté nationale et de pouvoir tirer profit de la mondialisation au niveau national." Diplomate, il ajoute : "Je ne veux pas, bien entendu, mettre en doute l'intelligence des responsables politiques."

Mais l'Egyptien, qui a lui-même participé au gouvernement du Caire pendant quatorze ans, ne peut se retenir : "Il y a tellement de domaines où les responsables politiques n'ont plus de véritable souveraineté de décision. Mais ils ont l'impression de pouvoir encore régler eux-mêmes les questions centrales. Je dis pour ma part qu'ils en ont seulement l'impression, qu'ils se l'imaginent."

On répète souvent, et depuis bien longtemps, que leur activité quotidienne exténuante détourne les hommes politiques de toute réflexion sur les problèmes à long terme. Boutros-Ghali partage cet avis. Et cela vaut selon lui dans le monde entier. "Dans n'importe quel pays très pauvre de l'Afrique centrale, les fluctuations des cours du cacao ou des semences sont aussi importantes que le fait qu'il pleuve ou qu'il ne pleuve pas. Là-bas, personne n'a conscience des processus de mondialisation. Dans un pays aussi puissant que l'Allemagne, occupé à unifier deux Etats, les responsables politiques croient que la mondialisation est comparable aux problèmes d'environnement, que l'on peut attendre et les régler plus tard."

Le témoin principal – mais aussi la victime – de cette stratégie fatale est Klaus Töpfer, qui fut de longues années durant ministre fédéral de l'Environnement en Allemagne, avant d'être, aujourd'hui, ministre du Bâtiment. "Dans le meilleur des cas, nous courons derrière le processus ; et le cas échéant, nous ne rechignons pas à regarder ailleurs, tant la dimension dramatique de la tâche à accomplir nous fait peur", dit-il, songeur. Nous sommes à Bonn, un après-midi de juillet, il vient tout juste de revenir de Berlin et s'apprête à reprendre l'avion pour New York[3]. "On détourne peut-être les yeux inconsciemment : pour ceux qui se demandent comment nous allons régler tout ça, la question devient presque trop lourde."

Lors de la conférence mondiale sur l'environnement organisée par l'ONU à Rio de Janeiro, en 1992, Töpfer s'est fait un nom comme médiateur entre le Nord et le Sud. A cette époque, l'administration américaine, qui joue toujours le rôle dominant lors des rencontres internationales, paraissait totalement désorientée : d'un seul coup, la technique "de la contre-attaque dans la négociation bipolaire", comme dit Töpfer, rodée au cours de la guerre froide, ne lui servait plus à rien. Quatre années après avoir ainsi géré les discussions à Rio d'une manière qui valut même au ministre allemand les louanges du *New York Times*, le négociateur ne peut plus que commenter en secouant la tête le désastre qui s'étale aujourd'hui devant lui.

Début 1996, il a séjourné quelque temps au collège de Dartmouth, un établissement d'élite situé au cœur des forêts du

New Hampshire. “Ce qui m’a incroyablement impressionné – je ne veux pas dire : frustré, explique cet ancien professeur d’université, c’est le fait que les étudiants, et même les professeurs ou les maîtres de conférences estiment que le début du réchauffement du climat nous laisse face à deux possibilités : ou bien les pronostics scientifiques sont erronés – ce serait superbe ; ou bien ils sont avérés, et nous serons de toute façon incapables d’en empêcher les conséquences, parce que les citoyens ne pourront pas en assumer le coût psychologique. Les indispensables restructurations économiques qui permettraient de l’éviter ne peuvent pas non plus être imposées d’un point de vue politique et social.”

C’est avec cet esprit calculateur, peut-être même pas cynique, que dans le monde entier, une génération de jeunes scientifiques et de futurs gouvernants entre dans le troisième millénaire. Après toutes les expériences qu’il a faites, Töpfer, une figure dominante du CDU, est vraiment “très surpris de constater à quel point le caractère global des problèmes est apparu comme une question de second ordre, un défi auquel on ne répond que s’il n’y a pas d’autre problème à régler. Je croyais que les résultats de la conférence de Rio résisteraient mieux aux crises. Mais toutes ces conventions, tous ces accords ont vite été rangés dans les tiroirs étiquetés : «à rouvrir en cas de bonne situation économique».”

La haute politique ferme les yeux. Rien ne va sans la superpuissance des Etats-Unis, mais aux Etats-Unis rien ne se passe. “La pénible histoire du débat sur l’impôt énergétique est encore toute fraîche”, analyse Töpfer : une allusion aux tentatives bâclées de Bill Clinton et de son équipe pour lancer au moins une ébauche d’impôt écologique au début de l’année 1993. Une fois devenu vice-président, Al Gore, que l’on avait vu donner de l’espoir en 1992 à Rio, lorsqu’on invitait ce sénateur parce qu’il était spécialiste des questions d’environnement, n’a pas du tout emprunté les “chemins de l’équilibre” qu’il prônait dans son best-seller. Même après la récente victoire électorale de l’équipe Clinton-Gore, avant laquelle ce vice-président érudit a dû se faire un profil de présidentiable pour l’an 2000, Töpfer reste pessimiste : “Je ne crois pas qu’en Amérique adopter une position écologique soit une bonne manière de prendre ses marques pour conquérir la présidence.”

De nouvelles perspectives mondiales encourageantes sont pourtant apparues lors de la Conférence mondiale sur la démocratie organisée par l'ONU en septembre 1994 dans cette ville cinq fois millénaire qu'est Le Caire. Devant les délégués de 155 pays, et avec cette grandiloquence à laquelle les Américains ne cèdent d'habitude que pour encenser leur propre pays, Al Gore y a chanté les louanges du Kerala, au sud de l'Inde, pour son système sanitaire judicieux. Pourtant, ce sont des ennemis politiques de l'Amérique, des communistes, qui ont gouverné cet Etat indien pendant des décennies.

"Le résultat de cette politique a été de faire descendre le taux de croissance démographique à près de zéro", a constaté avec surprise le vice-président américain[4]. Mais il a aussitôt admis que des succès comme ceux du Kerala et d'autres "réalités bien comprises dans le Tiers Monde sont beaucoup trop peu étudiées". Des paroles en l'air ?

La communauté mondiale rassemblée écoutait et se taisait. Gore fut, pour finir, chaleureusement acclamé lorsqu'il raconta devant la conférence, comme un jeune garçon excité, ce qu'il lui était arrivé un dimanche matin, quatre ans plus tôt. Ce jour-là, il s'était retrouvé avec son plus jeune fils, captivé, devant la télévision, pour assister en direct à la libération de "l'homme courageux et visionnaire qu'est Nelson Mandela" – un autre communiste longtemps méprisé.

A peine ce vice-président américain pétulant était-il reparti qu'un proche de Bill Clinton, Timothy Wirth, reprenait la direction de la délégation américaine. Ce diplômé des universités de Harvard et Stanford comptait déjà parmi les vétérans libéraux du Congrès avant que le président ne lui donne en 1993 la fonction de premier secrétaire d'Etat américain "aux affaires globales". "Tout est possible", exultait Wirth au Caire en souriant des "coalitions bizarres[5]". De fort bonne humeur, il raconta une rencontre avec des représentants gouvernementaux de l'Iran, pays ennemi des Etats-Unis mais qui "soutient à présent entièrement notre position sur le planning familial".

Le contraste avec la conférence de 1992 à Rio pouvait difficilement être plus criant. Si les républicains de George Bush se complaisaient, sous le Pain de Sucre, dans le rôle des ignorants venus faire de l'obstruction, les démocrates de Clinton se donnent en revanche au bord du Nil l'air de meneurs particulièrement flexibles. Dans ce nouveau monde sans blocs politiques, ils semblent aussi à l'aise que des poissons dans l'eau. La politique démographique doit exister, elle sert à tous, pauvres et riches, affirment-ils. Leurs propos paraissent tellement convaincus et convaincants que même les fondamentalistes islamiques locaux ne sont plus écoutés par leurs compatriotes égyptiens.

Voilà donc ces Américains si longtemps détestés qui, sur les questions concernant l'humanité, affichaient leur leadership, leur compétence et leur libéralisme, comme le voulait la nouvelle réalité du monde. Gore et Wirth, deux activistes confirmés de la mondialisation, renonçaient à leur allure superficielle de représentants d'une grande puissance. Et tout le monde se laissait prendre à leur charme et à leur énergie. "On a longtemps ignoré le fait que le principe «pense global, agis local» devient peu à peu une réalité." Peu à peu grandit le sentiment que les peuples peuvent dépasser le niveau local et se donner de nouvelles institutions internationales de gouvernement. "Le nouvel ordre du monde s'esquisse lors de ce genre de conférences de l'ONU", estime Wirth. Des actions comme celles menées en Bosnie ou au Rwanda ne sont en revanche que des "interventions de pompier".

Quelques mois plus tard, aucun intellectuel n'illustrait mieux que Wirth à quel point l'opportunisme électoral produit des spécialistes du retournement de veste au sein de l'administration américaine. En novembre 1994, les républicains radicaux de Gingrich remportèrent la majorité. Quelques mois plus tard, lors des négociations au sommet social mondial de Copenhague, en janvier 1995, Wirth n'était plus que l'ombre de lui-même. Triste, les lèvres serrées, il repoussa les propositions des différents groupes en évoquant à chaque fois "les majorités républicaines au Congrès américain, qui compliquent tant notre engagement international" – la force des choses avait remplacé un leadership courageux, mais contestable.

Reprenant à son compte le style des nouveaux détenteurs du pouvoir parlementaire, Wirth annonça la fin du rituel consistant "le dernier jour de chaque conférence de l'ONU, à minuit, à déposer sur la table un tas d'argent et à le distribuer" : cela, expliqua-t-il, relevait désormais de la "pensée ancienne". Logique avec elle-même, l'administration Clinton a mené en 1996 une campagne de propagande indigne contre les Nations unies, et organisé sans motif sérieux le remplacement de Boutros-Ghali pour pouvoir marquer des points auprès de ses propres électeurs mal informés et hostiles à l'ONU. La prolongation traditionnelle du premier mandat du secrétaire général de l'ONU a échoué sur le veto de la seule superpuissance encore existante. Kofi Annan, du Ghana, a succédé à Boutros-Ghali.

Réagir sans perdre une seconde au lieu d'agir après réflexion, réparer à grands frais au lieu de prévenir : pour les *global players*, c'est ce que l'on peut faire de mieux en haute politique. Michel Camdessus, le directeur du Fonds monétaire international, et à ce titre un maillon reliant le monde politique et le royaume des marchés financiers, le souligne : "Il faut savoir que toute action, mais aussi toute absence d'action, a toujours des conséquences mondiales[6]." Il ne défend pas seulement ainsi son coup nocturne dans l'affaire du Mexique, en janvier 1995, lorsqu'il sortit 18 milliards appartenant aux membres du FMI pour maîtriser "la première crise du XXIe siècle". Camdessus défend aussi la conviction que "dans un monde globalisé, on ne peut plus se permettre de ne pas s'adapter". Il ne laisse aucun doute : les véritables décideurs, ce sont Wall Street et ses gestionnaires de fonds : "Le monde est entre les mains de ces types."

"These guys", comme les appelle Camdessus en anglais, contestent l'opinion du directeur du FMI. Non, eux non plus ne sont pas assis dans le *driving seat*, eux non plus ne portent pas la responsabilité. *"It is not us, it is the market place"*, ce n'est pas nous qui avons le pouvoir, c'est le marché, répètent-ils à l'unisson – depuis Michael Snow, qui est justement en train de bâtir dans un bureau de la Park Avenue à New York, au profit de la banque suisse UBS, un *hedge fund*, un fonds d'investissement à risque[7], jusqu'au spéculateur Steve Trent, à Washington, un homme qui joue avec les milliards et qui, depuis son ravissant bureau pigeonnier, regarde la Maison-Blanche comme si c'était une minuscule maisonnette en Lego[8].

"Prenez l'exemple de la Belgique ou de l'Autriche, explique Trent. Ce sont les investisseurs nationaux qui exportent leur argent et qui créent ainsi les problèmes dans leur propre pays. Si le risque est faible et les profits attendus élevés, ce sont les compagnies d'assurances et les banques belges ou autrichiennes qui investiront en Argentine, par exemple, une part toujours plus importante de l'épargne accumulée dans leur pays. Et pourquoi se comportent-elles ainsi ? Elles le font pour les investisseurs et pour leurs clients belges ou autrichiens. Ce n'est pas une institution financière américaine qui en est responsable, mais les personnes qui placent leur argent, et qui cherchent le meilleur investissement possible, pour eux et pour eux seuls.

Dès lors, vous ne pouvez pas nous rendre responsable, nous, entreprise de spéculation mondiale, de la chute de la monnaie nationale ou de la vaste fuite des capitaux qui en résulte. Nous opérons toujours sur les marchés des grands pays ou avec des monnaies importantes."

La justification de Vincent Truglia[9], vice-président du Moody's Investors Service, à New York, est encore plus simple. "Notre service de conseil, avec son système des trois A, est devenu une métaphore du marché. Nous ne pouvons nous permettre aucune espèce de réaction émotive à l'égard de tel pays ou de telle entreprise. Lorsque je travaille, je ne pense qu'à ces vieilles grands-mères qui ont placé leur argent dans des fonds. Elles ont besoin de rendements aussi élevés que possible : autrement, elles n'ont pas de retraite décente ; ou bien les intérêts sont la seule source de financement des études de leurs petits-enfants et les bons collèges coûtent cher. Lorsque j'aide ces grands-mères, j'aide donc tous les investisseurs."

L'économiste autrichien Ferdinand Lacina était le ministre des Finances le plus expérimenté d'Europe lorsqu'il a quitté les affaires gouvernementales en avril 1995 ; il a vécu, concrètement, les effets que peut produire sur un petit pays la nouvelle indépendance mondiale des investisseurs et de l'industrie. "Les gestionnaires des fonds d'investissement sont largement apolitiques, juge Lacina[10], et pourtant la libéralisation des marchés est une idéologie." Il a trop souvent constaté que "tous ceux qui sont, verbalement, en faveur de la compétition, estiment vite que le marché est menacé, qu'il faut une aide et des subventions de l'Etat dès qu'une véritable concurrence s'instaure".

Même si les subventions sont proscrites au sein de l'Union européenne, "beaucoup de choses passent par les avantages fiscaux. Avant qu'un investisseur ne choisisse un site donné ou qu'une entreprise industrielle ne bâtisse un nouveau centre de production, on vous dit très clairement quel bouton fiscal il faut actionner." Jadis, lorsqu'elles construisaient une aciérie, par exemple, les entreprises se fixaient pour des décennies sur un site et créaient des milliers d'emplois. Mais, à l'ère de l'électronique, chez Siemens par exemple, ces décisions "ne valent que pour quelques années et créent seulement quelques centaines d'emplois". La mondialisation, avec son "stress croissant", a considérablement restreint la souveraineté nationale, reconnaît Lacina, qui dirige aujourd'hui la banque de crédit sur compte des caisses d'épargne. "Mais quel homme politique admet de bon cœur qu'en réalité il est soumis à la force des choses ?"

Certainement pas Mikhaïl Gorbatchev qui, avec la chute du Mur, a certes ouvert au marché le dernier tiers du monde, mais croit encore dur comme fer à son propre come-back et au socialisme démocratique. Magistral, il savoure les applaudissements qui l'accueillent à l'hôtel *Fairmont,* lors de ce congrès mémorable du mois de septembre 1995. La Californie a sans doute été la dernière partie importante du globe à prendre connaissance des transformations fondamentales survenues à l'Est ; aujourd'hui, elle est la dernière région où l'on célèbre encore Gorbatchev comme un héros. "Le système international n'est pas stable", proclame le premier et dernier président de l'Union soviétique, dans la suite du *Fairmont* que lui financent des mécènes américains[11]. "La politique est à la traîne derrière les événements. Nous agissons comme des pompiers qui vont éteindre les incendies, dans toute l'Europe et dans le monde. Mais nous agissons tous trop tard."

Cet homme légendaire fait l'effet d'une Jaguar puissante et prête à bondir de toute la force de ses huit cylindres ; mais il n'a plus de roues depuis son retrait forcé de la politique. Il attaque pourtant la "polarisation sociale" croissante, qui "mène à une fracture tellement gigantesque qu'une lutte des classes devient inévitable. Ce n'est pas de cela que nous avons besoin, mais de partenariat social et de solidarité."

Lorsqu'on prononce le mot de partenariat, un autre homme peut se sentir interpellé : Ted Turner, le magnat américain des médias, qui tient cour au *Fairmont,* comme Gorbatchev. Turner indique avec satisfaction que sa télévision, CNN, se consacre sans doute aux événements quotidiens spectaculaires, mais diffuse aussi d'innombrables émissions sur des sujets qui joueront un rôle majeur dans le futur ; il encourage ainsi l'avènement d'un "monde uni". Pendant la conférence de presse sur la démographie mondiale, au Caire, en 1994, il a par exemple montré à quel point le contrôle des naissances lui tenait à cœur. Sa chaîne mondiale a présenté la conférence comme un "événement historique". Lors de cet événement, la moindre négociation méritait à ses yeux une émission spéciale *(Beyond the numbers)* consacrée à la surpopulation de la planète.

Les collaborateurs de CNN ont balayé les critiques qui leur reprochaient une manipulation évidente en utilisant un argument dangereux : tout ceci, dirent-ils, servait une "cause sacrément défendable". Lors des réceptions officielles de l'ONU, les familiers de Turner rivalisaient avec des productrices expérimentées de CNN pour savoir qui "Ted" et son épouse familière des Oscars, "Jane" Fonda, avaient placé sur la bonne ligne (verte). Dans un entretien privé, l'homme que le magazine *Forbes* classe parmi les 400 personnes les plus riches de la planète confirme qu'il a bien compris ce qui est en jeu aujourd'hui[12]. "Les grands milliardaires n'ont qu'une idée : se débarrasser de leurs cadres moyens avant le jour où ceux-ci pourront réclamer leur retraite à l'entreprise. Nous sommes sur la pente du Mexique et du Brésil, où les riches vivent derrière des clôtures, comme à Hollywood. Certains de mes amis emploient une armée de gardes du corps, par crainte d'être kidnappés."

Et pourtant, s'indigne ce self-made-man milliardaire en dollars au centre de l'entreprise CNN à Atlanta, modestement protégé, les multimilliardaires dépensent chaque année des sommes proportionnellement beaucoup moins importantes que les simples millionnaires pour soutenir les causes sociales et écologiques. "C'est monstrueux, dit Turner. Le gouvernement fédéral est en faillite, les gouvernements des différents Etats fédéraux font banqueroute, tout comme les équipes qui dirigent les villes. Tout l'argent se trouve entre les mains de ces quelques personnes richissimes, et aucune d'entre elles n'en redistribue une partie. C'est dangereux, pour elles et pour le pays. Nous pourrions connaître une nouvelle Révolution française, nous verrions une nouvelle Mme Defarge regarder en tricotant les charrettes conduire ces gens-là sur la place publique, où, boum, on leur ferait tomber la tête."

En 1994, ce visionnaire du câble télévisuel s'est séparé de 200 millions de dollars en faveur de quelques universités et associations écologiques – mais ce ne fut pas de gaieté de cœur. "Lorsque j'ai signé les actes, ma main a tremblé : je savais que je m'éliminais ainsi de la course à la plus grande fortune d'Amérique." Au lieu de se réjouir de son don, il se sentait tiraillé par la peur du recul social – une peur humainement compréhensible, quoique perverse. Turner, qui s'est aussi fait un nom en tant que sportif, croit aujourd'hui que "cette liste des Quatre Cents publiée par *Forbes* est en train de détruire notre pays, parce qu'elle empêche les nouveaux super-riches de défaire leurs liasses de billets". Il voudrait lancer une initiative, un nouveau classement des donateurs les plus généreux, et imposer simultanément une sorte de traité de désarmement entre riches. "Si chacun de nous renonçait à un milliard, nous redescendrions tous en même temps dans la liste."

Même après cette chute, Turner restera tout en haut. Ses affaires prospèrent à Atlanta et à Hollywood, il pourra même bientôt diffuser des informations et des documentaires par le canal câblé américain HBO, un nouveau *superbusiness*, sur lequel on spécule hardiment lors d'un débat organisé par CNN en marge de la course cycliste féminine, aux Jeux olympiques. Turner s'inquiète tout au plus de l'avenir de son empire médiatique : ses empreintes sont manifestement trop grandes pour ses enfants, occupés à profiter des joies de l'existence. Le marché a vaincu, c'est bon pour tout le monde. Le reste est une question d'adaptation.

"Mais nous ne ferons de véritables progrès que si nous prenons conscience du caractère inévitable des transformations" : en Europe, celui qui fut de longues années durant président de l'Union fédérale de l'industrie allemande, Tyll Necker, donne le ton[13]. Sur la passerelle de commandement du navire qui porte les navigateurs au long cours sur les océans de la concurrence mondiale, on trouve aussi Hermann Franz, qui fut pendant treize ans président du directoire chez Siemens, et qui occupe à présent la fonction de directeur du conseil d'administration du groupe. Année après année, l'entreprise multinationale enregistre des bénéfices remarquables. En 1995, pour l'ensemble du monde, ils s'élevaient à 1,27 milliard de dollars, 18,8 % de plus qu'en 1994. Et pourtant, cette entreprise, la cinquième du monde avec ses 383 000 employés, continue à supprimer des emplois en Allemagne.

"Voyez-vous, dit Franz dans les salles baroques de la centrale de l'entreprise, place Wittelsbach, à Munich, l'heure de travail d'une femme employée à la fabrication de faisceaux de câbles pour Volkswagen nous coûte 45 marks à Nuremberg. En Lituanie, cette somme s'élève à peine à un mark et demi, et les ateliers sont mis gratuitement à notre disposition. Nous sommes tout de même forcés de penser à l'entreprise Volkswagen, et de produire aussi bon marché que possible[14]." Le patron de Siemens admet ressentir des scrupules et un certain malaise lorsqu'il réfléchit à la nouvelle question sociale. Il prédit même des "frictions", mais c'est pour ajouter aussitôt : "L'industrie n'en sera pas responsable." Franz s'empêtre ainsi dans cette toile qu'il a tissée de sa propre main. Il contribue en toute lucidité à accroître encore la déchirure sociale – mais il se considère tout de même comme un instrument docile des lois du marché mondial. Siemens, dit-il, est une entreprise exerçant une activité mondiale. Bien sûr, elle a son siège en Allemagne, "mais nous avons des obligations à l'égard de tous nos employés, dans le monde entier". Si l'Union européenne voulait se transformer en citadelle, le groupe, même à contrecœur, serait forcé de transférer son siège aux Etats-Unis ou en Extrême-Orient. Les nouvelles opportunités se trouvent surtout à l'Est, explique le *global player* avec enthousiasme. Dès 1993, il annonçait aux Allemands un pays entièrement transformé : "Nous devons tous savoir que le travail est devenu trop cher chez nous, même si beaucoup d'employés n'en ont pas encore pris conscience." Dès lors, dit Franz, "beaucoup d'activités simples vont quitter l'Allemagne. Au lieu des distributeurs de banque et des machines à café, il faut faire travailler un plus grand nombre de personnes en chair et en os" – en leur offrant des salaires réduits, cela s'entend, et le plus souvent, sans doute, extrêmement bas.

Ce sont des phrases qui frappent, surtout en Allemagne. Des phrases qui révèlent un profond malaise. Une étrange et sourde angoisse se répand parmi les managers des républiques européennes. En comité restreint, parmi leurs intimes, ils réfléchissent de plus en plus souvent aux risques incalculables que l'on prend dans ce "capitalisme de casino" (l'expression est de l'économiste britannique Susan Strange). Mais dans la plupart des cas, ils se croient forcés d'entrer dans la partie. La Chine, la Corée du Sud, l'Indonésie, l'Arabie Saoudite : il faut explorer tous ces marchés porteurs d'espoirs, argumentent en public les leaders de l'économie – on pourrait autrement laisser se perdre une possibilité d'accroître à nouveau chiffres d'affaires et bénéfices. Mais dans la partie qui se joue au Proche-Orient et en Asie, personne ne trouve plus le sommeil.

"Le problème principal, ce sont les systèmes culturels de ce monde, qui sont tellement différents", affirme le manager de pointe Anton Schneider au début de son analyse. Schneider est un *Sennerbua*, le fils d'un maître fromager de la forêt de Bregenz. Il a grandi avec six frères et sœurs dans le triangle austro-germano-suisse. Devenu un économiste et syndicaliste de gauche qui n'avait pas sa langue dans sa poche, il a entamé, depuis l'entreprise internationale de conseil industriel Boston Consulting, une remarquable carrière d'assainisseur de comptes qui l'a mené en 1995 au fauteuil de directeur du groupe de Cologne Klöckner-Humboldt-Deutz (KHD[15]).

"Ce que les uns décrivent comme du *fair play* et du *fair treatment* est absolument incompréhensible pour les autres, du point de vue de l'histoire culturelle. Un Coréen, par exemple, pratique le plus naturellement du monde un protectionnisme affirmé, tout en vous racontant que son attitude est *fair play*, ce que nous sommes pour notre part incapables de comprendre. Les Saoudiens, eux aussi, sont insaisissables, ils sont membres de la nouvelle Organisation mondiale du commerce, l'OMC ; les Américains les protègent bien, et pourtant ils ont de tout autres valeurs. C'est ça, le vice fondamental, dans cette idée de marché unique mondial."

"En Europe du Nord-Ouest et aux Etats-Unis, affirme Schneider, s'est formé en deux siècles un capitalisme protestant relativement rigoriste, et une économie de marché dotée de règles auxquelles nous nous tenons par principe. En région catholique, on pèche peut-être plus, mais on se confesse aussi. Dans le secteur asiatique et bouddhiste, nos règles, en revanche, ne sont pas prises particulièrement au sérieux : là, le pays et la famille comptent beaucoup plus."

La mondialisation rassemble les joueurs de toutes les entreprises et de toutes les nations, comme pour un championnat du monde de football. Mais pour rester dans cette métaphore, il n'existe même pas encore de règles du jeu communes entre grands décideurs économiques, et encore moins d'arbitres désignés. "C'est exactement cela, confirme le directeur de KHD. Beaucoup de cultures apportent avec elles des règles du jeu totalement différentes. Mon propos n'est absolument pas d'évaluer si elles sont pires ou meilleures. En tout cas, beaucoup de nouveaux joueurs et de nouvelles équipes ne savent et ne comprennent absolument pas ce que nous entendons par compétition loyale."

Schneider dresse le bilan : "Je crois que presque toutes les grandes entreprises européennes se considèrent comme des laissées-pour-compte de la mondialisation économique. Qui croit sérieusement que n'importe quel grand groupe européen est à l'aise avec ses investissements en Chine ? Pas un seul ne peut le dire : chacun sait qu'il n'a aucun système juridique pour protéger ses droits. Et ça ne concerne pas seulement la Chine. Il n'existe pas de protection de l'investissement, pas de protection du know-how, on peut faire un trait sur tout cela. Chaque joint venture signée a une durée de vie maximale de trente ans ; ensuite, tout appartient aux Chinois."

Mais pourquoi alors cet engagement mondial ? "Nous sommes forcés de le faire, répond le leader industriel. Nous voulons avoir notre part dans ces marchés, et nous y entrons aux conditions qui nous sont proposées. Nous sommes forcés d'être présents sur ces marchés. Car on se dit, bien évidemment : il vaut mieux que ce soit moi plutôt que mon concurrent. Mais personne ne s'y sent bien."

Or, et les managers de pointe le savent aussi bien que la sagesse populaire, la peur est mauvaise conseillère. Quelle que soit la manière dont on se comporte, les lourdes erreurs paraissent inéluctables. Lorsqu'un manager de direction se contente d'oublier des inquiétudes plus que compréhensibles dans l'évolution actuelle, et se met en marche sans plus de réflexion, il court le danger de détruire plus qu'il ne sauve. Notamment en pratiquant à outrance le *re-engineering* (réorganisation), l'*outsourcing* (délocalisation) et le *downsizing* (réduction). Mais lorsqu'on fuit les temps modernes, lorsqu'on reste sur la défensive en cherchant, autant que possible à ne commettre aucune erreur, on fait presque tout de travers.

Alors, que sont les *global players* de la politique, de la finance, des médias et de l'économie : des "suivistes" entraînés par les autres, ou des activistes volontaires ?

A QUI APPARTIENT L'ÉTAT ?

Le déclin de la politique et l'avenir de la souveraineté nationale

En Europe, seuls le crime et le capitalisme ont une organisation inter-étatique.

KURT TUCHOLSKY, 1927.

Lorsque les chefs d'entreprise ont fait passer tout l'argent à l'étranger, on estime que la situation est sérieuse.

KURT TUCHOLSKY, 1930.

Pauvre riche Martin. Lorsque, au début du mois de mars 1996, au siège francfortois de la Commerzbank, 250 inspecteurs des impôts ont fait une perquisition dans les bureaux des services étranger et impôts, cela a ébranlé le système nerveux du directeur du quatrième établissement bancaire mondial. Il prétendait que lui, Martin Kohlhaussen, l'un des grands du monde de la haute finance, et avec lui sa banque, l'une des adresses les plus fiables de l'économie allemande, était victime d'une conjuration organisée par l'Etat. Cette perquisition était une "action ciblée contre notre banque, nos clients et nous-mêmes", écrivit-il à ses collaborateurs dans un communiqué interne. Aucun membre de la direction n'avait "transgressé les lois existantes. Notre banque n'a rien à se reprocher, se lamentait-il. Nous sommes traités comme des criminels, sans la moindre raison."

Kohlhaussen était bien placé pour le savoir. Le jour même où son démenti assurait le calme sur le front des relations publiques, ses deux collègues de la direction, Klaus Patig et Norbert Käsbeck, rédigeaient une lettre adressée au bureau financier III de Francfort, dans laquelle ils admettaient avoir commis de sévères entorses au droit fiscal, espérant pouvoir ainsi éviter d'éventuelles poursuites pénales. Les bilans présentés aux autorités fiscales contenaient des "inexactitudes", reconnaissaient les banquiers. "Les corrections de valeur concernant les créances à attribuer aux sièges étrangers de l'entreprise n'auraient pas dû entrer avec effet fiscal dans le résultat à l'étranger." En langage décodé : en décomptant à plusieurs reprises les pertes des filiales étrangères pour diminuer les profits de la maison mère allemande, la banque avait diminué ses profits en Allemagne, et donc la pression fiscale. Parce qu'elle y avait été trop fort, le déplacement des dettes était dans ce cas-là juridiquement indéfendable, rapporta le *Spiegel* un peu plus tard en citant une source proche de l'enquête. Depuis 1984, une décennie durant, la banque avait fait de fausses déclarations fiscales. Pour la seule année 1988, les stratèges fiscaux de la Commerzbank auraient ainsi sous-estimé de 700 millions de marks (près de deux milliards et demi de francs) les profits imposables de leur établissement. Au total, le fisc aurait subi un manque à gagner d'un demi-milliard de marks (1,7 milliard de francs[1]).

A l'aide d'un cas concret et de preuves solides, les inspecteurs du fisc de la Hesse montraient ainsi pour la première fois à l'opinion publique ce que les initiés et les fonctionnaires des finances racontent depuis des années déjà : dans le cadre de l'intégration globale, les entreprises transnationales opèrent dans une zone d'incertitude fiscale où il est facile de réduire au minimum l'imposition des bénéfices. Avec cette perquisition spectaculaire dans la capitale bancaire allemande, les autorités financières marquaient l'apogée provisoire de leur offensive, menée depuis deux ans, contre l'évasion fiscale organisée par des citoyens et des entreprises allemandes vers l'étranger. Dans plus de quarante filiales d'établissements financiers aussi renommés que la Dresdner Bank, la Bayerische Hypotheken-und Wechselbank et l'établissement américain Merryll Lynch, les membres des brigades financières ont confisqué les dossiers de comptes de plusieurs milliers de clients soupçonnés d'avoir transféré des fractions de leur patrimoine au Luxembourg, au Liechtenstein et dans d'autres Etats pour échapper à l'impôt. Beaucoup d'observateurs crurent que l'on en avait enfin terminé avec le laisser-aller des autorités, qui n'entreprenaient rien contre l'évasion fiscale organisée par les banques au profit des riches. Même Helmut Kohl évoqua le “malin plaisir” que lui inspiraient ces enquêtes : au bout du compte, un pays dans lequel la dissimulation fiscale n'est plus considérée que comme un simple délit de cavalerie “a déjà perdu son avenir”.

Le chancelier allemand évalue correctement le danger. Mais il n'y a aucun motif de ressentir un quelconque plaisir, même malin. Quelles que soient la fréquence et la sévérité avec lesquelles les autorités financières mènent leurs vérifications et leurs enquêtes, elles ne peuvent gagner cette guerre souterraine qui dure depuis des années, pour que tous les bénéfices sur la fortune et sur les entreprises soient pris en compte dans les assiettes fiscales. Car seuls les personnes privées mal informées ou les managers particulièrement hardis utilisent des méthodes illégales pour faire échapper à l'impôt les fortunes et leurs intérêts. Les entreprises et les gestions de patrimoine bien dirigées n'en ont pas besoin. Même sans transgresser la loi, on peut contourner à son gré les obligations fiscales dans la jungle du marché financier transnational – on peut même, le cas échéant, les ramener à moins de 10 %.

"VOUS N'OBTIENDREZ PLUS RIEN DE NOUS !"

Il y a longtemps que les grandes entreprises allemandes montrent la marche à suivre. En 1988, BMW, l'entreprise automobile qui réalise le plus de profits en Allemagne fédérale, abandonnait encore, par exemple, plus de 545 millions de marks aux services financiers allemands. Quatre ans plus tard, il ne restait plus que 6 % de cette somme, 31 millions de marks seulement. Au cours de l'année suivante, et malgré des profits en hausse globale et des dividendes inchangés, BMW affichait même des pertes en Allemagne et se faisait rembourser 32 millions de marks par les services des Finances. "Nous cherchons à faire apparaître les déficits là où les impôts sont le plus élevés, et c'est dans notre pays", expliqua en toute liberté le directeur financier de BMW, Volker Doppelfeld. Au total, explique-t-il, le groupe a ainsi économisé plus d'un milliard de marks entre 1989 et 1993 sur les prélèvements de l'Etat, si l'on en croit les calculs des spécialistes de ce secteur[2].

Siemens, le géant de l'électronique, a lui aussi transféré fiscalement à l'étranger le siège de son entreprise. Sur les 2,1 milliards de marks de bénéfices réalisés au cours de l'année sociale 1994-1995, le fisc allemand n'a même pas touché 100 millions ; en 1996, Siemens n'a plus rien payé du tout[3]. Dans le rapport d'activité 1994 de Daimler-Benz, une formule lapidaire indique que les impôts sur le bénéfice ont été payés "pour l'essentiel à l'étranger". Et même Martin Kohlhaussen, de la Commerzbank, a prouvé fin mars 1996 que ses experts avaient appris, entre-temps, comment on peut se dégager légalement de ses obligations fiscales. Comme par défi, trois semaines après l'irruption des enquêteurs dans son bureau, il présentait un bilan qui ressemble à un grand éclat de rire au visage du contribuable ordinaire. Selon ce texte, les bénéfices de la Commerzbank ont doublé en 1995 par rapport à l'année précédente, pour atteindre 1,4 milliard de marks ; mais les taxes perçues par l'Etat ont pour leur part été diminuées de moitié, atteignant à peine les 100 millions[4].

Cette baisse dramatique des impôts n'est pas une spécialité des grands groupes. D'innombrables entreprises des classes moyennes réussissent les mêmes prouesses. En utilisant de manière systématique les différences entre les systèmes d'imposition nationaux, elles peuvent faire descendre au seuil minimum, au niveau international, la pression fiscale à laquelle elles sont soumises. La méthode la plus simple de ce que les experts appellent la planification fiscale est le *transfer pricing*. Elle se fonde sur une union internationale de filiales et de concessions. Comme elles négocient les unes avec les autres les produits non finis, les prestations de services ou simplement les licences, les entreprises peuvent faire entrer dans leurs propres comptes des coûts qu'elles fixent pratiquement à leur gré. Les dépenses des entreprises opérant au niveau international sont donc toujours plus élevées là où les taux d'imposition le sont aussi. A l'inverse, les filiales situées dans des paradis fiscaux ou dans des zones à taux d'imposition peu élevé font toujours des bénéfices exorbitants, même si elles n'y entretiennent qu'un bureau avec fax et deux collaborateurs.

Les vérificateurs officiels n'ont aucune arme contre cette pratique. Il est souvent totalement impossible de prouver que les prix des transactions au sein d'un seul et même groupe sont surestimés : pour bon nombre des prestations décomptées, il n'existe pratiquement pas de prix de marché comparables. Les traqueurs de l'impôt ne peuvent intervenir que si les planificateurs des groupes manipulent leurs comptes de manière trop visible. Ainsi, dans ce pays à haut degré de pression fiscale qu'est le Japon, de nombreuses entreprises multinationales sont sans doute allées trop loin dans les artifices fiscaux au début des années 1990. A l'automne 1994, le ministère des Finances, à Tôkyô, s'en est pris à plus de soixante entreprises, dont des firmes mondiales comme Ciba-Geigy et Coca-Cola, et leur a imposé un peu moins de deux milliards de dollars de rappels parce qu'elles avaient intégré dans leurs bilans des prix de transfert surévalués. Parmi les victimes, on trouvait aussi la multinationale pharmaceutique allemande Hoechst, à laquelle les autorités reprochèrent d'avoir décompté, entre 1990 et 1992, quelque 350 millions de francs en trop pour les matières premières fournies par d'autres filiales[5].

Ce genre de petites opérations menées par des membres énervés des brigades financières ne gêne pas vraiment, on s'en doute, l'évasion fiscale organisée. Lorsque le *transfer pricing* ne rapporte pas assez, on utilise d'autres trucages. On peut par exemple appliquer de différentes manières le *double dip leasing*. Ici, les entreprises utilisent les différentes règles officielles d'amortissement des installations en leasing de telle sorte que les coûts d'acquisition des machines, des centrales d'énergie ou des avions aient des répercussions fiscales dans deux pays différents. Le *dutch sandwich* est lui aussi très à la mode. Cette méthode associe une filiale aux Pays-Bas et un site dans un paradis fiscal, par exemple les Antilles néerlandaises ou la Suisse. L'utilisation conjointe des deux législations fiscales permet de ne plus payer que 5 % d'impôts sur les neuf dixièmes des profits de l'entreprise.

Contre de telles pratiques et d'autres analogues, les gouvernements et les législateurs du monde entier tentent bien entendu d'améliorer les méthodes de vérification et de combler les vides juridiques. Mais, en règle générale, cela ne rapporte pas grand-chose. "Au bout du compte, on peut camoufler tous les transferts derrière la complexité des structures de l'entreprise", garantit un avocat fiscaliste qui travaille pour une clientèle dispersée sur toute la planète. Dans ce domaine, "tout se passe comme dans le jeu du lièvre et de la tortue", estime aussi l'expert fiscal de pointe du ministère fédéral de l'Economie, Johannes Höfer. "Les vrais bons conseillers fiscaux ont toujours une longueur d'avance sur les agents du Trésor[6]."

Les entreprises transnationales ont ainsi pu entraîner au cours de la décennie qui vient de s'écouler la quasi-totalité des Etats du monde dans une "compétition entre systèmes fiscaux", comme le reconnaît le secrétaire d'Etat aux Finances allemand,

Hansgeorg Hauser. Parce que les différents pays sont en concurrence pour attirer les investissements internationaux, et compte tenu de l'impuissance de leurs services fiscaux, il ne reste qu'une seule solution : le nivellement par le bas. La tendance à la baisse a débuté en 1986, lorsque le gouvernement américain a fait passer de 46 à 34 % l'impôt sur les bénéfices pour les sociétés de capitaux, fixant ainsi une nouvelle norme mondiale. Au fil des ans, la plupart des autres pays industriels ont dû suivre cet exemple.

Au sein de l'Union européenne, la compétition a pris des formes grotesques. Depuis 1990, la Belgique offre aux entreprises actives dans au moins quatre pays la création de ce que l'on appelle les *coordination centers.* Là, les groupes peuvent centraliser toutes les espèces de prestations de services, comme la publicité, le marketing, le conseil juridique, et surtout leurs affaires financières ; ils ne sont pas contraints de soumettre à l'impôt les profits qu'ils y réalisent, mais uniquement une petite partie de leurs dépenses de fonctionnement locales. Ce modèle a eu un succès extraordinaire. La liste des privilégiés va des multinationales du pétrole Exxon et Mobil jusqu'au fabricant de pneus Continental. Opel économise les impôts avec une centrale financière à Anvers, Volkswagen a envoyé ses financiers à Bruxelles, les spécialistes du contournement de l'impôt chez Daimler ont leur siège dans le faubourg de Zaventem, et leurs collègues de BMW logent à Bornem. Grâce à la générosité belge, les branches financières installées au cœur de l'Union européenne sont devenues les filiales les plus rentables. Si l'on en croit son bilan, BMW a par exemple réalisé dans sa filiale belge un tiers des bénéfices totaux de l'entreprise, sans que l'on y ait produit une seule voiture[7]. L'offre faite par l'Irlande aux évadés du fisc est encore plus séduisante : tous ceux qui font traiter leurs affaires financières par un bureau situé dans les Dublin Docks peuvent en profiter. Sur chaque franc d'intérêt gagné (pour la forme) par une concession en Irlande, seuls dix centimes vont dans les caisses de l'Etat irlandais. C'est la raison pour laquelle on trouve aujourd'hui, dans les palais de verre situés tout autour de l'ancien port de la ville, de petites filiales de près de 500 entreprises transnationales – "et uniquement de grands noms", comme l'assure le directeur de la Chambre de commerce germano-irlandaise. A côté de Mitsubishi et de la Chase Manhattan, toutes les grandes banques et toutes les compagnies d'assurances allemandes sont présentes. Même la coopérative protestante, l'Evangelische Kreditgenossenschaft de Kassel, y fait gérer une partie de son patrimoine. Au total, le canal irlandais a permis aux seules entreprises allemandes de dissimuler au fisc allemand quelque 25 milliards de marks entre la mise en place de ce système et l'année 1994, estime l'Office fédéral des Finances[8].

Les conséquences du tourisme fiscal sans frontières sont évidentes. On évite pourtant soigneusement d'aborder la question dans le débat politique : outre la politique monétaire, le pilotage des taux d'intérêt et des taux de change, un autre élément central de la souveraineté nationale se dissout peu à peu dans l'économie transnationale : l'autorité fiscale. Contrairement à ce que peuvent laisser croire les taux d'imposition élevés décidé par la loi, l'imposition *moyenne* effective des profits réalisés par les entreprises et les indépendants a diminué depuis 1980, passant de 37 % à 25 % seulement en 1994 : c'est le résultat d'une enquête mené par l'Institut allemand de recherche économique à Berlin. Et ce n'est pas un phénomène spécifiquement allemand. Dans la compétition fiscale, le taux d'imposition des entreprises ne diminue pas seulement dans tel ou tel pays, mais dans le monde entier. En 1991, l'empire de Siemens abandonnait encore la moitié de ses bénéfices aux quelque 180 Etats où il entretient des filiales. En l'espace de quatre ans, cette proportion est tombée à 20 %. Dès lors, ce ne sont plus des gouvernements démocratiquement élus qui décident du niveau d'imposition : les dirigeants du flot de capitaux et de marchandises déterminent eux-mêmes la contribution qu'ils veulent bien encore apporter à la mise en œuvre des missions de l'Etat. Fin avril 1996, Jürgen Schrempp, président-directeur de Daimler-Benz, a montré à quel point les *global players* en sont conscients ; et les experts du Budget au Bundestag allemand en ont fait la douloureuse expérience. Lors d'un dîner commun avec les députés, Schrempp a expliqué que son groupe ne paierait plus d'impôts sur les bénéfices en Allemagne jusqu'à l'an 2000, au moins. “Vous n'obtiendrez plus rien de nous”, a-t-il dit. Et les représentants du peuple ont dû prendre connaissance avec un silence consterné des explications que leur a données le directeur financier, Manfred Genz, sur le changement de calcul des bénéfices avec les filiales étrangères et les investissements en Allemagne orientale[9].

L'assèchement des finances de l'Etat par l'économie sans frontières n'est pas seulement une question de ressources. La nouvelle transnationale détourne aussi vers ses caisses une partie croissante des dépenses publiques. La compétition pour les dépenses les plus basses s'accompagne d'une course aux subventions les plus généreuses. La mise à disposition gratuite de terrains avec tout l'équipement possible, routes, rails, courant et eau, fait déjà partie de la norme mondiale minimale. A chaque fois qu'un groupe veut créer un centre de production, les planificateurs des coûts peuvent en outre compter sur des subventions et aides de toute nature. Lorsque la multinationale coréenne Samsung fait payer plus de cent millions de dollars par le ministère des Finances britannique sur le milliard d'investissement que lui coûte la construction au nord de l'Angleterre de sa nouvelle usine électronique, c'est déjà extrêmement intéressant. Les Etats et les régions qui veulent devenir un point d'implantation dans le réseau de Mercedes-Benz doivent verser beaucoup plus. Pour la future entreprise des nouvelles petites Mercedes, en Lorraine, les contribuables de l'Union européenne et de la France paient déjà un quart de l'investissement global sous forme de subventions directes. Si l'on y ajoute les exonérations d'impôts accordées aux personnes privées, la participation de l'Etat s'élève à un tiers, sans droit de vote[10]. Cela n'a rien d'extraordinaire : ce niveau de subvention correspond à la moyenne européenne hors zones de concentration industrielle. Il ne semble pas y avoir de plafond – et le montant des ristournes ne dépend pas forcément du niveau du chômage et du désarroi des hommes politiques. Dans l'Etat américain de l'Alabama, relativement pauvre, Mercedes-Benz n'a payé que 55 % des frais de construction d'un nouveau site de fabrication. Face à cela, l'exonération fiscale complète que General Motors a obtenue pour dix ans, à partir de 1996, en Pologne et en Thaïlande, est littéralement modeste.

Mais c'est le gouvernement allemand, dans la partie orientale du pays, qui a atteint le sommet actuel de la canalisation des investissements par deniers publics interposés. Dans cette région, le groupe électronique américain Advanced Micro Devices (AMD) reçoit par exemple pour construire une nouvelle usine de processeurs à Dresde 800 millions de marks (2,7 milliards de francs), soit 35 % de tout l'investissement prévu. L'Etat fédéral et le Land de Saxe ont en outre cautionné un crédit d'un milliard de marks. 500 autres millions sont apportés par un consortium de banques auquel participent les banques régionales de l'Etat. Au bout du compte, le groupe n'a même pas à financer lui-même un cinquième de l'investissement total : la quasi-totalité du risque repose sur les épaules du contribuable[11]. La situation est tout à fait analogue aux usines Opel et Volkswagen à Chemnitz, Mosel et Eisenach, trois villes de l'ancienne RDA. La modernisation des Chantiers de la Baltique, sous la direction de la société Vulkan, de Brême, et du géant de la construction navale norvégienne Kvaerner, qui revient en fait à une nouvelle création d'entreprise, engloutira selon le projet 6,1 milliards de marks. Après la faillite de l'union Vulkan, qui avait placé une partie des subventions dans des entreprises ouest-allemandes à bout de souffle, on pense qu'un demi-milliard supplémentaire sera nécessaire. Mais pour que l'on comprenne à quel point la tentative d'attirer les groupes mondiaux par des subventions peut devenir un trou noir dans les finances de l'Etat, il a fallu que le gouvernement Kohl subisse un cuisant revers avec l'industrie chimique dans l'ancienne région industrielle de la RDA, autour de Buna, Leuna et Bitterfeld. Là, le chancelier lui-même est tombé tête la première dans le piège.

"PENSEZ A NOS FAMILLES !"

Lorsque Helmut Kohl a atterri en hélicoptère à Schkopau, le 10 mai 1991, ce n'était encore qu'un rendez-vous électoral comme beaucoup d'autres. Il était venu dans le centre culturel des entreprises de Buna pour appeler à la confiance et "donner une manifestation d'espoir". Il y a découvert le désespoir d'une population menacée par la paupérisation. "Pensez à nos familles !" lui a crié un ouvrier juste après le premier barrage. Derrière, dans la salle, le président du conseil d'entreprise des ateliers de Buna lui a demandé de mener enfin à bien la privatisation pour préserver au moins les 8 000 emplois qui subsistaient sur les 18 000 que comptait l'entreprise. "Je vous en prie, posez ces jalons, je vous en prie, ne nous décevez pas", a imploré l'oratrice. Cela a manifestement touché sous l'épiderme l'éléphant de la politique allemande. Kohl, qui a lui-même passé son enfance à Ludwigshafen, la ville du groupe BASF, n'a pu résister à la demande des ouvriers de la chimie. Il a mis de côté le texte de son discours et annoncé que, "bien entendu", ils ne seraient pas déçus de lui avoir donné leur confiance. Et il a donné sa parole personnelle que "ce site continuerait à exister".

C'était dit dans une bonne intention, humainement compréhensible, et ce fut pourtant l'une des erreurs les plus coûteuses du règne de Kohl. Car cela fit du gouvernement fédéral un objet de chantage illimité. Malgré l'engagement de Kohl, les conseils d'administration des trois géants allemands de la chimie refusèrent de s'engager, compte tenu de l'état désolant des anciennes entreprises. Mais quelques managers du groupe américain Dow Chemical comprirent qu'on pouvait profiter de l'occasion. Et puis un homme de la Dow, Bernhard Brümmer, ancien responsable de la Gulf Coast Operation du groupe, qui gérait le combinat chimique de Buna pour le compte de la Treuhand, l'institut chargé des privatisations dans l'ancienne RDA, était bien placé pour recueillir toutes les informations nécessaires. La direction de cette entreprise chimique, la cinquième du monde, se dit d'abord simplement intéressée et fit de vagues propositions. Au cours d'un marathon de négociations qui dura une année, les avocats du groupe firent pression sur les représentants de la Treuhand. Les mots prononcés par le chancelier les condamnaient au succès : ils promirent et garantirent donc de plus en plus de choses. Enfin, le 1er juin 1995, les trois plus grandes entreprises de l'ancien combinat de Buna, sous le nom de BSL Olefinverbund, devinrent la propriété de Dow Chemical. Les avocats de la firme détenaient alors un contrat qui leur promettait une affaire de plusieurs milliards sans risque. Selon cet accord, le groupe ne fournirait lui-même que 200 millions de marks sur les 4 milliards d'investissements prévus, et uniquement sous forme d'un prêt bonifié de la société mère. Dans le même temps, la BVS, la société qui succéda à la Treuhand, dut garantir que, d'ici à la fin 1997, elle compenserait toutes les pertes de la BSL, jusqu'à la limite maximale de 2,7 milliards de marks. Comme la société a démarré avec une perte comptable de 3,2 milliards de marks, Dow reste en outre exonéré d'impôts pour une période dont on ne peut prévoir la fin, même si elle réalise des profits. Parallèlement, le groupe pourra, pendant trente ans, faire assainir aux frais de l'Etat tous les résidus dangereux dans le sol ; et on lui fournit en outre un pipeline qui la relie au port de Rostock. Les contreparties paraissent presque grotesques. Dow n'a garanti que 1 800 emplois. Encore cette garantie ne court-elle que jusqu'en 1999 – et si ce chiffre devait baisser, cela ne posera pas de problème non plus aux managers de Dow. Pour chaque emploi manquant, ils devront verser, selon l'accord, une amende de 60 000 marks (un peu plus de 200 000 francs) : un pourboire, comparé à la somme globale.

Au total, l'Allemagne fédérale accordera ainsi plus de 5 millions de marks pour chaque emploi de la filiale de la Dow, BSL : un total de 10 milliards de marks, 34 milliards de francs – un prix démentiel. Même si l'on construisait avec cet argent des gratte-ciel dans la forêt de Thuringe avec les deniers du contribuable, cela donnerait du travail et du pain à plus de monde. Investie dans l'assainissement des villes, le tourisme et les universités, la même somme aurait certainement rapproché d'un pas supplémentaire la partie orientale de l'Allemagne du niveau occidental. Si le public a entendu parler des conditions grotesques de la vente du groupe Buna, on le doit seulement à quelques journalistes du *Spiegel* qui, des mois durant, ont enquêté sur l'histoire de ce contrat. En se fondant sur les propos de collaborateurs de la BVS, ces journalistes ont affirmé que la Dow Chemical réaliserait au moins 1,5 milliard de profit, même en cas d'échec de toute l'entreprise[12]. Lorsque le reportage a paru, on n'a pratiquement entendu aucune protestation. Mais quel homme politique de haut niveau aurait-il pu objecter quoi que ce soit ? Bien sûr, Kohl avait fait une mauvaise affaire à Buna, mais presque tous les hommes politiques ayant travaillé sur les questions économiques ont aujourd'hui fait des expériences analogues. Et puis chaque emploi compte.

Les ministres de la Recherche de tous les pays font preuve du même aveuglement dans la répartition des fonds publics qui leur sont confiés. Le groupe Daimler, par exemple, qui ne paie plus d'impôts actuellement, a reçu plus de 500 millions en 1993, sur le budget fédéral de la recherche. Plus d'un tiers de toutes les subventions scientifiques de l'Etat sont ainsi allées à une entreprise qui peut dès demain aller gagner de l'argent à l'autre bout du monde avec les fruits de ces subventions, sans que cela crée un seul emploi allemand. Siemens a aussi profité de l'incertitude des hommes politiques sur les nouvelles règles en vigueur dans le jeu économique global. Pendant des années, les partisans de l'ancienne politique industrielle nationale (Konrad Seitz, par exemple, ex-directeur du bureau de planification aux Affaires étrangères) ont prévenu que le Japon et les Etats-Unis risquaient de conquérir une position de monopole dans la fabrication de la matière première technique de l'ère de l'information : les microprocesseurs. L'Etat et la Commission européenne ont donc gentiment investi quelques milliards de marks en aides à la recherche attribuées à des groupes électroniques européens, Siemens en tête – et cela n'a servi strictement à rien. Aujourd'hui, le groupe, dont le quartier général se trouve à Munich, met au point les puces de la nouvelle génération en collaboration avec ses rivaux supposés, IBM et Toshiba. A partir de1998, Siemens va même gérer avec le groupe technologique américain Motorola une usine commune à Richmond, aux Etats-Unis, où doit être produit la puce la plus performante à ce jour (64 Mo), mise au point avec le soutien de l'Europe[13].

Cette course aux subventions, ruineuse et souvent absurde, révèle à quel point la politique et les gouvernements se sont égarés dans le labyrinthe de l'économie globale. "La pression de la compétition internationale pousse les gouvernements à proposer des avantages financiers qu'aucun critère objectif ne justifie plus", constate l'organisation commerciale de l'ONU, la CNUCED, qui exerce une surveillance permanente sur la pratique mondiale des subventions. Les experts de l'ONU réclament que l'on trouve d'urgence des voies permettant d'éviter ces "excès[14]". Mais forcés de présenter à leurs électeurs des actions concrètes contre le chômage, les hommes politiques chargés de mettre en œuvre l'intégration au marché mondial ne comprennent plus qu'en cherchant à attirer les entreprises à prix d'or, ils ne font que nuire, à long terme, aux sociétés de leur propre pays. En pillant leurs budgets pour conserver la part nationale du gâteau économique mondial, ils font entrer leurs Etats dans une logique qui mène à la ruine de l'économie nationale. Sans même compter les secteurs subventionnés classiques que sont l'agriculture, la mine, le logement et les transports ferroviaires, les subventions à l'économie coûtent aujourd'hui plus de cent milliards de marks par an à la seule Allemagne fédérale – et il s'agit d'une estimation prudente.

La dimension de ce transfert de patrimoine transforme à vue d'œil la structure du système étatique. Les précurseurs néolibéraux de l'Institut pour l'économie mondiale (IFW) de Kiel utilisent parfois une métaphore empruntée au règne biologique pour définir le nouveau rôle de L'Etat. Celui-ci ne doit plus désormais assumer que la fonction d'"hôte" pour l'économie transnationale, lit-on dans une étude de l'IFW. Cela signifie, à l'inverse, que les entreprises transnationale ressemblent de plus en plus à des parasites. Leurs produits sont transportés sur des routes et des voies ferrées financées par l'argent des contribuables, leurs collaborateurs envoient leurs enfants dans les écoles publiques, et leurs cadres profitent des spectacles donnés dans les théâtres et opéras nationaux. Mais ils ne contribuent à ces différentes institutions que par l'intermédiaire des impôts prélevés sur les salaires et les traitements, et sur la consommation de leurs employés et ouvriers. Or, les revenus du travail ayant tendance à diminuer à cause de la compétition, et beaucoup de salariés considérant de toute façon que la frontière du supportable a été atteinte dans le domaine des prélèvements obligatoires, les Etats sombrent les uns après les autres dans la crise financière structurelle. Les budgets de l'Etat sont aspirés par le même siphon que les revenus de la population. Mais dans le même temps, dans les sociétés industrielles à haut degré d'organisation, on demande toujours plus à l'Etat. Les nouvelles technologies rendent la maintenance de l'infrastructure de plus en plus coûteuse, les nuisances à l'environnement exigent des mesures de réparation de plus en plus importantes, l'augmentation de la longévité requiert plus de dépenses pour les prestations médicales et les retraites. Dès lors, les politiciens responsables n'ont souvent plus d'autre choix que de réduire les prestations de l'Etat là où de puissants groupes de pression ne l'interdisent pas – c'est-à-dire dans le système social, les institutions culturelles et les services publics, depuis les piscines jusqu'aux universités, en passant par les écoles primaires. Les Etats deviennent ainsi, au bout du compte, les agents de cette redistribution des richesses du bas vers le haut. C'est ce que prouve la loi fiscale annuelle avec laquelle le gouvernement fédéral a inauguré à l'été 1996 les négociations budgétaires pour l'année suivante. Selon cette loi, les revenus des budgets privés et publics seront diminués de 14,6 milliards de marks (50 milliards de francs) par an, tandis que les impôts des entreprises et des indépendants seront allégés d'autant[15].

Aux Etats-Unis et en Grande-Bretagne, deux pays dont les gouvernements ont lancé de bonne heure et à leur propre initiative le retrait de l'Etat, on voit bien où mène la cure d'amaigrissement imposée aux finances publiques au profit de l'économie libre. Partout, on manque d'argent pour assurer la maintenance des infrastructures publiques (et *a fortiori* pour les compléter). Proportionnellement à leur PIB, l'Etat investit seulement, aux Etats-Unis, un tiers de ce que le Japon consacre à ses routes et à ses voies ferrées, à ses écoles, ses universités et ses hôpitaux[16]. A Washington, par exemple, la majorité des écoles est bonne pour la démolition. Le maire affirme qu'il faudrait 1,2 milliard de dollars pour remettre ces bâtiments en état. Une somme analogue à celle que réclame la police municipale pour remettre en état son système technique et son parc automobile. Mais le Congrès refuse de payer. Les écoles ne fonctionnent plus que là où interviennent des bénévoles, les policiers doivent parfois effectuer les réparations à leurs frais pour pouvoir simplement travailler[17]. En Grande-Bretagne, l'Etat modèle du néolibéralisme en Europe, le système éducatif et social approche le niveau d'un pays en développement. Un enfant britannique sur trois grandit aujourd'hui dans la pauvreté, et un million et demi d'enfants de moins de seize ans doivent travailler faute d'aide sociale. Tandis que sur le continent quatre cinquièmes des moins de dix-huit ans suivent une formation, moins de la moitié des jeunes de cet âge, en Grande-Bretagne, est encore scolarisée ou en apprentissage. La proportion d'analphabètes augmente rapidement. Un sondage a récemment montré qu'un cinquième des hommes et femmes âgés de vingt et un ans sont incapables de résoudre des calculs mentaux simples ; un septième ne sait ni lire, ni écrire[18].

En Allemagne, pays relativement riche dont la prospérité est encore à ce jour largement redistribuée et où les citoyens attendent traditionnellement que l'Etat répartisse les richesses, ce processus vient tout juste de commencer. Mais le mauvais réveil qu'a connu la ville à la fois la plus riche et la plus endettée de la république, Francfort-sur-le-Main, est exemplaire. En 1990 encore, le maire social-démocrate de l'époque, Volker Hauff, proclamait : “La richesse de Francfort est là pour tous.” Six années plus tard, le trésorier municipal Tom Königs, membre du parti des Verts, n'a plus d'autre choix que de retirer cette promesse, morceau par morceau. La principale source de revenus de la ville, la taxe professionnelle, rapporte moins aujourd'hui qu'en 1986, malgré la présence de 440 concessions bancaires et plus de 20 % de croissance économique ; en revanche, le volume des dépenses sociales encore prescrites par la loi a plus que triplé. Il va falloir fermer 30 centres de voisinage sur 46. Une demi-douzaine de piscines sont à vendre ou – c'est la seule alternative – s'apprêtent à fermer. Il n'y a plus d'argent pour les initiatives sociales, comme les rencontres de quartier ou d'immigrés, on réduit la taille des écoles de musique et des musées. La saison du Theater am Turn dure six semaines en tout et pour tout, et le directeur de l'opéra menace de suspendre les représentations, les subventions ayant été diminuées. Pour l'instant, le nombre des victimes est encore réduit, mais Königs ne s'attend à rien de bon. "Le risque que nous courons, c'est la paralysie de notre capacité à mettre en œuvre une redistribution sociale", déplore-t-il. Si cette tendance se prolonge, "c'en sera fini de la coexistence pacifique des classes, des nations et des styles de vie à Francfort[19]".

CRIMINALITÉ SANS FRONTIÈRES

Les coupes forcées dans les budgets relèguent les hommes politiques au rang de simples administrateurs de la pénurie : il ne leur reste plus alors qu'à se référer aux puissances supérieures du progrès économique pour rejeter la responsabilité de la misère. Une telle attitude sape la base de l'Etat démocratique. Les problèmes financiers chroniques ne sont cependant qu'un symptôme parmi beaucoup d'autres du déclin de la politique. Après la souveraineté monétaire et fiscale, un autre pilier de l'Etat-nation est déjà en train de vaciller : le monopole de la force armée. Car tout comme les banques et les grands groupes, les multinationales du crime profitent elles aussi de la disparition de ces liens légaux qui bridaient l'économie. Dans la totalité des pays européens, les autorités policières et judiciaires évoquent la croissance très rapide de la criminalité organisée. "Ce qui est bon pour le libre-échange est aussi bon pour les criminels", constate avec lucidité un fonctionnaire d'Interpol[20]. Un groupe d'experts a été mis en place en 1989 par les sept plus grandes nations économiques. Selon cette commission, en 1990, le chiffre d'affaires du marché mondial de l'héroïne avait doublé en l'espace de deux décennies tandis que le commerce de la cocaïne avait été multiplié par cinquante[21]. Lorsqu'on sait vendre des drogues, on peut s'installer sur n'importe quel autre marché illégal. Les cigarettes détaxées, les armes, les voitures volées et le passage d'immigrés clandestins prennent aujourd'hui la place du trafic de drogue au sommet des sources de revenus de l'économie clandestine. Avec le seul passage des migrants, forme moderne de l'esclavage, les gangs chinois (les "triades") ont réalisé aux Etats-Unis des profits annuels de 2,5 milliards de dollars, estime une autorité américaine[22].

En Europe, l'expansion fulgurante du trafic de cigarettes témoigne du nouveau pouvoir détenu par les groupes clandestins. Jusqu'à la fin des années quatre-vingt, le contournement des taxes sur le tabac était pour l'essentiel un problème italien. A partir de 1990, des organisations efficaces se sont installées sur le marché intérieur européen. Deux ans plus tard, en Allemagne, on confisquait déjà 347 millions de cigarettes de contrebande. Ce chiffre est monté à 750 millions en 1995. Les enquêteurs estiment que ces saisies représentent environ 5 % du volume total de la contrebande. L'Office criminel des douanes à Cologne juge que le manque à gagner du Trésor allemand s'élève à 1,5 milliard de marks par an ; pour l'ensemble de l'Europe, ces pertes sont de 20 à 27 milliards de francs.

L'expansion rapide de la contrebande n'est pas due à une carence de la police. Les organisations et leurs circuits sont assez bien connus, explique le procureur général Hans-Jürgen Kolb, directeur du groupe de travail sur la criminalité économique à Augsbourg, qui étudie ce trafic depuis 1992[23]. En règle générale, la marchandise provient d'usines de cigarettes américaines dont les exportations en Europe, parfaitement légales, sont d'abord entreposées dans les ports (en zone franche) de Rotterdam ou de Hambourg, et de leurs pendants suisses, les "entrepôts francs". Là, à côté des importateurs ouest-européens légaux, des sociétés anonymes ayant leur siège à Chypre, au Liechtenstein ou à Panama commandent de grandes quantités destinées à l'exportation vers l'Europe de l'Est ou l'Afrique. Dans des camions plombés, les cigarettes partent ensuite en voyage à travers les territoires de l'Union européenne. Mais elles n'arrivent jamais à destination : elles sont échangées contre des leurres, avant de franchir de nouveau la frontière. Si un camion est pris dans la ligne de mire des enquêteurs, si le conducteur soupçonne qu'il est suivi, son commanditaire lui donne, par liaison satellite, l'instruction de continuer sa route de manière régulière jusqu'à ce qu'il ait franchi suffisamment de frontières pour semer ses poursuivants. Parce que l'on peut espérer au moins cinq millions de francs de bénéfices par camion, ce chargement ou un autre peut être sacrifié ou faire l'objet d'une déclaration légale en douane. Compte tenu de l'immense augmentation des volumes commerciaux, la police ne peut de toute façon contrôler qu'une fraction de tous les transports de cigarettes. Ce qui ne l'empêche pas de saisir fréquemment d'étonnantes quantités de marchandises en contrebande. Mais ces prises ne nuisent pas beaucoup au commerce clandestin : les enquêteurs ne peuvent jamais arrêter que les diffuseurs et les transporteurs. Les organisateurs, honorables hommes d'affaires, sont quant à eux intouchables. "Nous connaissons les noms de ces gens-là, mais nous ne pouvons pas les atteindre", regrette Kolb. Le Liechtenstein ou le Panama ne sont pas accessibles, en effet : à leur frontière, au plus tard, la collaboration policière internationale s'arrête.

Une autre réalité donne encore plus de fil à retordre aux enquêteurs : il est devenu impossible de saisir la fortune des groupes criminels. Quelle que soit l'efficacité du travail de la police et de la justice, les profits accumulés demeurent intangibles dans l'espace sans droit du marché financier global. Le secret bancaire des zones d'évasion du capital, que la communauté financière internationale défend bec et ongles, ne protège pas seulement les fraudeurs de l'impôt. Ce n'est pas un hasard si les principaux paradis fiscaux se sont développés le long des grands itinéraires du trafic de drogue. "Le Panama et les Bahamas sont connus pour être des centres de blanchiment financier pour le trafic de la cocaïne. Hong-kong joue le même rôle pour les profits tirés du commerce de l'héroïne en provenance d'Asie du Sud-Est, tandis que Gibraltar et Chypre gardent le capital des trafiquants de drogue du Proche-Orient et de la Turquie", affirme l'économiste britannique Susan Strange, résumant ainsi la fonction des places offshore pour l'économie clandestine[24]. Cela étant dit, aucune loi contre le blanchiment de l'argent, si rigoureuse soit-elle, ne peut arrêter le travail de sape mené par les investisseurs criminels contre les secteurs légaux. "Lorsque vous voulez laver de l'argent acquis de manière criminelle, vous pouvez aujourd'hui le faire sans difficulté presque partout dans le monde", admet sans détour le banquier Folker Streib, qui a travaillé en Asie et en Amérique pour la Commerzbank et dirige aujourd'hui la filiale berlinoise de l'établissement[25].

Les conséquences sont effrayantes. Dès aujourd'hui, les experts considèrent que la criminalité organisée est la branche économique qui se développe le plus rapidement, avec des profits annuels de 500 milliards de dollars. Dans une étude réalisée pour l'Office criminel fédéral allemand (BKA), des scientifiques de l'université de Münster ont pronostiqué une hausse de 35 % des crimes comme la traite des personnes, le travail clandestin, le trafic d'automobiles et l'extorsion de fonds, en Allemagne, d'ici l'an 2000[26]. Plus ils accumulent de capital, plus les cartels criminels ont la possibilité de corrompre, voire de prendre entièrement le contrôle d'entreprises légales et de certaines instances de l'Etat. Le phénomène est d'autant plus inquiétant dans les pays où l'Etat est faiblement développé. En Russie et en Ukraine, en Colombie et à Hong-kong, l'activité commerciale illégale et l'activité légale sont constamment entremêlées. Personne ne peut plus dire quels éléments de l'appareil d'Etat défendent encore le droit ou se contentent de mener, à la demande de criminels, une guerre contre leurs concurrents. Malgré des opérations spectaculaires, l'Italie n'a pas gagné sa bataille contre la mafia. Le capital des anciens patrons est passé sans friction entre les mains d'héritiers inconnus, qui ont seulement dû moderniser leurs organisations. Sur la fortune des quatre grands "syndicats" italiens, évaluée entre 400 et 700 milliards de francs, on n'avait confisqué en juin 1996 qu'environ 7 milliards – et encore s'agissait-il d'une saisie provisoire. Les avocats de la mafia sont en procès avec l'Etat pour obtenir la restitution des deux tiers de cette somme, parce qu'il s'agirait d'argent provenant d'affaires légales[27].

Partant de leur pays d'origine, soutenus par leurs banques, les réseaux criminels s'infiltrent peu à peu dans les Etats riches qui semblent encore fonctionner correctement. Même en

Allemagne, le meurtre sous contrat a cessé d'être un crime exotique. Dans la guerre que se livrent les bandes rivales qui organisent la distribution pour le compte de la mafia des cigarettes en Allemagne orientale, 36 personnes sont mortes à Berlin au cours du premier semestre 1996. Dans le même temps, la frontière entre légalité et clandestinité dans la vie des affaires s'estompe. Ignorant qui dirige véritablement les entreprises, même des groupes et des banques sérieux peuvent être entraînés dans des affaires louches. Lorsqu'une entreprise concurrente contrôlée par des criminels utilise des méthodes illégales, les collaborateurs des entreprises régulières sont tentés de reprendre ces techniques à leur compte Les sommes utilisées pour la corruption n'ont pas de limite et font elles aussi oublier beaucoup de scrupules. Un sondage anonyme mené par la société de vérification KPMG auprès des dirigeants de plusieurs centaines d'entreprises dans dix-huit pays a montré que près de la moitié des personnes interrogées considèrent que la hausse de la criminalité économique est un problème important[28].

Partout dans le monde, l'Etat et la politique se retrouvent ainsi de plus en plus sur la défensive. Même les lois anticartels, qui furent jadis les remparts de l'économie de marché contre les ententes passées par les entrepreneurs aux dépens des consommateurs ou des contribuables, perdent une partie de leur effet. Sur des marchés organisés au niveau mondial, comme les transports aériens, la chimie ou le commerce des droits cinématographiques et des droits de retransmission, elles sont *de facto* abolies. Comment contrôler encore l'absence de concertation entre les trois grandes alliances américano-européennes qu'ont passées la Lufthansa, British Airways et Air France avec leur partenaire américain respectif, alors que ces pactes ont mené à la faillite tous leurs concurrents de moindre taille sur les lignes transatlantiques ? Qui empêchera des magnats des médias comme Leo Kirch et Rupert Murdoch, ou les trois géants Time Warner/CNN, Disney/ABC et Bertelsmann/CLT de passer ici et là des accords qui leur permettront de faire monter les prix et d'étendre leur zone d'influence ?

On a aussi laissé sur la touche la politique de l'environnement. Dans la compétition à laquelle se livrent les Etats pour récupérer les emplois des grands groupes, la plupart des gouvernements ont abandonné ou ajourné tous les projets de réforme écologiques. A l'été 1996, la plupart des climatologues ont interprété les inondations dramatiques en Chine et la troisième sécheresse du siècle en Amérique comme les signes avant-coureurs de la catastrophe climatique que risque de provoquer la hausse de la concentration des gaz à effet de serre dans l'atmosphère. Mais rien ne se passe, et même l'appel lancé par certains ministres de l'Environnement semble ne plus exprimer que la lassitude.

Le catalogue de cet échec de l'Etat face à l'anarchie du marché mondial pourrait être pratiquement prolongé à l'infini. Peu à peu, dans le monde entier, les gouvernements perdent la faculté d'intervenir dans l'évolution de leur propre nation. Sur tous les plans, on voit apparaître l'erreur de système de l'intégration mondiale : tandis que le flot de marchandises et du capital est devenu disponible dans le monde entier, la régulation et le contrôle sont restés une mission nationale. L'économie dévore la politique.

Contrairement à une idée largement répandue, l'impuissance croissante de l'Etat ne mène cependant pas du tout à une diminution générale de l'appareil de l'Etat, et encore moins, contrairement à ce que suppose le visionnaire japonais et ancien directeur de McKinsey pour l'Asie, Kenichi Ohmae, à la "fin de l'Etat-nation[29]". Car l'Etat et son gouvernement demeurent l'unique instance auprès de laquelle les citoyens et les électeurs peuvent réclamer justice, demander des comptes et revendiquer des changements. L'idée que l'union des groupes mondiaux pourrait elle-même reprendre des fonctions jusqu'ici réservées à l'Etat, comme l'annonçait dans un reportage de "une" le magazine américain *Newsweek*, est une illusion[30]. Aucun directeur de groupe, si puissant soit-il, n'aurait l'idée d'assumer la responsabilité pour des évolutions qui se déroulent en dehors de son entreprise. Ce n'est pas pour cela qu'il est payé. Les responsables des grands groupes sont les premiers à exiger l'intervention de l'Etat en cas d'incendie. Dès lors, en bien des endroits, ce n'est pas au démantèlement général de l'administration bureaucratique que l'on assiste, mais à son renforcement. Incapables de mettre en œuvre des réformes de grande portée, les ministres et leurs fonctionnaires sont forcés de mener un succédané de politique. La législation allemande sur l'environnement, par exemple, comporte aujourd'hui plus de 8 000 directives. Cela ne tient pas au goût allemand pour la perfection des règles. Seulement les responsables doivent protéger les citoyens contre les risques sanitaires alors qu'ils n'ont aucune arme contre la tendance générale, celle d'un développement anti-écologique. Au bout du compte, l'accumulation de charges bureaucratiques n'en finit plus. Cela vaut aussi pour les lois fiscales. Comme on ne peut imposer contre les milieux économiques une loi fiscale à orientation sociale, les hommes politiques de tous les partis ont créé pour différents groupes spécifiques un ensemble impénétrable d'avantages et d'exceptions dans lequel même les fonctionnaires des finances ne se retrouvent plus depuis longtemps.

La réaction des milieux politiques à la menace criminelle suit le même modèle, mais avec des méthodes beaucoup plus risquées. Faute de pouvoir attaquer à la racine de leur puissance, le capital, les "groupes de criminels intégrés à l'économie de marché", pour reprendre l'excellente expression du secrétaire d'Etat à l'Intérieur allemand Herrman Regensburger, les hommes politiques du monde entier s'efforcent de parfaire l'organisation de leur police[31]. Malgré la protestation énergique des responsables de la protection des données, une grande coalition composée du CDU et du SPD s'est mise d'accord à Bonn, en juin 1996, pour légaliser la "grande écoute" lors des enquêtes policières. A l'avenir, les citoyens pourront même être écoutés dans leurs appartements dès l'instant où les enquêteurs les soupçonneront de participer à la criminalité organisée. Une année auparavant, l'Etat de Bavière avait déjà introduit ce que l'on a appelé "l'enquête camouflée". Depuis, les policiers sont autorisés, en chaque lieu et à n'importe quelle époque, à mener des "contrôles d'identité indépendamment de tout soupçon et de tout événement", et à retenir provisoirement n'importe quel citoyen sur la base de simples présomptions. Ce développement du système de surveillance laisse pressentir ce qui nous attend : si l'on ne peut plus limiter politiquement la pression anarchique exercée par les marchés, il faut en réprimer les conséquences. L'Etat autoritaire devient ainsi la réponse à l'impuissance de la politique face à l'économie.

L'indispensable contre-stratégie saute littéralement aux yeux : il faut passer par la coopération internationale. Depuis longtemps, des scientifiques engagés, des protecteurs de l'environnement et des hommes politiques réclament que toute politique nationale soit étroitement liée au cadre international. Il faut reconnaître que les pays industrialisés riches, notamment, ont fortement intensifié leur collaboration au cours de la dernière décennie. On a multiplié les rencontres gouvernementales et les accords internationaux. Avec les traités sur le marché intérieur et l'Union européenne, l'Europe de l'Ouest a même créé une forme de législation internationale. Une longue série de conférences de l'ONU, depuis le sommet sur l'environnement à Rio de Janeiro, en 1992, en passant par la conférence mondiale sur la démographie au Caire, en 1995, et jusqu'aux rencontres de l'ONU sur l'avenir des villes à Istanbul, en 1996, témoignent d'une internationalisation permanente de la politique. Il semble qu'une sorte de coordination gouvernementale mondiale apparaisse peu à peu. Le secrétaire général de l'ONU, Boutros Boutros-Ghali, a déjà installé une commission spécifique composée d'hommes et de femmes d'Etat de premier plan, qui ont présenté en 1995 un vaste programme permettant d'améliorer le gouvernement du monde, le *global governance*. Au centre de leur projet, on trouvait la réforme du Conseil de sécurité de l'ONU, auquel on adjoindrait, en complément, un "conseil de la sécurité économique". Cette réforme donnerait à l'ONU une structure plus démocratique, et lui conférerait une nouvelle capacité d'action[32]. Dans le même temps, les groupes politiques privés ont eux aussi globalisé leur travail. Greenpeace et Amnesty International ont aujourd'hui étendu leur combat pour l'environnement et les droits de l'homme dans presque tous les pays de la Terre ; en bien des lieux, ils sont aussi connus que Coca-Cola et la chaîne musicale MTV. La victoire des protecteurs de l'environnement sur la multinationale du pétrole et le gouvernement britannique lorsqu'il a été question de faire couler la plate-forme pétrolière Brent Spar, à l'été 1995, a été interprétée par beaucoup de commentateurs comme une nouvelle forme de politique supranationale, une sorte de démocratie des consommateurs, imposée par une présence mondiale des médias.

Le monde se dirige-t-il vers une collaboration globale qui se donnera pour but de sauver la stabilité sociale et écologique ? N'a-t-on plus besoin que de quelques élans supplémentaires pour que le *global governance* devienne une réalité ? Si l'on s'en tenait au nombre des conférences scientifiques et des publications sur ce sujet, on serait à deux doigts d'entrer dans une ère nouvelle. Mais les résultats obtenus jusqu'ici sont dégrisants.

A la fin mars 1995, lorsque environ 500 diplomates de 130 Etats se rassemblèrent pour négocier un accord mondial sur la protection du climat terrestre, il y avait de l'espoir dans l'air. Des protecteurs de l'environnement et des délégués excités couraient dans les couloirs de ce labyrinthe de béton en forme de nef afin de rassembler l'accord des gouvernements sur une initiative présentée par les îles-Etats du Pacifique et de l'océan Indien. Le Japon, l'Allemagne, les Scandinaves et beaucoup d'autres étaient disposés à signer un traité qui devrait forcer les Etats industrialisés à réduire d'un quart leurs émissions de gaz à effet de serre. Il semblait tout d'un coup possible d'éviter le chaos climatique qui menaçait. Mais au moins l'un des participants à la conférence savait, depuis le début, comment tout cela allait s'achever. Son crâne anguleux orné de rouflaquettes, sur un corps fluet, ses pantalons trop courts et ses chaussures médicales lui donnaient l'allure d'un rustaud inoffensif. Mais l'apparence était trompeuse. Donald Pearlman, avocat du cabinet Patton, Boggs & Blow de Washington, était le personnage majeur de la conférence gouvernementale berlinoise. Chaque matin, il attendait les délégués devant la salle des congrès et donnait à ses alliés, en chuchotant, les instructions de la journée.

Après deux semaines de négociations-marathon, toutes les initiatives visant à protéger le climat se perdirent dans une déclaration brumeuse. Pearlman n'y était pas étranger. Officiellement, l'homme au visage de bouledogue était dépourvu de toute espèce de mandat. Mais le manuel des lobbies à Washington indique que son cabinet défend le géant de la chimie DuPont et les trois groupes pétroliers Exxon, Texaco et Shell. La résistance bien organisée de ces groupes avait déjà arrêté l'élan écologique initial du gouvernement Clinton élu en novembre 1992. Cette fois, en pratiquant une “désinformation systématique”, ils ont persuadé l'opinion politique américaine que le risque climatique n'était pas encore avéré – c'est ce qu'a expliqué à Berlin le vice-président du Worldwatch Institute, Christopher Flavin.

Parce qu'ils sont les principaux responsables du réchauffement global, les Etats-Unis ne peuvent pas s'opposer ouvertement à une convention de protection réclamée par la plupart des Etats. Au niveau international, l'industrie du pétrole et du charbon a dû emprunter d'autres chemins. C'était le travail de Pearlman, et il l'a accompli avec brio. Pendant trois années, il s'est rendu à chacune des vingt conférences préparatoires organisées dans le monde entier, et y a convaincu les représentants des Etats pétroliers arabes de s'opposer aux mesures de protection du climat. Sous sa direction, ce qui n'était au début qu'une résistance réservée s'est transformée en une stratégie de blocage parfaitement réfléchie. Le plus grand problème de Pearlman était les climatologues, qui sont pratiquement unanimes sur le risque à venir. L'avocat des pétroliers a donc fait entrer, à l'assemblée d'experts de l'ONU censée résumer l'état des connaissances avant la conférence de Berlin, des scientifiques provenant du Koweït et de l'Arabie Saoudite qui ont remis en cause beaucoup de propos jusqu'alors incontestés. De temps en temps, ils ont même déposé des instructions écrites de la main de Pearlman sous forme de demandes de modification. "Ils n'ont pas arrêté de couper les cheveux en quatre", raconte, très agacé, le climatologue hollandais Joseph Alcamo. Ce projet de texte pour le rapport final s'est finalement transformé en un document non contraignant ne contenant aucun propos catégorique. Pearlman triomphait : il n'existait, expliqua-t-il, "aucun consensus scientifique" sur le risque climatique. Au cours des négociations intergouvernementales qui suivirent, les Etats pétroliers imposèrent même que les décisions soient de nouveau prises uniquement à l'unanimité – la promulgation d'une convention climatique efficace à l'ONU était ainsi définitivement repoussée aux calendes grecques. La conférence qui suivit en juillet 1996, à Genève, s'acheva elle aussi sans résultat tangible.

La progression lente et déprimante de la diplomatie sur les questions de climat révèle la faiblesse intrinsèque de la belle idée du *global governance* : en tentant d'obtenir une concertation mondiale entre les différents groupes d'Etats, on donne un poids démesuré aux intérêts particuliers de lobbies bien organisés et de gouvernements isolés, et on leur accorde *de facto* un droit de veto. Si l'un des acteurs de premier plan ne joue pas le jeu, le statu quo est garanti. Et les gouvernements, dont les électeurs sont en réalité disposés à accepter des réformes, trouvent un argument bienvenu pour excuser leur inactivité.

Cela ne signifie pas que la coopération mondiale soit vouée à l'échec. L'histoire du *global governance* connaît aussi quelques succès spectaculaires. La communauté mondiale a réagi relativement vite et efficacement, par exemple, après la découverte du trou dans la couche d'ozone au-dessus de l'Antarctique, à l'automne 1985. En l'espace de deux ans, les nations industrialisées et en développement ont mis au point une convention de l'ONU qui, avec le protocole de Montréal, signé en 1987, et deux textes qui en renforcèrent les stipulations par la suite, obligeait tous les pays membres à cesser d'ici à 1996 la production des produits chimiques détruisant l'ozone.

Les banques centrales des pays industrialisés dominants ont établi une sorte de régime mondial provisoire afin de protéger les marchés financiers contre eux-mêmes, avec la Banque des règlements internationaux. Les représentants de gouvernements s'y sont mis d'accord sur des normes minimales pour les *global players* du monde financier. Depuis 1992, les banques de toutes les places financières importantes doivent tenir à disposition un capital propre s'élevant à au moins 8 % des crédits accordés, sous peine de perdre leur licence et l'accès au réseau. Ce tampon de capital a réduit le risque d'une nouvelle crise des dettes dans le système bancaire, qui avait mené, notamment, les grandes banques américaines au bord de l'apoplexie au début des années quatre-vingt. Malgré tous les avatars qu'il a connus sur les points de détail, le Traité contre la propagation des armes nucléaires prouve lui aussi que la coopération mondiale entre les Etats peut très bien fonctionner. Aucun crime n'est réprimé avec plus d'énergie que le négoce de la technique et des matériaux pour le meurtre nucléaire de masse. Tous ces cas ont cependant un point commun : la mise en œuvre des traités mondiaux n'a été véritablement lancée qu'au moment où le gouvernement des Etats-Unis a pris les commandes. A elle seule, l'initiative du gouvernement américain ne constitue cependant pas encore une garantie de succès. La Russie, l'Europe de l'Ouest et les nations dominantes du Sud peuvent elles aussi appuyer sur le frein. Mais ces Etats ou régions sont tous, sous une forme ou sous une autre, dépendants du bon vouloir des Etats-Unis – ne serait-ce qu'en raison de l'importance du marché américain. A ce jour, dans les affaires gouvernementales globales, la réalité est donc que l'Amérique n'est pas tout, mais que sans l'Amérique, jusqu'ici, rien ne va.

Pour la plupart des nations, la mondialisation, comprise comme le déchaînement des forces du marché mondial et la suppression des pouvoirs économiques de l'Etat, est un processus imposé et inéluctable. Pour l'Amérique, elle était et elle est demeurée un processus volontaire et entretenu par une élite économique et politique. Seuls les Etats-Unis ont pu inciter le gouvernement du Japon à ouvrir aux importations le marché intérieur. Seul le gouvernement de Washington est capable de forcer le régime chinois à fermer trente usines de cassettes vidéo et de disques compacts qui ont gagné des milliards en volant des droits d'auteur et en piratant les marchandises. Et récemment, seul le gouvernement Clinton a pu convaincre les Russes d'approuver une intervention militaire en Bosnie qui a mis fin au massacre dans les Balkans. En récompense, le FMI a accordé à la Russie dix milliards de dollars de crédits, arrivés juste à temps pour la campagne électorale de Boris Eltsine, à l'été 1996.

Ainsi, la seule superpuissance restante est aussi la dernière nation à avoir conservé une dose importante de souveraineté nationale. Sur toutes les questions liées à la politique économique, commerciale, sociale, financière et monétaire, ce sont au bout du compte les hommes politiques de Washington et leurs conseillers qui fixent les règles de l'intégration globale, même s'ils n'en sont souvent pas conscients. Ce n'est pas la volonté coloniale ni la supériorité militaire, mais simplement la taille de l'économie américaine qui fait des Etats-Unis le dernier facteur d'ordre dans le chaos de l'intégration mondiale. Il est donc tout à fait possible qu'au bout du compte ce soit aussi un gouvernement américain qui sorte, le premier, du piège de la mondialisation. Aujourd'hui déjà, le modèle américain, la soumission totale au marché, n'est critiqué nulle part avec plus de force qu'aux Etats-Unis eux-mêmes. Si, entre la Californie et le New Hampshire, un nombre suffisant de personnes finissent par estimer que le retrait de l'Etat ruine aussi leur pays, elles pourraient dès demain provoquer un changement de cap brutal. Après tout, n'est-ce pas aux Etats-Unis qu'est né cet Etat dit “providence” que la machine économique planétaire broie aujourd'hui dans ses rouages ? Lorsque le dernier élan en date de globalisation de l'économie mondiale s'est achevé sur une catastrophe, dans les années trente de notre siècle, c'est le gouvernement de Franklin D. Roosevelt qui, avec le *New Deal*, a inventé l'Etat social moderne pour arriver à juguler la misère. On ne peut donc pas exclure que le légendaire pragmatisme américain, d'ici quelques années, rejette les articles de foi des extrémistes du marché aussi vite qu'il en a fait des dogmes dans les années 1980.

"Amérique, marche devant !" : telle est donc trop souvent la ligne directrice tacite de la politique européenne lorsqu'il s'agit des grandes questions liées à l'avenir de l'humanité. Mais pour ce qui concerne l'objectif à atteindre – neutraliser la dynamite sociale qu'a sécrétée le marché sans frontières – l'Europe ne peut guère s'attendre, pour l'instant, à voir l'Amérique prendre la tête des opérations. Jusqu'ici, tous les gouvernements américains successifs se sont opposés à l'ensemble des propositions visant à ralentir le rythme de l'intégration économique et à la soumettre de nouveau au pilotage de l'Etat. C'est la raison pour laquelle la seule véritable institution de poids dans la collaboration gouvernementale mondiale, le G7, qui regroupe les sept plus grandes nations industrialisées de l'ancien bloc de l'Ouest, s'est transformée en un forum de palabres inutiles. Pendant la conférence au sommet des sept chefs de gouvernement, fin juin 1996, à Lyon, le président Jacques Chirac a certes plaidé pour une "mondialisation contrôlée". Avec le chancelier allemand Helmut Kohl et son ministre des Finances, il s'est fait fort de mettre un terme à cette compétition ruineuse qui pousse les Etats à pratiquer les taux d'imposition les plus bas possible, et d'exercer un contrôle plus rigoureux sur les marchés financiers mondiaux. Mais une fois de plus, en raison de la résistance américaine et britannique, le seul résultat a été un communiqué anodin dans lequel les princes du sommet se contentaient de confier une mission à la bureaucratie de l'OCDE : formuler une proposition pour l'année suivante.

De la même manière, le Congrès américain et l'administration Clinton ont jusqu'ici saboté toutes les tentatives d'exploiter les institutions de l'ONU pour reprendre, avec leur aide, le contrôle sur le processus de fusion des marchés et des nations. Sans le moindre scrupule, les hommes politiques américains dénoncent régulièrement les Nations unies comme une bureaucratie pullulante et inutile qui ne produit rien de concret. Il ne s'agit pas seulement d'une injustice à l'égard des quelque 9 000 collaborateurs de l'ONU qui consacrent plus de 70 % de leur maigre budget (2,4 milliards annuels) à des fins humanitaires et à l'engagement des soldats de la paix. Le reproche confond aussi l'effet et la cause. D'un côté, le représentant des Etats-Unis au Conseil de sécurité de l'ONU approuve sans arrêt l'organisation de nouvelles missions des Casques bleus et de nouvelles opérations de secours. De l'autre, son gouvernement, violant ainsi ses obligations internationales, refuse de verser sa contribution au budget de l'ONU – les Etats-Unis ont aujourd'hui 1,3 milliard de dollars d'arriérés envers l'organisation internationale[33]. Celle-ci étant en permanence au bord de la cessation de paiement, l'appareil de l'ONU travaille forcément de plus en plus mal.

Pour l'instant, on ne peut donc guère attendre d'une politique américaine marquée par le populisme et la démagogie qu'elle nous ouvre une voie permettant de sortir du piège de la mondialisation. Mais ce n'est pas seulement un mal. Car la défaillance américaine offre aux Etats européens une chance historique qui ne s'était encore jamais présentée à eux : l'Union européenne peut devenir une réalité, et ceux qui la dirigent peuvent prendre en main le gouvernail de la politique économique mondiale.

LA CHANCE EUROPÉENNE

Si l'on comparait les agendas des ministres, secrétaires d'Etat et autres fonctionnaires politiques de haut rang des quinze Etats de l'Union européenne, on aboutirait à un résultat étonnant : à l'exception des fins de semaine et des périodes de vacances, on ne trouverait pas dans l'année une seule journée au cours de laquelle au moins un, mais le plus souvent dix ou vingt groupes de quinze d'entre eux ne se seraient pas réunis à Bruxelles pour faire avancer un projet de loi européenne. Depuis le contrôle des denrées alimentaires jusqu'aux salaires minimums dans le bâtiment, depuis la politique d'immigration jusqu'à la lutte contre le trafic de drogue : sans Bruxelles, rien ne va plus dans la politique européenne. L'intégration supranationale de la législation dans les Etats de l'UE a depuis longtemps atteint un niveau que l'on considérait comme inaccessible il y a deux décennies. L'intégration européenne croissante force les pays membres à mener une coopération de plus en plus étroite dans presque tous les secteurs de la vie publique.

Si ce processus, malgré tous les revers qu'il a essuyés, est aujourd'hui arrivé aussi loin, l'Europe le doit largement au chancelier allemand en fonction depuis 1982. Le plus grand mérite d'Helmut Kohl n'est pas d'avoir mis en œuvre l'unité allemande, mais d'avoir travaillé imperturbablement à l'européanisation de la politique allemande. Pour que l'on comprenne à quel point Kohl prenait l'affaire au sérieux, il a cependant fallu attendre décembre 1991 – date à laquelle il parapha, à Maastricht, le traité qui devait transformer en Union l'ancienne Communauté européenne. Contre la résistance massive de la Bundesbank, de son propre parti et de larges fractions de l'élite conservatrice, il imposa à cette époque, en alliance avec la France, que le vieux rêve de la monnaie commune soit inscrit à l'ordre du jour européen. Avec un instinct politique infaillible, Helmut Kohl et son partenaire de l'époque, François Mitterrand, ont compris la portée de cette démarche bien avant leurs électeurs et même avant la majorité de leurs conseillers : la monnaie commune pourrait aujourd'hui devenir la clef de l'unification politique du continent et provoquer la fin de la domination américaine. Car l'Union monétaire, même si elle n'entre en vigueur qu'en l'an 2001, donnera à l'Europe la possibilité de reconquérir dans le domaine de la politique monétaire, financière et fiscale une part importante de sa souveraineté étatique. Les taux d'intérêt européens et les taux de change dépendront alors beaucoup moins des Etats-Unis qu'aujourd'hui.

La pierre d'angle d'une Europe politiquement unie est ainsi déjà posée. Si les Etats de l'Union européenne trouvaient aussi, sur cette voie, la possibilité de mener une politique économique et sociale commune, la distribution des rôles sur la scène mondiale se transformerait durablement. Appuyée sur un marché de plus de 400 millions de consommateurs, une Europe politiquement unie ne pèserait pas moins que les Etats-Unis. Une Union européenne digne de ce nom pourrait, avec de bonnes perspectives de succès, faire pression pour que disparaissent les paradis fiscaux, pour que soient respectées des normes sociales et écologiques minimales ou que soit levée une taxe sur le chiffre d'affaires du négoce des capitaux et des devises. S'il existe une possibilité de brider politiquement et socialement l'économie mondiale devenue incontrôlable, c'est sur cette voie qu'elle se trouve.

Mais autant Kohl et ses partenaires ont su faire avancer l'unification du point de vue de la technique et de l'organisation, autant ils ont totalement échoué, jusqu'ici, lorsqu'il a fallu transformer l'Union européenne en une unité politique capable d'agir. L'appareil de l'UE, ses méthodes de communication et de prise de décision se sont arrêtés au stade de la simple diplomatie entre Etats. La majorité des citoyens voit à juste titre, dans le projet d'Union européenne tel qu'il a été mené jusqu'ici, un monstre de technocratie antidémocratique plutôt qu'une alternative d'avenir à leurs Etats-nations.

Une simple analogie illustre la constitution bizarre de l'union des Etats européens : supposons qu'en France ce ne soit pas l'Assemblée nationale, mais une assemblée des délégués des exécutifs régionaux qui décident de toutes les lois. Ces représentants ne seraient ni révocables, ni responsables devant les parlements de leur région respective. En outre, toutes les négociations se dérouleraient à huis clos, et les différents délégués des régions seraient même autorisés à garder leur vote secret. Les parlementaires n'auraient aucune influence non plus sur les projets de loi. En revanche, les projets de résolution seraient rédigés par une autorité centrale forte de 12 000 personnes qui ne serait soumise à aucun contrôle parlementaire mais serait conseillée par toute une légion de spécialistes du lobbying industriel. Seuls des cyniques pourraient décerner à un tel système l'étiquette de démocratie. Or c'est précisément dans ces conditions que naît à Bruxelles, semaine après semaine, la législation européenne.

Là, dans un immeuble de bureaux en marbre et en verre, situé sur le rond-point Schuman, des bureaucrates venus des ministères des Etats de l'Union européenne se réunissent presque quotidiennement, en fonction de leur domaine de travail. Souvent, plusieurs commissions siègent en même temps. Dès que des ministres, des secrétaires d'Etat, des ambassadeurs ou des représentants de moindre niveau entrent dans le bâtiment, ils reçoivent, de par la Constitution, une deuxième identité : ces fonctionnaires de l'administration se transforment en mandataires du principal organe législatif de l'Europe, le Conseil des ministres. Ils modifient et promulguent les propositions de l'autorité centrale, la Commission de l'UE. Ce qui sort ensuite de ces aréopages sous le nom de "directive" ou de "décret" a force de loi dans les quinze pays membres, indépendamment de la volonté des parlements nationaux respectifs. Au stade de la transposition en lois nationales, ceux-ci sont réduits au rôle de simples organes d'enregistrement. Dès lors, il arrive de plus en plus souvent que l'exécutif des Etats de l'Union européenne édicte lui-même ses lois, à huis clos. Au moins un tiers des lois allemandes de la décennie passée a été rédigé dans ces conditions.

L'abolition de fait de la séparation des pouvoirs au profit des seuls conseillers de Bruxelles est la racine du malaise qu'éprouvent les citoyens à l'égard de l'unification européenne. A elles seules, les élections au "Parlement" de Strasbourg sont un outrage massif et régulier à la souveraineté populaire. Peu importe quels partis choisissent les électeurs : aucun des hommes puissants qui exercent leur pouvoir à Bruxelles ne sera forcé, pour autant, d'abandonner son fauteuil. Des groupes sociaux entiers demeurent systématiquement exclus de la prise de décision au niveau de l'Union européenne. Contre l'industrie organisée au niveau international, avec ses quelque cinq mille agents de lobbying rémunérés, les syndicats, les protecteurs de l'environnement et les associations de consommateurs ne peuvent même pas espérer toucher l'opinion publique à Bruxelles. Pour les eurocrates, une mauvaise presse prête aussi peu à conséquence qu'une averse.

Le prolongement de la démocratie avec les moyens de la technocratie est peut-être commode pour les appareils gouvernementaux concernés : les fonctionnaires ne sont pas gênés par les débats publics. Mais en tant que forme de gouvernement, ce système enfonce de plus en plus profondément l'Europe dans l'impuissance. Car la prétendue force des administrateurs de l'UE est leur plus grande faiblesse : faute de légitimité démocratique, on ne peut pas prendre de décisions à la majorité sur les questions importantes. Dès lors, le système de l'UE souffre de la même lacune que le *global governance* : il cesse de fonctionner à chaque fois que les gouvernements ne sont pas unanimes. Personne ne peut forcer la totalité des quinze pays à agir en même temps. Tous les projets de réforme qui n'avaient pas rencontré le soutien de l'industrie transnationale ont donc, jusqu'ici, échoué. Il n'y a plus au niveau européen de politique d'environnement, de politique sociale ni de politique fiscale intelligentes. Or, dans le même temps, les parlements nationaux ne peuvent plus s'opposer à la force déstabilisante des marchés. La référence à la concurrence internationale étouffe dans l'œuf toute velléité de marche solitaire nationale. C'est la raison pour laquelle l'intégration économique n'a pas, à ce jour, donné naissance aux Etats-Unis d'Europe, mais uniquement à un marché sans Etat dans lequel la politique se défait elle-même de son pouvoir et engendre plus de conflits qu'elle ne peut en résoudre.

UN MARCHÉ SANS ÉTAT

Ce système est condamné à l'échec. Nul besoin d'être grand prophète pour prévoir qu'avec le principe de délibération qu'ont adopté les ministres, l'embouteillage des réformes prendra d'ici quelques années des dimensions insupportables. Plus les tensions sociales grandiront en France, en Italie, en Autriche, en Allemagne et ailleurs, plus les gouvernements se verront forcés de trouver des solutions nationales d'urgence si l'Union européenne ne leur offre plus de perspectives. La faiblesse de l'Europe des gouvernements ouvre la voie à tous les populistes qui promettent à leurs électeurs que l'on peut renationaliser la politique. Même si les prophètes de la renaissance nationale, comme Jean-Marie Le Pen, Jörg Haider ou Gianfranco Fini ne conquièrent pas la majorité parlementaire, ils exerceront une pression considérable sur les partis de gouvernement. Le "réflexe national", pour reprendre le sobriquet que l'élite des fonctionnaires de l'UE donne à la résistance contre leur régime, sera de plus en plus difficile à contrôler, si irrationnelle et économiquement absurde que puisse être l'idée de sortir de l'Union européenne.

Au plus tard lorsque l'Union monétaire sera instaurée, on verra apparaître entre les Etats de l'Union européenne des conflits qu'il sera impossible de régler discrètement, en l'état actuel de la constitution et de la législation de l'Union. Lorsque, par exemple, l'un des pays participants n'est plus capable d'affronter la compétition, son économie sombre inéluctablement dans la crise. A ce jour, les diverses banques centrales peuvent encore prévenir des évolutions aussi catastrophiques et, au moins, soutenir leurs entreprises exportatrices. Ce tampon disparaîtra avec l'Union monétaire. Pour le remplacer, il faudra instaurer des compensations qui permettront aux pays prospères de prendre sous leur aile les régions pauvres. Au sein des Etats, une telle péréquation financière est depuis longtemps chose courante. Mais comment les Conseils des ministres devraient-ils l'organiser au niveau européen ? Un transfert de fortune alimenté par des fonds fiscaux ne peut jamais être imposé dans les pays riches sans légitimité démocratique – c'est-à-dire sans l'accord d'une grande majorité de la population. Mais on ne pourrait établir cette légitimité que si les délibérations du Conseil de Bruxelles étaient connues de tous et si les électeurs pouvaient être sûrs d'exercer, avec leur bulletin de vote, une influence sur les décisions. Alors seulement, les législateurs autoritaires qui siègent dans les conseils ministériels européens seraient forcés de donner des explications à leurs électeurs – expliquer, par exemple, aux Allemands pourquoi le bien-être des Grecs ne peut leur être indifférent. La création d'une autorité policière commune s'est jusqu'ici heurtée à un obstacle identique. Autant on a besoin d'urgence d'un "FBI européen" (Helmut Kohl), autant il est inconcevable, dans le système actuel de l'Union européenne, de disposer d'une troupe policière dotée de pouvoirs exécutifs pour mener des enquêtes dans toute l'Europe. Sans les contrôles exercés par des tribunaux indépendants et un parlement, une police de ce type ne ferait que s'intégrer elle-même aux structures mafieuses.

Il ne faudra pas longtemps avant que les régents de l'Union européenne soient contraints de s'interroger sur le fonctionnement et la démocratisation de cette union qu'ils sont en train de forger. Contrairement à ce que l'on suppose souvent, le Parlement européen de Strasbourg est la dernière des clefs susceptibles d'ouvrir l'Europe aux citoyens. D'ores et déjà, les 568 députés européens disposent théoriquement de tous les droits nécessaires pour transformer en un véritable organe démocratique de contrôle et de législation ce qui n'est aujourd'hui qu'un forum de débats. S'il y avait une majorité pour le décider, les parlementaires pourraient mettre un terme demain matin aux fonctions des membres de la Commission. En bloquant le budget et la conclusion de tous les traités internationaux, ils pourraient aussi forcer le Conseil des ministres à se plier à n'importe quelle revendication[34]. Si les parlementaires européens étaient sérieux lorsqu'ils lancent leur appel à une Europe démocratique, ils n'auraient besoin d'aucun texte supplémentaire pour s'octroyer les compétences nécessaires. Une simple inspection sur place pourrait, du jour au lendemain, imposer la publicité des conférences du Conseil des ministres. Aucun ministre n'oserait faire évacuer des députés dont certains représentent un demi-million d'électeurs. Mais si l'on attend encore que les parlementaires de Strasbourg se battent concrètement pour imposer la démocratie, c'est aussi parce que leurs 76 partis nationaux ne prennent pas ce problème au sérieux dans les institutions européennes. C'est la raison pour laquelle la majorité, à Strasbourg, se trouve toujours sous la tutelle des gouvernements nationaux – lesquels, en cas de conflit, donnent tout simplement des consignes de vote sans ambiguïté.

L'échec de l'assemblée de Strasbourg incite à penser que l'Europe n'est pas encore mûre pour la démocratie continentale. On a beau faire, l'Union n'est pas un Etat, et les repères politiques actuels sont avant tout les questions nationales, explique le président du Parlement, Klaus Hänsch, pour justifier la soumission des euro-parlementaires au diktat des responsables gouvernementaux – il exprime certainement ainsi l'opinion de la grande majorité de ses collègues. Le tribunal constitutionnel d'Allemagne fédérale a lui aussi expliqué, dans son jugement sur le traité de Maastricht, que l'Union européenne n'est qu'une "association d'Etats" à laquelle manque un "peuple national européen". C'est la raison pour laquelle, selon lui, ce sont les "peuples nationaux des Etats membres qui doivent apporter une légitimité démocratique aux décisions de l'Union européenne, par le biais des parlements nationaux". Ne serait-ce qu'en raison de l'absence d'une langue commune, il n'y aura pas "à long terme, de discours public à grande échelle au niveau européen", affirma alors Dieter Grimm, juge au tribunal constitutionnel. Faute de véritable communication politique européenne, chaque parlement européen se décomposera toujours "en particules nationales", et c'est aussi en cela que réside "la différence fondamentale avec la fondation du Reich allemand" à la fin du XIXe siècle, ou avec la fondation des Etats-Unis. Il ne reste donc qu'une seule issue : selon les juges, "le transfert accéléré des compétences des Etats nationaux vers l'Union européenne", doit être "freiné", les parlements des différents Etats ont besoin "d'exercer une plus grande influence sur les positions que prennent les gouvernements au sein du Conseil des ministres".

Cela paraît plausible, mais la solution proposée n'en est pas une. Car diversité linguistique ou pas, "peuple national" européen ou pas, il y a longtemps qu'en Europe de l'Ouest les marchés et les pouvoirs sont indissociablement liés les uns aux autres. La véritable révolution européenne a été la création du marché ouvert qui soude les pays participants les uns aux autres, pour le meilleur et pour le pire. L'Union monétaire renforcera encore la dépendance mutuelle. Si Helmut Kohl et ses partenaires veulent rendre leur Union opérationnelle, il ne leur reste donc d'autre solution que de faire le premier pas. Deux transformations suffiraient à inverser l'ensemble du processus de décision actuel au sein de l'Union européenne ; désormais, les conseils devraient pouvoir systématiquement trancher à la majorité qualifiée, ce qu'ils ne font, à l'heure actuelle, que pour les questions de détail. Le système de compensation des voix donnerait une influence suffisante aux petits Etats membres. Et les ministres devraient délibérer et adopter leurs lois en toute publicité. Cela mettrait aussitôt en marche, dans toute l'Europe, une dynamique démocratique certes turbulente et contradictoire, mais que l'on ne pourrait plus retenir. Les Allemands comprendraient tout d'un coup que la misère de la jeunesse espagnole est aussi leur problème. Les Hollandais découvriraient de quelle étroitesse d'esprit fait preuve leur gouvernement lorsqu'il défend le droit des transporteurs locaux à envoyer sur les autoroutes des voisins des convois ininterrompus de quarante tonnes polluants. Et tous sauraient quels ministres des Finances sont responsables du fait que les entreprises et les riches ne paient pratiquement plus d'impôts. En peu de temps, les alliances politiques ne s'inspireraient plus des frontières des Etats, mais des intérêts réels, et il faudrait peu de temps avant que le Parlement européen ne devienne le centre de gravitation de la politique européenne. Les citoyens de l'Union européenne ont vu, après la signature du traité de Maastricht, que les processus démocratiques peuvent aussi fonctionner au niveau européen. Parce qu'à titre exceptionnel, les électeurs français et danois ont été autorisés à contribuer à la décision, un véritable débat européen s'est engagé à la suite des deux référendums. Il dure encore aujourd'hui. Depuis, à chaque fois que des citoyens de l'Union européenne de différentes nationalités et s'intéressant à la politique se rencontrent quelque part, ils ont un sujet de discussion – parce que les politiciens qui les gouvernent ont été forcés de justifier publiquement leur projet.

Avant même d'essayer de mettre en œuvre une réforme démocratique de l'Union européenne, il faudrait cependant répondre à une autre question de principe sur l'avenir de l'Union : celle de la participation de la Grande-Bretagne. Dans l'histoire de l'intégration européenne, les gouvernements du Royaume-Uni ont joué un triste rôle. Ils ont bloqué tout progrès en matière de protection de l'environnement, en refusant notamment l'introduction européenne d'une taxe écologique sur la consommation d'énergie. Toutes les tentatives visant à rapprocher la politique sociale des pays membres ont échoué sur la résistance britannique. La Grande-Bretagne s'oppose aussi bien à une politique étrangère commune de l'Union qu'à un régime commercial qui protège aussi les intérêts des salariés. Le domptage des marchés financiers ne se fera pas avec les administrateurs de la City londonienne. Les sabotages britanniques de l'Europe ont culminé en juin 1996 lorsque le premier ministre John Major, répondant à l'interdiction d'exportation de la viande de bœuf contaminée par l'encéphalopathie spongiforme bovine, a bloqué toutes les décisions imminentes de l'ensemble de la machinerie de l'Union. Depuis vingt-trois ans, les Britanniques violent ainsi l'article 5 du traité de l'Union européenne, qui interdit à chaque Etat membre de prendre "toute mesure susceptible de mettre en péril la mise en œuvre de ses objectifs".

Curieusement, la résistance à l'intégration européenne de la plupart des Britanniques anti-européens repose sur une conscience démocratique profondément enracinée. "La démocratie se trouve chez nous, en Grande-Bretagne", dit le premier ministre John Major, qui touche ainsi le cœur du malaise que ressentent ses compatriotes à l'égard du projet d'Union européenne : ils veulent se soumettre à la volonté majoritaire dans leur propre pays, mais pas à la volonté commune de toutes les nations de l'Union. Les euro-sceptiques de l'île reconnaissent ainsi que même leur souveraineté nationale, qu'ils défendent de manière tellement acharnée, n'existe plus. Il faut cependant accepter la méfiance de principe qu'affiche la majorité des Britanniques et de leurs hommes politiques à l'égard de l'Union européenne, même si elle s'exprime parfois dans des attaques chauvinistes contre les voisins du continent.

Mais à l'inverse, les autres pays placeront bientôt les électeurs britanniques et leur gouvernement face à une alternative : veulent-ils coopérer ou préfèrent-ils quitter l'Union ? Confronté aux risques d'un tel projet, le débat européen en Grande-Bretagne pourrait peut-être être replacé dans un cadre plus rationnel. La sortie de l'Union serait en fin de compte "un cauchemar" pour l'économie de la Grande-Bretagne, comme l'a dit sous forme de mise en garde à ses compatriotes Niall FitzGerald, le directeur du groupe Unilever, porte-parole de l'Union industrielle britannique[35]. Si la Grande-Bretagne se coupait du continent, son dernier atout dans la compétition – son rôle de zone à bas salaire désyndicalisée au sein du marché intérieur européen – perdrait rapidement sa valeur. Mais si l'intégration politique ne réussit pas – et beaucoup d'indices le laissent craindre – l'Europe ne peut avancer que sans la Grande-Bretagne. Car si l'on s'arrêtait au point où les Britanniques font obstruction, tous les autres Etats de l'Union européenne devraient aussi, à l'avenir, renoncer à toute espèce d'intervention dans la sphère économique. Le résultat grotesque serait que le continent s'adapterait au modèle britannique – une évolution qui n'est guère souhaitable. Aucun des autres grands pays de l'Union n'a des revenus aussi faibles, un système de formation aussi décomposé et un clivage aussi profond entre les pauvres et les riches. Autant de caractéristiques qui feraient plus de ce pays un cinquante et unième Etat fédéral américain qu'un membre de l'Union européenne, où la majorité des électeurs et des hommes politiques cherche au moins, aujourd'hui, à mettre en œuvre une redistribution sociale.

Une union démocratique qui fonderait une nouvelle souveraineté européenne et agirait en commun pour brider la force destructrice des marchés : on est tenté de considérer cet objectif comme une vision utopiste et de le repousser. Mais que se passera-t-il si les nations du vieux continent ne suivent pas ce chemin ? Contre les groupes, les cartels et les criminels, il faut un contre-pouvoir d'Etat qui puisse s'appuyer sur la volonté de la majorité de ses citoyens. Mais dans un marché sans frontières, aucun des Etats européens n'en est capable seul. L'alternative européenne au capitalisme du laisser-faire d'obédience américaine et britannique aura lieu dans une Union dotée d'une légitimité démocratique, ou n'aura pas lieu du tout. Helmut Kohl a raison, lorsqu'il rappelle que l'Union européenne a une signification existentielle, que son avenir décidera de la guerre et de la paix au XXIe siècle. Mais il se trompe lorsqu'il affirme qu'il n'y aura "pas de retour à la politique de pouvoir nationale et à la pensée périmée de l'équilibre des forces". Les apologistes de la renationalisation reprennent depuis longtemps des forces dans toute l'Europe, et chaque nouvelle rotation de la spirale qui emmène vers le bas les revenus, la sécurité de l'emploi et la redistribution sociale leur apporte des millions de partisans. Ou bien l'on parvient à développer l'Union européenne jusqu'au point où l'on pourra rétablir l'équilibre entre le marché et l'Etat, ou bien elle se décomposera tôt ou tard. Il ne reste plus beaucoup de temps pour choisir entre ces deux chemins.

LA FIN DE LA DÉSORIENTATION

Sortir de l'impasse

On ne peut combattre efficacement la technocratie internationale qu'en la défiant sur son terrain de prédilection, celui des sciences économiques, et en opposant à la pensée mutilée dont elle fait usage un savoir qui ait plus de respect pour les gens et pour les réalités auxquels ceux-ci font face.

PIERRE BOURDIEU,
professeur au Collège de France, dans un discours aux grévistes de la gare de Lyon, à Paris, le 12 décembre 1995.

Quelle dose de marché la démocratie supporte-t-elle ? Il y a peu d'années encore, cette question semblait oiseuse. C'était tout de même dans les sociétés démocratiques de l'Ouest que l'économie de marché avait permis à des citoyens de plus en plus nombreux de vivre à l'abri des soucis matériels. Le marché plus la démocratie : telle était la formule des vainqueurs, celle qui, au bout du compte, a mis à genoux les dictatures à parti unique du bloc de l'Est.

Seulement la fin des régimes communistes n'a pas sonné la fin de l'histoire mais au contraire la fantastique accélération des mutations sociales. Depuis, un bon milliard de personnes supplémentaires sont entrées dans la sphère économique du marché mondial, et l'intégration des économies nationales a véritablement commencé. Ce dont les fondateurs des Etats de prospérité de l'après-guerre avaient déjà fait l'amère expérience ne fait plus aucun doute aujourd'hui : l'économie de marché et la démocratie n'ont rien de deux frères de sang inséparables qui entretiendraient, ensemble, la prospérité pour tous. Les deux figures idéologiques centrales des vieilles nations industrialisées occidentales vivent au contraire dans une contradiction permanente.

Une société à constitution démocratique n'est stable que lorsque les électeurs sentent et savent que ce sont les droits et les intérêts de tous qui comptent, et pas seulement ceux des individus jouissant de la supériorité économique. Les politiciens démocrates doivent donc faire pression pour obtenir une compensation sociale et restreindre la liberté de l'individu au profit du bien commun. Mais dans le même temps, l'économie de marché a absolument besoin de l'économie d'entreprise si elle doit prospérer. Seule la perspective du profit individuel libère ces forces qui, par les innovations et les investissements, créent une nouvelle richesse. Entrepreneurs et actionnaires cherchent donc depuis toujours à imposer le droit des forts (c'est-à-dire des capitaux puissants). La grande réalisation de la politique occidentale d'après-guerre a été la tentative réussie pour trouver entre ces deux pôles l'équilibre adéquat. C'est exactement ce que l'on désigne par les termes d'"économie sociale de marché", cette idée qui a assuré quatre décennies durant stabilité et paix aux Allemands de l'Ouest.

Mais cet équilibre est en train de se perdre. L'Etat ayant de moins en moins de possibilités d'intervenir sur le marché mondial, la balance penche peu à peu du côté des puissants. Avec une ignorance stupéfiante, les ingénieurs de la nouvelle économie globale jettent par-dessus bord les découvertes de ceux qui ont fondé leur succès. Baisses permanentes des salaires, allongement des temps de travail, coupes dans les prestations sociales, voire, aux Etats-Unis, le renoncement complet à tout système social, doivent "dégraisser" les peuples avant de leur faire affronter la compétition mondiale. Pour la plupart des chefs de grands groupes et politiciens libéraux de l'économie, toute résistance à ce programme n'est qu'une tentative inutile pour défendre un statu quo intenable. La mondialisation est irrésistible, disent-ils, et elle n'est, en cela, comparable qu'à la révolution industrielle. Quiconque s'y oppose disparaîtra au bout du compte, comme ces tenants du luddisme, qui détruisaient les machines dans l'Angleterre du XIXe siècle.

EN AVANT VERS LES ANNÉES TRENTE ?

La plus grande catastrophe possible serait que les défenseurs de la mondialisation aient raison d'établir ce parallèle. L'entrée dans l'ère industrielle a été l'une des périodes les plus effroyables de l'histoire européenne. Les anciens maîtres féodaux se sont associés aux nouveaux capitalistes. Gouvernant par la brutalité, ils ont éliminé l'ancienne échelle des valeurs, les règles corporatives des artisans et les droits coutumiers de la population rurale, qui garantissait une survie certes pauvre mais certaine. En agissant ainsi, ils n'ont pas seulement plongé des millions de personnes dans le désespoir. Ils ont aussi provoqué dans leurs nations des contre-mouvements incontrôlables dont les forces destructrices ont d'abord provoqué la décomposition du système de libre-échange international, puis se sont libérées en déclenchant deux guerres mondiales et la prise de pouvoir des communistes dans la partie orientale de l'Europe.

Karl Polanyi, un spécialiste de l'histoire sociale né à Vienne et émigré aux Etats-Unis, a montré en détail, dans son œuvre brillante parue en 1944 sur la "grande transformation", comment l'application des lois du marché à la main-d'œuvre humaine, et avec elle la décomposition des anciennes structures sociales, avait forcé les Etats européens à s'enfoncer de plus en plus profondément dans un système de mesures défensives irrationnelles. La création de marchés libres, selon Polanyi, "n'a pas du tout débouché sur l'élimination des règlements et des interventions, mais au contraire sur leur gigantesque extension[1]". Plus l'économie de marché dérégulée, avec ses crises cycliques de conjoncture, déclenchait faillites et révoltes de la faim, plus les gouvernants se voyaient contraints de limiter le libre jeu des forces. Dans un premier temps, ils ne réprimèrent que les différents mouvements de protestation des ouvriers. Par la suite, pour protéger les marchés, ils intervinrent contre la concurrence excessive, surtout celle des pays étrangers, qui réagirent pour leur part immédiatement en utilisant les mêmes méthodes. Depuis le début du siècle, et plus encore dans les années vingt, les gouvernements ont été bien plus occupés à organiser le protectionnisme qu'à défendre le libre-échangisme. Et lorsque les guerres commerciales et monétaires dégénérèrent, l'économie mondiale déjà hautement intégrée à cette époque fut précipitée dans la grande dépression du début des années trente.

Il est certainement impossible de transposer schématiquement à l'économie high-tech de la fin du XXe siècle le modèle de réaction aux forces du marché que décrit Polanyi. Sa conclusion n'en est pas moins exacte. Polanyi a qualifié d'"utopie dangereuse" l'idée défendue par les tenants de l'économie libérale du XIXe siècle : celle de sociétés modelées par un système de marché international qui se régulait lui-même. Pour Polanyi, cette idée portant son échec en elle-même : la politique du laisser-faire détruisait en permanence la stabilité sociale.

Tous ceux qui ont prôné le démantèlement de l'Etat-providence et la dérégularisation sans condition défendent encore aujourd'hui cette utopie d'un marché autorégulé. Les prétendus modernisateurs qui se vouent, au mépris de l'histoire, à la seule loi de l'offre et de la demande, pratiquent un "intégrisme du marché", "une forme d'analphabétisme démocratique", affirme le sociologie Ulrich Beck. Les droits fondamentaux dans le domaine social et économique ont permis de dompter le capitalisme. Ces droits n'étaient pas un bienfait généreux que l'on peut abandonner lorsque la situation devient difficile. Ils étaient au contraire la réponse aux conflits sociaux difficiles et à l'échec de la démocratie dans l'Europe des années vingt. Beck affirme : "Seuls les gens qui ont un logement, un emploi stable et donc un avenir matériel, sont des citoyens capables de s'approprier la démocratie et de la rendre vivante. La vérité est simple : sans sécurité matérielle, pas de liberté politique. C'est-à-dire pas de démocratie, c'est-à-dire une menace pesant sur tous, exercée par des régimes et des idéologies totalitaires, d'hier ou d'aujourd'hui[2]."

C'est précisément pour cette raison que l'antinomie entre le marché et la démocratie a retrouvé son explosivité angoissante dans les années quatre-vingt-dix. Tous ceux qui regardent les choses en face l'ont compris depuis longtemps. La vague persistante de xénophobie dans la population européenne et américaine est un signe infaillible que la politique a intégré. Dans presque tous les pays d'Europe et aux Etats-Unis, des lois de plus en plus rigoureuses sur l'immigration et des méthodes de surveillance de plus en plus sévères rognent les droits de l'homme à chaque fois qu'il s'agit de réfugiés et de migrants.

Le prochain palier de l'exclusion concernera les groupes économiquement faibles de la société : bénéficiaires de l'aide sociale, chômeurs, handicapés et jeunes sans formation voient d'ores et déjà ceux qui gagnent (encore) leur vie couper petit à petit les branches de la solidarité. Craignant eux-mêmes de dévaler l'échelle sociale, de paisibles citoyens des classes moyennes se transforment en chauvinistes de la prospérité et refusent désormais de payer pour les perdants à la roulette du marché mondial. Les hommes politiques représentant cette fraction de la nouvelle droite, qui sont, en Allemagne, essentiellement regroupés au sein du FDP, retournent le ressentiment populaire : ce n'est plus aux profiteurs que l'on s'attaque désormais, mais à d'hypothétiques "pique-assiettes" sociaux : ceux-là clament désormais que la prévoyance contre la vieillesse, la maladie et la perte d'emploi doit être laissée à la volonté individuelle. Aux Etats-Unis, où la moitié des citoyens, notamment dans les classes populaires, ne va déjà plus voter, les nouveaux darwinistes sociaux ont même conquis la majorité parlementaire. Et ils ont entrepris la partition de leur nation selon le modèle brésilien.

Les prochaines victimes de cette logique inéluctable seront les femmes. En Allemagne, les chrétiens-démocrates chargés des problèmes familiaux ont déjà décidé de faire subir des diminutions de salaires aux femmes enceintes en congé de maladie, une mesure qui laisse pressentir ce qui attend la totalité des salariées. Aujourd'hui déjà, les mères élevant seules leurs enfants et dépendant de l'aide sociale mènent une lutte quotidienne pour l'existence. Le *Financial Times*, lui, a développé un modèle d'argumentation permettant de justifier l'exclusion des femmes. Selon le quotidien, le problème majeur de l'inégalité croissante est avant tout celui des jeunes hommes sans qualification qui, faute de possibilités de travailler, se laissent entraîner vers la violence et la criminalité – c'est du moins l'analyse tranchante d'un commentateur masculin. Or ces jeunes hommes souffrent surtout de la concurrence des femmes actives, qui occupent déjà près des deux tiers des postes non qualifiés du pays. Mieux vaudrait par conséquent, selon le journaliste, "limiter l'accès [du marché du travail] aux femmes, qui ne deviennent pas aussi rapidement des criminels dangereux". La future devise de la politique économique devrait donc être : *"More jobs for the boys*[3]*."*

Les anciennes nations prospères se chargent ainsi de dynamite ; les différents Etats et leurs gouvernements ne pourront bientôt plus désamorcer cet explosif. Si l'on ne parvient pas à changer de cap à temps, on assistera inévitablement à une réaction de défense sociale semblable à celle que décrit Polanyi. Et l'on peut prévoir qu'elle portera elle aussi des traits protectionnistes et nationalistes.

Dans les groupes industriels et les milieux économistes, les esprits les plus lucides ont compris le danger depuis longtemps. Tyll Necker, qui fut de longues années durant le président de la BDI, n'est pas le seul à constater avec crainte que la "mondialisation a imprimé aux mutations structurelles un rythme qu'un nombre croissant de personnes ne peut plus assimiler.

Comment pouvons-nous canaliser ce processus de telle sorte que les marchés restent ouverts, et les transformations, malgré tout, maîtrisables[4] ?" Percy Barnevick, directeur du géant de la machine-outil Asea Brown Boveri (ABB), avec 1 000 filiales dans quarante pays, a même lancé une mise en garde : "Si les entreprises ne prennent pas conscience des défis lancés par la pauvreté et le chômage, les tensions entre les possédants et les pauvres déboucheront sur une hausse considérable de la violence et du terrorisme[5]." Klaus Schwab, fondateur et président du World Economic Forum à Davos, un homme que l'on ne peut vraiment pas soupçonner de romantisme social, en voit déjà les premiers signes. "Les coûts humains de la mondialisation, prévient-il, atteignent un niveau qui soumet toute la structure sociale des démocraties à une épreuve de résistance sans précédent." "L'ambiance de désarroi et d'angoisse" qui se propage annonce selon lui un revers soudain et incontrôlable *("disruptive backlash")*, un contrecoup qu'il faut "absolument prendre au sérieux". "Les leaders politiques et économiques sont mis au défi de montrer comment le nouveau capitalisme mondial peut fonctionner de telle sorte qu'il apporte aussi un profit à la majorité [de la population] et pas seulement aux managers des groupes et aux investisseurs[6]."

Or cette preuve, les adeptes du marché ne peuvent justement pas l'apporter. On peut prouver à tout instant que la division internationale du travail, qui ne cesse de s'aggraver, contribue à faire augmenter la productivité mondiale. D'un point de vue économique, l'intégration du marché mondial a un haut degré d'efficience. Mais dans la répartition de la richesse ainsi engendrée, la machine économique globale, faute d'interventions de l'Etat, travaille dans l'inefficacité la plus totale, puisque le nombre des perdants dépasse largement celui des gagnants.

C'est précisément pour cette raison que la politique d'intégration globale menée jusqu'ici n'a pas d'avenir. Le libre-échange mondial ne pourra être maintenu sans garantir l'Etat social. C'est vrai, Bonn n'est pas Weimar, et les nations de l'Europe sont aujourd'hui, à l'exception des Etats qui ont succédé à l'ex-Yougoslavie, incomparablement plus pacifiques, à l'intérieur et à l'extérieur, qu'il y a soixante-dix ans. Aucun mouvement communiste ne cherche plus à renverser l'ordre social, et nulle part en Europe des généraux et des industriels de l'armement ne songent à lancer des campagnes de conquête contre leurs voisins. Mais le risque engendré par le développement anarchique des marchés transnationaux est le même aujourd'hui qu'à l'époque. Une fois encore, un krach boursier mondial menace – les joueurs de milliards sur le marché électronique câblé de la finance mondiale le savent mieux que personne. Et une fois encore, dans tous les pays, les partis démocratiques agonisent faute de savoir comment et où ils peuvent reprendre les commandes. Lorsque les gouvernements s'épuisent à réclamer à leur population des sacrifices pour un progrès qui ne profite qu'à une minorité, ils peuvent s'attendre à ce qu'on leur montre la porte de sortie. Avec chaque pourcentage supplémentaire de chômeurs ou de baisse des salaires augmente le risque de voir des hommes politiques désemparés tirer sur le frein de secours du protectionnisme et ranimer des guerres commerciales ou monétaires qui plongeront toutes les nations dans des situations économiques chaotiques et ruineuses. Nul besoin, pour cela, que des nationalistes ou autres sectaires remportent les élections. Les hommes politiques adeptes du libre-échange se transformeront en protectionnistes du jour au lendemain s'ils espèrent en tirer un nombre de suffrages suffisant[7].

Cela peut se produire, mais ce n'est pas une obligation. Nous disposons tout de même encore, aujourd'hui, d'un inestimable avantage : l'histoire nous a appris qu'en faisant cavalier seul, une nation ne peut pas échapper au piège du marché mondial. Nous devons donc chercher et emprunter d'autres issues. Lorsque l'on veut empêcher la rechute dans le nationalisme économique, il faut réguler le marché en régénérant le système de l'Etat social de telle sorte que les énormes profits tirés de la productivité accrue profitent aussi à tous les citoyens. On ne pourra pas, autrement, préserver ce vaste consensus qui existe aujourd'hui sur la nécessité d'un système de marché ouvert au monde.

Mais on se tromperait en croyant que le choix des bons partis suffirait, en Allemagne, en France ou dans n'importe quel autre pays européen, à rétablir la stabilité économique et sociale par le biais d'un acte de volonté politique. Aucun chemin ne nous ramènera aux années soixante et au début des années soixante-dix, à l'époque où des gouvernements nationaux relativement indépendants établissaient eux-mêmes la juste mesure de la redistribution sociale dans leur propre nation, et atténuaient les crises cycliques de l'expansion en planifiant les investissements de l'Etat. L'intégration économique est allée beaucoup trop loin pour cela. Dans la course mondiale aux parts de gâteau du marché mondial, les nations filent (jusqu'au grand carambolage) sur une autoroute à quatre voies où aucun pays ne peut plus faire demi-tour de son propre chef, sauf à prendre le risque de la disparition.

Il n'est de toute façon pas souhaitable de faire demi-tour. L'intégration économique mondiale recèle au bout du compte des possibilités gigantesques. La hausse fantastique de la productivité pourrait tout aussi bien être utilisée pour faire sortir de la pauvreté une partie toujours plus importante de l'humanité, et financer dans les anciens pays de prospérité la reconversion écologique de l'économie de gaspillage. Mais il faudrait alors remettre sur une trajectoire sociale et rendre compatible avec la démocratie la compétition sur les marchés mondiaux, qui a été jusqu'ici suicidaire, et transformer la globalisation de l'injustice en un développement permettant l'équilibre global.

Il existe des projets et des stratégies pour bloquer ce glissement vers la société des deux dixièmes. La première démarche importante serait de limiter le pouvoir politique dont disposent les acteurs des marchés financiers. En levant un impôt sur le volume financier des ventes de devises et de crédits à l'étranger, les banques centrales et les gouvernements des pays du G7 ne seraient plus contraints de se soumettre sans conditions aux exigences outrancières des négociateurs. Au lieu de freiner les investissements en pratiquant des taux d'intérêt trop élevés, et de combattre une inflation qui ne constitue aucune menace, ils pourraient commencer, ensemble, à encourager la liberté d'entreprise en laissant les banques centrales accorder des crédits à bas prix, ce qui favoriserait d'autant la croissance et l'emploi[8].

De telles mesures iraient inévitablement de pair avec une réforme fiscale écologique qui taxerait sévèrement la consommation des ressources naturelles et valoriserait la main-d'œuvre grâce à la baisse des prélèvements sociaux. C'est la seule manière d'empêcher que se poursuive le pillage des fondements écologiques de toute activité économique, et de garantir toutes leurs chances aux générations futures.

Il existe d'autre part un large consensus sur la nécessité d'améliorer la portée et l'efficience des systèmes éducatifs. S'il est vrai que la société industrielle va céder la place à la société de l'information, alors il est proprement scandaleux de constater qu'en Europe comme aux Etats-Unis, les jeunes sont de moins en moins nombreux à recevoir une formation, et que les universités se délabrent parce que le boycott fiscal pratiqué par les grands groupes et par les riches assèche les budgets des Etats.

Pour pouvoir former plus de personnes, mais aussi pour créer un plus grand nombre d'emplois avec les fonds de l'Etat – en investissant dans un système de circulation non polluant, par exemple –, il faut trouver de nouvelles sources de revenus pour les budgets publics. Ne serait-ce que pour cette raison, il faut taxer les profits financiers des possédants. De la même manière, des taux de TVA élevés sur les produits de luxe pourraient assurer une plus grande justice sociale.

LE DANGEREUX GENDARME DU MONDE

Mais toutes ces propositions reposent sur une condition commune, qui n'existe pas encore aujourd'hui : l'existence de gouvernements capables d'agir et de faire face, avec de telles réformes, à la nouvelle Internationale de l'argent, sans être sanctionnés pour autant par la fuite des capitaux. L'unique nation qui puisse aujourd'hui, par ses propres forces, provoquer un changement de cap est la superpuissance économique et militaire des Etats-Unis. Mais à l'heure actuelle, les chances de voir les Américains lancer une initiative pour brider les forces du marché au profit de tous les peuples sont pratiquement nulles. On peut au contraire s'attendre à ce que les futurs gouvernements des Etats-Unis misent sur des solutions (apparentes) de type protectionniste et cherchent à procurer à leur pays, aux dépens des autres, des avantages commerciaux.

Cela ne contredirait d'ailleurs pas la tradition américaine. L'Amérique pleine d'abnégation, qui aide le reste du monde à maîtriser ses problèmes, n'a jamais existé. Les gouvernements américains, quelle que soit leur couleur, se conforment presque exclusivement, et depuis toujours, à ce qu'ils considèrent comme leur intérêt national. Tant qu'il a fallu combattre, à l'Est, "l'Empire du Mal", on avait besoin d'une Europe de l'Ouest stable et prospère, pour opposer au communisme la face suave du capitalisme. Mais Washington n'a plus besoin de l'Europe, désormais, pour jouer ce rôle. Si les entreprises installées aux Etats-Unis peuvent tirer avantage d'une politique qui écarterait les produits et les prestations de services étrangers du marché américain ou d'autres marchés importants, les futurs gouvernements américains n'hésiteront certainement pas à apporter leur soutien politique aux forces du marché. L'administration Clinton a déjà donné un avant-goût des conflits transatlantiques à venir lors de la crise du dollar, en 1995. Un autre exemple a suivi en août 1996. Sous prétexte de lutte contre le terrorisme, le président des Etats-Unis a signé une loi censée bannir du marché américain toutes les entreprises européennes et japonaises qui font des affaires avec la Libye et l'Iran, notamment dans les secteurs du pétrole et du bâtiment. Les Etats de l'Union européenne ont été forcés de brandir la menace de représailles. C'est précisément parce que l'Etat social américain est en ruine, et ne protège plus ses citoyens contre les crises provoquées par le marché mondial, que le *backlash* contre la mondialisation viendra dans doute du pays qui a propagé dans le monde entier le dogme de la soumission au marché total. Le géant nord-américain n'est plus seulement imprévisible dans son rôle de gendarme du monde. Il a aussi cessé de tenir son rôle de gardien du libre-échange mondial[9].

L'ALTERNATIVE EUROPÉENNE

Les Etats européens peuvent et doivent affronter ce péril ensemble. Mais la solution n'est pas d'opposer à une future forteresse d'Amérique du Nord une forteresse de l'Europe. L'une des forces de l'Europe est justement que ses membres savent quelles conséquences ravageuses pourrait avoir une politique de protection économique réciproque des peuples. Il faut au contraire opposer une alternative européenne viable et puissante à l'extrémisme anglo-saxon du marché, avec ses effets destructeurs. Une union politique, liée par une monnaie unique et une histoire certes passionnée, mais commune et assimilée, n'aurait pas moins de poids dans le jeu de forces de la politique mondiale que les Etats-Unis ou de futures grandes puissances comme la Chine et l'Inde. La grandeur économique est le seul facteur de pouvoir à jouer un rôle sur les marchés mondialisés : les stratèges du commerce américain le prouvent depuis de nombreuses années. Appuyée sur un marché d'environ 400 millions de consommateurs, une Europe unie pourrait donc aussi trouver la force de mettre au point, d'abord vers l'intérieur, puis vers l'extérieur, une nouvelle politique économique plus proche des principes de John Maynard Keynes et Ludwig Erhard que de ceux de Milton Friedman et Friedrich von Hayek. Seule une Europe unifiée peut, dans le capitalisme global débridé, imposer de nouvelles règles de compensation sociale et de reconversion écologiste.

Il est d'autant plus regrettable que les nombreux Européens convaincus qui siègent dans les centrales gouvernementales, de Lisbonne à Helsinki, aient jusqu'ici mené l'unification européenne en empruntant exclusivement la voie technocratique et en empêchant les électeurs de participer à la conception de l'Europe du futur. Cela a donné le jour à cette Europe des groupes industriels et financiers dans laquelle des fonctionnaires anonymes, conseillés par des lobbyistes de l'industrie omniprésents, ont coulé dans le moule américain un programme fondé sur le marché, générateur de scission sociale. Ils l'ont fait par l'intermédiaire des lois européennes, et sans que les citoyens aient été sérieusement informés des avantages et des inconvénients. Avec l'achèvement du marché intérieur, les Etats européens perdent ainsi peu à peu toute capacité de mener des réformes. S'ils s'isolent, ils ne peuvent plus agir, tant ils dépendent les uns des autres. Mais ils n'ont pas non plus la légitimité démocratique qui leur permettrait de prendre des décisions à la majorité. La condition *sine qua non* d'une union d'Etats européens viable est donc la démocratisation rapide de ses processus de décision. C'est seulement lorsque le travail législatif d'arrière-boutique accompli par les Conseils des ministres sera mené en public, lorsque chacune des lois de l'Union européenne sera débattue dans les Parlements nationaux avec la participation d'orateurs étrangers, que l'alternative européenne aura une chance réelle. On ne pourra rétablir la capacité de réforme que lorsque l'on aura organisé le redémarrage de nos pays dans l'Europe *et* dans la démocratie.

Cela ne signifie nullement la mise en place d'une nouvelle bureaucratie d'Etat pléthorique qui régulerait tout et chacun.

On pourra au contraire obtenir l'inverse. Le rétablissement européen du primat de la politique sur l'économie couperait les vivres à l'hydre du bureaucratisme, dont les têtes ne cessent de se multiplier. Si, par exemple, les lignes fondamentales de la politique fiscale et financière au niveau européen faisaient l'objet d'une décision politique, et n'étaient plus le fruit d'un consensus entre fonctionnaires, les causes du chaos qui règne dans les systèmes fiscaux des Etats de l'Union disparaîtraient, et avec elles ces failles qui permettent chaque année l'évasion internationale de plusieurs centaines de milliards. Cela vaut aussi pour cet organisme tentaculaire qui distribue des subventions de toute nature, et qui est devenu incontrôlable – pour une seule raison : incapable de prendre des décisions, l'Union européenne n'est pas arrivée à mettre en place un système simple de compensation financière entre les budgets nationaux.

Lorsqu'on affirme que l'on ne dispose pas de l'approbation des citoyens de l'UE pour créer une Europe unifiée, on met la charrue avant les bœufs. La démocratie n'est pas un état, mais un processus. La seule chose certaine est que l'Union européenne des technocrates ne suscite guère l'engouement des électeurs. Ce n'est pas un hasard : pendant des années, ces fonctionnaires ont vidé de leur substance, jusqu'à les rendre grotesques, les démocraties nationales des différents Etats. Or il est tout aussi certain que la très grande majorité des Européens ne veut pas suivre le chemin anglo-saxon du cannibalisme social. Si l'Union européenne démocratisée montrait qu'elle est la seule voie permettant d'assurer la stabilité sociale, la capacité écologique de faire face à l'avenir et la souveraineté de l'Etat, ce projet rassemblerait à coup sûr de grandes majorités politiques, au moins en France et dans les Etats de l'Europe du Sud et de la Scandinavie.

La force politique capable de faire sortir l'Union de son impasse bureaucratique existe-t-elle ? Pas encore, mais on peut déjà l'envisager. Ils sont là, les millions de citoyens européens qui, sur leur lieu de travail, dans leur voisinage et dans d'innombrables associations écologiques et sociales, militent sous une forme ou sous une autre pour que l'on trouve des alternatives à la démence du marché mondial et que l'on rétablisse la cohésion sociale. Que ce soit chez Greenpeace, dans les maisons de quartier ou dans les associations féminines, au sein des syndicats ou des Eglises, dans les associations d'aide aux personnes âgées et aux handicapés, dans les actions de solidarité pour les pays en voie de développement ou dans les nombreux groupes de soutien aux émigrés : partout, quantité de personnes font chaque jour des sacrifices considérables pour leur engagement civique en faveur du bien commun. Oui, elle existe, cette société des citoyens, et elle est plus forte que ses nombreux acteurs n'en sont conscients. Les salariés syndiqués ne doivent plus se laisser persuader que leur rébellion contre la dévalorisation du travail n'est pas justifiée et qu'elle ne fait que retarder l'inévitable. La justice n'est pas une question de marché, mais une question de pouvoir. Les grèves massives en France, en Belgique et en Espagne ont émis à cet égard un signal bienvenu. Même s'ils visaient partiellement à défendre des employés de l'Etat "privilégiés", ces mouvements étaient légitimes dans la mesure où ils refusaient la redistribution du bas vers le haut – et c'est bien ainsi que les a interprétés la majorité des citoyens de ces pays. Dans le cas contraire, ils n'auraient pas bénéficié d'un aussi large soutien dans la population. De la même manière, les grandes manifestations syndicales qui se sont déroulées ces derniers mois à Londres, Bonn, Rome et Bruxelles sont un signe de force ; il pourrait être repris et amplifié dans toute l'Europe, jusqu'à ce que les gouvernements ne puissent plus l'ignorer.

De nombreux militants et représentants des grandes Eglises chrétiennes poursuivent les mêmes objectifs. Ces institutions perdent certes une bonne partie de leurs membres passifs, mais offrent d'autant plus de place aux jeunes gens engagés qui désirent mener leurs propres initiatives sociales. La participation massive et répétée aux Journées de l'Eglise protestante d'Allemagne indique le profond besoin de points de repère et de solidarité dans la société du rendement.

Aujourd'hui, même les élites économiques et politiques de l'Europe se sont mises à réfléchir. Beaucoup de leurs membres ressentent un profond malaise à l'idée que le vieux continent va continuer à s'américaniser – même s'ils ne l'admettent qu'une fois le micro coupé. Quelques personnes courageuses ont commencé à s'engager publiquement en faveur d'un changement de trajectoire. Rolf Gerling, par exemple, milliardaire et principal actionnaire du plus grand assureur européen de l'industrie, se bat avec d'autres représentants de son secteur (et leurs capacités financières sont impressionnantes) en faveur d'une reconversion écologique des pays industrialisés. "Notre image du monde est en train de basculer", dit Gerling, et il prophétise un changement d'époque "semblable à celui survenu entre le Moyen Age et les Temps modernes[10]". Il compte engager une partie de son capital pour aider les entreprises à percer avec de véritables produits d'avenir. Bien plus encore qu'en Allemagne, les industriels influents des pays latins doutent aujourd'hui du cours suivi par leurs nations. Lorsque le président français réclame que l'on puisse désormais "contrôler" le processus de la mondialisation, il exprime la mauvaise volonté croissante des chefs d'entreprise français à appliquer, contre leur propre volonté, une politique de démantèlement des salaires et des emplois. En Italie aussi, l'ancien patron de Fiat, Umberto Agnelli, a lancé une mise en garde : "si les coûts sociaux [de l'adaptation au marché mondial] deviennent insupportables", on verra de nouveau "une mentalité de forteresse assiégée se développer" dans les différents Etats.

Dans presque tous les pays d'Europe de l'Ouest, il existe suffisamment d'énergie sociale pour défendre des réformes démocratiques contre la dictature des marchés, s'opposer à la fin de la solidarité et à la nouvelle droite. Jusqu'ici, cette énergie n'a donné le jour à aucune force politique, dans aucun pays d'Europe. Mais est-ce une fatalité ? La faiblesse de l'alternative européenne n'est pas la désaffection des électeurs, mais l'éparpillement de ceux qui la soutiennent en initiatives nationales ou régionales. Or à l'ère de l'économie transnationale, une perspective de réforme qui s'achève aux frontières de l'Etat n'est plus une perspective. Pourquoi, dès lors, ne serait-il pas possible de rassembler plusieurs millions de citoyens engagés afin de former une alliance et lui donner une perspective internationale – européenne, justement ? L'Union européenne nous appartient à nous tous, et pas seulement aux fonctionnaires et aux technocrates.

L'issue des débats sur la mondialisation en Allemagne nous dira en bonne partie s'il est encore temps, pour les citoyens, de s'approprier leur Union avant qu'elle ne se décompose de nouveau en particules nationales. Dans tous les partis, il y a suffisamment d'hommes politiques qui pressentent que la ligne suivie jusqu'ici, celle du marché mondial, ne pourra l'être bien longtemps. Il y a au moins un point commun entre Helmut Kohl et son adversaire social-démocrate Oskar Lafontaine : ils ont tous deux compris que l'Union européenne représente l'unique chance de rétablir la capacité d'action de l'Etat. Ils ne sont pas les seuls à en décider, mais leur action contribuera aussi à ce que leurs partis s'évadent (ou non) de la cage nationale et emplissent de vie démocratique la vision européenne de leurs prédécesseurs. Si, avec leurs amis politiques au-delà des frontières, ils se battaient véritablement pour la démocratisation de l'Union, la société civile paneuropéenne trouverait peut-être cet espoir dont elle a un besoin si urgent. Pour une telle mission, on pourrait même trouver des soutiens chez les libéraux, du moins chez ceux qui se veulent les défenseurs des droits de l'homme. Si la criminalité organisée continue à se développer sur le terreau du marché européen sans Etat, ils ne pourront pas opposer beaucoup d'arguments convaincants à ceux qui leur réclameront une extension de l'appareil policier.

Cette situation fait peser une menace tout aussi lourde sur le projet central du plus grand parti réformiste écologiste d'Europe, les Verts allemands : la reconversion écologique de la société industrielle. Il est certainement exact que les pays riches doivent "renoncer à une partie de leur prospérité" au profit du reste du monde, pour reprendre les termes du spécialiste de la politique fiscale chez les Verts allemands, Oswald Metzger, lorsqu'il formule le credo de son parti[11]. Des transformations profondes affecteront inévitablement les nations du Nord, qui se livraient jusqu'ici à une consommation de masse caractérisée par le gaspillage, et ces mutations nous obligeront à faire des sacrifices considérables. Seul le dépassement de l'économie du tout-à-jeter par une économie de prestations de services utilisant l'énergie solaire et pratiquant un urbanisme à la mesure de l'homme, et non de la voiture, permettra aux pays du Sud de trouver l'espace écologique dont ils ont besoin pour leur propre évolution (et donc d'endiguer le flot de la circulation automobile). Mais la redistribution organisée au niveau mondial en faveur des détenteurs du capital ne nous rapproche absolument pas de cet objectif, bien au contraire. Les pertes de salaire subies par les ouvriers et les employés, ainsi que les coupes effectuées dans les transferts sociaux, ne profitent justement pas aux pays en voie de développement, mais uniquement à ce cinquième de la société composé de riches et de personnes hautement qualifiées dont les revenus financiers et les honoraires augmentent dans la mesure où la grande majorité des autres doit se contenter de moins. Mais si la majorité des électeurs vit dans la peur de se retrouver bientôt du côté des perdants, les programmes de réformes écologiques n'ont plus aucune chance de rassembler un consensus politique, pour peu qu'ils laissent seulement envisager que l'on doive renoncer à une partie de ce que l'on consomme. Le citoyen éduqué des classes moyennes ayant un emploi stable peut peut-être encore abandonner sa voiture ; le chauviniste de la prospérité ne le fera plus jamais.

Si, dans de larges parties de l'Union européenne, des hommes politiques réformistes partisans de la cohésion sociale et susceptibles de rassembler des majorités prennent au sérieux les objectifs qu'ils ont fait figurer dans leurs programmes, ils devront effectivement faire face au défi que lance l'économie internationalisée. Mais il ne pourra s'agir que de mettre au point, sur la voie européenne, les instruments et les institutions avec lesquels on pourra de nouveau mener une politique active. L'Europe d'Helmut Kohl va nous fournir la clef du renouveau européen : l'Union monétaire. Elle nous donnera la possibilité d'imposer sur le grand échangeur de la mondialisation, le marché financier international, des règles compatibles avec le fonctionnement de la société. Dans le même temps, cependant, elle liera à tel point les uns aux autres les Etats de l'Union qu'ils devront ou bien inventer des formes démocratiques de législation commune, ou bien constater leur échec. Saura-t-on saisir cette chance ? Cela dépendra essentiellement de la manière dont la politique, jusqu'ici nationale, s'éveillera ou ne s'éveillera pas à temps de son hibernation européenne, et étendra au-delà des frontières nationales l'horizon des différents rêves de réforme.

L'un des économistes critiques de l'Amérique contemporaine, Ethan Kapstein, directeur du Council on Foreign Relations de Washington, a décrit l'enjeu véritable. En mai 1996, il écrivait : "Le monde se dirige inexorablement vers l'un de ces moments tragiques à propos desquels les historiens des périodes ultérieures se demandent pourquoi l'on n'a pas entrepris quelque chose à temps. Les élites économiques et politiques n'ont-elles donc pas compris vers quel gouffre avance la mutation économique et technique ? Et qu'est-ce qui les a empêchées d'entreprendre les démarches indispensables afin d'empêcher une crise sociale mondiale[12] ?"

Pour les citoyens du vieux continent, cela signifie qu'il leur revient de décider lequel des deux puissants courants de l'héritage européen modèlera l'avenir : le courant démocratique, qui remonte au Paris de l'an 1789, ou le courant totalitaire, qui l'a emporté dans le Berlin de 1933. C'est nous, électeurs, et plus encore citoyens majoritairement démocrates, qui prendrons cette décision. Et si l'on ne laisse plus la loi du commerce aux utopistes du marché, qui ouvrent la voie à la nouvelle droite, on verra bien qu'avec l'Europe il est possible de s'en sortir !

DIX IDÉES CONTRE LA SOCIÉTÉ DES DEUX DIXIÈMES

1. *Une Union européenne démocratisée et capable d'agir* : Les différents Etats européens ne sont plus capables de mener des réformes seuls, au sein du marché intérieur européen, avec son haut degré d'intégration. Mais la fédération des Etats de l'Union, sous sa forme actuelle, ne peut encore ni décider, ni imposer des réformes en profondeur, parce que le Conseil des ministres, le véritable organe de législation de l'Union européenne, n'a pas la légitimité démocratique qui lui permettrait de prendre ses décisions à la majorité. Quelques mesures peuvent donner vie à la démocratie européenne et permettre les alliances politiques au-delà des frontières : la publicité de toutes les sessions du Conseil des ministres, l'élection de la Commission de l'UE par le Parlement européen, et des débats parlementaires nationaux sur chaque loi promulguée par l'UE, débats organisés avec la participation d'orateurs étrangers.

2. *Renforcement et européanisation de la société civile* : Plus l'inégalité matérielle croissante menace la cohésion des sociétés, plus il devient important que les citoyens eux-mêmes défendent les droits démocratiques fondamentaux et renforcent la solidarité sociale. Que ce soit dans son quartier ou sur son lieu de travail, en travaillant dans les crèches, dans les associations de défense de l'environnement ou d'intégration des immigrés, il existe partout des possibilités de s'opposer à l'exclusion des individus économiquement faibles et de faire pression pour que l'on trouve des alternatives à l'extrémisme du marché et au démantèlement social. La collaboration internationale et la mise en

réseau pourraient donner un bien plus grand rayonnement à cet engagement de millions de personnes. Collaborer à créer le futur : c'est le droit de tout un chacun – y compris à Bruxelles. Avoir une réflexion globale et une action locale, c'est bien ; agir ensemble par-delà les frontières, c'est mieux.

3. *L'Union monétaire européenne* : La taille est le seul facteur de pouvoir important dans l'économie mondialisée. La fin de l'éclatement monétaire de l'Europe, avec l'introduction de l'euro comme monnaie commune, peut renverser du tout au tout le rapport de forces entre les marchés financiers et les Etats européens. Les taux de change peuvent être stabilisés, la valeur monétaire extérieure des produits européens sur les marchés d'Asie et d'Amérique pourra être négociée avec nos partenaires d'outre-mer, et ne sera plus livrée à l'arbitraire de la banque centrale américaine ou des négociateurs financiers à Londres, New York ou Singapour. Si l'on parvenait à faire de l'euro une monnaie dominante, l'Union européenne aurait une puissance économique suffisante pour imposer la disparition des paradis fiscaux et soumettre de nouveau à l'impôt les profits financiers privés.

4. *Extension de la législation de l'Union européenne à la fiscalité* : La politique fiscale est la clef du pilotage démocratique du développement économique sans interventions dirigistes et bureaucratiques sur le marché. L'économie européenne a atteint un tel degré d'intégration qu'une fiscalité de ce type ne peut plus être mise en œuvre qu'au niveau européen. C'est en outre la seule manière de mettre un terme à la compétition à laquelle se livrent les pays de l'Union européenne pour attirer les contribuables fortunés.

5. *Levée d'un impôt sur le chiffre d'affaires des échanges de devise (taxe Tobin) et sur les crédits accordés en euros à des banques non européennes* : Les dommages causés aux économies nationales par les variations de cours d'origine spéculative peuvent être considérablement limités par un impôt sur la vente et l'achat de devises et sur le crédit, comme le propose l'économiste américain James

Tobin. Le commerce des différences de taux entre les monnaies en serait moins intéressant ; la Banque centrale européenne gagnerait ainsi l'autonomie nécessaire pour adapter les taux d'intérêt à la situation de la croissance européenne, et ne serait pas forcée de suivre le modèle américain. La taxe sur les devises rapporterait en outre des revenus dont on a un besoin urgent, pour soutenir ces pays du Sud qui ne peuvent résister sur les marchés mondiaux.

6. *Normes minimales sociales et écologiques pour le commerce mondial* : Dans les pays en développement qui procurent à leur petite classe supérieure des profits commerciaux sur le marché mondial en faisant appel au travail des enfants, en ravageant leur environnement et en versant des salaires de misère tout en réprimant les syndicalistes, les gouvernements pratiquent le pillage des ressources humaines et naturelles de leurs nations. Si l'Organisation mondiale du commerce (OMC) prenait des sanctions contre ce type de pays dont les hommes au pouvoir violent de manière démontrable (et confirmée par les autorités de l'ONU) les droits démocratiques et économiques fondamentaux, les élites non démocratiques du Sud seraient au moins forcées de mener une politique du développement qui assure effectivement le progrès à leurs populations.

7. *Une réforme fiscale écologique à l'échelle de l'Europe* : La fiscalisation de la consommation des ressources peut encourager des activités requérant beaucoup de main-d'œuvre et limiter la croissance du transport de marchandises sur des distances toujours plus importantes, un trafic qui a un effet dévastateur sur l'environnement. On revaloriserait ainsi le travail humain, et l'on rendrait moins rentable l'automatisation qui entraîne une consommation intense d'énergie. La réorganisation fiscale permettrait en outre de couper le lien mécanique entre financement de l'Etat social et revenus des salariés.

8. *Introduction d'une taxe européenne sur les produits de luxe* : Dans la compétition internationale, on ne peut pas taxer impunément au-dessus de la moyenne mondiale les profits sur le capital réalisés

par les entreprises. Cela ne ferait qu'augmenter le prix des produits européens et chasser les investisseurs vers d'autres pays. Mais on pourrait faire participer dans une juste proportion les profiteurs de la mondialisation au financement des missions de l'Etat en relevant la TVA sur les produits de luxe. On prélèverait une taxe de 30 % sur tout ce qui est réservé aux riches : achats immobiliers hors résidence principale, voitures de luxe, yacht de haute mer, avions privés, bijoux de grande valeur, chirurgie esthétique…

9. *Des syndicats européens* : La plus grande lacune des syndicalistes européens a été leur renoncement à mettre sur pied une organisation efficace au niveau de l'Union européenne. C'est la seule raison pour laquelle il n'existe pas de conseils d'entreprise fonctionnant au niveau européen, et pour laquelle il est possible de dresser les uns contre les autres les personnels des entreprises, dans les différents pays. Si les représentants des salariés sortaient de leur cadre national étriqué, le lobby des chefs d'entreprises (qui, lui, est organisé efficacement) cesserait d'avoir le maître mot dans le processus législatif à Bruxelles ; et la politique sociale de l'UE pourrait prendre forme.

10. *Arrêter la dérégulation lorsqu'elle ne s'accompagne pas de garanties sociales* : La dissolution des monopoles d'Etat qui assuraient jusqu'ici les prestations de services en communication et l'approvisionnement en énergie, ainsi que l'ouverture à la compétition internationale de secteurs du marché jusqu'ici protégés, ont eu des effets catastrophiques sur l'emploi. Si l'on ne peut pas être sûr que le nombre d'emplois créés n'est pas à peu près égal à celui des emplois supprimés par la libéralisation, toute ouverture du marché devrait être ajournée jusqu'à ce que le niveau du chômage ait recommencé à baisser.

NOTES

LA SOCIÉTÉ DES DEUX DIXIÈMES

1. Lors de son allocution, le 27 septembre 1995 à San Francisco.
2. Trois journalistes ont pu participer à tous les groupes de travail de la rencontre à San Francisco, du 27 septembre au 1er octobre 1995. Parmi eux, Hans-Peter Martin.
3. *Wirtschaftsblatt,* 14 juin 1996 ; Pronostics du Wifo in : *Die Presse,* 30 mars 1996.
4. *Die Woche,* 26 janvier 1996.
5. *Le Monde,* 1er novembre 1996.
6. *Frankfurter Allgemeine Zeitung,* 29 janvier 1996 et 30 avril 1996.
7. *Expressen und Aftonbladet,* décembre 1996 ; *Der Spiegel,* 47/1996.
8. *Frankfurter Rundschau,* 22 mars 1996 et *Frankfurter Allgemeine Zeitung,* 4 juin 1996 et *Le Monde,* 1er novembre 1997.
9. *Der Spiegel,* 4/1996.
10. Karl Marx/Friedrich Engels, *Werke,* vol. 16, "Lohn, Preis und Profit", p. 103-152, Berlin 1962. La traduction française citée ici (*Œuvres,* Economie 1, Bibliothèque de la Pléiade, Gallimard 1965, p. 533) ne mentionne pas la phrase entre crochets qui figure dans l'édition originale allemande.
11. *Der Spiegel,* 4/1996.
12. Un concept forgé par l'économiste américain Edward Luttwak en 1995.
13. *Financial Times,* 30 avril 1996.
14. D'après les enquêtes de Timothy Egan, "Many Seek Security in Private Communities", in : *New York Times,* 3 septembre 1995 ; Lester Thurow, *The Future of Capitalism,* New York, 1996.

TOUT EST PARTOUT

1. Escale involontaire en avril 1994.
2. Visite en janvier 1995.
3. Visite en avril 1993.
4. Visite en mars 1992.
5. En dernier lieu en février 1996.

6. Entretien le 27 octobre 1992 à Paris.
7. *New Perspectives Quarterly*, Fall, 1995, p. 3.
8. *Ibid.*, p. 9.
9. *Ibid.*, p. 13-17.
10. *Ibid.*, p. 2.
11. *Die Welt*, 2 février 1996.
12. *Der Spiegel*, 22/1996, p. 99 et agence Havas, "France Pub", 1995.
13. *Süddeutsche Zeitung*, 12 avril 1995.
14. RTL, 22 mai 1996.
15. Entretiens depuis octobre 1996, en dernier lieu le 23 juillet 1996 à New York.
16. Visites de galeries à Tomsk en avril 1994, à Lisbonne en novembre 1993, à Vienne : *"Coming up" – Junge Kunst aus Österreich*, musée d'Art moderne de la Fondation Ludwig, Vienne, 20er Haus, 11/6 – 15/9/1996.
17. Entretiens avec Peter Turrini de décembre 1994 à août 1996 à Vienne, Retz et Bregens, premiers extraits parus in : *Der Spiegel*, 18/1995, p. 192 *sq.*
18. Concerts le 13 juillet 1996 à Vienne, le 20 juillet 1996 à New York.
19. *The Economist*, cité d'après *Manager Magazine*, numéro spécial 1/1996, p. 9.
20. Visite en juillet 1996.
21. Conversation en février 1991 à Rio de Janeiro.
22. *Der Spiegel*, 21/1996, p. 191.
23. Entretien à Brême en novembre 1992.
24. *IDC- Deutschland Info*, 17 janvier 1996.
25. *New Perspectives Quarterly*, Winter 1995, p. 21.
26. *Business Week*, 24 avril 1995.
27. *Business Week*, 22 janvier 1995.
28. *Welt am Sonntag*, 25 juin 1996.
29. Visite à Atlanta du 19 au 21 juillet 1996.
30. Entretien le 20 juillet 1996 à Atlanta.
31. *World Resources 1996-1997, The Urban Environment*, Washington DC, p. 3.
32. Allocution au sommet social mondial de l'ONU en mars 1995.
33. *UNDP Human Development Report 1996*, New York, juillet 1996.
34. Banque de données de l'OCDE, enquête à Paris, juillet 1996, APA, 1er août 1996.
35. Entretien avec Dinesh B. Mehta, le 20 mars 1996 à Berlin.
36. Banque de données de l'OCDE, enquête à Paris, juillet 1996.
37. *New Perspectives Quarterly*, Fall, 1994, p. 2.
38. Réseau télétexte de l'ORF, 10 août 1996 ; *Frankfurter Rundschau*, 26 juin 1996.
39. Etude du Groupe de travail pour la recherche sur les causes de la guerre à l'université de Hambourg, cité in : *Frankfurter Allgemeine Zeitung*, 26 juin 1996.
40. Robert D. Kaplan, "Die kommende Anarchie" in : *Lettre*, printemps 1996, p. 54.
41. *Ibid.*, p. 58.
42. *Foreign Affairs, Council on Foreign Relations*, Summer 1993, p. 22 *sq.*
43. Entretiens les 12, 13 et 14 septembre 1994 au Caire.
44. *Der Spiegel*, 23/1996, p. 158.
45. *World Urbanization Prospects, The 1994 Revision*, New York, p. 105.
46. *Frankfurter Allgemeine Zeitung*, 4 juin 1996.
47. *Der Spiegel*, 23/1996, p. 156 *sq.*
48. *The Economist*, 29 juillet 1995.
49. Entretien à Bonn en décembre 1992.

50. *Foreign Affairs, Council on Foreign Relations,* March/April 1996, p. 86 *sq.*
51. *Der Spiegel,* 2/1993, p. 103.
52. Rapport de l'UNDP en 1994 ; Institut de recherche de l'ONU sur la recherche sociale (States of Disarray, 1995).
53. *Ibid.*
54. *World Resources,* 1996/1997, New York, Oxford, 1996.
55. *Der Spiegel,* 23/1996, p. 168.
56. *Der Standard,* 14 juin 1996.
57. *Foreign Affairs, Council on Foreign Relations,* January/February 1996, p. 65.
58. *World Resources,* 1996-1997, New York, Oxford, 1996.
59. Odil Tunali, in : *World-Watch, Das globale Umweltmagazin,* 2/1996, p. 27 *sq.*
60. *World-Watch, Das globale Umweltmagazin,* 2/1996, p. 31.
61. *Der Spiegel,* 2/1993, p. 106.
62. World Resources 1996-1997, New York, Oxford, 1996.
63. *Newsweek,* 9 mai 1994.
64. Visite en avril 1994.
65. *Newsweek,* 9 mai 1994.
66. Réseau télétexte de l'ORF, 13 juin 1996.
67. Entretien en juin 1996.
68. Entretien le 19 octobre 1995 à Vienne.
69. Von Weizsäcker, E. R., Lovins, A. B., Lovins, H. L., *Faktor Vier. Doppelter Wohlstand – halbierter Naturverbrauch,* Munich, 1995.
70. *The Crucial Decade : The 1990s and the Global Environmental Challenge,* World Resources Institute, Washington DC, 1989.
71. Entretien en juin 1989 à Washington DC.
72. Entretiens avec Lester Brown, Chris Flavin et Hilary French, du Worldwatch Institute, pendant la conférence sur l'environnement de l'ONU à Rio de Janeiro, en juin 1992.
73. Entretien le 27 octobre 1992 à Paris.
74. En dernier lieu Brown, Lester R., *State of the World 1996,* New York, Londres, 1996.
75. Entretien le 27 septembre 1995 à San Francisco.
76. *Frankfurter Allgemeine Zeitung,* 7 mai 1996.
77. *Ibid.*
78. Entretien en décembre 1991 à Paris.
79. *Frankfurter Allgemeine Zeitung,* 9 décembre 1995, p. 15.
80. Weiner, Myron, *The Global Migration Crisis,* MIT, New York 1995.
81. *Ibid.*
82. Entretien le 27 octobre 1992 à Paris.

DICTATURE A RESPONSABILITÉ LIMITÉE

1. Entretien le 6 février 1996 à Washington, DC.
2. *International Herald Tribune,* 16 janvier 1995.
3. *Financial Times,* 26 janvier 1995.
4. Entretien le 6 février 1996 à Washington, DC.
5. *Financial Times,* 16 février 1995.
6. *International Herald Tribune,* 2 février 1995.

7. Entretien le 29 janvier 1996.
8. *International Herald Tribune*, 2 février 1995.
9. *International Herald Tribune*, 3 avril 1995.
10. *Ibid.*
11. *The Economist*, 7 octobre 1995.
12. La dernière somme du chiffre d'affaires quotidien, établie par la BRI, s'élevait à 1,25 billion de dollars et reposait sur des enquêtes de l'année 1994. Les économistes financiers ont constaté depuis une croissance annuelle de 15 %, si bien que le seuil du billion et demi pourrait entre-temps avoir été franchi.
13. Entretien avec le porte-parole de Reuters, Peter Thomas, le 25 janvier 1996 à Londres.
14. *Der Spiegel*, 12/1994.
15. Cette valeur a été établie par l'Euro-Currency-Standing-Committee du groupe du G 10 à la BRI. Cité d'après : Edgar Meister, membre du directoire de la Bundesbank, *Derivate aus der Sicht der Bankenaufsicht*, manuscrit de conférence, 29 janvier 1996
16. C'est la somme citée par Wilhelm Nölling, ancien président de la Landeszentralbank (banque centrale de Land) de Hambourg, in : "Die Finanzwelt vor sich selbst schützen", *Die Zeit*, 5 novembre 1993.
17. Entretien le 31 janvier 1996 à Washington. Le nom a été modifié à la demande de l'interviewé.
18. La description qui suit de l'attaque contre le SME repose, pour l'essentiel, sur l'excellente description qu'en donnent : Gregory J. Millman, *The Vandals Crown, How Revel Currency Traders Overthrew the Worlds Central Banks*, New York, 1995.
19. Chiffres et citations extraits de : Steven Salomon, *The Confidence Game, How Unelected Central Bankers are Gouverning the Changed World Economy*, New York, 1995.
20. *Vereinigte Wirtschaftsdienste*, 16 octobre 1993.
21. *Frankfurter Allgemeine Zeitung*, 3 février 1996.
22. In : Deutsche Bundesbank, revue de presse du 28 septembre 1995.
23. *The Economist*, 7 octobre 1995.
24. Erich Dieffenbacher, *Organization Business Crime Control, Die Off-Shore-Bankenplätze*, manuscrit de conférence pour le congrès sur le "blanchiment de l'argent" organisé par la Fondation Friedrich-Ebert, Berlin, 7 octobre 1993.
25. *Frankfurter Allgemeine Zeitung*, 17 novembre 1995.
26. Entretien le 8 janvier 1996 à Berlin.
27. Département helvétique de la Justice et de la Police, rapport du groupe de travail "Situation des fonds de l'Est", octobre 1995.
28. Selon une documentation interne établie à l'été 1995 par le ministère fédéral des Finances.
29. Jean-François Couvrat et Nicolas Pless, *La Face cachée de l'économie mondiale*, Hatier, 1989
30. *Newsweek*, 3 octobre 1994.
31. Entretien le 1er février 1996 à New York.
32. *Handelsblatt*, 25 janvier 1996.
33. *New York Times*, 27 février 1995.
34. 1 point = 0,1 %, *Financial Times*, 24 janvier 1996.
35. Selon un inventaire du ministère fédéral des Finances dans une réponse à une question écrite du SPD au Bundestag, *Frankfurter Rundschau*, 10 septembre 1995.

36. Commission des Communautés européennes, rapport du Comité d'experts indépendant sur la fiscalité des entreprises *(Rapport Rüding)*, Service des publications officielles, Luxembourg, 1992.
37. *The Economist*, 29 avril 1995.
38. Deutsche Bank Research, cité par *Frankfurter Allgemeine Zeitung*, 15 mars 1996.
39. *The Economist*, 29 avril 1995.
40. *The Economist*, 7 octobre 1995.
41. Deutsche Bundesbank, revue de presse du 11 janvier 1996.
42. Entretien le 31 janvier 1996 à Londres.
43. *International Herald Tribune*, 22 avril 1995.
44. *Wirtschaftswoche*, 20 avril 1995.
45. Entretien en juin 1995 à Berlin.
46. Reuters, 19 février 1996.
47. L'épisode Negara est décrit en détail in : G. Millman, *The Vandals Crown*, New York, 1995, p. 225 *sq.*
48. *The Economist*, 18 novembre 1995.
49. *Frankfurter Allgemeine Zeitung*, 19 janvier 1996.
50. *Berliner Zeitung*, 8 mars 1996.
51. *Frankfurter Allgemeine Zeitung*, 2 septembre 1996.
52. *The Economist*, 3 février 1996.
53. James Tobin, "A Proposal for International Monetary Reform", in : *The Eastern Economic Journal*, 3-4, juillet/octobre 1978.
54. C'est par exemple le calcul effectué par l'économiste américain David Felix : pour un taux d'impôt de 1 %, il resterait un chiffre d'affaires de 72 billions de dollars annuels. Ce qui produirait un revenu de 720 milliards de dollars.
55. Jörg Huffschmid, "Funktionsweise, Nutzen und Grenzen der Tobin-Tax", in : *Informationsbrief Weltwirtschaft & Entwicklung*, Sonderdienst, 8/1995.
56. Entretien en juin 1995.
57. Alexander Schrader, "Devisenumsatzsteuer : Scheitern programmiert", in : *Deutsche Bank Research. Bulletin*, 26 juin 1995, cité d'après Jörg Huffschmid, *op. cit.* en note 55.
58. Cité d'après : Gregory Millman, *op. cit.* note 47, p. 231.
59. *Süddeutsche Zeitung*, 21 mars 1995.
60. Barry Eichengreen, James Tobin et Charles Wysplosz, "Two Cases for Sand in the Wheels of International Finance", in : *The Economic Journal*, 105, 1995.
61. *Frankfurter Allgemeine Zeitung*, 17 mars 1995.
62. *Wall Street Journal*, 16 septembre 1993.
63. *Vereinigte Wirtschaftsdienste*, 30 septembre 1993.
64. G. Millman, *op. cit.* note 47, p. 255 *sq.*
65. C'est l'estimation du directeur de la stratégie à la banque Lambert de Bruxelles, Roland Leuschel – entretien le 30 janvier 1996 à Bruxelles.
66. Cf. Julia Fernald *et al.* "Mortgage Security Hedging and the Yield Curve", Federal Reserve Bank New York, *Research Paper* n° 9411, août 1994.
67. *Der Spiegel*, 12/1994.
68. *Ibid.*
69. *Wirtschaftswoche*, 47/1994.
70. Wilhelm Nölling, "Die Finanzwelt vor sich selbst schützen", in : *Die Zeit*, 5 novembre 1993.

71. Felix Rohatyn, "Globale Finanzmärkte : Notwendigkeiten und Risiken", in : *Lettre internationale*, n° 46, automne 1994, et : *America in the Year 2000*, conférence tenue devant le Forum Bruno-Kreisky, 8 novembre 1995 à Vienne.
72. *Handelsblatt*, 13 avril 1995.
73. *Deutsche Presse-Agentur*, 27 janvier 1995.
74. *Frankfurter Allgemeine Zeitung*, 13 décembre 1995.
75. Edgar Meister, membre du directoire de la Bundesbank, "Derivate aus der Sicht der Bankenaufsicht", manuscrit de conférence, 29 janvier 1996.
76. Entretien le 21 janvier 1996 à Francfort.
77. Entretien avec le porte-parole d'Euroclear, David Thomas, le 21 janvier 1996 à Bruxelles.
78. *International Herald Tribune*, 5 février 1996.
79. *The Economist*, 17 février 1996.
80. *International Herald Tribune*, 4 juin 1996.

LA LOI DES LOUPS

1. *The Economist*, 7 janvier 1995.
2. Cité in : *Die Zeit*, 24 novembre 1995.
3. *Financial Times*, 28 mars 1996.
4. *Financial Times*, 3 juillet 1996.
5. *International Herald Tribune*, 29 août 1995.
6. Toutes les citations extraites de : Thomas Fischermann, "Mitleid für die Erste Welt", *Die Zeit*, 3 novembre 1995.
7. Selon une enquête globale du Bundesanstalt für Arbeit, citée d'après : *Die Zeit*, 24 novembre 1995.
8. Organization for Economic Cooperation and Development. Jusqu'en 1990, l'organisation, dont le siège est à Paris, ne regroupait que les 23 pays industialisés classiques de l'ancien "Ouest" : Etats-Unis, Canada, Japon, Australie, Nouvelle-Zélande, Allemagne, France, Grande-Bretagne, Italie, Espagne, Portugal, Pays-Bas, Danemark, Grèce, Irlande, Belgique, Luxembourg, Suède, Norvège, Finlande, Islande, Autriche et Suisse. Depuis ont été admis cinq Etats voisins, économiquement plus faibles, qui sont liés par traité à l'Union européenne et à la zone de libre-échange nord-américaine. Il s'agit de la Turquie, du Mexique, de la Hongrie, de la République tchèque et de la Pologne.
8a : *Le Monde*, 1er novembre 1996.
8b : Austria Presse Agentur, 4 août 1996, et *Frankfurter Allgemeine Zeitung*, 17 janvier 1997.
9. *Die Woche*, 12 septembre 1993.
10. *Wall Street Journal Europe*, 12 mars 1993.
11. Edward Reuter, *Wie schafft bessere Erkenntnis besseres Handeln ?*, manuscrit d'une conférence tenue devant l'Alfred Herrhausen-Gesellschaft, juin 1993.
12. *Der Spiegel*, 4/1996.
13. World Trade Organization, *Trends and Statistics 1995*, Genève.
14. Cité d'après : Elmar Altvater / Birgit Mahnkopf, *Grenzen der Globalisierung*, Münster, 1996.
15. United Nations Conference on Trade and Development (CNUCED), *World Investment Report 1995*, New York et Genève.

16. Paolo Cecchini *et al.*, *Europa '92 : Der Vorteil des Binnenmarktes*, Baden-Baden, 1988.
17. *Financial Times*, 26 février 1996.
18. Raconté d'après un reportage paru dans : *In These Times*, 26 décembre 1995.
19. Données in : *Los Angeles Times*, 5 décembre 1995.
20. *Business Week*, 16 octobre 1995.
21. *Frankfurter Allgemeine Zeitung*, 29 avril 1996, et *Der Spiegel*, 15/1996.
22. Données de l'US Bureau of the Census, *Current Population Reports*, cité d'après : Lester Thurow, *The Future of Capitalism*, New York, 1996.
23. Données citées d'après : Simon Head, "Das Ende der Mittelklasse", in : *Die Zeit*, 26 avril 1996.
24. Lester Thurow, p. 180, *op. cit.* note 22.
25. D'après un calcul du *New York Times*, fondé sur les statistiques du ministère américain du Travail, *International Herald Tribune*, 6 mars 1996.
26. Phillip Cook et Robert Frank, *The Winner-Take-All Society*, New York, 1995.
27. *International Herald Tribune*, 17 novembre 1995.
28. *Ibid.*
29. Robert Reich, *Die neue Weltwirtschaft*, Francfort et Berlin 1993, et *Frankfurter Allgemeine Zeitung*, 29 avril 1996.
30. Lester Thurow, p. 126 et 165-166, cf. note 22.
31. Cité d'après : Silvio Bertolami, "Wir werden alle durch den Fleischwolf gedreht", in : *Die Weltwoche*, 31 août 1995.
32. *Frankfurter Allgemeine Zeitung*, 29 avril 1996.
33. Cité d'après Simon Head, cf. note 23.
34. Stephen Roach, "America's Recipe for Industrial Extinction", in : *Financial Times*, 14 mai 1996.
34a. George Soros, *The Capitalist Threat*, manuscrit, janvier 1997.
35. *Financial Times*, 14 mai 1996.
36. Selon les indications données par le groupe, cité in : *Focus*, 45/1995.
37. *Frankfurter Allgemeine Zeitung*, 29 mai 1996, et *International Herald Tribune*, 29 février 1996.
38. Cité d'après : Heinz Blüthmann, "Abschied auf Raten", in : *Die Zeit*, 8 septembre 1995 ; *Le Monde*, 14 novembre 1996 et 18 novembre 1996 ; Austria Presse Agentur, 6 septembre 1996.
39. *Der Spiegel*, 16/1996.
40. *The Economist*, 14 octobre 1995.
41. *Le Monde diplomatique*, octobre 1995.
42. Reuters, 19 mars 1996, et *Le Monde*, 11 janvier 1997.
43. *Die Zeit*, 22 juillet 1996.
44. *Der Standard*, 25 mai 1996.
45. *Die Tageszeitung*, 6 mars 1996.
46. *Bloomberg Business News*, 18 mars 1996.
47. *Frankfurter Allgemeine Zeitung*, 3 juin 1996.
48. *Frankfurter Rundschau*, 2 décembre 1995.
49. *Frankfurter Allgemeine Zeitung*, 13 octobre 1994, et *Frankfurter Rundschau*, 16 octobre 1994.
50. *Frankfurter Allgemeine Zeitung*, 30 octobre 1993.
51. *Der Spiegel*, 16/1996.

52. *Frankfurter Allgemeine Zeitung,* 27 juin 1996.
53. Plus de détails in : H. Schumann, "Selbstentmachtung der Politik. Die programmierte Krise des EG-Systems", in : *Kursbuch,* 107/1992.
54. Selon des indications fournies par l'Association of European Airlines.
55. Entretiens avec des représentants de la SAS, Hambourg, octobre 1989 ; note d'information de Per Landin, Dagens Nyheter, 13 décembre 1996 ; *International Herald Tribune,* 3 juillet 1996.
56. L'Espagne, le Portugal, la Grèce et l'Irlande se sont assuré des délais de transition allant jusqu'en 2003.
57. *The Economist,* 1er juin 1996.
58. *Der Spiegel,* 8/1996.
59. *International Herald Tribune,* 23 avril 1996 et *Le Monde,* 10 janvier 1997.
60. *Der Spiegel,* 2/1996.
61. *Le Monde diplomatique,* 1/1996.
62. *Financial Times,* 24 avril 1996.
63. *Frankfurter Rundschau,* 2 mai 1996.
64. *Die Zeit,* 24 mai 1996.

MENSONGES COMMODES

1. Silvio Bertolami, "Kater nach dem Tequilarausch", in : *Die Weltwoche,* 12 janvier 1995.
2. Données in : Anne Huffschmid, "Demaskierung auf mexikanisch", in : *Blätter für deutsche und internationale Politik,* 6/1995.
3. *Newsweek,* 18 mars 1996.
4. Cf. note 2.
5. *Frankfurter Allgemeine Zeitung,* 25 juillet 1996.
6. Description faite en s'appuyant sur : Frédéric Clairmont, "Apprendre de Singapour", *Le Monde diplomatique,* 10 juin 1995.
7. D'après les calculs du conseiller économique du gouvernement français Gérard Laffay, professeur d'économie à l'université de Paris, in : *Die Zeit,* 12 avril 1996.
8. La différence de principe entre la stratégie de développement occidentale et asiatique fait l'objet d'une analyse précise de l'économiste Charles Gore, de l'Organisation internationale du travail (OIT), parue in : "Methodological Nationalism and the Misunderstanding of East Asian Industrialization", *UNCTAD Discussion, paper* n° 111, Genève 1995.
9. *International Herald Tribune,* 29 juillet 1996.
10. *International Herald Tribune,* 18 mars 1996.
11. *Der Spiegel,* 39/1995.
12. *Frankfurter Allgemeine Zeitung,* 16 décembre 1993.
13. *Financial Times,* 20 juin 1996.
14. *International Herald Tribune,* 28 février 1996, et *The Economist,* 13 avril 1996.
15. *Die Tageszeitung,* 28 février 1996, et *Frankfurter Allgemeine Zeitung,* 21 mai 1996.
16. Entretien en octobre 1993.
17. *Le Monde diplomatique,* 18 février 1996.
18. Adrian Wood, *North-South-Trade, Employment and Inequality,* Oxford, 1994.
19. CNUCED, *World Investment Report 1995 et 1996,* Genève.

20. Le produit le plus récent sorti de cette fabrique idéologique, dans lequel sont restituées toutes les thèses et théories correspondantes, a été écrit par l'économiste de Harvard Robert Lawrence : *Single World, Divided Nations ? – International Trade and OECD Labor Markets*, paru comme publication de l'OCDE, Paris 1996.
21. Sans l'Allemagne de l'Est, selon le rapport mensuel de la Bundesbank en juillet 1996, repris in : *Frankfurter Allgemeine Zeitung*, 19 juillet 1996.
22. Pendant l'émission d'interview *Farbe bekennen*, ARD, 11 avril 1996.
23. *Frankfurter Allgemeine Zeitung*, 4 juin 1996 et 17 juin 1996.
24. *Frankfurter Allgemeine Zeitung*, 12 juin 1996.
25. *Die Tageszeitung*, 10 juin 1996.
26. Selon les indications du ministère fédéral allemand du Travail et des Affaires sociales, cité in : Heiner Geissler, "Es droht ein neuer Klassenkampf", *Berliner Zeitung*, 4 janvier 1996.
27. Données empruntées à la bonne analyse sur la crise de financement de l'Etat social par Wolfgang Hoffmann, "Risse im Fundament", in : *Die Zeit*, 15 décembre 1995.
28. Selon des indications fournies par le président du conseil d'administration de la Bundesversicherungsanstalt für Angestellte (BFA), Hans-Dieter Richardt, pour un séminaire de presse le 22 février 1996.
29. Heiner Flassbeck et Marcel Stremme, "Quittung für die Tugend", in : *Die Zeit*, 1er décembre 1995.
30. *Handelsblatt*, 19 juillet 1996.
31. Exposé in : *Frankfurter Allgemeine Zeitung*, 19 juin 1996.
32. *Stern*, 46/1995.
33. Michael Wortmann, *Anmerkungen zum Zusammenhang von Direktinvestitionen und der Wettbewerbsfähigkeit des Standorts Deutschlands*, manuscrit inédit, Berlin 1996.
34. *Frankfurter Rundschau*, 4 mai 1996.
35. *Der Spiegel*, 19/1996.
36. D'après les calculs du WSI-Institut du DGB, cité in : *Frankfurter Rundschau*, 14 juillet 1996.
37. L'équipe du projet DIW, sous la direction de Michal Kohlhaas, a évalué le produit d'une taxe sur les vecteurs d'énergie, qui augmenterait de 7 % chaque année à partir de 1995, sur l'évolution fiscale de l'ensemble de l'économie allemande en l'espace de dix ans. Les revenus en l'an 2005 s'élèveraient à 121 milliards de marks, et pourraient être retranchés aux prélèvements sociaux et à l'impôt sur les salaires, afin d'arriver à un résultat neutre. Conformément à la répartition actuelle des charges, les chercheurs du DIW proposent que 71 % des revenus soient utilisés pour faire baisser la part des employeurs dans la sécurité sociale et rendre ainsi le travail meilleur marché, le reste étant reversé aux contribuables à raison de 400 marks par tête. Développé in : *Die Zeit*, 10 juin 1994.
38. In : Klaus Backhaus, Holger Bonus (éd.), *Die Beschleunigungsfalle oder der Triumph der Schildkröte*, Stuttgart, 1995.

SAUVE QUI PEUT ! MAIS QUI PEUT ?

1. Le 29 septembre 1995 à San Francisco.
2. Entretien le 21 juin 1996 sur le vol Vienne-Berlin.
3. Entretien le 24 juillet 1996 à Francfort.

4. Entretien le 1er octobre 1995 à Reston, Virginie.
5. Entretien le 21 juillet 1996 à New York.
6. Communication par fax de Justin Fox, 20 août 1996.
7. Estimation des professeurs d'économie Roy C. Smith et Ingo Walter, université de New York, entretien le 2 février 1996 à New York.
8. *Harper's Magazine*, octobre 1995, p. 55 *sq.*
9. *New York Times*, 1er février 1996.
10. *New York Times*, 21 janvier 1996.
11. *Die Zeit*, 31 mai 1996, p. 9-11.
12. *Die Woche*, 28 juin 1996, p. 6.
13. *Publik-Forum*, 14 juin 1996, p. 12.
14. *Die Tageszeitung*, 16 février 1996, p. 13.
15. *Frankfurter Rundschau*, 22 juin 1996, p. 4.
15a. *Le Monde*, 4 décembre 1996 et 17 décembre 1996.
16. Hans-Peter Martin, "Bedingungen für irdisches Glück", in : *Der Spiegel*, 33/1989 ; visite, en dernier lieu, le 1er mars 1996.
17. Entretien le 11 août 1996 à Heiligendamm.
18. Réseau télétexte de l'ORF, 19 août 1996.
19. Réseau télétexte de l'ORF, 20 août 1996.
20. *International Herald Tribune*, 17 et 18 août 1996.
21. Entretiens les 23 janvier 1995, 2 octobre 1995 et 31 janvier 1996 à Washington DC.
22. Journal étranger du ZDF, 19 août 1996.
23. Entretiens le 2 février 1996 à New York et le 21 mars 1996 à Ladenburg.
24. Réseau télétexte de l'ORF, 18 août 1996 ; Austria Presse Agentur, 2 avril 1996 ; *Kurier*, février 1997 ; *Der Spiegel*, 10/1997.
25. Thomas L. Friedman, in : *International Herald Tribune*, 8 février 1996 et Austria Presse Agentur, 2 avril 1996.
26. Interview in : *Der Standard*, 21 août 1996 ; premières affiches le 30 août 1996 ; entretiens le 30 août 1996 à Vienne.
27. Citations extraites de : *Falter*, 31/1996, p. 9.
28. ORF, *Zeit im Bild*, 2 août 1996.
29. Cité d'après : *Los Angeles Times Syndicate Internationale*, juin 1995, repris entre autres in : *Welt am Sonntag*, 25 juin 1996.
30. Portrait de Luttwak et citations in : *Die Weltwoche*, 31 août 1995.
31. Cité d'après : *Los Angeles Times Syndicate Internationale*, juin 1995, repris entre autres in : *Welt am Sonntag*, 25 juin 1996.
32. *Ibid.*
33. Entretiens les 22 et 23 août 1996 à Vienne.
34. Entretien le 8 juillet 1996 à Vienne.
35. Franz Köb, *Innehalten. Von der Verlangsamung der Zeit*, 1996, *Doppelfant Presse*, Bad Teinach, 1996.
36. Lettre personnelle du 24 juillet 1996.

BOURREAUX OU VICTIMES ?

1. Observations faites dans diverses conférences de l'ONU à New York, en dernier lieu en janvier 1996.
2. Visite le 22 juillet 1996 à New York.

3. Le 30 juillet 1996 à Bonn.
4. Le 5 septembre 1994 au Caire.
5. Entretiens les 12, 13 et 14 septembre 1994 au Caire, ainsi que les 26 et 27 janvier 1995 à New York.
6. Entretien le 5 février 1996 à Washington DC.
7. Entretien le 2 février 1996 à New York.
8. Entretien le 31 janvier 1996 à Washington DC.
9. Entretien le 1er février 1996 à New York
10. Entretien les 29 juin 1995 et 21 novembre 1995 à Vienne.
11. Entretien le 29 septembre 1995 à San Francisco.
12. Entretiens le 29 septembre 1995 à San Francisco et le 20 juillet 1996 à Atlanta ; cf. aussi *The New York Times*, 2 août 1996.
13. Lettre personnelle du 24 juillet 1996.
14. Entretien le 9 novembre 1993 à Munich.
15. Entretiens le 13 mai 1995 à Vienne, ainsi que les 5 et 11 août 1996.

A QUI APPARTIENT L'ÉTAT ?

1. *Der Spiegel*, 11/1996.
2. *Handelsblatt*, 26 mars 1993, et *Frankfurter Rundschau*, 24 février 1995.
3. *Frankfurter Allgemeine Zeitung*, 9 juillet 1996, et *Der Spiegel*, 12/1996.
4. *Frankfurter Rundschau*, 27 mars 1996.
5. *Financial Times*, 13 octobre 1994.
6. *Die Zeit*, 25 juin 1993.
7. *Die Woche*, 3 novembre 1995.
8. *Der Spiegel*, 12/1996.
9. *Der Spiegel*, 26/1996.
10. Commission on International Investment, *Incentives and Foreign Direct Investment*, background report by the UNCTAD secretariat, Genève, 1995.
11. *Frankfurter Rundschau*, 15 décembre 1996.
12. Markus Dettmer et Felix Kurz, "Ein Gefühl wie Weinachten", in : *Der Spiegel*, 20/1995.
13. Deutsche Presse-Agentur, 22 mai 1996.
14. Cf. note 10.
15. D'après des calculs réalisés par le Deutsches Institut für Wirtschaftsforchung.
16. "Council of Competitiveness, Charting Competitiveness", in : *Challenges*, octobre 1995, cité d'après : Lester Thurow, *The Future of Capitalism*, New York, 1996.
17. *Wochenpost*, 2 septembre 1996.
18. Chiffres extraits de : Will Hutton, *The State We're in*, Londres, 1995, et *The Independent*, 16 juin 1996.
19. *Frankfurter Rundschau*, 29 juin 1996.
20. *International Herald Tribune*, 30 août 1995.
21. Financial Action Task Force Working Group, *Status Report*, Paris, 1990.
22. *Time*, 24 août 1994.
23. Cité d'après Klaus Wittman, "Perfekt, blitzschnell und dreist", in : *Die Zeit*, 3 mai 1996.
24. Susan Strange, *The Retreat of the State*, Oxford 1996.

25. Pendant la session spécialisée "Geld im Überfluss" (De l'argent en surabondance ?) de l'Evangelische Akademie Loccum, le 12 mai 1996.
26. Deutsche Presse-Agentur, 8 juillet 1996.
27. D'après des indications de la commission antimafia du Parlement italien, le 3 juin 1996.
28. *Frankfurter Rundschau*, 19 avril 1996.
29. Kenichi Ohmae, *The End of the Nation State*, New York, 1995.
30. "Does Government Still Matter ? The State is Withering and Global Business is Taking Charge", *Newsweek*, 26 juin 1995.
31. Cf. *Frankfurter Allgemeine Zeitung*, 15 mai 1996.
32. Commission on Global Governance, *Our Global Neighbourhood*, Oxford, 1995.
33. *Frankfurter Rundschau*, 9 février 1996.
34. Plus de détails in : Harald Schumann, "Europas Souverän", in : *Kursbuch*, 117, Berlin, 1994.
35. Niall FitzGerald, "A European Nightmare", in : *Financial Times*, 5 juin 1996.

LA FIN DE LA DÉSORIENTATION

1. Karl Polanyi, *The Great Transformation*, Francfort-sur-le-Main, 1978.
2. Ulrich Beck, "Kapitalismus ohne Arbeit", in : *Der Spiegel*, 20/1996.
3. *Financial Times*, 30 avril 1996.
4. Lettre personnelle du 24 juillet 1996.
5. *Die Woche*, 26 avril 1996.
6. *International Herald Tribune*, 1er février 1996.
7. On en a déjà un cas exemplaire avec la tentative menée par les ministres du Travail de l'Allemagne et de la France pour chasser des chantiers de leur pays, contre toutes les règles du marché intérieur européen, les travailleurs à meilleur marché du Portugal et de l'Angleterre, en imposant un salaire minimum légal. L'entorse volontaire faite par le ministre-président de la Saxe, Kurt Biedenkopf, au droit européen des subventions lors des subsides accordés à Volkswagen est elle aussi une mesure protectionniste qui "déforme" la compétition en Europe.
8. Cette exigence est soutenue par un nombre toujours plus important de spécialistes de l'économie, par exemple les experts de l'organisation commerciale de l'ONU, la CNUCED, les économistes du Deutsches Institut für Wirtschaftsforschung ou le banquier de Wall Street et conseiller de Clinton Felix Rohatyn. Cf. Unctad, *Trade and Developement Report*, 1995, p. 4-9, Genève ; Heiner Flassbeck et Rudolf Dressler, *Globalisierung und nationale Sozialpolitik*, Berlin et Bonn, 1996 ; Felix Rohatyn, *America in the Year 2000*, manuscrit d'une conférence tenue au Forum Bruno-Kreisky à Vienne, 8 novembre 1995 ; Roger Bootle, *The Death of Inflation*, Londres 1996.
9. Ce pronostic a aussi été présenté de manière concluante par les deux économistes Stepan Leibfried, de l'université de Brême, et Elmar Rieger, de la Harvard University, in : "Fundament des Freihandels", *Die Zeit*, 2 février 1996.
10. *Berliner Zeitung*, 13 avril 1996.
11. *Der Spiegel*, 32/1996.
12. Ethan Kapstein, "Workers and the World Economy", in : *Foreign Affairs, Council on Foreign Relations*, mai 1996, p. 18.

Nos remerciements vont à tous ceux qui nous ont encouragés à écrire ce livre, et notamment à ceux qui, malgré le stress de la mondialisation et des circonstances souvent peu propices, ont trouvé le temps de nous accorder des entretiens et de nous donner de précieuses idées de travail :

Bella Abzug, Anil Agarwal, Carmen Bersch, Madhu Bhaduri, Boutros Boutros-Ghali, Andrew Braunsberg, Edgar M. Bronfman, Lester Brown, Richard Butler, Michel Camdessus, Barber B. Conable Jr, Markus Dettmer, Erich Dieffenbacher, Ricardo Díez Hochleitner, Julian Disney, Bénédicte Dupoux, Harald Ettl, Rainer Falk, Peter Felch, Caroline Fetscher, Chris Flavin, Hans Fleisch, Michael Findeisen, Thomas Fischer, Justin Fox, Hermann Franz, Fernando Gabeira, Adrienne Germain, Mikhaïl Gorbatchev, Al Gore, Mathias Greffrath, William Greider, Peter Handke, Wilhelm Hankel, Andreas Hausknecht, Peter Heller, Edmund Hillary, Heimo Hoch, Jeanette Hofmann, Ivan Illich, Pilar Isaac-Candeias, Jürgen Kautz, Hans-Ulrich Klose, Margaretha Kopeinig, Hans-Helmut Kotz, Michal Kovác, Ferdinand Lacina, Claus Leggewie, Gerd Leipold, Gisela Leske, Roland Leuschel, Amory B. Lovins, José Lutzenberger, Andreas Mailath-Pokorny, Mahathir Mohamad, Adam Markham, Inge Martin, Jack P. Martin, Dennis Meadows, Edgar Meister, Gregory J. Millman, Valerie Monchi, Ward Morehouse, Klaus-Peter Möritz, Michael Müller, Rolf S. Müller, Rainer Münz, Kamal Nath, Wally N'Dow, Kum'a Ndumbe III, Wilhelm Nölling, Désirée Nosbusch, Bisi Ogunleye, Charles Oman, Yves Perreard, Erica Bo Petersen, Wolfgang Petritsch, Volker Petzoldt, David Pitt, Barbara Pyle, Werner Raith, John Rawls, Wolfang Reinicke, Michael Renner, Wolfgang Riehle, Cesar Rodrigues Rabanal, Elfi Rometsch, Rüdiger von Rosen, Curt Royston, Jeffrey Sachs, Nafis Sadik, Jochen Sanio, Reijiro Sawafuji, Waltraud Schelkle, Rosa Scheuringer, Anton Schneider, Bertrand Schneider, Leonard Schrank, Alexander Schubert, Stirling D. Scruggs, Gordon Shepherd, Stephen Silvia, Patrick Slough, Roy C. Smith, Michael Snow, Bernd Spahn, Ulrich Steger, Marcel Stremme, Washington SyCip, Gilbert Trigano, Klaus Töpfer, Ted Turner, Peter Turrini, Vincent J. Truglia, Barbara Unmüssig, German Veltman, Günter Wallraff, Ingo Walter, R. Christopher Whalen, Ernst Ulrich von Weizsäcker, Simon Wiesenthal, Dieter Wild, Timothy Wirth, Michael

Wortmann, Yun Ho Jin, les membres de la société de journalistes Contrapunkt, ainsi que quelques autres qui nous ont aidés en nous fournissant des informations mais ne veulent ou ne peuvent pas être nommément cités. Enfin, nos remerciements sincères à Rüdiger Dammann, qui a toujours cru à ce projet.

HANS-PETER MARTIN ET HARALD SCHUMANN,
Vienne et Berlin, 1er septembre 1996.

Les actualisations et les compléments pour l'édition française ont été effectués par Hans-Peter Martin et Elfi Rometsch (1er mars 1997).

OUVRAGE RÉALISÉ
PAR L'ATELIER GRAPHIQUE ACTES SUD
REPRODUIT ET ACHEVÉ D'IMPRIMER
EN AVRIL 1997
PAR L'IMPRIMERIE FLOCH
A MAYENNE
SUR PAPIER DES
PAPETERIES DE JEAND'HEURS
POUR LE COMPTE DES ÉDITIONS
ACTES SUD
LE MÉJAN
PLACE NINA-BERBEROVA
13200 ARLES

DÉPÔT LÉGAL
1re ÉDITION : MAI 1997
N° impr. : 41383
(Imprimé en France)